江苏省重要矿产资源潜力评价成果系列丛书

是集体劳动的成果！

江苏省重要矿产资源潜力评价成果系列丛书

是集体智慧的结晶！

谨以此书献给

长期耕耘在江苏地质勘查、科学研究及

教育岗位上的广大地质工作者！

中 国 地 质 调 查 成 果 CGS 2017-015
江苏省重要矿产资源潜力评价成果系列丛书
江 苏 省 地 质 调 查 研 究 院

江苏省重要矿产资源预测研究

JIANGSUSHENG ZHONGYAO KUANGCHAN ZIYUAN YUCE YANJIU

黄 震 王海欧 等著

中国地质大学出版社
ZHONGGUO DIZHI DAXUE CHUBANSHE

内容简介

本书以Ⅳ级成矿亚带为单元，对江苏省重要矿种预测成果进行了分析研究，首次编制了全省重要矿产预测类型谱系表；对省内各成矿亚带地质背景、矿产特征以及物化遥自然重砂等综合信息进行了分析，建立了重要矿种预测评价模型；将同一区域内、同一成矿系统，成矿作用相同或相近的矿种（组）最小预测区归并划分出综合预测区，并提出了勘查部署建议。

本书适合勘查、科研及管理部门相关人员使用，对于矿产勘查具有重要的参考价值。

图书在版编目(CIP)数据

江苏省重要矿产资源预测研究/黄震，王海欧等著．—武汉：中国地质大学出版社，2017.7
（江苏省重要矿产资源潜力评价成果系列丛书）
ISBN 978-7-5625-3988-9

Ⅰ．①江…
Ⅱ．①黄…②王…
Ⅲ．①矿产资源-资源预测-研究-江苏
Ⅳ．①F426.1

中国版本图书馆 CIP 数据核字(2017)第 143138 号

江苏省重要矿产资源预测研究 黄震 王海欧 **等著**

责任编辑：舒立霞 赵颖弘 选题策划：毕克成 刘桂涛 赵颖弘 责任校对：张咏梅

出版发行：中国地质大学出版社（武汉市洪山区鲁磨路 388 号） 邮编：430074
电 话：(027)67883511 传 真：(027)67883580 E-mail：cbb@cug.edu.cn
经 销：全国新华书店 Http://www.cugp.cug.edu.cn

开本：880 毫米×1230 毫米 1/16 字数：558 千字 印张：17.625
版次：2017 年 7 月第 1 版 印次：2017 年 7 月第 1 次印刷
印刷：武汉中远印务有限公司 印数：1—1500 册

ISBN 978-7-5625-3988-9 定价：258.00 元

江苏省重要矿产资源潜力评价领导小组
（第一阶段:2006—2010 年）

组　　长:陶培荣　江苏省国土资源厅党组书记　厅长

副 组 长:刘　聪　江苏省国土资源厅副厅长

孙大亮　江苏省地质矿产勘查局副局长

潘树仁　江苏煤炭地质局副局长

许建荣　江苏省有色金属华东地质勘查局副局长

毛凤鸣　中石化江苏石油勘探局副总经理

成　　员:郑锡泉　江苏省国土资源厅勘查处处长

向绍荷　江苏省国土资源厅财务处处长

崔德庚　江苏省国土资源厅储量处处长

钱智敏　江苏省国土资源厅科技处处长

李如海　江苏省国土资源厅规划处处长

袁晓军　江苏省地质调查研究院院长

项目办公室及成员

主　　任:刘　聪

成　　员:郑锡泉　陈火根　刘　勇　刘沈衡　张新华　王传礼　夏　延　陈汉永

江苏省重要矿产资源潜力评价领导小组
（第二阶段:2010—2013 年）

组　　长:夏　鸣　江苏省国土资源厅党组书记　厅长

副 组 长:祖耀升　江苏省国土资源厅副厅长

孙大亮　江苏省地质矿产勘查局巡视员

潘树仁　江苏煤炭地质局副局长

许建荣　江苏省有色金属华东地质勘查局副局长

毛凤鸣　中石化江苏石油勘探局副总经理

成　　员:顾迅建　江苏省国土资源厅规划处处长

黄克蓉　江苏省国土资源厅勘查处处长

王黎明　江苏省国土资源厅资源处处长

崔　娟　江苏省国土资源厅科技处处长

孙卫东　江苏省国土资源厅财务处处长

朱锦旗　江苏省地质调查研究院院长

项目办公室及成员

主　　任:祖耀升

成　　员:黄克蓉　陈火根　吴加和　刘沈衡　张新华　夏　延　邱祖林　郑锡泉

《江苏省重要矿产资源预测研究》

著者:黄　震　王海欧　魏　芳　来又东　黄建平　廖家隆

序

江苏省位于中国东部沿海，长江、淮河下游，是我国重要的金融、航运、贸易、经济、文化、教育中心，在我国的国民经济建设中占有举足轻重的地位。

江苏省被称为“中国地质工作的摇篮”，地质矿产调查工作开展得较早，早在1924年刘季辰、赵汝钧等就对江苏全境进行了区域调查，著有《江苏地质志》。尔后，李毓尧、朱森、李捷、李四光、谢家荣、程裕淇、孙健初、陈恺等老一辈地质学家先后在本区地质矿产各个领域开展了调查，积累了大量资料。新中国成立后为了社会经济建设发展的需要，本区地质工作也迅速开展，地质、冶金、石油、煤炭、建材等系统在本区开展了大量地质普查找矿和勘探工作，先后发现了一批具工业价值的矿产，为本区工业发展提供了矿产资源和能源保障。

随着地方经济建设的高速发展，对矿物原料的需求逐年上升，人均资源占有量严重不足，供需矛盾十分突出。为贯彻落实《国务院关于加强地质工作的决定》中提出的“积极开展矿产远景调查和综合研究，科学评估区域矿产资源潜力，为科学部署矿产资源勘查提供依据”的要求和精神，国土资源部部署了全国矿产资源潜力评价工作，并将该项工作纳入国土资源大调查。

江苏省矿产资源潜力评价由江苏省地质调查研究院组织实施，江苏长江地质勘查院、华东有色地质矿产勘查开发院、江苏省地质矿产调查研究所、江苏省地质资料馆等单位协作。项目总体目标任务是全面开展江苏省矿产资源潜力预测评价，在现有工作程度的基础上基本摸清江苏省矿产资源的“家底”，为矿产资源保障能力和勘查部署决策提供依据。

自2007年6月正式启动以来，项目的各项工作严格按国土资源部、中国地质调查局的技术要求和统一部署进行。根据本区已有地质工作程度、成矿地质背景条件、矿产分布特征，选择煤炭、铁、铜、铅、锌、金、磷、钼、银、硫铁矿、萤石11个矿种开展资源潜力评价工作，累计完成各类图件编制2007张、图件数据库建设1623个，编写图件说明书1623份，编制各类成果报告49份，全面完成了预期的目标任务，取得了丰硕成果。

(1)首次以板块构造理论为基础，编制了江苏省大地构造图，为区域成矿地质作用研究和矿产预测奠定了坚实的地质基础和依据，进一步提高了江苏省区域地质研究程度。

(2)首次系统地利用地质、矿产、物探、化探、遥感、自然重砂等多学科资料，针对铁、铜、金等10个矿种及不同矿床类型，系统地建立了全省35个典型矿床的成矿模式、综合找矿模型和41个预测工作区区域成矿模式及区域找矿模型，丰富和发展了省内区域成矿理论，提升了综合信息矿产预测技术水平。

(3)系统总结了利用重磁组合异常直接判别铁矿异常、金铜多金属矿的控矿要素评价解释方法；利用磁法、化探资料开展了全省铁矿、铜矿的定量预测与研究；利用典型岩石剖面测量成果，采用面积、厚度加权方法获得了全省及三大地质构造单元元素丰度值；采用地质衬值法，编制了全省39个元素地球化学衬值异常图，极大地丰富了金、铜、铅锌、钼等多金属矿找矿信息。

(4)系统地利用地质、物探、化探、遥感、自然重砂等综合信息，全程应用GIS技术进行了全省重要矿产资源潜力评价与预测研究，估算了资源量，圈定了一批重要找矿预测区。

(5)系统对江苏省聚煤规律进行了科学总结，以煤田地质理论为指导，深入开展了全省煤炭资源禀赋规律研究，建立了典型煤田成煤模式；以构造控煤作用研究为核心，揭示不同构造背景煤炭资源的聚集和赋存规律，对指导深部找矿发挥了重要作用。

(6)首次系统建立了江苏省完整的地学数据库，实现了矿产资源潜力预测研究全程信息化、工作手段计算机化，为江苏省矿产资源总体规划和专项规划、找矿突破战略行动以及国土资源“一张图”工程打下了坚实的基础。

江苏省矿产资源潜力评价在基础地质、典型矿床与成矿规律研究、预测方法、数据库建设中取得了一系列创新性成果，总体达到国际先进水平。项目成果是制订江苏省国民经济中长期发展规划，研究制定矿产资源战略，加强宏观调控的重要依据；是科学规划合理部署、努力实现找矿重大新突破、缓解资源瓶颈的基础工作；是发展和推广利用成矿新理论、勘查新技术新方法，促进科研与调查密切结合的重要举措。该项成果的及时转化应用，必将为江苏省社会经济发展、地学研究和地质找矿实现新突破发挥重要作用。

中国工程院院士

2017 年 2 月 20 日

前　言

《江苏省重要矿产资源预测研究》是“江苏省及上海市矿产资源潜力评价”项目专题成果之一，是在“江苏省及上海市重要矿种矿产预测成果报告”的基础上精炼而成。

本次研究开始于2007年，至2013年完成项目工作，包括单矿种矿产预测和省级汇总分析研究两个阶段。预测矿种包括铁、铜、铅、锌、银、金、钼、磷、硫铁矿、萤石、煤矿11个重要矿种。

单矿种预测评价：以矿产预测类型作为矿产预测评价的基本单元，通过典型矿床及预测工作区成矿地质背景和成矿规律研究，提取成矿要素，结合物探、化探、遥感和自然重砂等综合信息分析，确定典型矿床及区域预测要素，建立预测模型；使用全国项目办提供的MRAS预测平台，采用矿床模型综合预测方法和地质体积法实现矿床定位预测和定量预测。编制了典型矿床及预测工作区预测要素图、预测成果图，省级单矿种预测成果图等。

汇总研究分析：以Ⅳ级成矿亚带为单元，对省内单矿种预测成果进行了汇总分析，首次编制了全省重要矿产预测类型谱系表。对各成矿亚带地质背景、矿产特征，以及物探、化探、遥感和自然重砂综合信息进行了分析，建立了重要矿种预测评价模型。在全省单矿种(组)潜力评价成果的基础上，以Ⅳ级成矿亚带为单元，将同一区域内、同一成矿系统中，成矿作用相同或相近的矿种(组)最小预测区归并划分出33个综合预测区。根据各综合预测区特征及重要矿产预测成果，提出了省内各Ⅳ级成矿亚带多矿种综合预测区的勘查部署建议，编制了江苏省及上海市重要矿产综合预测成果图和重要矿产勘查部署建议图。

《江苏省重要矿产资源预测研究》是参与项目专题工作全体人员集体智慧的结晶。项目实施及本书编写过程中得到了中国地质调查局、中国地质科学院、全国项目办及专题汇总组、大区项目办、江苏省国土资源厅及省级项目办领导与专家的大力支持和具体指导，在此一并表示感谢。

著　者
2016年12月

目　　录

第一章 概 述

第一节 项目概况

一、目标任务

为了贯彻落实《国务院关于加强地质工作的决定》中提出的“积极开展矿产远景调查和综合研究，科学评估区域矿产资源潜力，为科学部署矿产资源勘查提供依据”的要求和精神，国土资源部部署了全国矿产资源潜力评价工作，并将该项工作纳入国土资源大调查项目。“江苏省及上海市矿产资源潜力评价”是“全国矿产资源潜力评价”计划项目的工作项目，由江苏省地质调查研究院组织实施，江苏长江地质勘查院、华东有色地质矿产勘查开发院、江苏省地质矿产调查研究所、江苏省地质资料馆等单位协作。工作周期为2007—2013年。

总体目标任务：全面开展江苏省及上海市矿产资源潜力预测评价，在现有工作程度的基础上基本摸清江苏省及上海市矿产资源“家底”，为矿产资源保障能力和勘查部署决策提供依据。具体包括：

(1)在现有地质工作程度的基础上，充分利用我国基础地质调查和矿产勘查工作成果和资料，应用现代矿产资源评价理论方法和GIS评价技术，开展江苏省及上海市煤炭、铁、铜、铅、锌、金、磷、钼、银、硫、萤石等的资源潜力评价，基本摸清矿产资源潜力及其空间分布。

(2)开展江苏省及上海市成矿地质背景、成矿规律、物探、化探、遥感、自然重砂、矿产预测等项工作的研究，编制各项工作的基础和成果图件，建立江苏省及上海市矿产资源潜力评价相关的地质、矿产、物探、化探、遥感、自然重砂空间数据库。

二、技术路线

“江苏省及上海市矿产资源潜力评价”项目包括：成矿地质背景、成矿规律、矿产预测、重力资料应用、磁测资料应用、化探资料应用、遥感资料应用、自然重砂资料应用、综合信息集成等研究专题。矿产预测为项目核心及最终目标，其总体工作流程如图1-1所示。

矿产预测研究技术路线：全面收集和分析本省区域成矿地质背景、区域成矿特征、物探、化探、遥感、自然重砂等综合信息、成矿规律研究工作成果等，确定预测评价重要矿种及矿床预测类型，划分矿床预测类型预测工作区，确定预测方法类型；根据重要矿种的某一矿床预测类型的典型矿床及区域成矿规律研究成果，建立区域成矿模式；应用已知矿床的区域成矿模式，全面解析区域地质背景，主要控矿因素，物探、化探、遥感、自然重砂等综合信息及矿化特征，确定预测要素，建立预测模型；对未知区进行类比预测，采用地质单元法圈定最小预测区，运用MRAS软件中特征分析法结合专家优选，对圈定的最小预测区进行优选；采用矿床模型综合地质信息体积法（简称地质体积法）估算预测资源量；根据成矿地质条件、综合信息和预测资源量等对圈定的预测区进行地质评价，并分类分级；按数据模型要求，编制预测成果图件并建立数据库；编写成果报告。

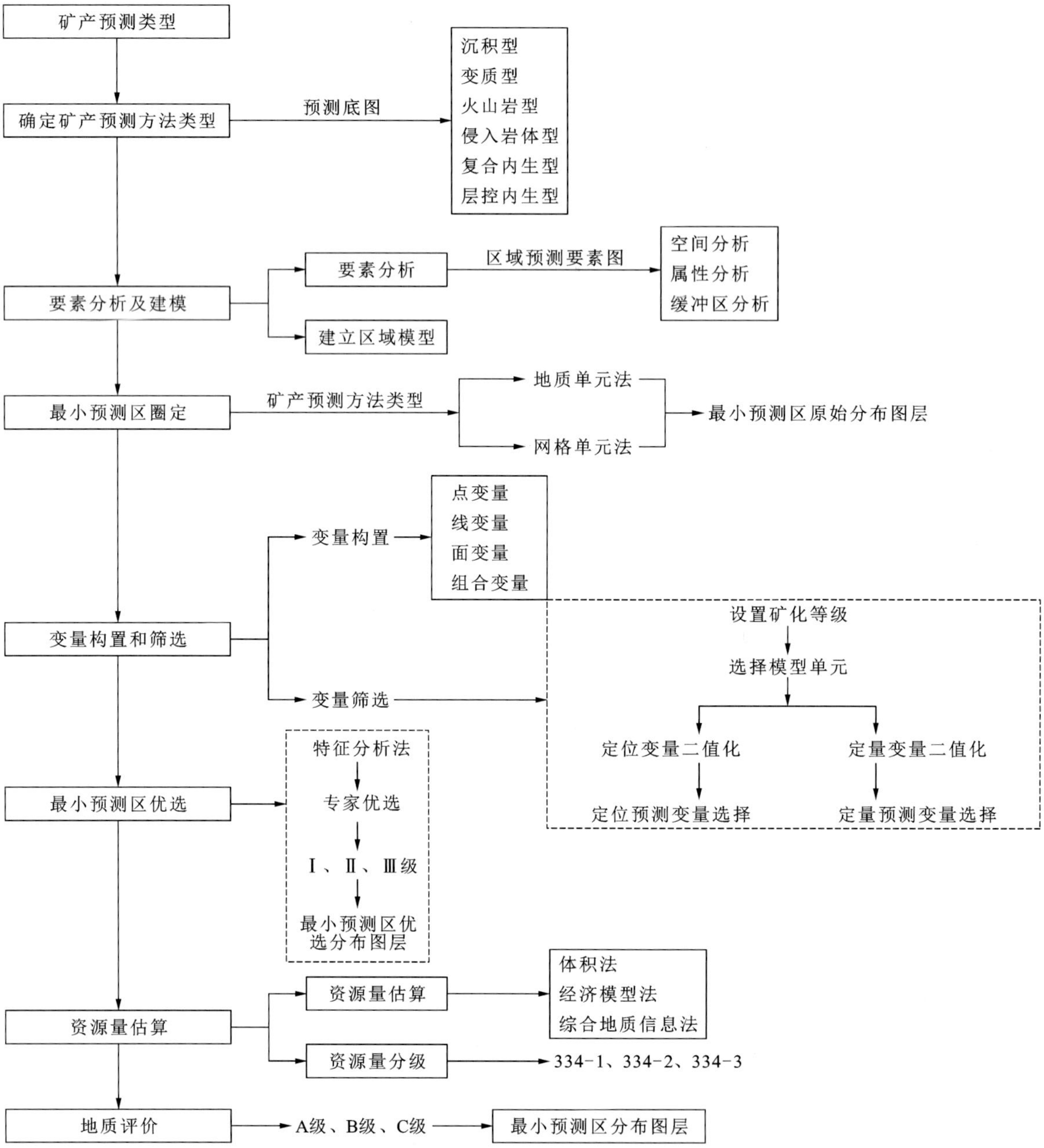

图 1-1 矿产预测工作流程图

三、预测矿种及预测工作区

根据国土资源部和中国地质调查局的总体部署和统一安排，本次全国矿产资源潜力评价部署矿种共 25 个，整个评价工作分为 2 个阶段。

第一阶段（2007—2010 年）：全国部署煤炭、铀、铁、铜、铅、锌、金、钨、锑、稀土、铝、钾、磷 13 个矿种的资源潜力评价工作。

第二阶段(2011—2012 年):全国部署锰、镍、锡、铬、钼、银、硼、锂、硫、萤石、菱镁矿、重晶石 12 个矿种的资源潜力评价工作。

江苏省结合本区已有地质工作程度、成矿地质背景条件、已知矿产成矿特征及分布特点,第一阶段工作选择了煤炭、铁、铜、铅、锌、金、磷 7 个矿种开展资源潜力评价工作,第二阶段开展了钼、银、硫铁矿、萤石 4 个矿种的潜力评价工作。

针对本省选择的 11 个矿种,经成矿特征分析和综合研究划分出 26 个矿产预测类型,选取 33 个矿床作为本次潜力评价典型矿床,其中铁矿典型矿床 12 个、铜矿典型矿床 5 个、铅锌银矿典型矿床 3 个、金矿典型矿床 5 个、钼矿典型矿床 2 个、磷矿典型矿床 2 个、硫铁矿典型矿床 3 个、萤石矿典型矿床 1 个。划分的矿产预测类型预测工作区有 43 个,其中铁矿 12 个、铜矿 6 个、铅锌矿 4 个、金矿 9 个、磷矿 2 个、钼矿 3 个、银矿 2 个、硫铁矿 4 个、萤石矿 1 个(图 1-2～图 1-5)。

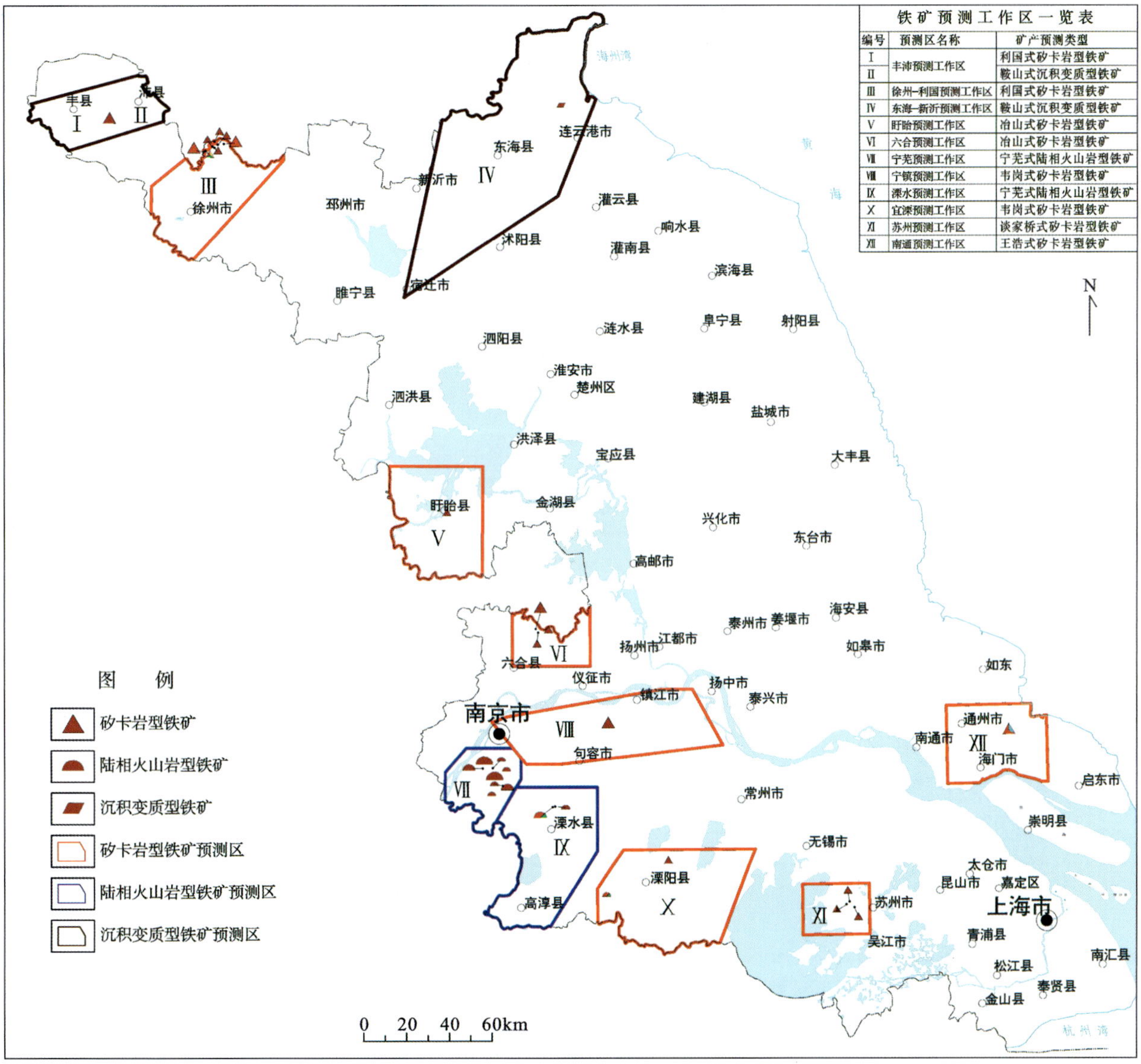

图 1-2　江苏省铁矿预测工作区分布示意图

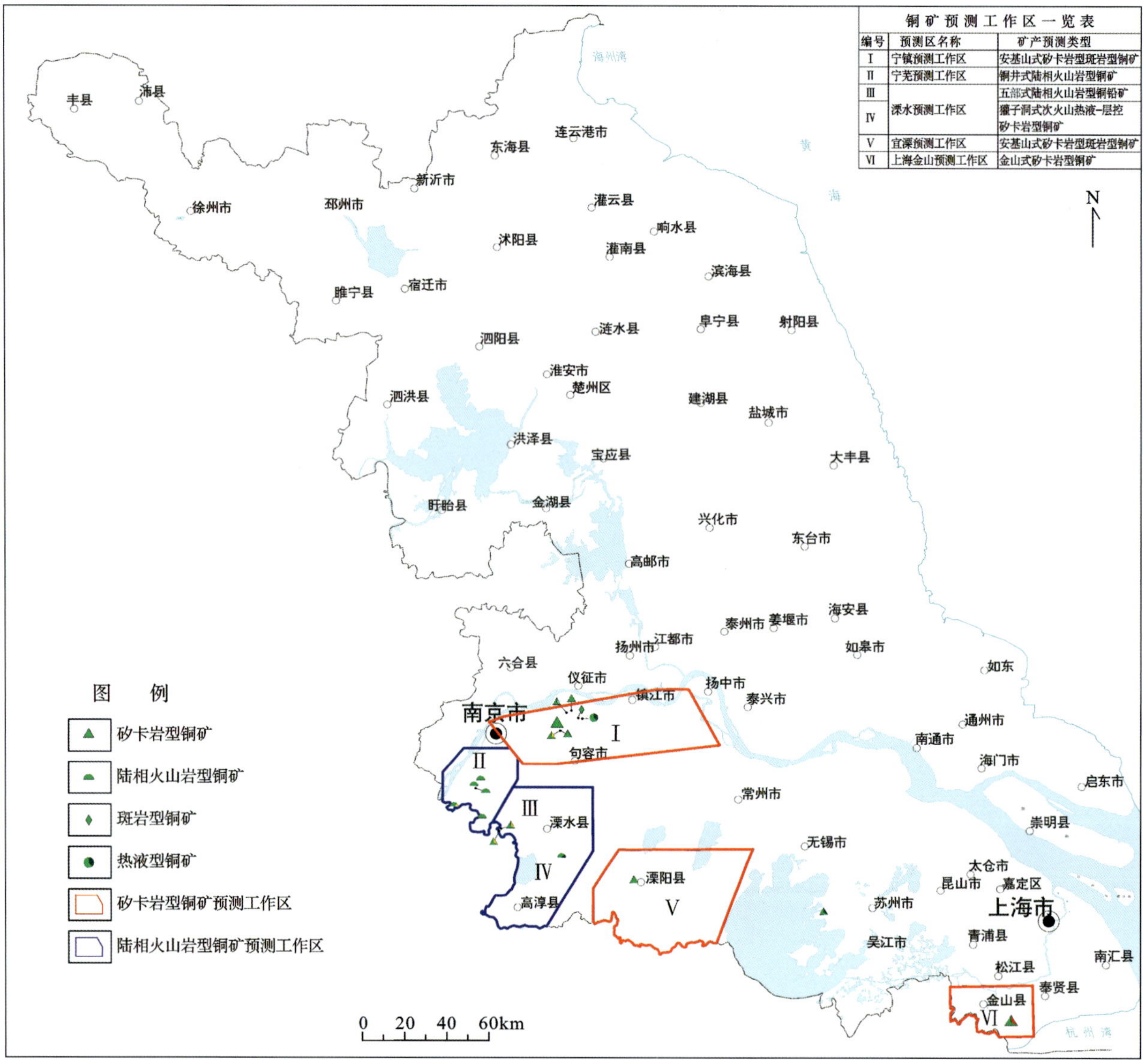

图 1-3　江苏省铜矿预测工作区分布示意图

根据本省成矿特点及已知矿产分布特征，多个矿种及不同矿产预测类型预测工作区的范围是一致的，本次矿产预测研究所涉及的重要矿种及预测工作区详见表 1-1。

表 1-1　江苏省及上海市重要矿产预测工作区一览表

预测工作区名称	矿产预测类型	面积(km^2)	矿种
丰沛预测工作区	利国式矽卡岩型铁矿 鞍山式沉积变质型铁矿	1322	铁
徐州-利国预测工作区	利国式矽卡岩型铁矿 焦家式破碎蚀变岩型金矿	1706	铁、金
东海-新沂预测工作区	鞍山式沉积变质型铁矿 焦家式破碎蚀变岩型金矿	5417	铁、金
连云港-泗洪预测工作区	海州式沉积变质型磷矿	9856	磷矿

续表 1-1

预测工作区名称	矿产预测类型	面积(km²)	矿种
盱眙预测工作区	冶山式矽卡岩型铁矿 谏壁式斑岩型钼矿	2000	铁、钼
六合预测工作区	冶山式矽卡岩型铁矿	703	铁
宁芜预测工作区	宁芜式陆相火山岩型铁矿 铜井式陆相火山岩型铜金矿 玢岩式岩浆期后型磷矿 云台山式陆相火山岩型硫铁矿	944	铁、铜、金、磷矿、硫铁矿
宁镇预测工作区	韦岗式矽卡岩型铁矿 安基山式矽卡岩型斑岩型铜矿 栖霞山式碳酸盐岩(层控热液)型铅锌银矿 汤山式卡林型金矿 新桥式铁帽型金矿 铜山式矽卡岩型钼矿 谏壁式斑岩型钼矿 铜陵式矽卡岩型硫铁矿	2350	铁、铜、金、铅、锌、银、钼、硫铁矿
溧水预测工作区	宁芜式陆相火山岩型铁矿 獾子洞式次火山热液-层控矽卡岩型铜矿 五部式陆相火山岩型铜铅矿 西横山式破碎蚀变岩型金矿 铜井式陆相火山岩型金矿 云台山式陆相火山岩型硫铁矿	2222	铁、铜、金、铅、锌、硫铁矿
宜溧预测工作区	韦岗式矽卡岩型铁矿 安基山式矽卡岩型斑岩型铜矿 吴宅式矽卡岩型铅锌矿 新桥式铁帽型金矿 侵入岩体内及接触带型金矿	2127	铁、铜、金、铅、锌
苏州西部预测工作区	谈家桥式矽卡岩型铁矿 吴宅式矽卡岩型铅锌银矿 铜陵式矽卡岩型硫铁矿 俞石泉式热液充填型萤石矿	722	铁、铅、锌 银、硫铁矿、萤石
南通王浩预测工作区	王浩式矽卡岩型铁矿	1539	铁
金山预测工作区	金山式矽卡岩型铜矿	794	铜(铁、金、锌)

四、预测研究的数据基础和质量评述

(一)数据基础

全省重要矿产预测成果汇总和综合研究是在已完成的省级单矿种潜力评价成果基础上进行的，汇总所需原始资料必须经全国项目办组织的阶段性成果验收和成果复核合格。所需收集整理的预测成果

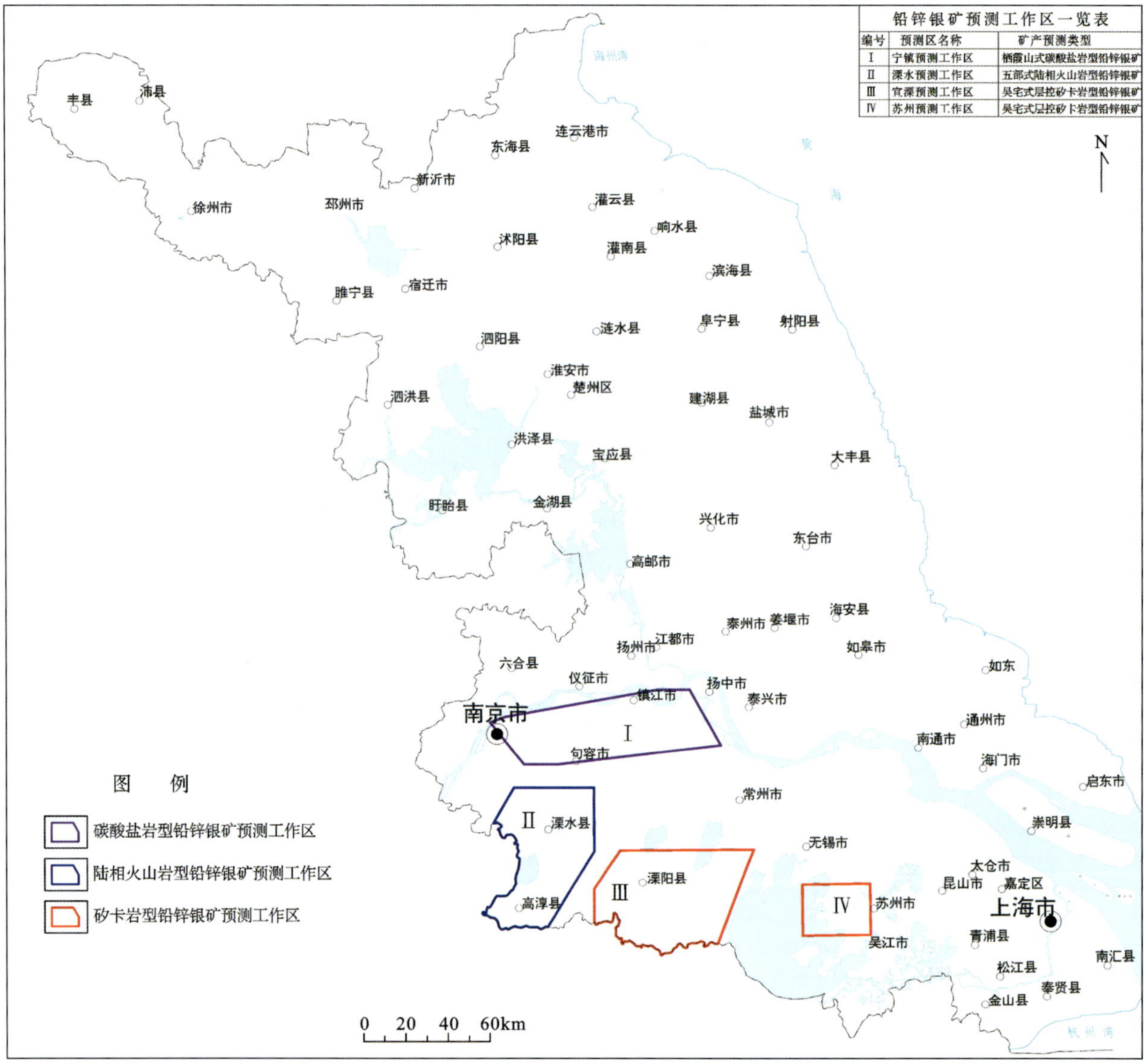

图 1-4　江苏省铅、锌、银矿预测工作区分布示意图

资料包括：

(1)文字报告。单矿种资源潜力评价成果报告和单矿种预测资源量估算说明书。

(2)图件。省级矿产预测类型分布图、典型矿床成矿要素图、典型矿床预测要素图、预测工作区区域成矿要素图、预测工作区区域预测要素图、省级单矿种(组)区域成矿规律图、省级区域成矿规律图、预测工作区矿产预测类型预测成果图、省级单矿种(组)预测成果图、省级单矿种(组)勘查工作部署图、省级单矿种(组)未来矿产开发基地预测图。

(3)相关图件属性库。

数据表:矿产预测类型最小预测区数据表。

数据表:矿产预测类型最小预测区共伴生矿产数据表(EXCEL 数据表)。

数据表:典型矿床深部及外围预测成果数据表。

数据表:典型矿床深部及外围共伴生矿产数据表(EXCEL 数据表)。

数据表:成矿区带预测成果汇总数据表。

数据表:省级单矿种(组)2 级预测区成果数据表。

数据表:省级单矿种(组)2 级预测区共伴生预测成果数据表(EXCEL 数据表)。

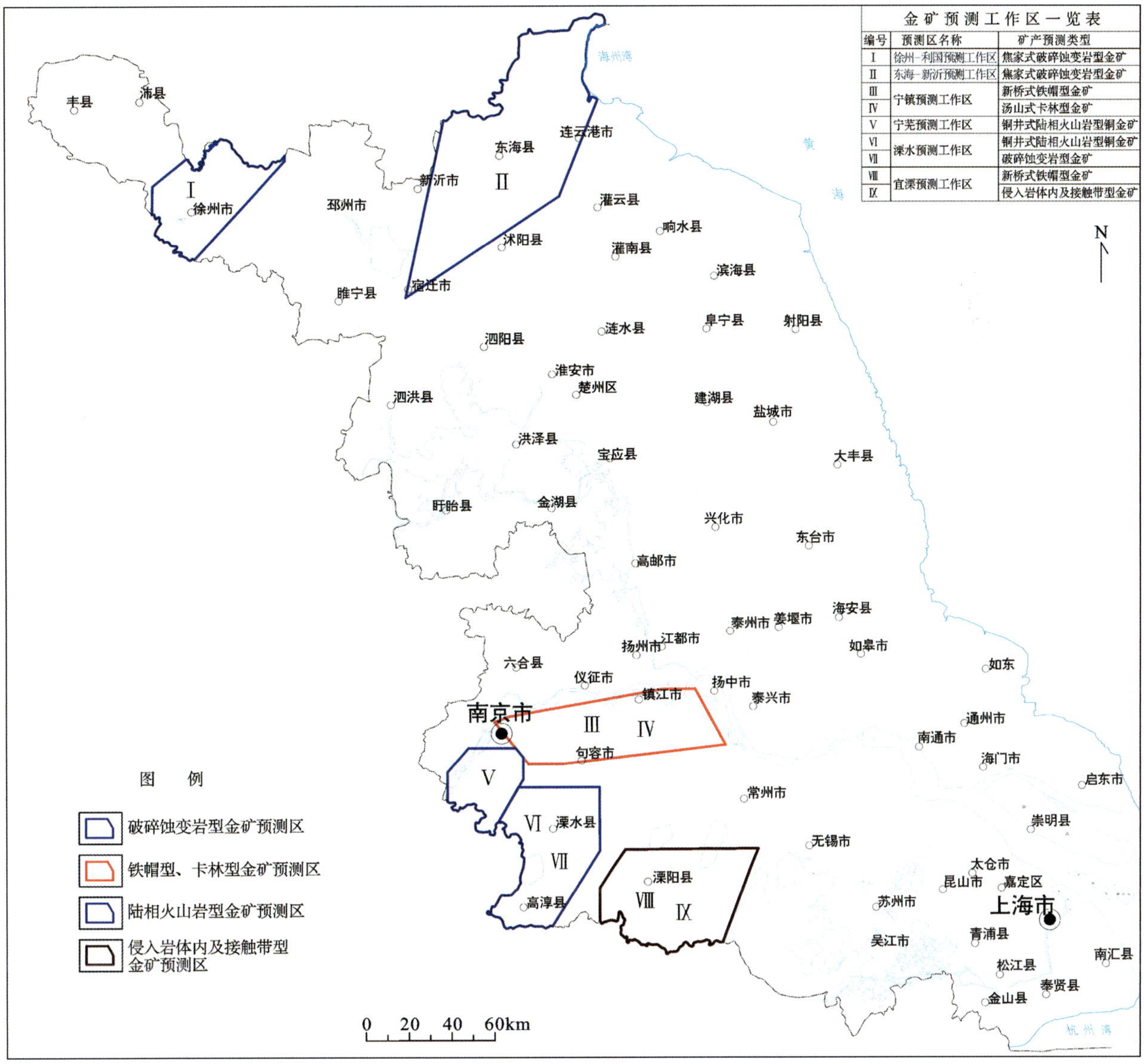

图 1-5　江苏省金矿预测工作区分布示意图

数据表：省级单矿种（组）预测工作区预测成果数据表。
数据表：勘查工作部署建议数据表。
数据表：未来矿产开发基地预测数据表。
数据表：已有工作程度数据表。

（二）质量评述

江苏省及上海市矿产资源潜力评价项目自 2007 年 6 月正式启动以来，各项工作严格按国土资源部、中国地质调查局的统一安排和部署进行，完成了预期的工作任务和年度工作目标。

第一阶段开展工作的铜、铅、锌、金、磷单矿种资源潜力评价成果报告及专题研究成果，于 2011 年 3 月通过全国矿产资源潜力评价项目办公室组织的专家评审（铁矿为 2010 年 1 月通过评审，煤矿为 2010 年 12 月通过评审验收），成果质量均为优良以上，其中成矿规律与矿产预测专题成果评审为优秀。

第二阶段的钼、银、硫铁矿和萤石 4 个单矿种潜力评价成果报告及专题研究成果于 2012 年 7 月通过全国矿产资源潜力评价项目办公室组织的专家评审，评分均为优良以上，其中成矿规律与矿产预测专题成果评审为优秀。

江苏省及上海市重要矿产潜力评价工作均按全国项目办统一技术要求进行，两个阶段完成的 11 个矿种的潜力评价成果报告符合项目办规定要求，所有图件及数据库均按数据模型要求进行编制。成果通过评审后，根据专家评审意见进行了修改完善，并通过全国汇总组及大区主导、全国汇总组参与的成果复核后上交全国汇总组使用。因此，省级预测成果汇总和综合研究所使用的单矿种潜力评价矿产预测成果资料数据均为合格数据。

第二节　矿产预测研究的历史及现状

1983—1984 年，江苏省地质矿产局在全省 1∶20 万区域地质调查总结的基础上，广泛搜集和利用地质、冶金、煤炭、石油、化工、建材、科研及教学等系统的有关地质矿产资料，编制了《江苏省区域矿产总结》，比较系统地总结研究了本省地质矿产工作成果。在研究重点金属矿产成矿区（带）的成矿地质条件，解剖典型矿床及了解矿床形成过程和各过程内在联系的基础上，初步建立了主要成矿区（带）的成矿模式，并通过区域地质矿产特征类比方法，进行了成矿预测，提出了 A 类远景区 4 处，B 类远景区 19 处，C 类远景区 12 处。各类非金属矿产按工业用途划分矿种，并按矿种及矿床类型进行了系统的归纳、整理，其中对某些矿产（如磷、硫）进行了成矿规律研究，并提出了找矿远景区。

在原地矿部的统一部署下，江苏省分别于 1979—1985 年、1992—1994 年进行了两轮成矿远景区划工作，两轮区划均以定性预测为主。1984—1989 年，以一轮区划成果为基础，开展了全省铁、铜，多金属，金、银、硫铁矿等矿产资源总量预测工作。两轮区划及资源总量预测研究成果为国家和本省中长期规划及地质找矿的宏观部署提供了重要依据。

1979—1985 年开展的一轮成矿区划，选择矿种 25 个，其中金属矿产有铁、铜、铅、锌、锶、锗、锰、铬、金、铌钽、稀土、铀等，非金属矿产有高岭土、黄铁矿、磷、膨润土、凹凸棒石黏土、蓝晶石、石灰岩、白云岩、型砂、含钾岩石、石膏、蛇纹岩、硅石、轻质建材、铸石、萤石、沸石、明矾石、硼、陶土原料等。本轮区划共圈定 51 个金属矿产成矿远景区、18 个非金属矿产成矿远景区。

1992—1994 年开展的二轮成矿区划，选择 13 个矿种（或矿组），分别为金、铅锌银、铜、优质高岭土、金刚石、磷、金红石、蛇纹岩、优质石灰岩、白云岩、盐类矿产、钨锡铌钽、第四纪砂砾与黏土。本次成矿区划全省共圈定铜、金预测区 20 个、铅锌银预测区 17 个、优质高岭土预测区 7 个、海州式磷矿预测区 11 个、原生金刚石预测区 5 个、岩盐（石膏）预测区 7(4)个、金红石预测区 5 个、蛇纹岩预测区 4 个、优质石灰岩预测区 23 个、白云岩预测区 9 个、建筑用砂预测区 4 个、下蜀黏土（苏南段）预测区 5 个、钨锡铌钽预测区3 个。

1984—1989 年，原江苏地矿局根据地矿部成矿远景区划工作的统一部署，在一轮区划成果的基础上，开展了全省铁、铜，多金属，金、银、硫铁矿等矿产资源总量预测工作。《江苏省铁、铜、多金属、金矿资源总量预测及方法研究》首次对全省铁、铜、多金属、金矿的资源潜力进行了科学的、系统的预测。预测深度－1000m 以浅，预测方法以主观概率法、矿床模型法为主，辅以特征分析、逻辑信息法、亲近率特征分析、成矿可能度法等预测方法。经定性预测和定量估算筛选后，共圈定预测靶区 125 处，其中以铁矿为主（包括伴生铜、金、锌）的预测靶区 35 处、硫铁矿预测靶区 14 处、铜矿预测靶区 18 处、铜钼矿预测靶区 3 处、多金属矿（包括铜铅锌硫和铅锌银硫矿组合）预测靶区 44 处、金（铜）矿预测靶区 11 处。预测资源量：铁矿 24 970.83×10^4t、硫铁矿 12 032.20×10^4t、铜矿 770 906.97t、铅矿 2 162 318.08t、锌矿 3 652 412.69t、钼矿 6727.30t、银矿 3741.99t、金矿 37.33t。

第三节 预测成果综合研究的工作思路和方法

江苏省及上海市重要矿种预测成果汇总及综合研究工作按全国汇总组提出的汇总技术要求进行，总的技术思路：以本省区Ⅳ级成矿区（带）为纲，汇总各区（带）成矿规律研究成果及重要矿产单矿种预测成果，以地质成矿作用为前提，将区带内相关矿种的Ⅱ级预测区成果进行归并，划分多矿种综合预测区，提出综合勘查部署建议，编制预测成果汇总报告、综合预测成果图件及数据库。整个汇总工作分为资料整理型汇总和综合研究型汇总。研究汇总流程见图 1-6。

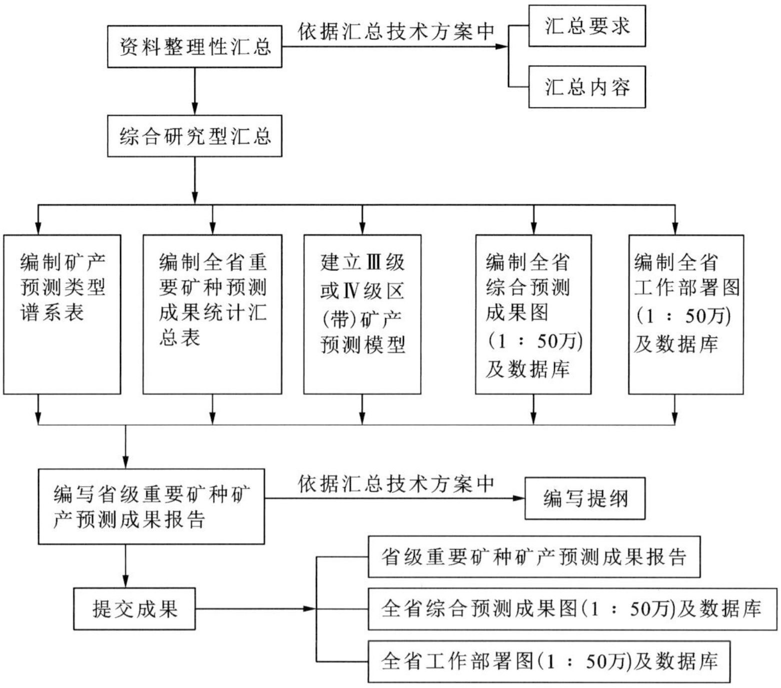

图 1-6 省级矿产预测成果汇总流程图(引自全国矿产预测汇总组，2012)

一、资料整理型汇总

工作内容：主要是汇总本次潜力评价完成的单矿种潜力评价成果资料，包含文字报告、图件及数据库。提交的单矿种预测成果资料必须是经过全国项目办组织的阶段性成果验收，并根据专家意见进行了全面修改并复核验收。

二、综合研究型汇总

矿产预测成果综合研究型汇总是本专题最终开展研究的主要工作，工作方法及主要内容如下。

1. 编制全省矿产预测类型谱系表

在本省Ⅳ级成矿亚带的基础上编制矿产预测类型谱系表，内容重点强调成矿时代和所属成矿区

(带)以及主要预测要素。

2. 建立重要矿种Ⅳ级成矿区(带)矿产预测模型

主要内容包括:通过对区(带)内各矿种的系统总结和高度归纳,建立区(带)内矿种预测模型(多个类型要按顺序列出),预测模型主要涉及:①预测要素表;②预测要素图。

3. 编制全省综合预测成果图(1∶50万)

(1)底图:①省级地质矿产图;②Ⅲ级或Ⅳ级成矿区(带)图;③重要矿种的重要预测要素图。
(2)综合预测区图层。
(3)矿产地图层:点文件,不同类型使用不同符号,且按照大、中、小规模表示。

4. 编制全省工作部署建议图(1∶50万)

(1)底图:①省级地质矿产图;②Ⅲ级或Ⅳ级成矿区(带)图;③综合预测区图层。
(2)未来矿产勘查开发基地及工作部署建议图层:面文件和线文件,部署依据主要是综合预测区级别及已有地质工作程度等因素。
(3)矿产地图层:点文件,不同类型使用不同符号,且按照大、中、小规模表示。

5. 编制全省综合预测成果数据库

数据库格式按全国汇总组汇总技术方案规定格式。

6. 编制全省工作部署建议数据库

数据库格式按全国汇总组汇总技术方案规定格式。

7. 全省重要矿种预测成果统计汇总

(1)预测区统计。主要内容包括最小预测区(Ⅰ级)汇总:分省级、Ⅳ级成矿亚带和不同矿产预测类型的重要矿种最小预测区总数和A级、B级、C级数量;Ⅱ级预测区成果汇总:分省级、Ⅳ级成矿亚带统计Ⅱ级预测区总数和A级、B级、C级数量;预测工作区汇总:统计全省、Ⅳ级成矿亚带预测工作区总数,不同矿产预测类型预测工作区数量。此外,还要统计综合预测区的个数,以及A级数量、B级数量、C级数量。
(2)资源量统计。主要内容包括全省查明资源储量汇总、预测资源量汇总。此外,还要统计各综合预测区各矿种预测资源量。
在以上成果统计分析中,通过必要的图表和相应的图件,分析和总结预测成果的统计规律。

8. 编写成果报告

在单矿种预测成果汇总分析的基础上,编写矿产预测研究专题成果报告。

第二章　矿产预测成果

第一节　矿产预测类型谱系

矿产预测类型是开展本次矿产预测工作的基本单元，典型矿床研究、区域成矿规律研究、矿产预测工作都以此为基本单元。凡是在同一地质作用下形成的，成矿要素和预测要素基本一致，可以在同一预测底图上完成预测工作的矿床、矿点和矿化线索可以归为同一矿产预测类型。根据这一原则，在此次江苏省及上海市矿产资源潜力评价工作中，对铁、铅、锌、银、铜、金、钼、磷、硫铁矿、萤石 10 个重要矿种共划分出了 26 个矿产预测类型进行预测评价，其中铁矿有 7 个矿产预测类型，铅锌(银)矿种组有 3 个矿产预测类型，铜(金)矿有 4 个矿产预测类型，金矿有 5 个矿产预测类型，钼矿有 2 个矿产预测类型，磷矿有 2 个矿产预测类型，硫铁矿有 2 个矿产预测类型，萤石矿有 1 个矿产预测类型，共分布在 6 个Ⅳ级成矿亚带中，各具体矿产预测类型及其分布区域参见图 2-1。江苏省及上海市矿产预测类型谱系表是在总结整理各矿产预测类型的主要预测要素、其所属成矿时代及其与Ⅳ级成矿亚带对应关系等内容的基础上编制而成(表 2-1)。

通过图 2-1 和表 2-1 可以看出，在江苏省及上海市的 7 个Ⅳ级成矿亚带中，Ⅲ-69-②沿江铜、铁、金、多金属、硫成矿亚带在省内共计有铁、铅、锌、银、铜、金、钼、磷、硫铁矿 9 个矿种的 16 个矿产预测类型，是涉及矿种及矿产预测类型最多的一个成矿亚带，也是本次预测评价工作中最为重要和复杂的一个成矿亚带，本亚带也是长江中下游成矿带的一个主要的Ⅳ级成矿单元；其次则是Ⅲ-69-③宣州-苏州铜、钼、金、银、铅、锌成矿亚带，在省内共计有铁、铅、锌、银、铜、金、硫铁矿、萤石 8 个矿种的 9 个矿产预测类型，是省内另一个重要的成矿亚带；再次是Ⅲ-64-①鲁西金、铁、铝土矿、煤、金刚石成矿亚区，在省内有铁、金 2 个矿种的 3 个矿产预测类型；Ⅲ-67-③苏鲁金、铁成矿亚带，在省内也只有铁、金、磷 3 个矿种的 3 个矿产预测类型；而Ⅲ-69-①庐江-滁州铜、金、铁、钼、铅、锌、银、硫成矿亚带在本省内的范围较小，主要包含盱眙地区，有铁、钼 2 个矿种的 2 个矿产预测类型；同样Ⅲ-71-⑤天目山-金山铜、铅、锌、银、金、钨、锡、铌、钽、铁、萤石成矿亚带在江苏省及上海市内的范围也较小，主要包括上海地区，只有铜 1 个矿种的 1 个矿产预测类型。

根据各单矿种的已知资源量及本次 2000m 以浅的预测成果并结合开采条件等因素分析，宁芜式陆相火山岩型铁矿、韦岗式矽卡岩型铁矿、利国式矽卡岩型铁矿、栖霞山式碳酸盐岩型(层控热液型)铅锌(银)矿、安基山式矽卡岩型斑岩型铜矿、铜井式陆相火山岩型铜金矿、新桥式铁帽型金矿、西横山式破碎蚀变岩型金矿、汤山式卡林型(微细浸染型)金矿、海州式沉积变质型磷矿、云台山式陆相火山岩型硫铁矿等预测类型的矿产在本省的成矿条件较好，预测资源量较为可观，有较好的找矿前景；鞍山式沉积变质型铁矿、焦家式破碎蚀变岩型金矿两个预测类型的矿产尽管在本省目前仅发现少量的矿(化)点，但其成矿条件较好，具有一定的资源前景。

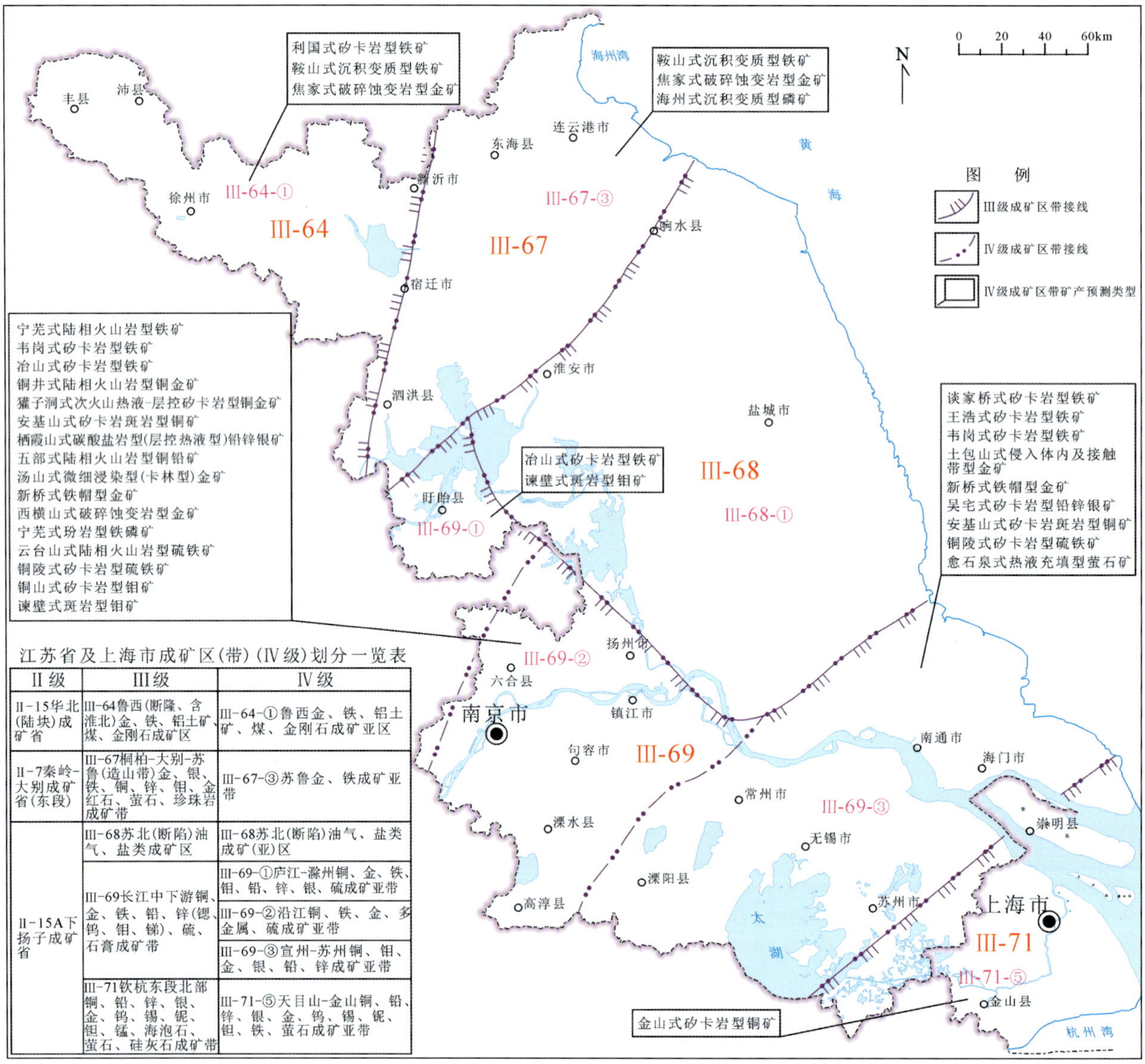

江苏省及上海市成矿区(带)(Ⅳ级)划分一览表

Ⅱ级	Ⅲ级	Ⅳ级
Ⅱ-15华北(陆块)成矿省	Ⅲ-64鲁西(断隆、含淮北)金、铁、铝土矿、煤、金刚石成矿区	Ⅲ-64-①鲁西金、铁、铝土矿、煤、金刚石成矿亚区
Ⅱ-7秦岭-大别成矿省(东段)	Ⅲ-67桐柏-大别-苏鲁(造山带)金、银、铁、铜、锌、钼、金红石、萤石、珍珠岩成矿带	Ⅲ-67-③苏鲁金、铁成矿亚带
Ⅱ-15A下扬子成矿省	Ⅲ-68苏北(断陷)油气、盐类成矿区	Ⅲ-68苏北(断陷)油气、盐类成矿(亚)区
	Ⅲ-69长江中下游铜、金、铁、铅、锌(锶、钨、钼、锑)、硫、石膏成矿带	Ⅲ-69-①庐江-滁州铜、金、铁、钼、铅、锌、银、硫成矿亚带
		Ⅲ-69-②沿江铜、铁、金、多金属、硫成矿亚带
		Ⅲ-69-③宣州-苏州铜、钼、金、银、铅、锌成矿亚带
	Ⅲ-71钦杭东段北部铜、铅、锌、银、金、钨、锡、铌、钽、锰、海泡石、萤石、硅灰石成矿带	Ⅲ-71-⑤天目山-金山铜、铅、锌、银、金、钨、锡、铌、钽、铁、萤石成矿亚带

图 2-1　江苏省Ⅳ级成矿亚带矿产预测类型分布示意图

第二节　预测区成果统计分析

在成矿规律研究的基础上，通过地质、物探、化探、遥感、自然重砂等综合信息分析，确定预测要素，建立预测模型。运用 MRAS、MapGIS 等软件平台，对未知区进行类比预测，采用综合信息地质单元法圈定最小预测区，并采用特征分析法结合专家优选，对圈定的最小预测区进行优选和排序。全省铁、铜等 10 个矿种共圈定出最小预测区 413 个，其中 A 类 79 个、B 类 86 个、C 类 248 个。本次潜力评价全省 10 个矿种的预测成果统计分析如表 2-1 所示。

表 2-1 江苏省Ⅳ级成矿亚带矿产预测类型谱系表

编号	省份	省级矿产预测类型	成矿时代	所属成矿区带(Ⅳ级)	主要预测要素	全国评价模型	矿种	典型矿床
JS1	江苏省	宁芜式陆相火山岩型铁矿	白垩纪	Ⅲ-69-②沿江成矿亚带	深大断裂,火山岩盆地,辉石(辉长)闪长玢岩等次火山岩体,陆相火山岩地层,类矽卡岩型铁矿有三叠系黄马青组、周冲村组碳酸盐岩及膏盐建造,矿致磁异常	陆相火山岩型铁矿	铁	梅山铁矿、吉山铁矿、凤凰山铁矿、麒麟山铁矿、龙旗山铁矿
JS2	江苏省	韦岗式矽卡岩型铁矿	白垩纪	Ⅲ-69-②沿江成矿亚带 Ⅲ-69-③宣州-苏州成矿亚带	燕山晚期花岗(石英)闪长斑岩等中酸性岩体,碳酸盐岩建造,控矿构造,矿致磁异常	矽卡岩型铁矿	铁	韦岗铁矿
JS3	江苏省	冶山式矽卡岩型铁矿	白垩纪	Ⅲ-69-②沿江成矿亚带 Ⅲ-69-①庐江-滁州成矿亚带	燕山晚期中酸性岩体,碳酸盐岩建造,矿致磁异常	矽卡岩型铁矿	铁	冶山铁矿
JS4	江苏省	谈家桥式矽卡岩型锌铁矿	侏罗纪	Ⅲ-69-③宣州-苏州成矿亚带	燕山期中酸性岩体,碳酸盐岩建造,控矿构造,矿致磁异常	矽卡岩型铁矿	铁(锌、硫铁矿)	谈家桥锌铁矿
JS5	江苏省	王浩式矽卡岩型铁矿	白垩纪	Ⅲ-69-③宣州-苏州成矿亚带	燕山期中酸性岩体,碳酸盐岩建造,控矿构造,矿致磁异常	矽卡岩型铁矿	铁	王浩铁矿
JS6	江苏省	利国式矽卡岩型铁矿	侏罗纪	Ⅲ-64-①鲁西成矿亚区	燕山期中酸性岩体,碳酸盐岩建造,控矿构造,矿致磁异常	矽卡岩型铁矿	铁	墓山铁矿
JS7	江苏省	鞍山式沉积变质型铁矿	太古宙—元古宙	Ⅲ-64-①鲁西成矿亚区 Ⅲ-67-③苏鲁成矿亚带	太古宙—元古宙变质建造,矿致磁异常,控矿构造	沉积变质型铁矿	铁	

续表 2-1

编号	省份	省级矿产预测类型	成矿时代	所属成矿区带(Ⅳ级)	主要预测要素	全国评价模型	矿种	典型矿床
JS8	江苏省	栖霞山式碳酸盐岩型(层控热液型)铅锌银矿	白垩纪	Ⅲ-69-②沿江成矿亚带	中生代碳酸盐岩建造,控矿构造,化探组合异常	层控热液型铅锌银矿	铅、锌、银(金)	栖霞山铅锌银矿
JS9	江苏省	吴宅式矽卡岩型铅锌银矿	侏罗纪	Ⅲ-69-③宣州-苏州成矿亚带	燕山期中酸性岩体,碳酸盐岩建造,化探组合异常,控矿构造	矽卡岩型铅锌银矿	铅、锌、银(铜)	吴宅铅锌银矿
JS10	江苏省	五部式陆相火山岩型铜铅矿	晚侏罗世—白垩纪	Ⅲ-69-②沿江成矿亚带	中生代火山岩盆地,陆相火山岩建造,火山构造,对应化探组合异常,控矿构造	陆相火山岩型铜铅矿	铅、铜	观山铜铅矿
JS11	江苏省	獾子洞式次火山热液-层控矽卡岩型铜金矿	晚侏罗世—白垩纪	Ⅲ-69-②沿江成矿亚带	燕山中晚期中酸性次火山岩体,上侏罗统西横山组灰岩质砂砾岩,化探组合异常,控矿构造	陆相火山岩型铜金矿	铜、金	獾子洞铜金矿
JS12	江苏省	安基山式矽卡岩斑岩型铜矿	白垩纪	Ⅲ-69-②沿江成矿亚带 Ⅲ-69-③宣州-苏州成矿亚带	燕山晚期中酸性岩体,碳酸盐岩建造,化探组合异常,控矿构造	矽卡岩型铜矿	铜(硫铁矿)	安基山铜矿
JS13	上海市	金山式矽卡岩型铜矿	白垩纪	Ⅲ-71-⑤天目山-金山成矿亚带	燕山晚期中酸性岩体,中元古界金山岩群碳酸盐岩建造,磁异常梯度带	矽卡岩型铜矿	铜(锌、铁、金)	张堰铜矿
JS14	江苏省	铜井式陆相火山岩型铜金矿	白垩纪	Ⅲ-69-② 沿江成矿亚带	中生代火山岩盆地,陆相火山岩建造,火山构造,化探组合异常,自然重砂异常,控矿断裂	陆相火山岩型金矿	铜、金	铜井铜金矿
JS15	江苏省	汤山式微细浸染型(卡林型)金矿	白垩纪	Ⅲ-69-②沿江成矿亚带	早中奥陶世碳酸盐岩间的环形断裂破碎带,燕山期中酸性岩体,化探组合异常及自然重砂异常	微细浸染型(卡林型)金矿	金	汤山金矿

续表 2-1

编号	省份	省级矿产预测类型	成矿时代	所属成矿区带(Ⅳ级)	主要预测要素	全国评价模型	矿种	典型矿床
JS16	江苏省	新桥式铁帽型金矿	白垩纪	Ⅲ-69-②沿江成矿亚带	有利成矿岩性段内发育硅钙面的近东西向纵向断裂,化探组合异常及自然重砂异常	铁帽型-风化壳型金矿	金	平山头金矿
			白垩纪	Ⅲ-69-③宣州-苏州成矿亚带	有利成矿岩性段内的构造破碎带、化探组合异常及自然重砂异常			
JS17	江苏省	焦家式破碎蚀变岩型金矿	白垩纪	Ⅲ-64-①鲁西成矿亚区	控矿构造、中酸性有利成矿岩体、化探组合异常及自然重砂异常	破碎蚀变岩型金矿	金	
				Ⅲ-67-③苏鲁成矿亚带				
JS18	江苏省	西横山式破碎蚀变岩型金矿	白垩纪	Ⅲ-69-②沿江成矿亚带	燕山期中酸性次火山岩体附近及有利成矿岩性段内的断裂构造破碎带、化探组合异常及自然重砂异常	破碎蚀变岩型金矿	金	燕子口金矿
JS19	江苏省	土包山式侵入体内及接触带型金矿	白垩纪	Ⅲ-69-③宣州-苏州成矿亚带	燕山期中酸性岩体、碳酸盐岩建造,化探组合异常、自然重砂异常、控矿构造	侵入岩体内及接触带型金矿	金	土包山铁金矿
JS20	江苏省	铜山式矽卡岩型钼矿	白垩纪	Ⅲ-69-②沿江成矿亚带	燕山期中酸性岩体、碳酸盐岩建造、控矿构造、化探组合异常、磁异常	矽卡岩型钼矿	钼、铜	铜山铜钼矿
JS21	江苏省	谏壁式斑岩型钼矿	白垩纪	Ⅲ-69-①庐江-滁州成矿亚带	燕山期中酸性有利成矿岩体、碳酸盐岩建造、控矿构造、化探组合异常	斑岩型钼矿	钼(钨)	谏壁钼矿
				Ⅲ-69-②沿江成矿亚带				
JS22	江苏省	海州式沉积变质型磷矿	中元古代	Ⅲ-67-③苏鲁成矿亚带	中新元古界,变质建造,重力高值区、控矿构造	(海州式)变质型磷矿	磷	锦屏磷矿

续表 2-1

编号	省份	省级矿产预测类型	成矿时代	所属成矿区带(Ⅳ级)	主要预测要素	全国评价模型	矿种	典型矿床
JS23	江苏省	宁芜式玢岩型铁磷矿	白垩纪	Ⅲ-69-②沿江成矿亚带	中生代火山岩盆地，陆相火山岩建造、火山构造、磁异常	陆相火山岩型铁磷矿	磷	泰山铁磷矿
JS24	江苏省	云台山式陆相火山岩型硫铁矿	晚侏罗世—白垩纪	Ⅲ-69-②沿江成矿亚带	陆相火山岩建造、三叠系黄马青组碳酸盐岩建造、中酸性次火山岩体、火山构造、亲硫元素化探异常、重力高值区	陆相火山岩型硫铁矿	硫铁矿	云台山硫铁矿
JS25	江苏省	铜陵式矽卡岩型硫铁矿	晚侏罗世—白垩纪	Ⅲ-69-②沿江成矿亚带 Ⅲ-69-③宣州-苏州成矿亚带	燕山期中酸性岩体、碳酸盐岩建造、控矿构造、亲硫元素化探异常、重力高值区	矽卡岩型硫铁矿	硫铁矿	岔路口硫铁矿、潭山硫铁矿
JS26	江苏省	愈石泉式热液充填型萤石矿	侏罗纪	Ⅲ-69-③宣州-苏州成矿亚带	燕山期中酸性成矿岩体、有利地层岩性段、控矿构造及层间裂隙、磁异常、F元素异常	岩浆热液充填型萤石矿	萤石	俞石泉萤石矿

一、最小预测区成果统计

1. 全省最小预测区成果统计汇总

江苏省及上海市铁、铜等10个矿种预测圈定的最小预测区共413个，其中铁矿129个、铅锌矿29个、银矿11个、铜矿69个、金矿85个、钼矿26个、磷矿14个、硫铁矿44个、萤石矿6个。各矿种最小预测区类别及其数量统计如表2-2所示。

2. Ⅳ级成矿亚带最小预测区统计汇总

江苏省及上海市6个Ⅳ级成矿亚带中铁等10个矿种的最小预测区统计如表2-3所示，其中沿江成矿亚带及宣州-苏州成矿亚带涉及到的矿种及其最小预测区数量较多。

表2-2 江苏省重要矿种最小预测区统计表

矿种	重要矿种最小预测区类别及其数量			
	A类最小预测区(个)	B类最小预测区(个)	C类最小预测区(个)	合计(个)
铁	31	30	68	129
铅、锌	6	9	14	29
银	5	0	6	11
铜	10	24	35	69
金	8	15	62	85
钼	4	3	19	26
磷	4	0	10	14
硫铁矿	10	3	31	44
萤石	1	2	3	6
总计	79	86	248	413

表2-3 江苏省Ⅳ级成矿亚带重要矿种最小预测区统计表

Ⅳ级成矿亚带	A类最小预测区(个)	B类最小预测区(个)	C类最小预测区(个)
Ⅲ-64-①鲁西成矿亚区	铁:5;金:0	铁:0;金:1	铁:13;金:4
Ⅲ-67-③苏鲁成矿亚带	铁:0;金:0;磷:3	铁:2;金:0;磷:0	铁:6;金:11;磷:8
Ⅲ-69-①庐江-滁州成矿亚带	铁:0;钼:0	铁:1;钼:1	铁:2;钼:2
Ⅲ-69-②沿江成矿亚带	铁:18;铜:9;铅、锌:3;金:7;磷:1;银:2;钼:4;硫铁矿:8	铁:18;铜:22;铅、锌:5;金:11;磷:0;银:0;钼:2;硫铁矿:3	铁:37;铜:19;铅、锌:5;金:27;磷:2;银:2;钼:17;硫铁矿:24
Ⅲ-69-③宣州-苏州成矿亚带	铁:8;铜:0;铅、锌:3;金:1;银:3;萤石:1;硫铁矿:2	铁:9;铜:2;铅、锌:4;金:3;银:0;萤石:2;硫铁矿:0	铁:10;铜:13;铅、锌:9;金:20;银:4;萤石:3;硫铁矿:7
Ⅲ-71-⑤天目山-金山成矿亚带	铜:1	铜:0	铜:3

3. 重要矿种不同矿产预测类型最小预测区统计汇总

江苏省及上海市铁、铜等10个矿种的各矿产预测类型最小预测区统计如表2-4所示。根据各矿种矿产预测类型的最小预测区数量统计分析，铁矿最小预测区主要为陆相火山岩型及矽卡岩型；铅锌(银)矿最小预测区主要为矽卡岩型及碳酸盐岩型(层控热液型)；铜(金)矿最小预测区主要为矽卡岩型及陆相火山岩型；金矿最小预测区主要为陆相火山岩型、破碎蚀变岩型、铁帽型以及卡林型等；钼矿最小预测区为斑岩型及矽卡岩型；磷矿最小预测区则以沉积变质型为主；硫铁矿最小预测区为陆相火山岩型及矽卡岩型；萤石矿最小预测区则主要为热液充填型。

表2-4 江苏省重要矿种不同矿产预测类型最小预测区统计表

矿种	矿产预测类型	所属成矿区带(Ⅳ级)	最小预测区类别及数量			
			A类(个)	B类(个)	C类(个)	合计(个)
Fe	宁芜式陆相火山岩型铁矿	Ⅲ-69-②沿江成矿亚带	9	13	23	45
	韦岗式矽卡岩型铁矿	Ⅲ-69-②沿江成矿亚带	7	4	13	24
		Ⅲ-69-③宣州-苏州成矿亚带	4	7	1	12
	冶山式矽卡岩型铁矿	Ⅲ-69-②沿江成矿亚带	2	1	1	4
		Ⅲ-69-①庐江-滁州成矿亚带	0	1	2	3
	谈家桥式矽卡岩型铁矿	Ⅲ-69-③宣州-苏州成矿亚带	3	1	6	10
	王浩式矽卡岩型铁矿	Ⅲ-69-③宣州-苏州成矿亚带	1	1	3	5
	利国式矽卡岩型铁矿	Ⅲ-64-①鲁西成矿亚区	5	0	8	13
	鞍山式沉积变质型铁矿	Ⅲ-64-①鲁西成矿亚区	0	0	5	5
		Ⅲ-67-③苏鲁成矿亚带	0	2	6	8
PbZn(Ag)	栖霞山式碳酸盐岩型(层控热液型)铅锌(银)矿	Ⅲ-69-② 沿江成矿亚带	铅、锌:2; 银:2	铅、锌:0; 银:0	铅、锌:2; 银:2	铅、锌:4; 银:4
	吴宅式矽卡岩型铅锌(银)矿	Ⅲ-69-③宣州-苏州成矿亚带	铅、锌:3; 银:3	铅、锌:4; 银:0	铅、锌:9; 银:4	铅、锌:16; 银:7
	五部式陆相火山岩型铜铅矿	Ⅲ-69-② 沿江成矿亚带	铅:1; 铜:1	铅:5; 铜:5	铅:3; 铜:3	铅:9; 铜:9
Cu	獾子洞式次火山热液-层控矽卡岩型铜金矿	Ⅲ-69-②沿江成矿亚带	1	2	7	10
	安基山式矽卡岩型斑岩型铜矿	Ⅲ-69-②沿江成矿亚带	3	6	6	15
		Ⅲ-69-③宣州-苏州成矿亚带	0	2	13	15
	金山式矽卡岩型铜矿	Ⅲ-71-⑤天目山-金山成矿亚带	1	0	3	4

续表 2-4

矿种	矿产预测类型	所属成矿区带(Ⅳ级)	最小预测区类别及数量			
			A类（个）	B类（个）	C类（个）	合计(个)
Au	铜井式陆相火山岩型铜金矿	Ⅲ-69-②沿江成矿亚带	铜:4；金:3	铜:9；金:10	铜:3；金:9	铜:16；金:22
	汤山式微细浸染型(卡林型)金矿	Ⅲ-69-②沿江成矿亚带	2	0	2	4
	新桥式铁帽型金矿	Ⅲ-69-②沿江成矿亚带	1	1	11	13
		Ⅲ-69-③宣州-苏州成矿亚带	0	3	16	19
	焦家式破碎蚀变岩型金矿	Ⅲ-64-①鲁西成矿亚区	0	1	4	5
		Ⅲ-67-③苏鲁成矿亚带	0	0	11	11
	西横山式破碎蚀变岩型金矿	Ⅲ-69-② 成矿亚带	1	0	5	6
	土包山式侵入体内及接触带型金矿	Ⅲ-69-③宣州-苏州成矿亚带	1	0	4	5
Mo	铜山式矽卡岩型钼矿	Ⅲ-69-②沿江成矿亚带	3	1	10	14
	谏壁式斑岩型钼矿	Ⅲ-69-②沿江成矿亚带	1	1	7	9
		Ⅲ-69-①庐江-滁州成矿亚带	0	1	2	3
磷矿	海州式沉积变质型磷矿	Ⅲ-67-③苏鲁成矿亚带	3	0	8	11
	宁芜式玢岩型铁磷矿	Ⅲ-69-②沿江成矿亚带	1	0	2	3
硫铁矿	云台山式陆相火山岩型硫铁矿	Ⅲ-69-②沿江成矿亚带	3	0	11	14
	铜陵式矽卡岩型硫铁矿	Ⅲ-69-②沿江成矿亚带	5	3	13	21
		Ⅲ-69-③宣州-苏州成矿亚带	2	0	7	9
萤石	俞石泉式热液充填型萤石矿	Ⅲ-69-③宣州-苏州成矿亚带	1	2	3	6
合计			79	86	248	413

二、Ⅱ级预测区成果统计汇总

在预测圈定最小预测区的基础上，将在同一成矿远景区内，不同类型但具有相同的成矿地质背景的最小预测区进行合并，圈定Ⅱ级预测区。根据以上原则，各矿种圈定的Ⅱ级预测区统计分析如下。

1. 全省Ⅱ级预测区成果统计汇总

江苏省及上海市铁、铜等10个矿种合并后的Ⅱ级预测区共有104个，其类别及数量统计汇总如表2-5所示。

表 2-5　江苏省重要矿种Ⅱ级预测区统计表

矿种	Ⅱ级预测区类别及其数量			
	A 类Ⅱ级预测区(个)	B 类Ⅱ级预测区(个)	C 类Ⅱ级预测区(个)	合计(个)
铁	6	6	5	17
铅、锌	3	2	2	7
银	2	0	0	2
铜	7	6	6	19
金	8	6	18	32
钼	4	2	4	10
磷	1	1	2	4
硫铁矿	4	3	4	11
萤石	1	0	1	2
总计	36	26	42	104

2. Ⅳ级成矿亚带Ⅱ级预测区统计汇总

江苏省及上海市 6 个Ⅳ级成矿亚带中铁等 10 个矿种的Ⅱ级预测区统计汇总如表 2-6 所示。

表 2-6　江苏省Ⅳ级成矿亚带重要矿种Ⅱ级预测区统计表

Ⅳ级成矿亚带	A 类Ⅱ级预测区(个)	B 类Ⅱ级预测区(个)	C 类Ⅱ级预测区(个)
Ⅲ-64-①鲁西成矿亚区	铁:1;金:0	铁:1;金:1	铁:3;金:1
Ⅲ-67-③苏鲁成矿亚带	铁:0;金:0;磷 1	铁:1;金:0;磷:0	铁:1;金:3;磷:2
Ⅲ-69-①庐江-滁州成矿亚带	铁:0;钼:0	铁:0;钼:1	铁:1;钼:0
Ⅲ-69-②沿江成矿亚带	铁:4;铜:6;铅、锌:2;金:7;磷:0;银:1;钼:4;硫铁矿:3	铁:1;铜:5;铅、锌:0;金:4;磷:1;银:0;钼:1;硫铁矿:2	铁:0;铜:1;铅、锌:2;金:8;磷:0;银:0;钼:4;硫铁矿:3
Ⅲ-69-③宣州-苏州成矿亚带	铁:1;铜:0;铅、锌:1;金:1;银:1;萤石:1;硫铁矿:1	铁:3;铜:1;铅、锌:2;金:1;银:0;萤石:0;硫铁矿:1	铁:0;铜:4;铅、锌:0;金:6;银:0;萤石:1;硫铁矿:1
Ⅲ-71-⑤天目山-金山成矿亚带	铜:1	铜:0	铜:1

3. 各矿产预测类型Ⅱ级预测区统计汇总

江苏省及上海市铁等 10 个矿种的各矿产预测类型的Ⅱ级预测区类别及数量统计如表 2-7 所示。

表 2-7 江苏省重要矿种各矿产预测类型Ⅱ级预测区统计表

矿种	矿产预测类型	所属成矿区带(Ⅳ级)	Ⅱ级预测区类别及数量			
			A类(个)	B类(个)	C类(个)	合计(个)
铁	宁芜式陆相火山岩型铁矿	Ⅲ-69-②沿江成矿亚带	2	0	0	2
	韦岗式矽卡岩型铁矿	Ⅲ-69-②沿江成矿亚带	1	1	0	2
		Ⅲ-69-③宣州-苏州成矿亚带	1	1	0	2
	冶山式矽卡岩型铁矿	Ⅲ-69-②沿江成矿亚带	1	0	0	1
		Ⅲ-69-①庐江-滁州成矿亚带	0	0	1	1
	谈家桥式矽卡岩型铁矿	Ⅲ-69-③宣州-苏州成矿亚带	0	1	0	1
	王浩式矽卡岩型铁矿	Ⅲ-69-③宣州-苏州成矿亚带	0	1	0	1
	利国式矽卡岩型铁矿	Ⅲ-64-①鲁西成矿亚区	1	1	1	3
	鞍山式沉积变质型铁矿	Ⅲ-64-①鲁西成矿亚区	0	0	2	2
		Ⅲ-67-③苏鲁成矿亚带	0	1	1	2
铅锌(银)	栖霞山式碳酸盐岩型(层控热液型)铅锌(银)矿	Ⅲ-69-②沿江成矿亚带	铅、锌:1;银:1	铅、锌:0;银:0	铅、锌:0;银:0	铅、锌:1;银:1
	吴宅式矽卡岩型铅锌(银)矿	Ⅲ-69-③宣州-苏州成矿亚带	铅、锌:1;银:1	铅、锌:2;银:0	铅、锌:0;银:0	铅、锌:3;银:1
	五部式陆相火山岩型铜铅矿	Ⅲ-69-②沿江成矿亚带	铅:1;铜:1	铅:0;铜:2	铅:2;铜:0	铅:3;铜:3
铜	獾子洞式次火山热液-层控矽卡岩型铜金矿	Ⅲ-69-②沿江成矿亚带	1	1	0	2
	安基山式矽卡岩型斑岩型铜矿	Ⅲ-69-②沿江成矿亚带	1	2	1	4
		Ⅲ-69-③宣州-苏州成矿亚带	0	1	4	5
	金山式矽卡岩型铜矿	Ⅲ-71-⑤天目山-金山成矿亚带	1	0	1	2
金	铜井式陆相火山岩型铜金矿	Ⅲ-69-②沿江成矿亚带	铜:3;金:3	铜:0;金:3	铜:0;金:2	铜:3;金:8
	汤山式微细浸染型(卡林型)金矿	Ⅲ-69-②沿江成矿亚带	2	0	0	2
	新桥式铁帽型金矿	Ⅲ-69-②沿江成矿亚带	1	1	3	5
		Ⅲ-69-③宣州-苏州成矿亚带	0	0	4	4
	焦家式破碎蚀变岩型金矿	Ⅲ-64-①鲁西成矿亚区	0	1	1	2
		Ⅲ-67-③苏鲁成矿亚带	0	0	3	3
	西横山式破碎蚀变岩型金矿	Ⅲ-69-②沿江成矿亚带	1	0	3	4
	土包山式侵入体内及接触带型金矿	Ⅲ-69-③宣州-苏州成矿亚带	1	1	2	4

续表 2-7

矿种	矿产预测类型	所属成矿区带(Ⅳ级)	最小预测区类别及数量			
			A类（个）	B类（个）	C类（个）	合计(个)
钼	铜山式矽卡岩型钼矿	Ⅲ-69-②沿江成矿亚带	3	1	1	5
	谏壁式斑岩型钼矿	Ⅲ-69-②沿江成矿亚带	1	0	3	4
		Ⅲ-69-①庐江-滁州成矿亚带	0	1	0	1
磷矿	海洲式沉积变质型磷矿	Ⅲ-67-③苏鲁成矿亚带	1	0	2	3
	宁芜式玢岩型铁磷矿	Ⅲ-69-②沿江成矿亚带	0	1	0	1
硫铁矿	云台山式陆相火山岩型硫铁矿	Ⅲ-69-②沿江成矿亚带	1	1	1	3
	铜陵式矽卡岩型硫铁矿	Ⅲ-69-②沿江成矿亚带	2	1	2	5
		Ⅲ-69-③宣州-苏州成矿亚带	1	1	1	3
萤石	俞石泉式热液充填型萤石矿	Ⅲ-69-③宣州-苏州成矿亚带	1	0	1	2
合计			36	26	42	104

三、综合预测区成果统计汇总

在单矿种(组)潜力评价成果的基础上，将同一区域内、同一成矿系统，成矿作用相同或相近的矿种(组)最小预测区(或Ⅱ级预测区)归并划分综合预测区，以便于勘查部署。江苏省及上海市6个Ⅳ成矿亚带共圈定综合预测区33个。统计汇总如表2-8所示。

表 2-8　江苏省及上海市重要矿种Ⅳ级成矿亚带综合预测区统计表

Ⅳ级成矿亚带	A类预测区(个)	B类预测区(个)	C类预测区(个)	合计(个)
Ⅲ-64-①鲁西成矿亚区	1	2	2	5
Ⅲ-67-③苏鲁成矿亚带	1	0	7	8
Ⅲ-69-①庐江-滁州成矿亚带	0	1	0	1
Ⅲ-69-②沿江成矿亚带	10	2	0	12
Ⅲ-69-③宣州-苏州成矿亚带	4	2	0	6
Ⅲ-71-⑤天目山-金山成矿亚带	0	1	0	1
省级合计	16	8	9	33

四、预测工作区成果统计汇总

1. 全省预测工作区统计汇总

江苏省及上海市铁等10个矿种的预测类型预测工作区统计汇总如表2-9所示，总计为43个，其中铁矿的预测类型预测工作区最多，为12个。

表2-9　江苏省及上海市重要矿种预测类型预测工作区统计表

矿种	预测类型预测工作区数量(个)
铁	12
铅锌	4
银	2
铜	6
金	9
钼	3
磷	2
硫铁矿	4
萤石	1
总计	43

2. Ⅳ级成矿亚带预测工作区统计汇总

江苏省及上海市6个Ⅳ级成矿亚带中铁等10个矿种的预测类型预测工作区统计如表2-10所示，其中沿江成矿亚带中涉及到各矿种的预测类型预测工作区最为复杂，其次为宣州-苏州成矿亚带。

表2-10　Ⅳ级成矿亚带重要矿种预测类型预测工作区统计表

Ⅳ级成矿亚带	预测类型预测工作区(个)
Ⅲ-64-①鲁西成矿亚区	铁:3;金:1
Ⅲ-67-③苏鲁成矿亚带	铁:1;金:1;磷:1
Ⅲ-69-①庐江-滁州成矿亚带	铁:1;钼:1
Ⅲ-69-②沿江成矿亚带	铁:4;铜:4;铅、锌:2;金:5;磷:1;银:1;钼:2;硫铁矿:3
Ⅲ-69-③宣州-苏州成矿亚带	铁:3;铜:1;铅、锌:2;金:2;银:1;萤石:1;硫铁矿:1
Ⅲ-71-⑤天目山-金山成矿亚带	铜:1

3. 各矿种矿产预测类型预测工作区统计汇总

江苏省及上海市铁等10个矿种的预测类型预测工作区统计如表2-11所示，共计有43个预测类型预测工作区。

表 2-11　江苏省重要矿种矿产预测类型预测工作区统计表

矿种	矿产预测类型	所属成矿区带(Ⅳ级)	预测类型预测工作区(个)
铁	宁芜式陆相火山岩型铁矿	Ⅲ-69-②沿江成矿亚带	2
	韦岗式矽卡岩型铁矿	Ⅲ-69-②沿江成矿亚带	1
		Ⅲ-69-③宣州-苏州成矿亚带	1
	冶山式矽卡岩型铁矿	Ⅲ-69-②沿江成矿亚带	1
		Ⅲ-69-①庐江-滁州成矿亚带	1
	谈家桥式矽卡岩型铁矿	Ⅲ-69-③宣州-苏州成矿亚带	1
	王浩式矽卡岩型铁矿	Ⅲ-69-③宣州-苏州成矿亚带	1
	利国式矽卡岩型铁矿	Ⅲ-64-①鲁西成矿亚区	2
	鞍山式沉积变质型铁矿	Ⅲ-64-①鲁西成矿亚区	1
		Ⅲ-67-③苏鲁成矿亚带	1
铅锌(银)	栖霞山式碳酸盐岩型(层控热液型)铅锌(银)矿	Ⅲ-69-②沿江成矿亚带	铅、锌:1;银:1
	吴宅式矽卡岩型铅锌(银)矿	Ⅲ-69-③宣州-苏州成矿亚带	铅、锌:2;银:1
	五部式陆相火山岩型铜铅矿	Ⅲ-69-②沿江成矿亚带	铅、锌:1;铜:1
铜	獾子洞式次火山热液-层控矽卡岩型铜金矿	Ⅲ-69-②沿江成矿亚带	1
	安基山式矽卡岩斑岩型铜矿	Ⅲ-69-②沿江成矿亚带	1
		Ⅲ-69-③宣州-苏州成矿亚带	1
	金山式矽卡岩型铜矿	Ⅲ-71-⑤天目山-金山成矿亚带	1
金	铜井式陆相火山岩型铜金矿	Ⅲ-69-②沿江成矿亚带	铜:1;金:2
	汤山式微细浸染型(卡林型)金矿	Ⅲ-69-②沿江成矿亚带	1
	新桥式铁帽型金矿	Ⅲ-69-②沿江成矿亚带	1
		Ⅲ-69-③宣州-苏州成矿亚带	1
	焦家式破碎蚀变岩型金矿	Ⅲ-64-①鲁西成矿亚区	1
		Ⅲ-67-③苏鲁成矿亚带	1
	西横山式破碎蚀变岩型金矿	Ⅲ-69-②沿江成矿亚带	1
	土包山式侵入体内及接触带型金矿	Ⅲ-69-③宣州-苏州成矿亚带	1
钼	铜山式矽卡岩型钼矿	Ⅲ-69-②沿江成矿亚带	1
	涑壁式斑岩型钼矿	Ⅲ-69-②沿江成矿亚带	1
		Ⅲ-69-①庐江-滁州成矿亚带	1
磷矿	海州式沉积变质型磷矿	Ⅲ-67-③苏鲁成矿亚带	1
	宁芜式玢岩型铁磷矿	Ⅲ-69-②沿江成矿亚带	1
硫铁矿	云台山式陆相火山岩型硫铁矿	Ⅲ-69-②沿江成矿亚带	2
	铜陵式矽卡岩型硫铁矿	Ⅲ-69-②沿江成矿亚带	1
		Ⅲ-69-③宣州-苏州成矿亚带	1
萤石	俞石泉式热液充填型萤石矿	Ⅲ-69-③宣州-苏州成矿亚带	1
合计			43

第三节　预测资源量成果分析

1. 省级预测资源量统计汇总

江苏省及上海市铁、铜、铅锌、银、金、钼、磷、硫、萤石等重要矿种(组)的不同深度预测资源量见表2-12,通过与已查明资源量的对比分析,可知各矿种已查明资源量占预测资源总量(已查明资源量与预测资源量之和)的比值相对较小,各矿种相对于已知资源量仍有较大的资源潜力(图2-2),但由于现有地质资料、工作程度以及认识的限制,对各矿种1000m以深的资源量具有很大的不可预测性,因此在此次潜力评价工作中,各矿种预测资源量主要集中在1000m以浅,仅铁、铜(钼)及硫铁矿在1000~2000m以浅有少部分预测资源量(图2-3)。省内预测2000m以浅煤炭潜在资源量为535 265×10^4t(0~600m为29 075×10^4t,600~1000m为65 392×10^4t,1000~1500m为255 393×10^4t,1500~2000m为185 405×10^4t)。

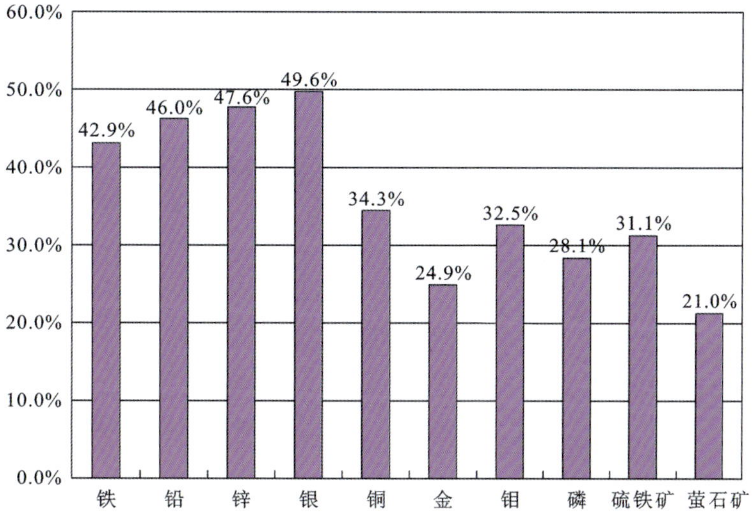

图2-2　重要矿种查明资源量与预测资源总量比值分析图

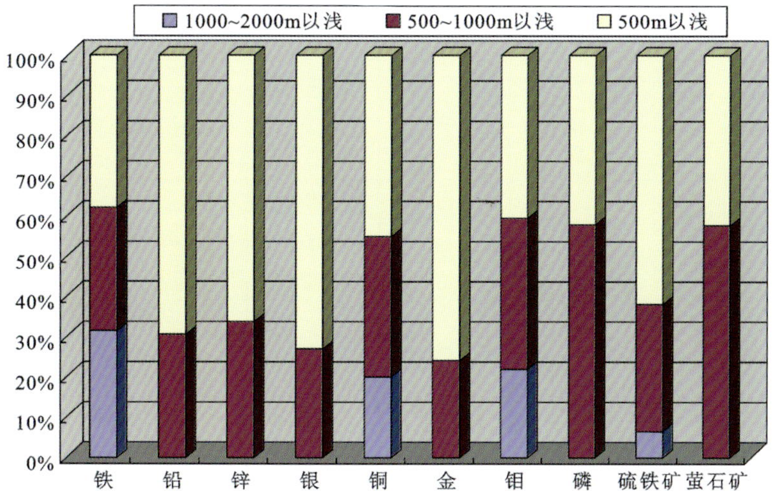

图2-3　重要矿种预测资源量按深度统计分析图

表 2-12　江苏省重要矿种预测资源量汇总表

矿种	单位	500m 以浅				1000m 以浅				2000m 以浅			
		334-1	334-2	334-3	合计	334-1	334-2	334-3	合计	334-1	334-2	334-3	合计
铁矿	$\times10^3$t	230 992.0	68 916.0	109 272.0	409 180.0	435 339.0	118 464.0	181 967.0	735 770.0	491 630.0	216 587.0	370 821.9	1 079 039.0
铜矿伴生铁	$\times10^3$t	0	0	222.9	222.9	0	0	536.2	536.2	0	0	536.2	536.2
铁矿总计	$\times10^3$t	230 992.0	68 916.0	109 494.9	409 402.9	435 339.0	118 464.0	182 503.2	736 306.2	491 630.0	216 587.0	371 358.1	1 079 575.2
铜矿	t	65 518.3	312 771	169 987	548 277.1	190 475	490 659	301 577.21	982 711.1	334 022.32	573 303.92	330 935.5	1 238 261.74
铅锌矿伴生 Cu	t	6801.76	2217.28	5116.68	14 135.72	10 832.81	2217.28	5900.31	19 000.4	10 882.81	2217.28	5900.31	19 000.4
铜矿总计	t	72 320.06	314 988.28	175 103.68	562 412.82	201 357.81	492 876.28	307 477.52	1 001 711.5	344 905.13	575 521.2	336 835.81	1 257 262.14
铅矿	t	45 982.9	82 223.5	523 807	652 013.7	315 972.3	109 062	543 290.4	968 324.7	315 972.3	109 062	543 290.4	968 324.7
金矿共生 Pb	t	0	10 395.13	59 146.14	69 541.27	0	10 395.13	59 146.14	69 541.27	0	10 395.13	59 146.14	69 541.27
铅矿总计	t	45 982.9	92 618.63	582 953.14	721 554.97	315 972.3	119 457.13	602 436.54	1 037 865.97	315 972.3	119 457.13	602 436.54	1 037 865.97
锌矿	t	45 741.1	69 855	1 005 099	1 120 695	529 836.1	69 854.97	1 029 788	1 629 479	529 836.1	69 854.97	1 029 788	1 629 479
铁矿共伴生 Zn	t	89 923.59	0	0	89 923.59	130 389.02	0	0	130 389.02	130 389.02	0	0	130 389.02
铜矿伴生 Zn	t	0	0	19 448.5	19 448.52	0	0	46 792.12	46 792.12	0	0	46 792.12	46 792.12
金矿共生 Zn	t	0	23 667.31	134 662.2	158 329.5	0	23 667.31	134 662.2	158 329.5	0	23 667.31	134 662.2	158 329.5
锌矿总计	t	135 664.69	93 522.31	1 159 209.7	1 388 396.6	660 225.12	93 522.28	1 211 242.3	1 964 989.6	660 225.12	93 522.28	1 211 242.3	1 964 989.6
银矿	t	188.16	0	1392.1	1580.26	754.19	0	1420.88	2175.07	754.19	0	1420.88	2175.07
金矿	kg	7082.58	21 910.4	30 998.9	59 991.89	10 080.95	31 859.45	34 708.37	76 648.77	10 080.95	31 859.45	34 708.37	76 648.77
铜矿伴生 Au	kg	595.91	445.75	1426.18	2467.84	595.91	445.75	1644.5	2686.16	595.91	445.75	1644.5	2686.16
铅锌矿伴生 Au	kg	0	0	11 157.4	11 157.35	6212.84	0	11 157.35	17 370.19	6212.84	0	11 157.35	17 370.19
金矿总计	kg	7678.49	22 356.15	43 582.48	73 617.08	16 889.7	32 305.2	47 510.22	96 705.12	16 889.7	32 305.2	47 510.22	96 705.12
钼矿	t	0	10 357.24	22 040.95	32 398.19	14 011.9	17 161.8	31 487.75	62 661.45	27 987.46	20 385.17	32 182.97	80 555.6
磷矿	$\times10^3$t	2128.9	0	125 674.0	127 802.7	125 872.5	0	180 441.4	306 313.9	12 5872.5	0	180 441.4	306 313.9
硫铁矿	$\times10^3$t	20 791.3	2713.9	87 966.1	111 471.3	54 074.66	5427.7	109 406.37	168 908.7	64 534.59	6551.3	109 406.37	180 492.26
其他矿种伴生硫	$\times10^3$t	63.9	2.02	0	65.92	67.317	4.04	0	71.357	75.655	5.252	0	80.9
萤石矿(CaF_2)	$\times10^3$t	2.3	123.7	417.21	543.21	364.18	236.77	695.34	1296.29	364.18	236.77	695.34	1296.29

注:表中铁、磷、硫铁矿为矿石量,萤石为 CaF_2 量,其余矿种为金属量。

表 2-13 江苏省重要矿种Ⅳ级成矿亚带预测资源量汇总表

成矿区带	500m 以浅	1000m 以浅	2000m 以浅
Ⅲ-64-①鲁西成矿亚区	铁：20 661.6×10^3t；金：11 085.76kg；煤炭（600m 以浅）：4706×10^4t	铁：87 266.9×10^3t；金：11 085.76kg；煤炭：22 239×10^4t	铁：189 435.1×10^3t；金：11 085.76kg；煤炭：385 961×10^4t
Ⅲ-67-③苏鲁成矿亚带	铁：5767.4×10^3t；金：8212.89kg；磷：115 736.7×10^3t	铁：11 287.8×10^3t；金：9987.65kg；磷：291 330.4×10^3t	铁：11 287.8×10^3t；金：9987.65kg；磷：291 330.4×10^3t
Ⅲ-69-①庐江-滁州成矿亚带	铁：3753.0×10^3t；钼：7866.49t	铁：4581.3×10^3t；钼：9947.31t	铁：4581.3×10^3t；钼：9947.31t
Ⅲ-69-②沿江成矿亚带	铁：333 188.0×10^3t；铜：471 925.2t；铅：478 861.0t，69 541.27t（金共伴生）；锌：834 918.9t，158 329.5t（金共伴生）；金：32 376.93kg，13 469.9kg（铜＋铅、锌共伴生）；磷：12 060.6×10^3t；银：1289.04t；钼：24 531.7t；硫铁矿：98 645.9×10^3t；煤炭（600m 以浅）：769×10^4t	铁：536 679.0×10^3t；铜：828 562.6t；铅：772 352.9t，69 541.27t（金共伴生）；锌：1 304 241.1t，158 329.5t（金共伴生）；金：47 259.05kg，19 682.74kg（铜＋铅、锌共伴生）；磷：14 983.4×10^3t；银：1802.17t；钼：52 714.14t；硫铁矿：151 578.4×10^3t；煤炭：7977×10^4t	铁：777 781.0×10^3t；铜：1 084 113.3t；铅：772 352.9t，69 541.27t（金共伴生）；锌：1 304 241.1t，158 329.5t（金共伴生）；金：47 259.05kg，19 682.74kg（铜＋铅、锌共伴生）；磷：14 983.4×10^3t；银：1802.17t；钼：70 608.29t；硫铁矿：163 161.91×10^3t；煤炭：18 593×10^4t
Ⅲ-69-③宣州-苏州成矿亚带	铁：45 808.2×10^3t；铜：25 119.42t，14 135.72t（铅、锌共伴生）；铅：173 152.7t；锌：285 776.2t，89 923.59t（铁共伴生）；金：8316.31kg；银：291.22t；萤石：543.21×10^3t；硫铁矿：12 825.41×10^3t；煤炭（600m 以浅）：23 600×10^4t	铁：95 953.8×10^3t；铜：30 885.78t，19 000.4t（铅、锌共伴生）；铅：195 971.8t；锌：325 237.6t，130 389.02t（铁共伴生）；金：8316.31kg；银：372.9t；萤石（CaF_2）：1296.29×10^3t；硫铁矿：17 330.35×10^3t；煤炭：64 251×10^4t	铁：95 953.8×10^3t；铜：30 885.78t，19 000.4t（铅、锌共伴生）；铅：195 971.8t；锌：325 237.6t，130 389.02t（Fe 共伴生）；金：8316.31kg；银：372.9t；萤石（CaF_2）：1296.29×10^3t；硫铁矿：17 330.35×10^3t；煤炭：130 711×10^4t
Ⅲ-71-⑤天目山-金山成矿亚带	铁（铜共伴生）：222.9×10^3t；铜：51 232.51t；锌：19 448.52t（铜共伴生）；金：155.29kg（铜共伴生）	铁（铜共伴生）：536.2×10^3t；铜：123 262.7t；锌：46 792.12t（铜共伴生）；金：373.61kg（铜共伴生）	铁（铜共伴生）：536.2×10^3t；铜：123 262.7t；锌：46 792.12t（铜共伴生）；金：373.61kg（铜共伴生）

注：表中铁、磷、硫铁矿、煤炭为矿石量，萤石为 CaF_2 量，其余矿种为金属量。

2. 全省Ⅳ级成矿亚带预测资源量统计汇总

全省 6 个Ⅳ级成矿区带各矿种预测资源量统计见表 2-13。Ⅲ-69-②沿江成矿亚带是省内最为重要的一个成矿亚带，以铁、铜、铅锌多金属为特色，大中型矿产地多，铁、铜、铅锌(银)、金及硫铁矿预测资源量较大，潜力较好；其次则为Ⅲ-69-③宣州-苏州成矿亚带，以铅锌多金属、萤石矿及铁矿为特色，中小型矿产地多，宜溧等部分地区的工作程度较低，铅锌(银)、金、铁及硫铁矿预测资源量相对较大，有一定的资源潜力；而Ⅲ-64-①鲁西成矿亚带则以铁矿、煤炭为特色，Ⅲ-67-③苏鲁成矿亚带则以磷矿为特色，其已知资源量及预测资源量都较为可观，并且通过与邻区的对比，这两个成矿亚带的“焦家式破碎蚀变岩型金矿”也有较大的潜在资源量，有一定的突破前景；此外，Ⅲ-69-①庐江-滁州成矿亚带在省内的范围较小，主要为铁及铜钼多金属，其预测资源量在省内所占比重较低，但区域内工作程度较低，有一定的成矿地质条件，可进一步工作；而Ⅲ-71-⑤天目山-金山成矿亚带在江苏省及上海市区域内主要为上海金山等地，范围较小，主要为铜多金属，其预测资源量在省内所占比重低。

3. 全省预测资源量分类分级统计

全省重要矿种预测资源量按精度统计如表 2-14 所示，其中 334-1 主要是小型及以上规模矿产地的深部及外围预测资源量，334-2 主要是矿(化)点深部及外围的预测资源量，334-3 则主要是暂时没有发现矿(化)点的成矿有利区域的预测资源量。

表 2-14　江苏省重要矿种预测资源量精度统计表

矿种	单位	预测资源量			
		334-1	334-2	334-3	合计
铁矿	$\times 10^3$ t	491 630.0	216 587.0	370 821.9	1 079 039.0
铜矿伴生铁矿	$\times 10^3$ t	0	0	536.2	536.2
铁矿合计	$\times 10^3$ t	491 630.0	216 587.0	371 358.1	1 079 575.2
铜矿	t	3 340 22.32	573 303.92	330 935.5	1 238 261.74
铅锌伴生 Cu	t	10 882.81	2217.28	5900.31	19 000.4
铜矿合计	t	344 905.13	575 521.2	336 835.81	1 257 262.14
铅矿	t	315 972.3	109 062	543 290.4	968 324.7
金矿共生 Pb	t	0	10 395.13	59 146.14	69 541.27
铅矿合计	t	315 972.3	119 457.13	602 436.54	1 037 865.97
锌矿	t	529 836.1	69 854.97	1 029 788	1 629 479
铁矿共伴生 Zn	t	130 389.02	0	0	130 389.02
铜矿伴生 Zn	t	0	0	46 792.12	46 792.12
金矿共生 Zn	t	0	23 667.31	134 662.2	158 329.5
锌矿合计	t	660 225.12	93 522.28	1 211 242.3	1 964 989.6
银矿	t	754.19	0	1420.88	2175.07
金矿	kg	10 080.95	31 859.45	34 708.37	76 648.77
铜矿伴生 Au	kg	595.91	445.75	1644.5	2686.16
铅锌矿伴生 Au	kg	6212.84	0	11 157.35	17 370.19
金矿合计	kg	16 889.7	32 305.2	47 510.22	96 705.12

续表 2-14

矿种	单位	预测资源量			
		334-1	334-2	334-3	合计
钼矿	t	27 987.46	20 385.17	32 182.97	80 555.6
磷矿	$\times10^3$ t	12 5872.5	0	180 441.4	306 313.9
硫铁矿	$\times10^3$ t	64 534.59	6551.3	109 406.37	180 492.26
其他矿种伴生硫	$\times10^3$ t	75.655	5.252	0	80.9
萤石矿(CaF_2)	$\times10^3$ t	364.18	236.77	695.34	1296.29
煤炭	$\times10^4$ t	200 676	162 937	171 652	535 265

注：表中铁、磷、硫铁矿、煤炭为矿石量，萤石为 CaF_2 量，其余矿种为金属量。

4. 全省预测资源量可利用性统计分析

全省重要矿种预测资源量可利用性统计如表 2-15 所示，其中部分矿种资源量暂不可利用的原因主要为水文条件、矿石选冶条件、城市发展因素等，比如宁芜地区的部分赤铁矿因选冶技术条件原因不可利用，南通地区王浩铁矿由于深覆盖及水文条件复杂暂不可利用。

表 2-15　江苏省各重要矿种预测资源量可利用性统计表

矿种	单位	可利用资源量				暂不可利用资源量				可利用占比
		334-1	334-2	334-3	合计	334-1	334-2	334-3	合计	
铁	$\times10^3$ t	359 192.6	107 720.9	162 556.1	629 469.6	132 437.4	108 866.1	208 262.4	449 565.9	58.34%
铜伴生铁	$\times10^3$ t	0	0	536.2	536.2	0	0	0	0	100%
铁合计	$\times10^3$ t	359 192.6	107 720.9	163 092.3	630 005.8	132 437.4	108 866.1	208 262.4	449 565.9	58.36%
铅	t	315 972.34	109 061.97	543 290.38	968 324.69	0	0	0	0	100%
金共生铅	t	0	10 395.13	59 146.14	69 541.27	0	0	0	0	100%
铅合计	t	315 972.34	119 457.1	602 436.52	1 037 865.96	0	0	0	0	100%
锌	t	529 836.14	69 854.97	1 029 787.6	1 629 478.71	0	0	0	0	100%
铁共伴生锌	t	130 389.02	0	0	130 389.02	0	0	0	0	100%
铜伴生锌	t	0	0	46 792.12	46 792.12	0	0	0	0	100%
金共生锌	t	0	23 667.31	134 662.15	158 329.46	0	0	0	0	100%
锌合计	t	660 225.16	93 522.28	1 211 241.87	1 964 989.31	0	0	0	0	100%
银	t	754.1935	0	1420.88	2175.0735	0	0	0	0	100%
铜	t	334 022.32	573 303.92	330 935.5	1 238 261.74	0	0	0	0	100%
铅锌伴生铜	t	10 882.81	2217.28	5900.31	19 000.4	0	0	0	0	100%
铜合计	t	344 905.13	575 521.2	336 835.81	1 257 262.14	0	0	0	0	100%
金	kg	10 080.95	31 859.45	34 708.37	76 648.77	0	0	0	0	100%

续表 2-15

矿种	单位	可利用资源量				暂不可利用资源量				可利用占比
		334-1	334-2	334-3	合计	334-1	334-2	334-3	合计	
铜伴生金	kg	595.91	445.75	1644.5	2686.16	0	0	0	0	100%
铅锌伴生金	kg	6212.84	0	11 157.35	17 370.19	0	0	0	0	100%
金合计	kg	16 889.7	32 305.2	47 510.22	96 705.12	0	0	0	0	100%
钼	t	14 011.9	10 563.98	31 487.75	62 661.45	13 975.56	3223.37	695.22	17 894.15	77.79%
磷	$\times 10^3$ t	121 162.0	0	170 168.4	291 330.4	4710.5	0	10 272.9	14 983.4	95.11%
硫铁矿	$\times 10^3$ t	9000.76	5427.73	47 287.6	61 716.09	8006.84	1123.57	0	9130.41	87.11%
萤石	$\times 10^3$ t	364.18	236.77	695.34	1296.29	0	0	0	0	100%
煤炭	$\times 10^4$ t	193 337	102 410	90 214	385 961	7339	60 527	81 438	149 304	72.11%

注：表中铁、磷、硫铁矿、煤炭为矿石量，萤石为 CaF_2 量，其余矿种为金属量。

5. 全省各矿产预测类型预测资源量统计

全省铁、铜等 10 个矿种的各矿产预测类型的预测资源量如表 2-16 所示，根据各矿种矿产预测类型的预测资源量统计分析(图 2-4～图 2-11)，铁矿预测资源量以陆相火山岩型为主，次为矽卡岩型；铅锌(银)矿以碳酸盐岩型(层控热液)为主，次为矽卡岩型；铜(金)矿以矽卡岩型为主，次为陆相火山岩型；金矿则以陆相火山岩型为主，次为破碎蚀变岩型、铁帽型以及卡林型等；钼矿以斑岩型为主，次为矽卡岩型；磷矿则以沉积变质型为主；硫铁矿以陆相火山岩型为主，次为矽卡岩型；萤石矿为热液充填型。

表 2-16　江苏省重要矿种矿产预测类型预测资源量统计汇总表

矿种	矿产预测类型名称	所属成矿区带(Ⅳ级)	预测工作区(个)	单位	500m 以浅	1000m 以浅	2000m 以浅
铁矿	陆相火山岩型铁矿	Ⅲ-69-② 沿江成矿亚带	2	$\times 10^3$ t	242 799	367 040.1	572 416.9
	矽卡岩型铁矿	Ⅲ-69-② 沿江成矿亚带	2	$\times 10^3$ t	90 389.6	169 639.3	205 364.1
		Ⅲ-69-③ 宣州-苏州成矿亚带	3	$\times 10^3$ t	45 808.2	95 953.8	95 953.8
		Ⅲ-69-① 庐江-滁州亚带	1	$\times 10^3$ t	3753	4581.3	4581.3
		Ⅲ-64-① 鲁西成矿亚区	2	$\times 10^3$ t	20 661.6	87 266.9	108 281.4
		合计	8	$\times 10^3$ t	160 612.4	357 441.3	414 180.6

续表 2-16

矿种	矿产预测类型名称	所属成矿区带(Ⅳ级)	预测工作区(个)	单位	500m 以浅	1000m 以浅	2000m 以浅
铁矿	沉积变质型铁矿	Ⅲ-64-①鲁西成矿亚区	1	$\times10^3$t	0	0	81 153.7
		Ⅲ-67-③苏鲁成矿亚带	1	$\times10^3$t	5767.4	11 287.8	11 287.8
		合计	2	$\times10^3$t	5767.4	11 287.8	92 441.5
铅锌银矿	层控热液型铅锌(银)矿	Ⅲ-69-②沿江成矿亚带	铅、锌:1	t	铅:423 743.3	铅:662 227.22	铅:662 227.22
					锌:834 918.9	锌:1 304 241.1	锌:1 304 241.1
			银:1		银:1289.04	银:1802.17	银:1802.17
	矽卡岩型铅锌(银)矿	Ⅲ-69-③宣州-苏州成矿亚带	铅、锌:2	t	铅:173 152.7	铅:195 971.8	铅:195 971.8
					锌:285 776.2	锌:325 237.64	锌:325 237.64
			银:1		银:291.22	银:372.9	银:372.9
	陆相火山岩型铜铅矿	Ⅲ-69-②沿江成矿亚带	铅:1	t	铅:55 117.72	铅:110 125.67	铅:110 125.67
铜矿			铜:1		铜:25 552.64	铜:50 917.03	铜:50 917.03
	陆相火山岩型铜矿	Ⅲ-69-②沿江成矿亚带	1	t	43 606	43 606	43 606
	矽卡岩型铜矿	Ⅲ-69-②沿江成矿亚带	1	t	350 858.1	623 377.99	878 928.6
		Ⅲ-69-③宣州-苏州成矿亚带	1	t	25 119.42	30 885.78	30 885.78
		Ⅲ-71-⑤天目山-金山成矿亚带	1	t	51 232.51	123 262.71	123 262.71
		合计	3	t	427 210.03	777 526.48	1 033 077.09
	陆相火山岩型铜金矿	Ⅲ-69-②沿江成矿亚带	铜:1	铜:t	铜:51 908.49	铜:110 661.62	铜:110 661.62
金矿			金:2	金:kg	金:15 970.06	金:30 852.18	金:30 852.18
	微细浸染型(卡林型)金矿	Ⅲ-69-②沿江铜、铁、金、多金属、硫成矿亚带	1	kg	3971.34	3971.34	3971.34
	铁帽型-风化壳型金矿	Ⅲ-69-②沿江成矿亚带	1	kg	7831.27	7831.27	7831.27
		Ⅲ-69-③宣州-苏州成矿亚带	1	kg	6783	6783	6783
		合计	2	kg	14 614.27	14 614.27	14 614.27
	破碎蚀变岩型金矿	Ⅲ-64-①鲁西成矿亚区	1	kg	11 085.76	11 085.76	11 085.76
		Ⅲ-67-③苏鲁金、铁成矿亚带	1	kg	8212.89	9987.65	9987.65
		Ⅲ-69-②沿江成矿亚带	1	kg	4604.26	4604.26	4604.26
		合计	3	kg	23 902.91	25 677.67	25 677.67

续表 2-16

矿种	矿产预测类型名称	所属成矿区带(Ⅳ级)	预测工作区(个)	单位	500m以浅	1000m以浅	2000m以浅
金矿	侵入体内及接触带型金矿	Ⅲ-69-③宣州-苏州成矿亚带	1	kg	1533.31	1533.31	1533.31
钼矿	矽卡岩型钼矿	Ⅲ-69-②沿江成矿亚带	1	t	6067.94	15 004.5	19 653.21
	斑岩型钼矿	Ⅲ-69-②沿江成矿亚带	1	t	18 463.76	37 709.64	50 955.08
		Ⅲ-69-①庐江-滁州成矿亚带	1	t	7866.49	9947.31	9947.31
		合计	2	t	26 330.25	47 656.95	60 902.39
磷矿	沉积变质型磷矿	Ⅲ-67-③苏鲁成矿亚带	1	$\times10^3$t	115 736.7	291 330.4	291 330.4
	陆相火山岩型铁磷矿	Ⅲ-69-②沿江成矿亚带	1	$\times10^3$t	12 065.99	14 983.4	14 983.4
硫铁矿	陆相火山岩型硫铁矿	Ⅲ-69-②沿江成矿亚带	2	$\times10^3$t	62 881.3	87 777.78	92 315.41
	矽卡岩型硫铁矿	Ⅲ-69-②沿江成矿亚带	1	$\times10^3$t	35 764.6	63 800.6	70 846.5
		Ⅲ-69-③宣州-苏州成矿亚带	1	$\times10^3$t	12 825.41	17 330.35	17 330.35
		合计	2	$\times10^3$t	48 590.01	81 130.95	88 176.85
萤石矿	俞石泉式热液充填型萤石矿	Ⅲ-69-③宣州-苏州成矿亚带	1	$\times10^3$t	543.21	1296.29	1296.29

注:表中铁、磷、硫铁矿为矿石量,萤石为 CaF_2 量,其余矿种为金属量。

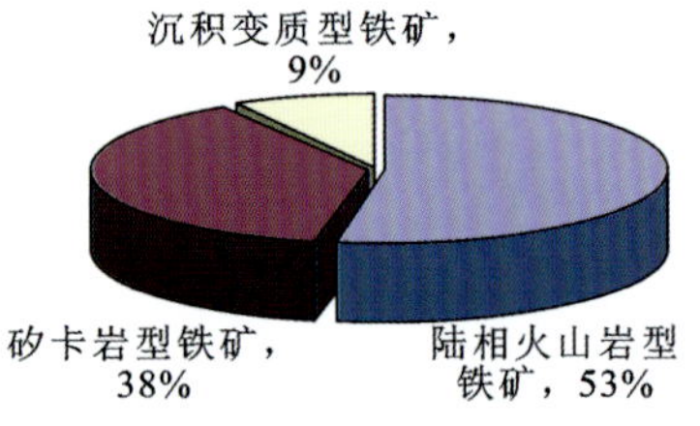

图 2-4　铁矿预测类型资源量统计图

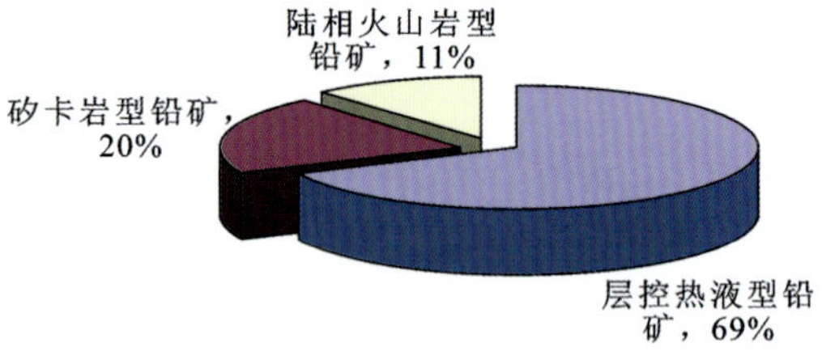

图 2-5　铅矿预测类型资源量统计图

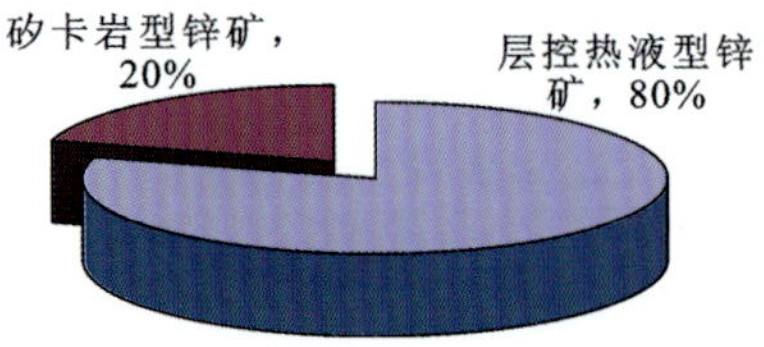

图 2-6　锌矿预测类型资源量统计图

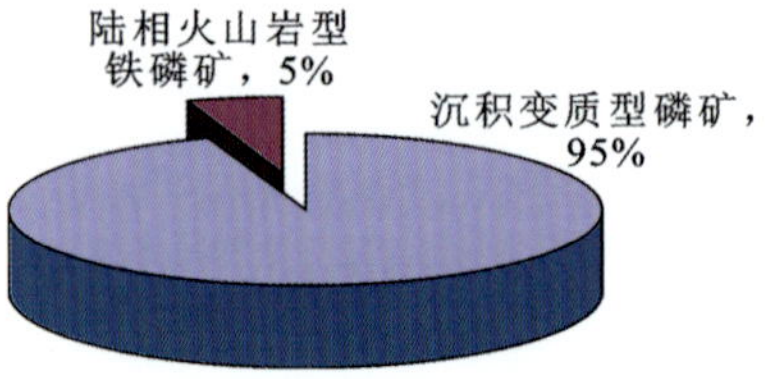

图 2-7　磷矿预测类型资源量统计图

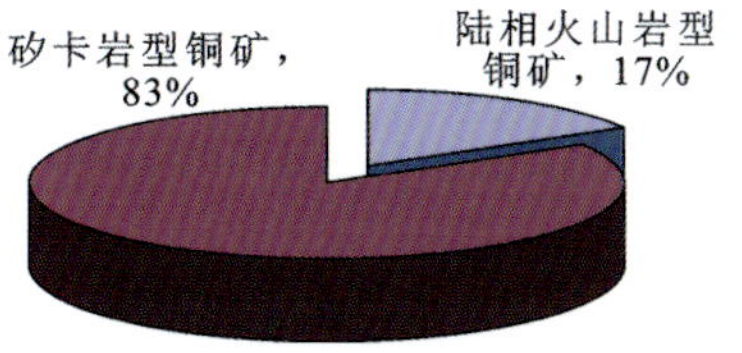

图 2-8　铜矿预测类型资源量统计图

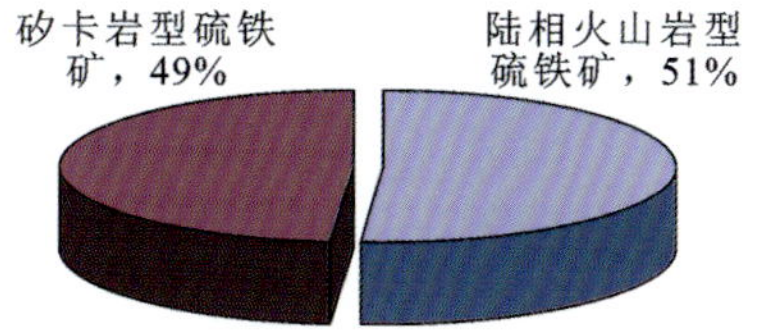

图 2-9　硫铁矿预测类型资源量统计图

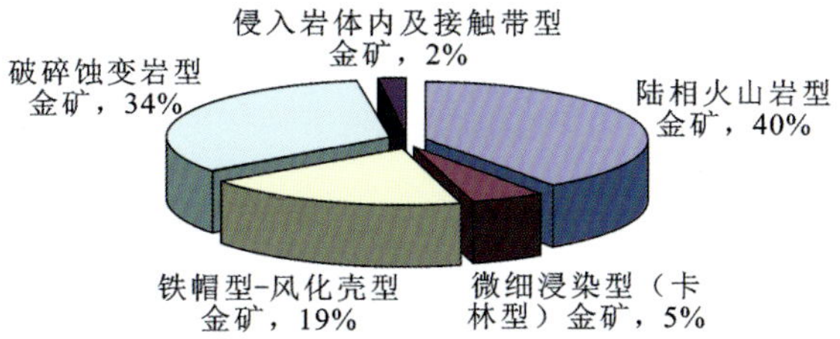

图 2-10　金矿预测类型资源量统计图

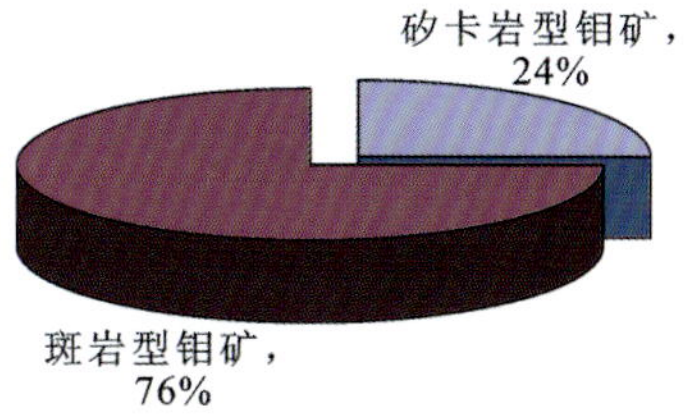

图 2-11　钼矿预测类型资源量统计图

第三章　Ⅲ-64-①鲁西成矿亚区预测成果

第一节　区域地质背景

该成矿亚区属于Ⅲ-64 鲁西金、铁、铝土矿、煤、金刚石成矿区，江苏省内部分位于郯庐断裂带以西，主要包括丰沛和徐州-利国两个地区（图 3-1）。

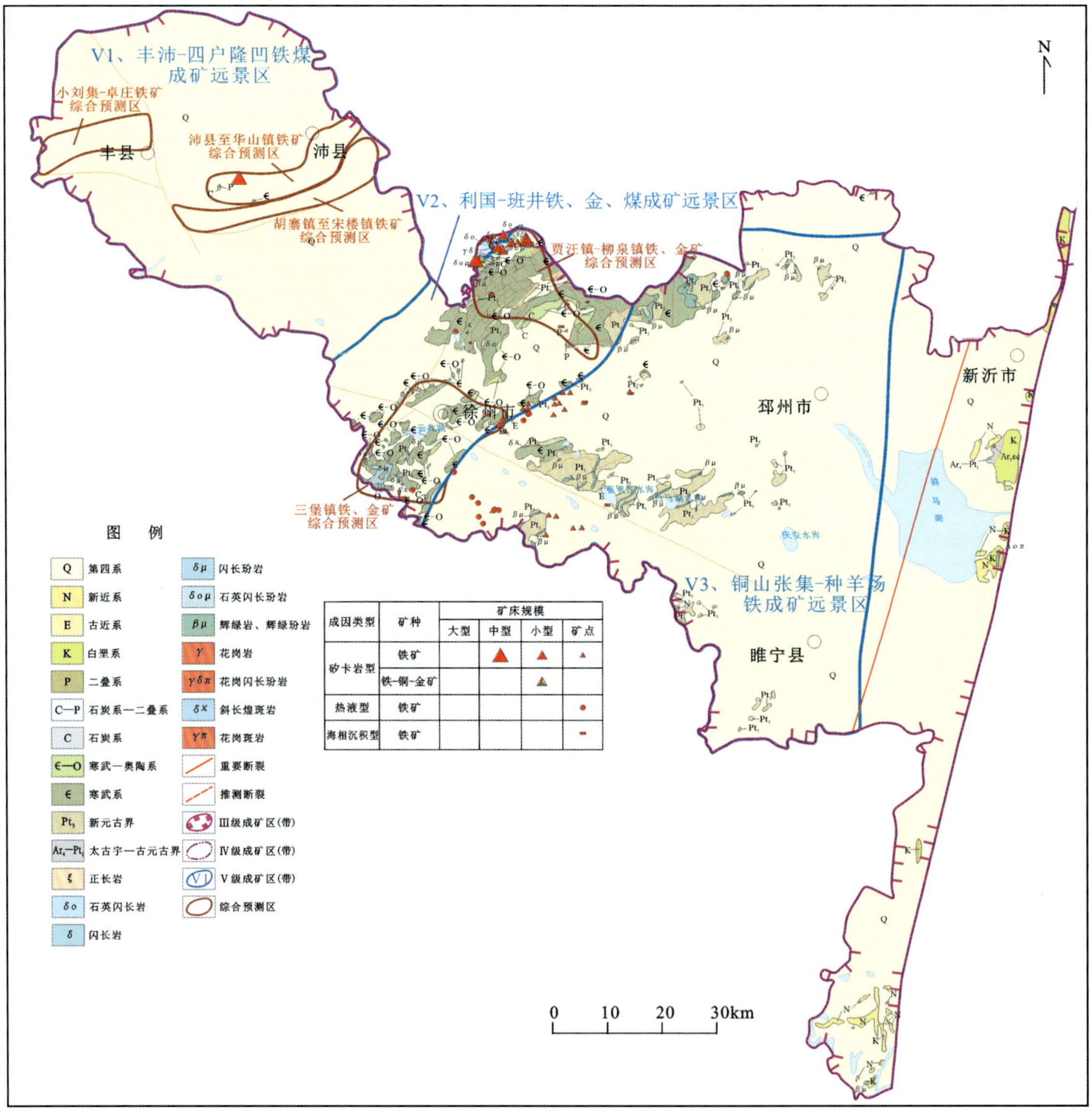

图 3-1　Ⅲ-64-①鲁西成矿亚区（江苏省内）建造构造矿产示意图

该成矿亚带内第四系覆盖广泛，结晶基底仅少量钻孔揭露于丰沛隐伏隆起，以新太古界—古元古界泰山岩群花岗质片麻岩为主，区内盖层地层以新元古代—早古生代沉积建造为主，发育良好，在徐淮山系分布广泛，在丰沛隆起也有较大范围的隐伏，晚古生代—中生代沉积建造大部分缺失，仅徐淮山系局部零星出露，印支期构造运动强烈，褶皱与断裂构造发育，以巨大的徐淮弧形构造体系发育为特色，燕山期断块作用加剧，中生代岩浆侵入活动强烈，区域矿产主要以煤矿、铁矿、金刚石等为主。

1. 沉积岩建造组合特征

该成矿亚带内沉积地层最老为新元古界青白口系土门群新兴组和震旦系淮河群，整个新元古代，徐州地区处于被动陆缘初始阶段，形成了被动陆缘古地理沉积环境，先后经历了陆棚碎屑岩盆地和陆棚碳酸盐岩台地两种沉积环境的变迁。在陆棚碎屑岩盆地时期，发育了青白口系兰陵组(Pt_3l)、新兴组(Pt_3x)和淮河群中的城山组(Pt_3c)，发育的沉积岩建造组合主要有海陆交互砂泥岩夹砾岩组合(Pt_3l)，远滨泥岩粉砂岩组合(Pt_3x)，前滨-临滨砂泥岩组合(Pt_3c)，这套沉积岩建造组合以碎屑岩为主夹有极少量泥晶灰岩，碎屑岩成分主要为页岩、粉砂岩、石英砂岩，厚度近千米，沉积物特征表现为滨浅海的沉积环境。陆棚碳酸盐岩台地时期发育了淮河群沉积，包括有贾园组(Pt_3jy)、赵圩组(Pt_3z)、倪园组(Pt_3n)、九顶山组(Pt_3jd)、张渠组(Pt_3zq)、魏集组(Pt_3w)、史家组(Pt_3s)、望山组(Pt_3ws)，发育的沉积岩建造组合主要有台地陆源碎屑-碳酸盐岩组合(Pt_3j、Pt_3s)，台地潮坪-局限台地碳酸盐岩组合(Pt_3z—Pt_3w、Pt_3ws)，该套沉积岩建造组合以碳酸盐岩沉积为主，包括灰岩、白云岩，另加少量粉砂岩及页岩，沉积物厚度达3000多米，沉积特征表现为典型的陆棚碳酸盐岩台地环境。

南华纪该区以升降构造运动为主，华北板块东南部地区主体隆升为陆地，在江苏徐宿地区缺失了南华系及早震旦世海相沉积物，但在晚震旦世及古生代该区断续发育了一系列陆表海沉积，沉积环境表现有海陆交互障壁陆表海(Z_2j)，陆源碎屑-碳酸盐岩陆表海($\in_1h$、$\in_{1-2}m$)，碳酸盐岩陆表海($\in_1c$、$\in_2z$—$\in_3O_1s$、O_1j—O_1m)，陆源碎屑无障壁陆表海(C_2b)，海陆交互障壁陆表海(C_2t)。该时期沉积物表现出至少2次明显的沉积间断，沉积作用可分为3个阶段。第一阶段发育了上震旦统金山寨组(Z_2j)，发育的沉积岩建造组合类型仅有陆表海泥岩-粉砂岩组合。在震旦纪末期寒武纪初期，华北板块东南部的抬升作用导致该区短暂缺失沉积作用；第二阶段发育了寒武系猴家山组($\in_1h$)、昌平组($\in_1c$)、馒头组($\in_{1-2}m$)、张夏组($\in_2z$)、炒米店组($\in_3c$)和上寒武统—下奥陶统三山子组($\in_3O_1s$)，发育的沉积岩建造组合类型有陆表海陆缘碎屑-灰岩组合($\in_1h$、$\in_{1-2}m$)、陆表海灰岩组合($\in_1c$、$\in_2z$、$\in_3c$)、陆表海白云岩组合($\in_3O_1s$)。但在中奥陶世后期，华北板块中部地区开始抬升，影响到江苏徐宿地区缺失了晚奥陶世到早石炭世的沉积，导致第三阶段区内仅发育了下中奥陶统贾汪组(O_1j)、马家沟组($O_{1-2}m$)，上石炭统本溪组(C_2b)、太原组(C_2t)，发育的沉积岩建造组合类型有陆表海白云岩组合(O_1j)、陆表海灰岩组合($O_{1-2}m$)、陆表海泥岩粉砂岩组合(C_2b)和陆表海海陆交互含煤碎屑岩组合(C_2t)。石炭纪后华北板块东部地区海水逐渐退去，徐淮地区从陆表海环境稳定过渡到陆内河湖相沉积环境，结束了陆表海的历史。

二叠纪江苏徐宿地区过渡到陆内坳陷盆地环境，后受二叠纪末期印支构造事件的影响，缺失二叠纪末到晚侏罗世早期陆内沉积记录。区内局部发现有二叠纪和中晚侏罗世坳陷盆地沉积物，第一阶段发育的沉积岩建造组合类型主要有河流砂砾岩-粉砂岩泥岩组合，包括的地层有山西组(P_1s)、石盒子组(P_2s)，石千峰组(P_3sh)；第二阶段发育的沉积岩建造组合类型主要有湖泊泥岩-粉砂岩组合，仅有三台组(J_3s)少量分布。

早白垩世之后的燕山运动及喜马拉雅运动在中国东部地区以拉张地质作用为主，在徐宿地区形成大量火山沉积断陷盆地及无火山岩断陷盆地。发育的沉积岩建造组合类型有大陆伸展环境的湖泊泥岩-粉砂岩组合(K_1L)、安山岩-英安岩组合(K_1Q)、河流砾岩-砂砾岩-粉砂岩组合(K_2W、$E_{2-3}G$)、河流砂砾岩-泥岩夹玄武岩组合(N_1x)、河流砂砾岩-粉砂岩泥岩组合(N_2s)。

第四纪以来，区内发育了一系列陆内坳陷盆地碎屑沉积物，更新统岩性表现为砂砾石、砂土、亚黏土及残坡积，沉积岩建造组合类型为砂砾、中粗砂及残坡积组合；全新统岩性表现为亚黏土、亚砂土、砂土等，沉积岩建造组合类型为粉砂亚黏土组合。

2. 岩浆岩建造组合特征

该成矿亚带内火成岩仅在徐淮山系较为发育，在丰沛隆起也有零星分布，总体以侵入岩类为主，岩石种类主要有基性岩、中性岩和中酸性岩，其次为少量的超基性岩和酸性岩类，岩石构造组合有大陆裂谷基性岩墙群(Z_1)、同碰撞闪长岩组合(J_3)和后造山花岗闪长岩-花岗岩组合(K_1)，岩性以辉绿岩脉、闪长(斑)岩-石英闪长(斑)岩、花岗闪长岩、花岗岩为主，其次为派生的脉岩-煌斑岩、花岗斑岩、橄榄玄武玢岩等岩脉。岩浆侵入时代最早可能为新元古代晋宁期，辉绿岩脉可能是该期岩浆活动的产物，为大陆裂谷环境的基性岩墙群侵入；燕山期是区内侵入岩主要形成时期，其形成的岩石分布最广，种类较齐全，形成的岩石有基性—中性—中酸性—酸性岩类，其中闪长玢岩(有时过渡为角闪闪长玢岩、石英闪长玢岩等)是区内与铁铜矿形成关系最为密切的主要成矿母岩；喜马拉雅期岩浆活动则以基性岩浆侵入为主，岩性主要为橄榄玄武玢岩。各类侵入岩在空间上具有较明显的分区特征：沿桃山集—徐州—贾汪一线以东出露的几乎都是基性岩类；该线以西，利国、班井一带主要出露的则为中性—中酸性—酸性的各类岩石；而超基性岩类则主要分布于利国附近的大成山、凤凰山等地。

其中晋宁期的侵入岩为华北构造岩浆岩省华北陆块南缘构造岩浆岩带的一部分，主要分布于江苏徐州地区的铜山县和睢宁县等地，由一系列北东向延伸的脉状辉绿岩岩体组成，受北东向构造控制，多呈岩脉产出，侵位时代为早震旦世，侵入最新层位为淮河群，外接触带常具大理岩化。与辉绿岩有关的矿产仅有铁矿，在辉绿岩与大理岩接触带上见有铁矿化点。

而燕山期侵入岩均为晚三叠世以来中国东部构造岩浆岩省鲁西构造岩浆岩带的组成部分，形成的同碰撞闪长岩组合(J_3)和后造山花岗闪长岩-花岗岩组合(K_1)分别属于徐州-利国同碰撞岩浆杂岩亚相tpy(J_3—K_1)和黄山岛后造山岩浆杂岩亚相hzy(K_1)，其中同碰撞岩浆杂岩亚相闪长岩组合(J_3)主要分布于徐州地区的徐州—利国一带，而黄山岛后造山岩浆杂岩亚相花岗闪长岩-花岗岩组合(K_1)主要分布于徐州地区的利国一带，在丰沛隆起也有少量分布。

其中以利国、徐州为主的两个燕山早期的中酸性侵入岩体是区内铁、铜(金)矿成矿最有利的母岩。利国岩体位于预测区的北端，是多期岩浆活动的产物，其主体以中性—中酸性闪长岩类为主，岩石中镁含量普遍高于铁含量，具有富镁贫铁、高碱富钠的特点，围岩主要为下奥陶统肖县组—马家沟组碳酸盐岩，与此有关的接触交代型磁铁矿是该区的主矿体，并伴生铜、金、钴、钼。该区铜、金矿(化)点大多分布于主岩体西部，并与北西向断裂构造关系密切。班井岩体位于预测区的南端，由班井、杨村、前二堡3个岩株体构成，也属燕山期中酸性岩类。班井北西向断裂与北东向断裂的复合部位是主岩体上侵的通道，岩体对区内的金、银、铜、铁、多金属矿化起控制作用。该岩体以接触交代的矽卡岩型铁、铜(金、银、钼)矿化为主，其围岩以寒武纪碳酸盐岩和碎屑岩为主。

区内火山岩在地表未见出露，仅于东南部大庙-潘塘等断陷沉积盆地内钻孔中见及，主要为白垩系青山组的一套以安山岩-英安岩-安山质玄武岩为主夹凝灰岩类的火山-沉积岩建造，岩石构造组合为大陆伸展环境安山岩-英安岩组合(K_1q)，仅局限分布于部分中新生代断陷沉积盆地之中。

3. 变质岩建造组合特征

该成矿亚带在地表未出露，仅钻孔揭示，主要隐伏分布于徐州北部的丰县—沛县一带，呈东西向隐伏展布的基底岩石——新太古界—古元古界泰山岩群古老变质岩系组成了该区的结晶基底，岩性主要为花岗质片麻岩、斜长片麻岩、斜长角闪岩、黑云变粒岩夹角闪变粒岩、阳起片岩、石榴石石英岩等，划分的岩石构造组合主要为英云闪长质-奥长花岗质-花岗闪长质片麻岩的岩石构造组合($Ar_{3-4}T$)，而对应于泰山岩群中的山草峪岩组主要为斜长角闪岩、黑云变粒岩、透闪阳起片岩、变质砾岩和石英岩等，原岩主要为副变质的基性火山岩-细碎屑沉积岩，其组成岩石的石英岩中多含磁铁矿，是区域上鞍山式沉积变质型铁矿的含矿建造，单独另划分为斜长角闪岩-变粒岩-磁铁石英岩的岩石构造组合($Ar_{3-4}s$)。

4. 大地构造特征

该成矿亚带位于郯庐断裂带以西，区域上属华北陆块区之鲁西地块，区内地质构造演化经历了新太古代变质基底杂岩形成阶段，新元古代被动陆缘发展阶段，早震旦世大陆裂谷阶段，早古生代碳酸盐岩陆表海发育阶段，晚古生代石炭纪碎屑岩陆表海发育阶段，二叠纪陆内盆地阶段，晚侏罗世—早白垩世的后造山岩浆岩侵入阶段，晚白垩世—中新生代陆内断陷盆地发展等8个演化阶段。区内前南华纪构造阶段岩石记录较少，仅钻孔揭露丰沛地区有英云闪长岩-奥长花岗岩-花岗闪长岩等变质基底杂岩相的构造组合岩石分布，构造分区为丰沛变质基底的太古宙陆核，构成了鲁西地块的变质基底；南华纪—早三叠世构造阶段该地块大地构造环境发生了多次转换，形成的大地构造相与构造岩石组合较为丰富，大地构造分区分为5个三级构造分区(睢宁-邳州被动陆缘、徐宿裂谷带、鲁西碳酸盐岩陆表海、徐淮碎屑岩陆表海盆、徐淮陆内盆地)；中三叠世以来该区以中新生代构造岩浆活动和断块作用为主，在继承基底构造分区的基础上，按断隆差异划分为新沂宿迁断陷盆地、邳县-睢宁断块、徐州-宿县断块和徐淮陆内盆地等4个四级分区。

该成矿亚带内主要有丰沛铁矿预测区和徐州-利国铁铜矿预测区，其他凹陷区主要为煤、盐类矿产分布区，其中丰沛铁矿预测区位于徐淮陆内盆地内丰沛隆起位置，主要隐伏于第四系之下，为近东西走向的断裂隆起构造带，进一步可划分为3个凸起与凹陷，自南向北有华(山)栖(山)凸起、常店-鹿楼凹陷、张双楼凸起、顺河-安国凹陷与龙固凸起。各隆起区内因断裂陷落作用，地层展布表现为一系列单斜构造，未见明显的区域性褶皱构造；断裂构造表现为近东西向断裂较为发育，尤以东部较为集中，主要有张双楼-大屯断裂、朱寨断裂、阎集-三座楼断裂等；与东西向构造伴生的一组北北西向张扭性断裂较为发育，它切割东西向构造线，使局部地段东西向构造或断裂被错移或牵引成弧形。

徐州-利国铁铜矿预测区位于华北陆块区南缘徐(州)-宿(县)弧形构造带的中北段，中新生代大地构造分区相当于邳县-睢宁断块，是在太古宙变质基底的基础上，在南华纪—早三叠世经历了被动陆缘、大陆裂谷、碳酸盐岩陆表海、碎屑岩陆表海盆、陆内盆地等多个环境的沉积作用后，于印支期在区域上南北向挤压与扭转作用下，形成独特的徐州弧形构造样式，突出特点表现为古生代地层褶皱发育，局部出现倒转，岩层受强烈挤压，多处出现地层直立带、破劈理带，断裂构造发育，出现大量逆冲断层。其主要构造形迹——徐州弧形构造带由一系列复式褶皱及大致与之平行的纵向压性-压扭性断裂组成，北起贾汪、台儿庄一带，南至安徽宿州，平面上呈向西突出的弧形展布，自北向南，构造线走向由北东东—北东—北北东—南北—南南东—南东—南东东方向变化，弧顶位于安徽萧县—淮北市一带。

徐州弧形构造带中褶皱构造是组成徐州弧形构造的主要形迹，主要表现为复式背斜与复式向斜的平行相间呈隔挡式发育，一般由二叠系—震旦系组成，复式背斜核部主要由震旦系组成，复式向斜核部则多由二叠系组成，并伴有纵向压扭性断裂构造，一般横张断层不发育。构造带内断裂构造主要有两组，都与徐州弧形构造带伴生。一组为呈北东—北北东向的压性、压扭性纵向断裂，走向基本与弧形褶皱近于平行，主要发育复式褶皱构造的翼部或向斜构造的核部，多数为逆掩形成的叠瓦状构造，向北西盘、少数向南东盘逆掩斜冲。该组断裂一般表现为较宽的破碎岩带，断层角砾岩、构造透镜体发育，断裂带中挤压片理、次生方解石脉发育，断面一般呈舒缓波状。另一组是北西向、北西西向的张性和张扭性断裂构造，横切北东—北北东向褶皱与断裂构造，该组断裂一般地表形迹出露不好，多数依据地层的错位、断头山的分布、冲沟发育或物探异常的不连续与错断分析推断。另外，预测区内还发育有少量近东西向和南北向断裂构造，多为张性或扭性断裂，一般规模较小，或被其他构造形迹切割与改造。

第二节　区域矿产特征

该成矿亚带在江苏省内共包括丰沛预测工作区和徐州-利国预测工作区两个预测工作区，位于华北陆块内。区内主要是江苏煤炭基地和铁矿产地，其次在变质岩区相继发现多处石英脉型及破碎蚀变岩型金矿化点。区内铁矿床成因类型主要是接触交代型(矽卡岩型)，其次是沉积变质型。金矿床成因类型是破碎蚀变岩型。成矿亚带内重要矿种矿产地统计见表3-1，其中该区铁矿查明资源量占全省铁矿查明资源量的7%。

表3-1　江苏省Ⅲ-64-①鲁西成矿亚区重要矿种矿产地统计表

成矿亚带名称	矿种	矿产地数量(个)					矿产预测类型
		总计	大型	中型	小型	矿(化)点	
Ⅲ-64-①鲁西金、铁铝土矿、煤、金刚石成矿亚区	铁矿	79		3	4	72	利国式矽卡岩型铁矿、鞍山式沉积变质型铁矿
	金矿	1				1	焦家式破碎蚀变岩型金矿

一、成矿特征

1. 接触交代型(矽卡岩型)铁矿床

该类型矿床与燕山早期闪长玢岩、石英闪长斑岩、角闪闪长玢岩等中酸性闪长岩类关系密切。东西向构造为主要导岩、储岩和容矿构造，北东向和北西向构造次之。矿床一般受区域褶皱中次级褶皱控制，矿体主要产于背斜倾伏端，次为背斜翼部，赋存在缓倾斜、平直状、舌状、锯齿状接触带，隐伏岩体凸起和凹部的接触带，捕虏体的接触带内。赋矿地层主要为早奥陶世碳酸盐岩地层，含矿围岩以灰岩、白云质灰岩、灰质白云岩为主。矿体与围岩接触关系较明显。矿石矿物以磁铁矿为主，次为赤铁矿和假象赤铁矿，并常伴生有铜金银硫等。矿石品位较富，TFe含量为45%～55%。矿石结构以半自形粒状结构为主，构造以致密块状、条带状和浸染状构造为主，部分为角砾状构造。矿床规模以中、小型为主。分布在徐州、丰沛预测工作区。

2. 沉积变质型铁矿

该类型矿床与新太古界泰山岩群变质岩关系密切，目前该区周边相邻省份均已在该层位发现铁矿体，本省也有少量钻孔见矿(化)体。含矿围岩为含铁石英岩建造。分布在丰沛预测工作区。

3. 破碎蚀变岩型金矿

金矿化分布于燕山早期中酸性岩体(岩脉)与寒武纪地层接触带附近构造破碎带中，矿床类型为破碎蚀变岩型。中酸性侵入岩岩性主要为闪长岩、石英闪长玢岩、闪长玢岩，少量闪斜煌斑岩，与金矿化关系密切。主岩体班井岩体由北西向构造控制，其金铜背景值较高。控矿断裂破碎带以北东向为主，少量北西向，大多为岩脉、岩枝充填。中酸性岩脉及断裂破碎带金丰度高，同时具有赤(褐)铁矿化、硅化、黄铁矿化等中低温热液蚀变时，对金矿化有利。分布在徐州预测工作区。

二、矿产预测类型划分

根据本成矿亚带的地质背景、矿产特征以及矿产预测类型划分的原则，可将本地区划分为 3 个矿产预测类型，并划分 2 个预测类型预测工作区。具体矿产预测类型划分见表 3-2。

表 3-2　江苏省鲁西成矿亚带铁、金矿矿产预测类型划分一览表

矿产预测类型	预测工作区	面积(km^2)	预测矿种	预测方法类型	典型矿床	成矿时代
利国式矽卡岩型铁矿	徐州-利国预测工作区	1500	铁矿、金矿	侵入岩体型	墓山铁矿床	燕山期
焦家式破碎蚀变岩型金矿				复合内生型		
利国式矽卡岩型铁矿	丰沛预测工作区	1200	铁矿	侵入岩体型		燕山期
鞍山式沉积变质型铁矿				变质型		新太古代—古元古代

第三节　区域地球物理、地球化学、遥感、自然重砂特征及推断解释

一、航磁特征及解译推断

该成矿亚区包括丰县、沛县、徐州、邳县、宿迁等市县，由西向东场值逐渐增大，局部异常逐渐增多，异常轴向由近东西向逐渐转为北东向、北北东向。丰县—沛县一带，异常呈东西向的宽缓低值正异常带，丰县赵庄镇以南航磁 ΔT 强度大于 200nT，推测与新太古界泰山岩群古老变质岩有关；徐州—邳州一带，磁场呈宽大块状升高异常特征，航磁 ΔT 强度一般在 100nT 以上，其上叠加有近于平行的线状异常，轴向北东东，结合区域地质资料，可能与中酸性闪长岩体及基性辉长辉绿岩脉等有关；睢宁地区，磁异常普遍表现为平静的磁场特征，强度一般在 50nT 左右，南部磁场值降低，地质资料显示：睢宁地区为新元古界淮河群海相碎屑岩-碳酸盐岩，向南分布白垩系；新沂—宿迁一线，磁异常总体呈北北东向展布，强度为 200～400nT，异常规模和强度向南逐渐变小和减弱(图 3-2)，广泛分布上白垩统，新沂南西城岗一带出露太古宙老变质岩和古元古界，磁异常与沿郯庐断裂带侵入的中酸性岩体及太古宙老变质岩有关。

二、重力特征及解译推断

1. 重力特征

区内共划分出丰县—沛县、徐州—宿县和新沂—宿迁 3 个重力异常带，西部以东西向异常为主，东部异常转为北北东向(图 3-3)。

丰县—沛县一带，重力异常等值线以东西向展布为主，呈南、北低，中间高的重力异常特征，由北向

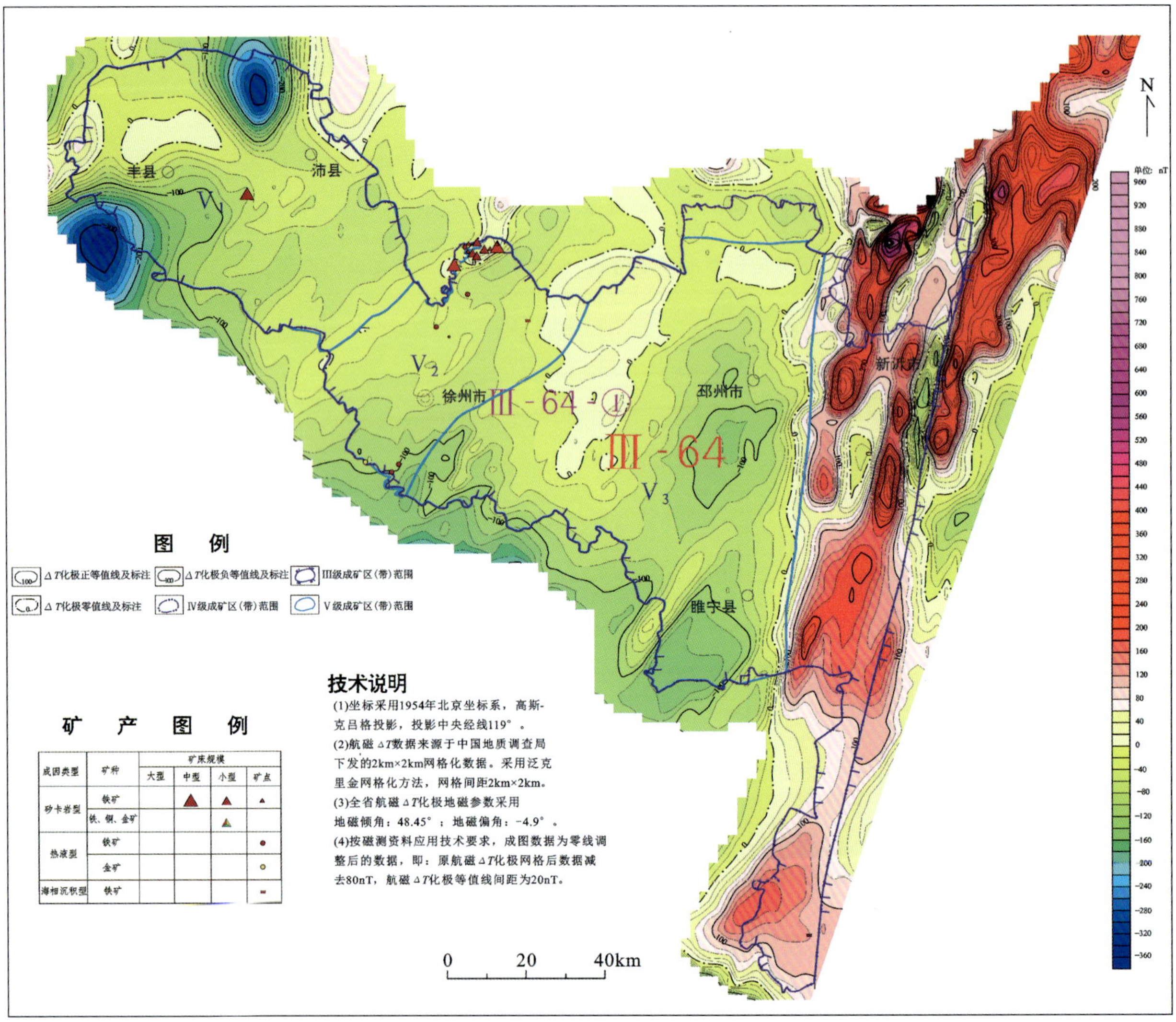

图 3-2　鲁西成矿亚区航磁 ΔT 化极等值线平面图

南分别为欢口重力低、华栖重力高和敬安重力低。欢口重力低轴向东西，重力异常最小等值线圈－20（$\times 10^{-5}$ m/s^2，下同），其上有局部次级重力高出现。华栖重力高为一醒目的向南突出的弧形异常带，最大重力异常等值线圈 8，由东、西 2 个局部重力高组成，区域上属丰县—单县（山东）重力高值区的东半部分，宽约 20km，南、北两侧均为梯级带，南侧梯级带更为醒目。敬安重力低轴向北东东，异常最小等值线圈－28，异常范围较大，变化平缓。

徐州—宿县一带，布格重力异常变化平缓，异常值西低东高，由四户重力低、大吴（贾汪）-八义集（巡庄）重力低、邳州重力高和徐州-睢宁重力平缓异常带组成。四户重力低轴向北西，最小异常等值线圈－16，异常范围不大。大吴（贾汪）-八义集（巡庄）重力低由大吴和八义集 2 个次级重力低构成，其中大吴次级重力低最小异常等值线圈－22，轴向近东西；八义集次级重力低位于大吴重力低的东侧，最小异常等值线圈－20，轴向北北东。邳州重力高－6 等值线圈呈“7”字形，最大异常等值线圈 4，极值位于炮车附近，东、北、西侧均为梯级带。徐州-睢宁重力平缓异常带由一系列轴向北东、高低相间排列的次级重力异常组成，自西向东为铜山重力低凸起、潘塘（柳集）次级重力低、房村（褚兰）重力低凸起、双沟次级重力低、王集-九顶山重力低凸起、高集（古邳-高娄）次级重力低、睢宁重力低凸起。

新沂—宿迁一带，布格重力异常呈北北东向低值带异常特征，由窑湾重力低、凌城重力低和成岗（晓店）重力高构成。窑湾重力低、凌城重力低最小异常等值线圈－10、－8，成岗重力高最大异常等值线圈 12。

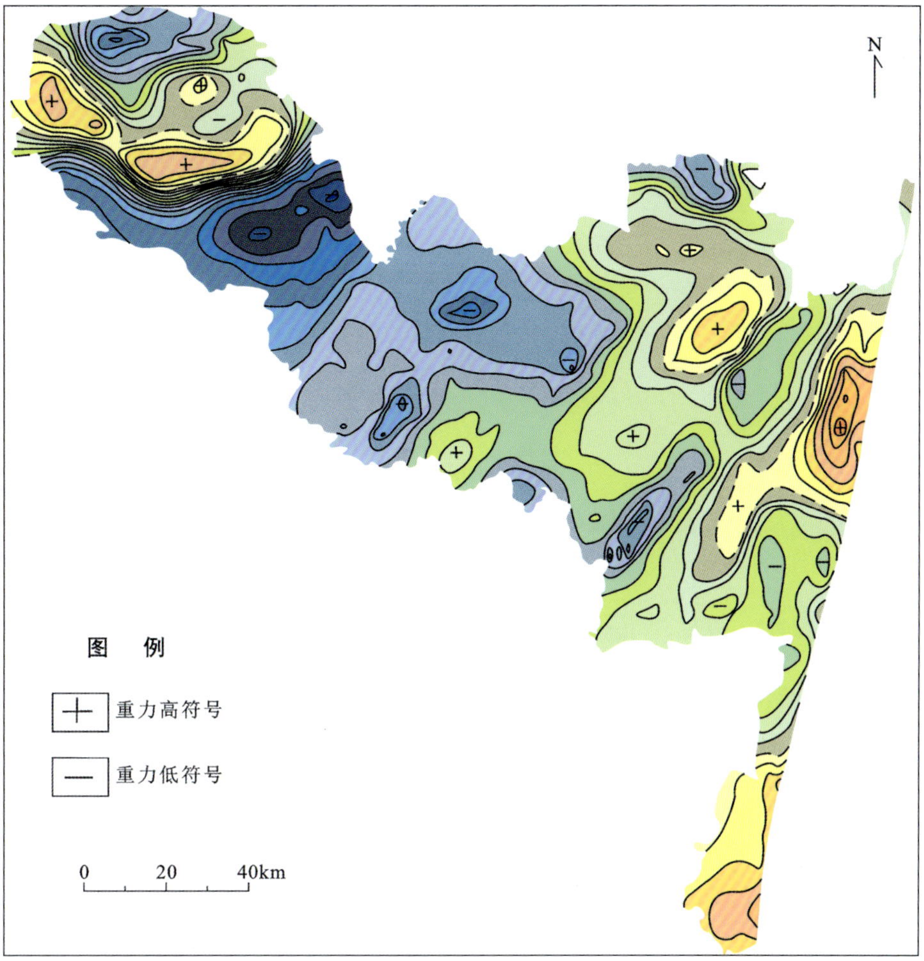

图 3-3 鲁西成矿亚区布格重力异常图

2. 解译推断成果

重力推断内容包括构造单元、断裂构造、盆地和地层。共推断Ⅳ级构造单元 3 个，自西向东分别是丰县-沛县断坳（$Ⅳ_1$）、徐州-（宿县）弧形断褶束（$Ⅳ_2$）、新沂-宿迁断陷（$Ⅳ_3$）。推断区域性断裂构造 7 条，其中Ⅰ级断裂构造 1 组，为郯庐断裂带江苏部分，北北东向；其余为Ⅲ级断裂构造，计 6 条，东西向、北西向、北东向皆有之。推断盆地 1 处，火山岩地层 2 处，白垩系、古生界、前震旦系等地层 23 处，其中 H 苏-11与 H 苏-51 推断前震旦系、H 苏-16 与 H 苏-18 推断古生界、H 苏-01 推断火山岩地层均与铁矿有成因联系，如图 3-4 所示。

三、地球化学特征及解译推断

区域地球化学异常场特征显示，金元素在（2.1～2.8）$\times10^{-9}$的区域背景场中，出现 3.0$\times10^{-9}$圈出的北东向呈串珠状分布的异常带，其中北东向串珠状异常带主要见于利国、贾汪、九里山、云龙湖、班井一带；银异常主要出现在贾汪、九里山、云龙湖、种羊场以及与安徽交界处附近；锑、汞、镉异常主要分布于徐州市附近的九龙山、云龙湖、燕子埠、种羊场以及利国的磨山—黄龙山一带，其次分布于利国等地。砷异常主要分布于柳泉、利国、燕子埠、种羊场、寨山等地。

本区处于徐（州）-宿（县）弧形构造带的北段，金、银、锑、汞、砷、镉等指示金矿成矿元素异常相互交

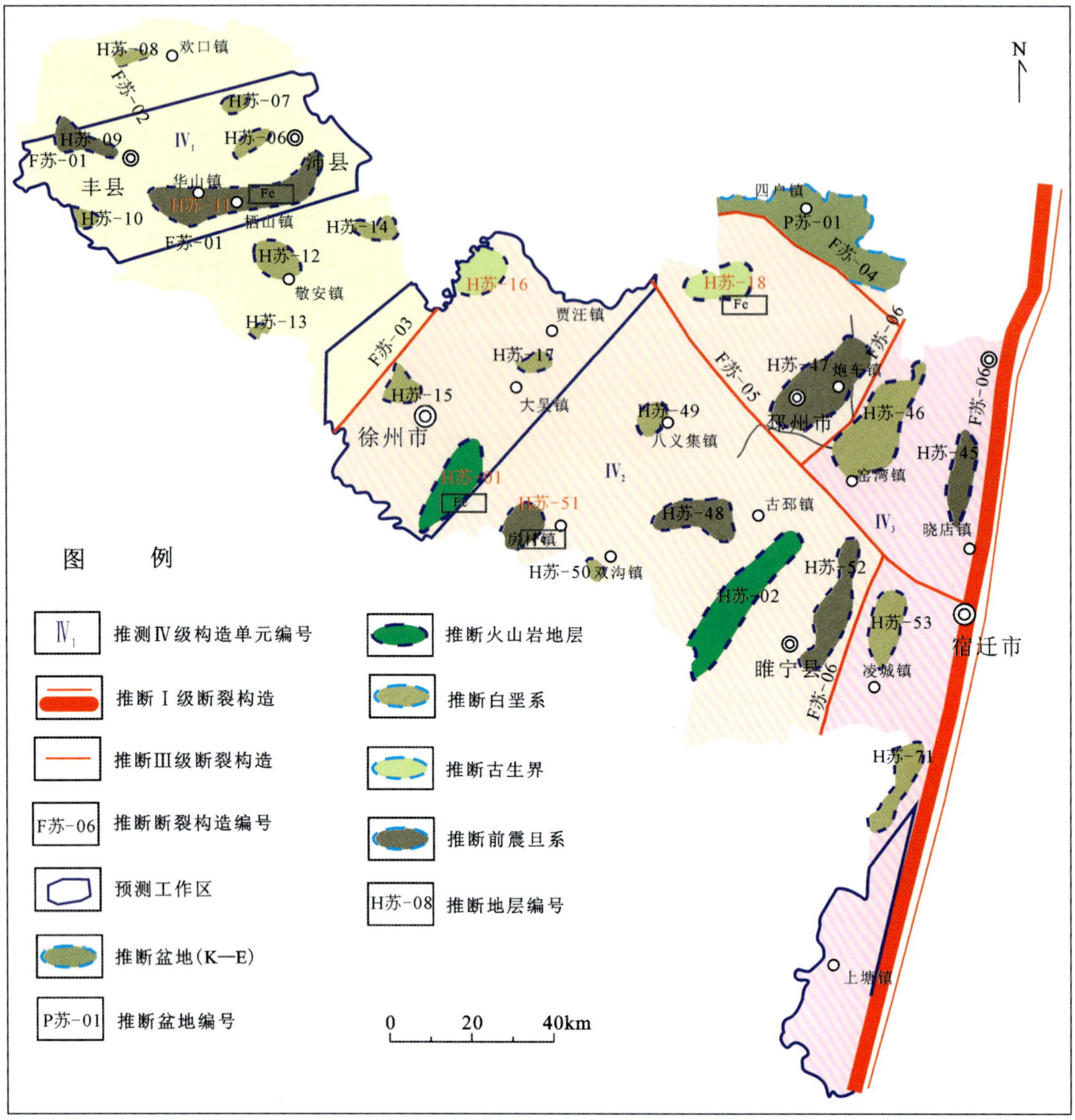

图 3-4　鲁西成矿亚区推断地质构造图

叠状分布。金、银、锑、汞、砷、镉异常的分布与已知铁、金矿(化)点有关，区内有利国、基山、铜山岛小型铁矿床，黄山岛、历家湾、硐山、西马山、小刘山、芦山、东贺村铁矿点，班井金矿点等，如 Ap026 利国金、银、砷、镉甲类异常，面积约 126km²，异常峰值 Au 525×10^{-9}，Ag 180×10^{-6}，As 70.6×10^{-6}，Cd 250×10^{-6}，伴有铜钼异常；其次金、银、锑、汞、砷、镉异常与沿断裂热液活动有关，如 Ap030 徐州金、银、汞、砷、锑、镉乙类异常，面积约 185km²，异常峰值 Au 8.9×10^{-9}，Ag 1800×10^{-6}，As 29×10^{-6}，Cd 1500×10^{-6}，Hg 460×10^{-6}，Sb 2.9×10^{-6}，伴有铜钼铋异常(图 3-5)。

四、自然重砂特征及解译推断

本区属鲁中南低山丘陵南延部分，呈现准平原化地貌景观，地形相对高差不大，自然水系不够发育，山丘附近的冲沟浅而短，除雨季外平时多为干沟，积砂很少。山丘之间的洼地及平原，自然水系如房亭河、闸河等，均被人工开掘改造，河床被淤泥或黏土堆积，砂砾层地表很少出露。在这样的地貌条件下，重砂搬运距离受到很大的限制，所出现的异常具有分散、零星，强弱变化较大等特点，反映了近源异常的

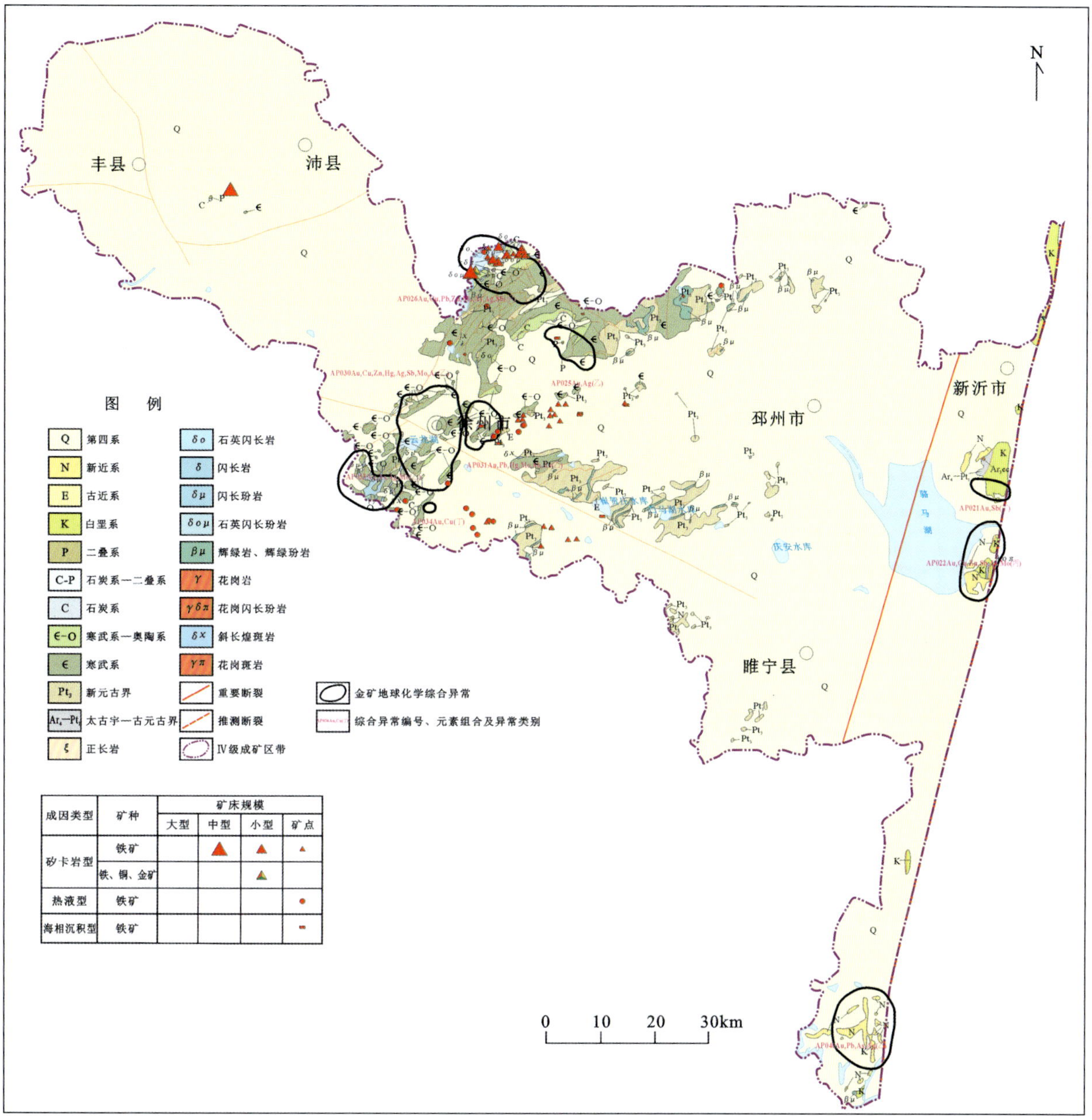

图 3-5　鲁西成矿亚区化探综合异常图

规律性。重砂矿物的组合及分布明显地受分区地质体的控制，从主要重砂矿物的异常空间分布来看，主要分布于九里山—班井、利国、种羊场及扒头山等 3 个地区（图 3-6）。

1. 九里山—班井地区

区内主要出露寒武纪和奥陶纪的碳酸盐岩，中酸性侵入体及脉岩比较发育，接触带矽卡岩化和中、低温热液蚀变等广泛分布，与此有关的铁、铜金等金属矿化也有出露，所以该区重砂矿物的组合以矽卡岩-透辉石、透闪石、磁铁矿为主，同时出现了铜、金、锡、锌、铋等金属硫化物及辰砂、雄黄、雌黄、重晶石、黄铁矿等矿物，并形成了较好的异常，特别是金、铜在班井地区分布广，部分地段形成显著的异常。经综合整理圈出编号分别为 7 号、8 号、9 号、11 号、12 号 5 个综合异常。因此，这是一个比较有意义的异常区。

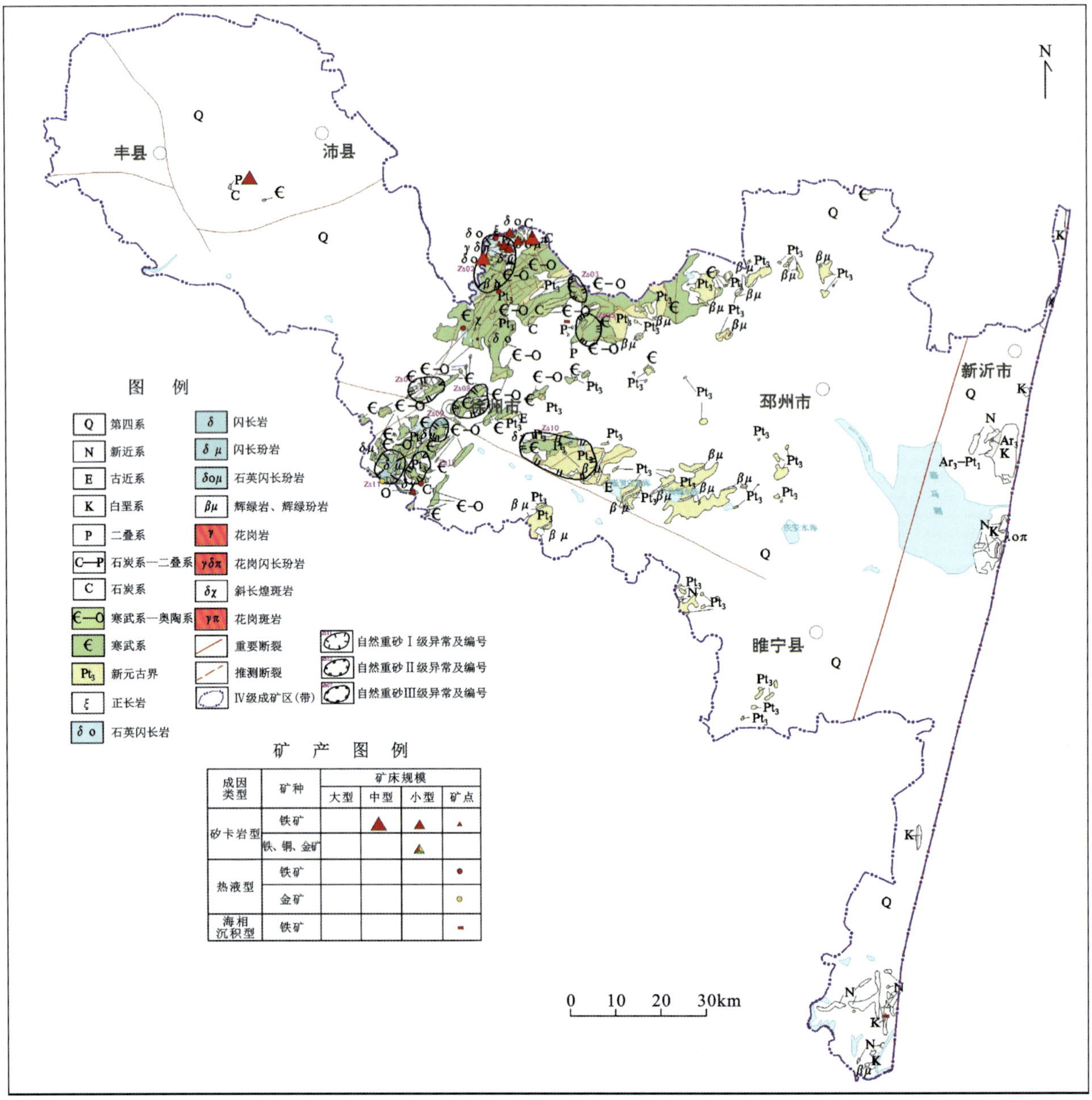

图 3-6　鲁西成矿亚区自然重砂综合异常图

2. 利国地区

区内主要出露寒武纪和奥陶纪的碳酸盐岩，中酸性岩体非常发育，区内已知有利国铁矿田，是江苏省重要的铁矿集中区，赤铁矿、褐铁矿中铜金含量非常高，重砂矿物的组合主要为赤铁矿、镜铁矿、黄铁矿、磁铁矿、铜蓝等。区内还出现了辰砂、重晶石等异常，这些异常与脉岩及断裂构造活动有关。区内圈定了 2 号铜、金综合异常。

3. 种羊场、扒头山地区

区内主要出露淮河系，脉岩主要为震旦纪辉绿岩。因而表现出重砂矿物组合以赤铁矿、磁铁矿、辰砂为主，次为一些具有重要找矿意义的矿物，如铅、铜、金、锡等矿物。区内圈定了 10 号综合异常。

五、遥感特征及解译推断

1. 遥感矿产地质特征

1)线要素解译

区内以北东向、北西向构造为主，其次为南北向、东西向构造。而南北向、东西向构造数量不多，不占主导地位，如图 3-7 所示。

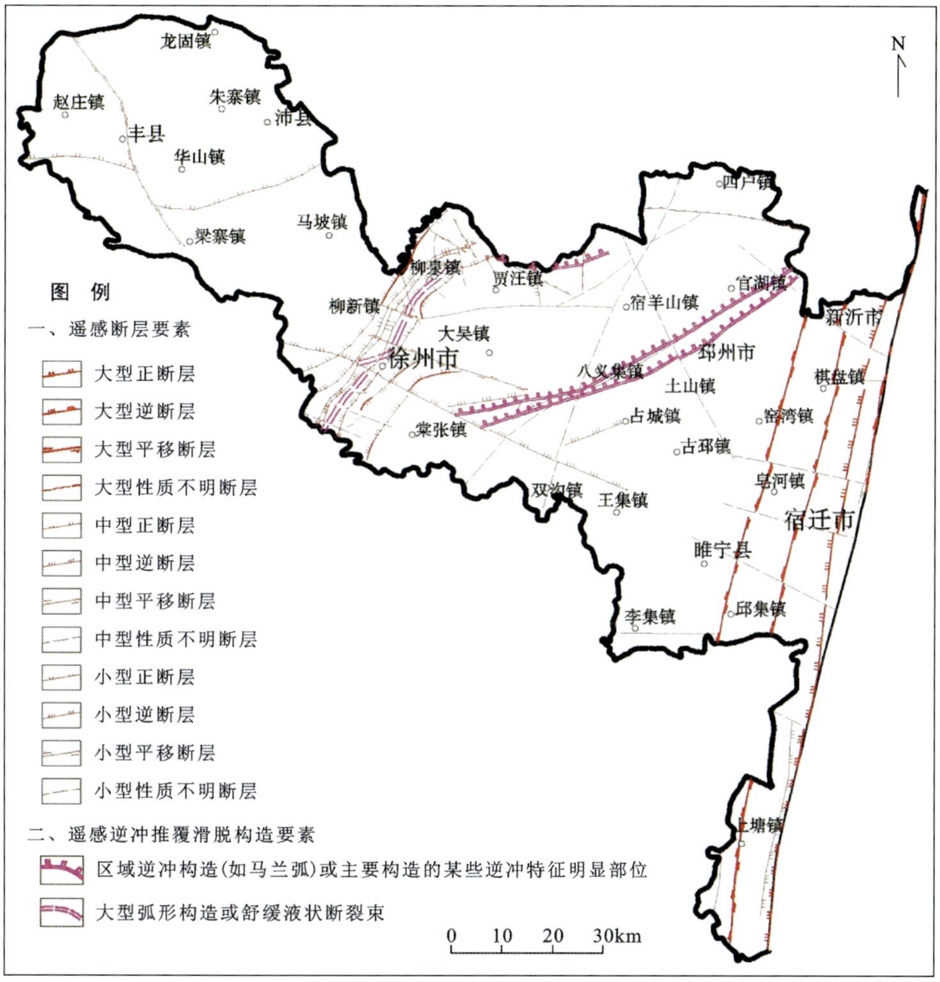

图 3-7　鲁西成矿亚区构造遥感解译图

区内岩浆岩活动主要受北东向断裂构造控制，燕山期的中性、中酸性岩体主要分布于华-栖凸起，呈东西向串珠状展布，一般北接触带陡，往往与断裂相伴；南接触带较缓，沿贾汪组侵入。岩体与奥陶纪碳酸盐岩的接触带，往往形成接触交代铁矿，为铁的成矿有利地段。

利国-周庄北东向徐-宿弧形构造线，西侧为丰-沛隆起区，东侧属徐-宿弧形构造。

2)逆冲推覆滑脱构造要素解译

区内逆冲推覆滑脱构造较发育，主要分布在利国—徐州—班井一线、青山泉—港上一线和黑山—寨山一线。其中利国—徐州—班井一线，总体走向呈北东向展布，属舒缓波状断裂束；青山泉—港上、黑山—寨山一线，走向近东西向展布，为区域逆冲构造。被北东向和北西向、南北向断裂切割，逆冲推覆滑脱构造形成时间较早。

3)块要素解译

区内块要素有3块,主要分布于北、中部一线,呈近东西向、北北西向和北西西向展布,主要叠加在青山泉-港上、徐州-睢宁断裂带上。

4)色要素解译

本图幅内色要素有9个,主要分布在利国镇、贾汪镇、班井、黑山等地。其中利国镇、贾汪镇、班井地区与地表出露的石英闪长玢岩、闪长玢岩相对应,黑山地区地表出露为淮河系城山组—望山组一套地层,推出淮河系城山组—望山组之下可能为石英闪长玢岩、闪长玢岩体。

2. 遥感异常特征

1)遥感羟基异常特征

遥感羟基异常主要分布于铜山县孔滚村。羟基异常大致沿断层呈带状分布,总体呈北北东向。

2)遥感铁染异常特征

铁染异常呈北东向展布,个别异常呈片状重叠展布,异常走向分布与地层走向基本一致,该区铁染异常可能与地层有关(图3-8)。

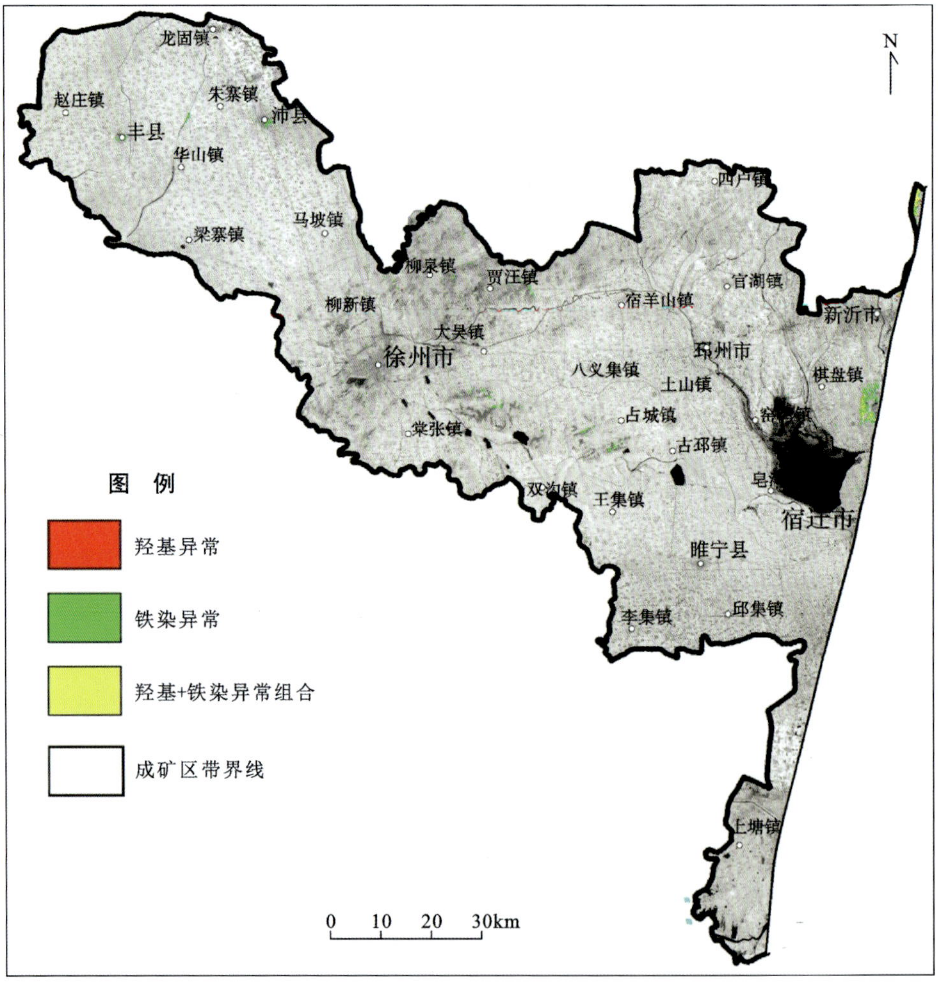

图3-8　鲁西成矿亚区遥感异常特征图

第四节　重要矿种预测评价模型

区内主要矿种是铁、金矿，利国式矽卡岩型铁矿典型矿床为墓山铁矿床，位于徐州-利国预测工作区，丰沛预测工作区的矽卡岩型铁矿成矿条件和徐州利国地区一致，故借用徐州利国地区的典型矿床。鞍山式沉积变质型铁矿分布在丰沛预测工作区，区内无典型矿床。焦家式破碎蚀变岩型金矿分布在徐州-利国预测工作区，区内无典型矿床。

一、典型矿床预测模型

墓山矽卡岩型铁矿

典型矿床预测要素是以成矿要素为基础，综合分析物探、化探、遥感、自然重砂等异常信息，根据预测需求对成矿要素进行取舍后转化为预测要素（表 3-3）。

表 3-3　墓山矽卡岩型铁矿床预测要素表

预测要素		描述内容	预测要素分类
特征描述		接触交代-高温热液型铁矿床	
地质环境	成矿区带	Ⅲ-64-①鲁西金、铁、铝土矿、煤、金刚石成矿亚区	重要
	地层	主要为早古生代奥陶纪碳酸盐岩地层，由老至新为贾汪组、小家峪组、马家沟组和阁庄组	重要
	岩石类型	主要有燕山早期闪长玢岩、花岗闪长斑岩、石英闪长岩和石英闪长斑岩	必要
	岩石结构	半自形粒状结构、斑状结构，块状构造	次要
	成矿时代	燕山早期	重要
	成矿环境	形成于闪长玢岩、石英闪长斑岩岩枝与奥陶系阁庄组、马家沟组碳酸盐岩接触带及围岩层间裂隙中	必要
	构造背景	徐州弧形构造的转折端，徐州-江庄复式背斜的西北翼次级褶皱	必要
矿床特征	矿物组合	金属矿物为磁铁矿、赤铁矿、镜铁矿、黄铁矿，少量黄铜矿、斑铜矿、辉铜矿、自然金； 脉石矿物主要为方解石、绿泥石、金云母、透辉石、阳起石、石榴石、透闪石、蛇纹石	重要
	结构	以他形—半自形粒状结构为主，次为交代结构、晶粒充填结构、片状结构	次要
	构造	致密块状构造为主，条带状和浸染状构造为次，少量角砾状、斑杂状构造	次要
	蚀变	矽卡岩化、透辉石化、绿泥石化、钾长石化、钠长石化、碳酸盐化、绿帘石化、绿泥石化、矽卡岩化、大理岩化等	重要
	控矿条件	主要受构造和层位控制，形成于闪长玢岩、石英闪长斑岩岩枝与奥陶系阁庄组、马家沟组碳酸盐岩接触带及围岩层间裂隙中	必要
地球物理特征	重力	区域线状异常，局部重力高	次要
	磁法	1∶5 万航磁 ΔT 平面等值线图中为叠加在东西宽缓背景上的局部正异常。1∶1 万地磁局部高值异常，峰值大于 800nT，北侧有负异常伴生	必要

墓山铁矿位于徐州弧形构造的转折端，徐州-江庄复式背斜的西北翼次级褶皱。含矿地层及有利成矿围岩主要为奥陶系马家沟组白云质灰岩、灰岩、钙质白云岩。利国短轴背斜南翼及次级褶皱之核部、翼部，东西、北西、北东向断裂是重要的控矿构造。矿体产于燕山早期侵入闪长玢岩（可相变成闪长斑岩）与奥陶系马家沟组、肖家裕组碳酸盐岩地层接触带或其附近的构造裂隙中，属接触交代-高温热液型铁矿。

经对矿区内物探、化探、遥感、自然重砂等异常资料进行处理研究发现：化探异常与铁矿的相关性差，矿区没有开展大比例尺化探工作；遥感和自然重砂等也没有明显的反映；只有物探重、磁异常反映较好，尤其是磁异常具有预测找矿意义。

主要预测要素：燕山早期闪长玢岩，奥陶系马家沟组、肖家裕组碳酸盐岩地层，控矿构造，磁异常。

典型矿床预测模型图是以典型矿床的地质剖面为基础，叠加物探重磁异常曲线，表示预测要素内容及其相关关系和空间变化特征，见图3-9。

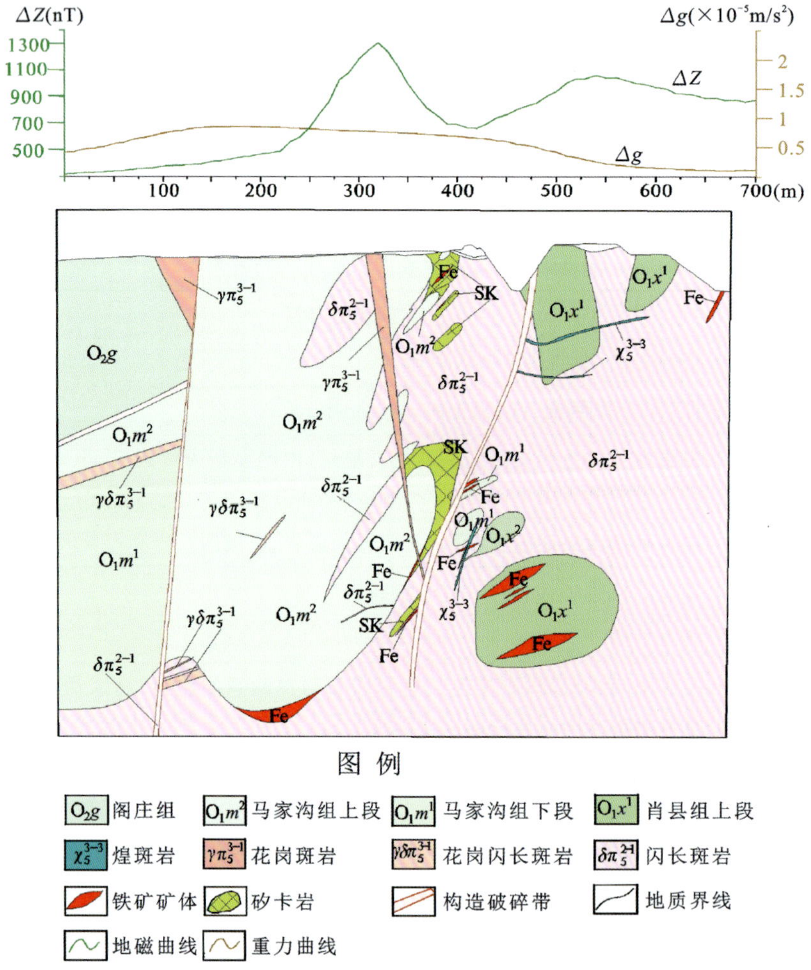

图3-9 墓山矽卡岩型铁矿典型矿床预测模型图

二、区域预测模型

1. 徐州-利国预测工作区

本区域包括两种预测类型：利国式矽卡岩型铁矿和焦家式破碎蚀变岩型金矿。通过对区域成矿要素、区域(重磁、化探、遥感、自然重砂异常)综合信息与矿产地、矿化线索的关系研究，徐州-利国预测工作区利国式矽卡岩型铁矿和焦家式破碎蚀变岩型金矿预测要素见表3-4、表3-5。利国式矽卡岩型铁矿区域预测模型图见图3-10。

表3-4 徐州-利国预测工作区利国式矽卡岩型铁矿区域预测要素表

区域预测要素		描述内容	预测要素分类
区域成矿地质环境	成矿区带	Ⅲ-64-①鲁西金、铁、铝土矿、煤、金刚石成矿亚区	重要
	大地构造位置	华北陆块南缘鲁西-淮北构造-岩浆带，鲁西陆块鲁西碳酸盐台地	重要
	主要控矿构造	东西向构造为主要导岩、容矿构造	重要
	主要赋矿地层	中、下奥陶统马家沟组碳酸盐岩建造	必要
	控矿岩浆岩	燕山早期闪长玢岩、石英闪长斑岩等中酸性岩体	必要
	成矿时代	中生代	重要
	成矿环境	矿体主要赋存于岩体与碳酸盐岩接触带或捕虏体	必要
区域成矿地质特征	区域成矿类型和成矿期	矽卡岩型为主，热液充填型次之。成矿期为燕山期	重要
	利国式矽卡岩型铁矿主要成矿要素	①燕山早期闪长玢岩、石英闪长岩与铁矿关系密切	必要
		②中下奥陶统马家沟组碳酸盐岩建造为主要赋矿围岩	必要
		③矿体主要赋存于岩体与围岩缓倾斜、平直、舌状等接触带，或隐伏岩体凸起和凹部的接触带，捕虏体等	必要
		④矿石矿物以磁铁矿为主，磁铁矿-赤铁矿次之，伴生有益组分为铜、金、硫等	次要
		⑤矿床成因类型以矽卡岩型为主，热液充填型次之	重要
		⑥围岩蚀变以矽卡岩化、大理岩化为主	重要
物探异常特征	重力异常	低负背景场为主要特征	次要
	磁异常	局部正磁异常，总体走向北东向，由多个峰值组成，航磁 ΔT 强度350nT左右	必要

表3-5 徐州-利国预测工作区焦家式破碎蚀变岩型金矿区域预测要素表

区域预测要素		描述内容	预测要素分类
区域成矿地质环境	成矿区带	Ⅲ-64-① 鲁西金、铁、铝土矿、煤、金刚石成矿亚区	重要
	大地构造位置	华北陆块区鲁西陆块鲁西碳酸盐台地	重要
	赋矿地层	震旦纪—寒武纪碳酸盐岩地层	重要
	主要控矿构造	北东向、北北东向断裂构造带	必要
	岩浆岩	燕山期闪长玢岩等中酸性岩体	重要
	成矿时代	燕山期	重要
	成矿环境	矿(化)体主要受断裂及构造破碎带控制	必要

续表 3-5

区域预测要素		描述内容	预测要素分类
区域成矿地质特征	区域成矿类型和矿期	成矿期为燕山期；成矿类型为中—低温热液充填及破碎蚀变岩型	重要
	焦家式破碎蚀变岩型金矿主要成矿要素	①与成矿有关的岩浆岩为燕山期中酸性岩体	重要
		②控矿断裂主要为北东向、北北东向断裂，北东向、北北东向压扭性断裂控制矿体的空间展布，矿（化）体赋存在构造破碎带或沿断裂侵入的闪长玢岩脉中	必要
		③蚀变主要为钾长石化、黄铁绢英岩化、碳酸盐化、绿泥石化、高岭土化	重要
物化遥重砂异常特征	重力异常	以低负背景为主要特征	次要
	磁异常	班井航磁异常呈北西向展布，中间向南、北突出，两头呈收缩的菱形，正异常北部曲线比南部要陡，磁性体有向南倾的趋势	重要
	化探异常	元素组合复杂，以 Au，Ag，As，Hg，Cu 为主，次为 Pb，Zn，Mo 异常等。以 Au 为特征的元素组合异常主要分布于利国、徐州云龙湖南部、班井地区	必要
	自然重砂异常	以自然金、辰砂、雄黄为主，次为铜、铅、锌、锡等金属矿物异常	重要

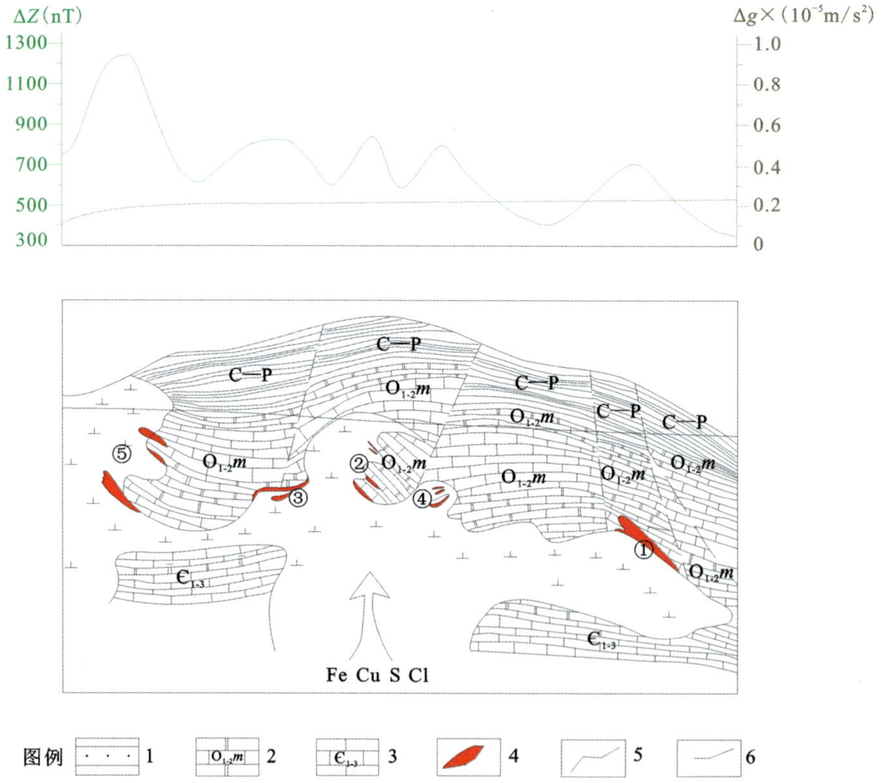

图 3-10　徐州-利国预测工作区矽卡岩型铁矿区域预测模型图

1. 石炭系—二叠系；2. 下奥陶统马家沟组；3. 寒武系；4. 铁矿体；5. 重力曲线；6. 地磁曲线；①吴庄铁矿；②西马山铁矿；③墓山铁矿；④利国铁矿；⑤峒山铁矿

2. 丰沛铁矿预测工作区

本区域包括两种预测类型，利国式矽卡岩型铁矿和鞍山式沉积变质型铁矿，区域预测要素见表3-6、表3-7。矽卡岩型铁矿主要赋矿于燕山早期闪长玢岩与奥陶系马家沟组碳酸盐岩接触带中；在结晶基底新太古界泰山岩群中有含铁石英岩变质建造，存在宽缓的航磁异常，是寻找鞍山式沉积变质型铁矿有利地区。

表3-6　丰沛预测工作区利国式矽卡岩型铁矿区域预测要素表

区域预测要素		描述内容	预测要素分类
区域成矿地质环境	成矿区带	Ⅲ-64-①鲁西金、铁、铝土矿、煤、金刚石成矿亚区	重要
	大地构造位置	华北陆块区鲁西陆块鲁西碳酸盐台地	重要
	主要控矿构造	隆起边缘东西向断裂与北西向、北东向断裂交叉	重要
	主要赋矿地层	中、下奥陶统马家沟组碳酸盐岩建造	必要
	控矿岩浆岩	燕山早期闪长玢岩、花岗闪长斑岩（石英闪长斑岩）等中酸性岩体	必要
	成矿时代	中生代	重要
	成矿环境	矿体产于闪长玢岩与中、下奥陶统马家沟组碳酸盐岩接触带中	必要
区域成矿地质特征	区域成矿类型和成矿期	矽卡岩型为主。成矿期为燕山期	重要
	利国式矽卡岩型铁矿主要成矿要素	①燕山早期闪长玢岩、石英闪长岩与铁矿关系密切	必要
		②中、下奥陶统马家沟组碳酸盐岩建造为主要赋矿围岩	必要
		③矿体产于岩体与围岩接触带，少量产于围岩层间破碎裂隙	必要
		④矿床成因类型以矽卡岩型为主，热液充填型次之	重要
		⑤围岩蚀变、大理岩化、角岩化、矽卡岩化、岩体内钠化强烈	重要
物探异常特征	重力异常	重力异常等值线以东西向展布为主，呈南、北低中间高的重力异常特征，由北向南分别为欢口重力低、华栖重力高和敬安重力低	次要
	磁异常	本区正磁场是由前震旦纪变质岩系引起，即反映为基底隆起构造性质，其上分布的局部异常，可能为后期中酸性侵入岩体的反映	必要

表3-7　丰沛预测工作区鞍山式沉积变质型铁矿预测要素表

区域预测要素		描述内容	预测要素分类
区域成矿地质环境	成矿区带	Ⅲ-64-① 鲁西金、铁、铝土矿、煤、金刚石成矿亚区	重要
	大地构造位置	华北陆块区鲁西陆块鲁西碳酸盐台地	重要
	主要控矿构造	北东向、近东西向	重要
	主要赋矿地层	泰山岩群	必要
	成矿时代	$Ar_4—Pt_1$	必要
	区域变质作用及建造	含铁石英岩建造，麻粒岩相-角闪岩相变质作用	必要

续表 3-7

区域预测要素		描述内容	预测要素分类
区域成矿地质特征	区域成矿类型和成矿期	变质成矿作用，新太古代—古元古代变质成矿期	重要
	鞍山式沉积变质型铁矿主要成矿要素	赋存于新太古代—古元古代泰山杂岩山草山谷组中	必要
		岩石组合主要为变粒岩-片岩-(磁铁)石英岩	必要
		受剪切变性构造带控制	重要
		矿石类型为沉积变质型	重要
物探异常特征	重力异常	重力异常等值线以东西向展布为主，呈南、北低中间高的多为北东向。重力异常特征，由北向南分别为欢口重力低、华栖重力高和敬安重力低	次要
	磁异常	走向总体为北东向，向西收敛，向东散开，强度一般为 100～200nT。前人工作结果认为本区正磁场是由前震旦纪变质岩系引起，即反映为基底隆起构造性质，其上分布的局部异常，可能为后期火成岩活动而在盖层中出现的各种侵入岩体的反映	必要

第五节　综合预测区特征及预测成果

Ⅲ-64-①鲁西成矿亚区(省内部分)主要包括丰沛、徐州地区，此次潜力评价涉及铁、金 2 个矿种，3 个矿产预测类型。该亚带内各单矿种的预测成果见表 3-8。根据区内单矿种预测成果及综合预测区划分原则，共划出综合预测区 5 个，其中贾汪镇-柳泉镇铁、金矿综合预测区成矿条件最为有利。各综合预测区地质特征见表 3-9。

表 3-8　鲁西成矿亚区预测成果表

成矿亚带	矿种	矿产预测类型	资源量单位	查明资源量(铁矿石量：$\times10^3$t，金金属量：kg	最小预测区个数	预测资源量(铁矿石量：$\times10^3$t，金金属量：kg)			可利用资源量	主要分布区域
						500m	1000m	2000m		
Ⅲ-64-①鲁西成矿亚区	铁矿	鞍山式沉积变质型铁矿	$\times10^3$t		5 个 C 类	0	0	81 153.70	81 153.70	丰沛地区
		利国式矽卡岩型铁矿		56 956.00	13 个(5 个 A 类，8 个 C 类)	8241.40	55 548.80	72 032.40	72 032.40	丰沛、徐州地区
	金矿	焦家式破碎蚀变岩型金矿	kg		5 个(1 个 B 类，4 个 C 类)	11 085.76	11 085.76	11 085.76	11 085.76	徐州地区

表 3-9　鲁西成矿亚区铁、金矿综合预测区特征一览表

成矿亚带	综合预测区编号	综合预测区名称	面积（km^2）	地质综合信息特征	预测矿种	矿产预测类型	最小预测区个数	预测资源量（Fe 矿石量：$\times10^3$ t；Au 金属量：kg）		
								500m	1000m	2000m
Ⅲ-64-①鲁西成矿亚区	C320001	小刘集-卓庄铁矿综合预测区	118	成矿有利地层及建造为太古宇泰山岩群含铁石英岩变质建造，区内有较明显的磁异常	铁矿	鞍山式沉积变质型铁矿	C类1个	0.00	0.00	铁：20 740.50
	B320002	沛县至华山镇铁矿综合预测区	169	主要地层及建造是寒武系、奥陶系马家沟组碳酸盐岩建造，有燕山期花岗闪长斑岩、闪长玢岩等中酸性岩体分布。磁异常明显。区内已发现沛县姜梨园矽卡岩型中型铁矿床	铁矿	利国式矽卡岩型铁矿	5个（A类1个，C类5个）	铁：12 420.20	铁：31 718.10	铁：36 249.00
	C320003	胡寨镇至宋楼镇铁矿综合预测区	157	区内主要地层是太古宇的泰山岩群，变质建造是含铁石英岩建造，麻粒岩相-角闪岩相变质作用，有较明显的磁异常	铁矿	鞍山式沉积变质型铁矿	C类4个	0.00	0.00	铁：60 413.20
	A320004	贾汪镇-柳泉镇铁、金矿综合预测区	317	区内地层主要是寒武系炒米店组，奥陶系贾汪组、三山子组、马家沟组，成矿有利围岩为碳酸盐岩。岩浆岩主要为燕山早期的石英闪长斑岩和花岗闪长斑岩等中酸性岩体，与区内铁、金矿成矿关系密切。区内整体成矿条件较好，已发现吴庄、峒山、墓山、利国等小型铁矿床，工作程度整体相对较高。磁异常较为明显，有化探 Au-Cu-Pb-Zn 异常	铁矿、金矿	利国式矽卡岩型铁矿、焦家式破碎蚀变岩型金矿	8个（A类4个，C类4个）	铁：1830.50 金：4833.90	铁：44 650.30 金：4833.90	铁：61 133.90 金：4833.90
	B320005	三堡镇铁、金矿综合预测区	389	区内主要地层及岩性为寒武系张夏组、炒米店组、三山子组及奥陶系贾汪组碳酸盐岩，燕山早期的闪长斑岩等中酸性岩体与铁、金矿成矿关系密切。区内有 1∶5 万化探金异常以及 1∶20万化探 Au-Cu-Zn 综合异常，有较明显的磁异常，已发现班井金矿点 1 处	铁矿、金矿	利国式矽卡岩型铁矿、焦家式破碎蚀变岩型金矿	4个（B类1个，C类3个）	铁：6410.90 金：6251.86	铁：10 898.50 金：6251.86	铁：10 898.50 金：6251.86

第六节　综合预测区勘查部署建议

一、总体部署原则

勘查部署建议根据各单矿种的预测成果综合汇总分析，并按照“区域评价、择优查证、重点勘查”3个层次统一部署勘查工作，同时也要与“江苏省找矿突破战略行动方案(2012—2020)”相衔接，并要考虑沿江大中城市建设发展规划和交通建设发展规划对矿产资源的开发制约因素。在部署过程中充分应用本次潜力评价成果，根据区域成矿地质条件、地质矿产工作研究程度，遵循从实际出发，力求最佳效益的原则，选择勘查技术方法，部署勘查工作量。总体技术路线是以点为主、点面结合、面上深入、重点突破。对具有较大资源潜力的综合预测区进行重点勘查，力求新增一批资源储量。

二、具体工作部署

1. 远景调查

1)丰沛鞍山式沉积变质型、利国式矽卡岩型铁矿远景调查

该区西起丰县赵庄，经华栖隆起至沛县李集，近东西向延展，长约60km，面积744.31km^2。包含11个最小预测区，已发现姜梨园矽卡岩型铁矿床(中型)。除华山、栖山见零星基岩露头外，广泛被第四系覆盖，基岩埋深100～450m，局部达700余米。基底地层为新太古界泰山岩群山草峪组($Ar_{3-4}s$)变质岩，局部钻孔揭示岩性为黑云角闪斜长片麻岩、黑云片麻岩、花岗片麻岩。主要分布范围西起丰县龙王庙向东经赵庄、丰县城、代套楼、孟三楼、后吴淹直至韩庄以北。泰山岩群其上沉积了一套华北地台型盖层，发育地层有寒武系—中奥陶统—石炭系—二叠系；中新生代地层分布于隆起带两侧凹陷中。

区域总体构造呈近东西向，褶皱构造早期为宽缓的压性褶皱，晚期演变为张性，表现为近东西向的褶皱隆起和凹陷，平面上呈雁行状，从南到北强度逐渐减弱，主要构造形迹表现为丰沛隆起带。断裂构造主要有东西向张性正断层，发生于褶皱带隆起和凹陷之间；其次为北东向断裂及北西向断裂。北西—北西西向断裂规模较大，呈330°～350°方向展布，大致表现为多期活动的垂直升降运动形式。

区域磁场丰县—薛城为正磁场区，背景磁场强度一般为50～100nT，表现为东强西弱，向北斜磁化特征。区域岩浆岩呈正磁场特征，而磁铁矿矿体、矽卡岩表现为强磁场特征，碳酸盐岩地层为无磁或微磁性，故本区磁铁矿、各类岩浆岩皆与碳酸盐岩有明显的磁性、密度差异，这些差异特征是圈定岩体与地层或磁铁矿体的分布范围的有效条件。

已有铁矿分布于华栖隆起的姜梨园—封新庄矿田，矿体可分3个矿段，封新庄矿段求得矿石储量149×10^{4}t，新庄矿段304×10^{4}t，姜梨园矿段上层矿604×10^{4}t、下层矿532×10^{4}t，共计铁矿石储量(D级)1589×10^{4}t，其中富矿823×10^{4}t，贫矿766×10^{4}t。已有姜梨园上层矿、封新庄及新庄矿段经后续勘查升级，前二者已在开采利用。

据邻省近年铁矿勘查资料，位于该区西部的山东省单县蔡棠一带，根据航磁异常施工了多个钻孔，均揭露到泰山岩群中赋存的沉积变质型磁铁矿体，矿层产状较陡，真厚度一般为2～8m，矿层数较多。矿石品位全铁在22%～30%之间，磁铁品位在15%～25%之间。本区与蔡堂地区处于同一地质构造单

元、同一区域航磁异常范围,成矿地质条件极为相似。

主攻矿床类型:沉积变质型铁矿、矽卡岩型铁矿。

工作部署建议:1∶5万矿产地质调查,1∶1万~1∶2.5万地磁、激电测量,钻探。

预期成果:可供进一步勘查的找矿靶区3~5处。

2)徐州利国式矽卡岩型铁矿远景调查

该区位于徐(州)-宿(县)弧形构造带的北段,区内地层主要为震旦系、寒武系、奥陶系、石炭系—二叠系,构造线方向以北东向、北北东向和北西向为主,断裂构造较紧密,班井北西向F_{45}断裂与北东向断裂的复合部位是主岩体上侵的通道,岩体对区内的金、银、铜、铁、多金属矿化起控制作用,中生代燕山期中—中酸性岩浆岩较发育。以利国、班井为主的2个燕山早期的中酸性侵入岩体是区内铁、铜(金)矿成矿最有利的母岩。利国岩体位于远景区的北端,是多期岩浆活动的产物,其主体以中—中酸性闪长岩类为主。班井岩体位于本成矿亚带的南端,由班井、杨村、前二堡3个岩株体构成,也属燕山期中酸性岩类。

据已有勘查成果,区内有中型铁矿床1个,小型铁矿床5个,铁矿点4个,金矿化点1个。已探明矽卡岩型铁矿资源量4106×10^4t。

主攻矿床类型:矽卡岩型铁矿、破碎蚀变岩型金矿。

工作部署建议:1∶5万矿产地质调查,1∶1万~1∶2.5万地磁、激电测量,1∶1万土壤化探,钻探。

预期成果:可供进一步勘查的找矿靶区3~5处。

2. 综合预测区勘查

1)丰县小刘集-卓庄铁矿综合预测区勘查

区内经分析成矿条件较好,虽目前尚未发现矿床,区内具有沉积变质型铁矿资源前景。

主攻矿床类型:沉积变质型铁矿。

工作部署建议:1∶2000~1∶1万地磁测量,1∶1000~1∶1万高精度磁法、重力剖面,钻探。

预期成果:中型铁矿床1处。

2)沛县至华山镇铁矿普查

已知铁矿床有姜梨园、封新庄、新庄、魏老家等,已查明铁矿石储量1589×10^4t。该矿床属利国式矽卡岩型铁矿,产于奥陶系肖县组豹皮状灰岩与钠化闪长斑岩的正接触带部位。预测区中生代燕山期中—酸性岩浆岩较发育,主要为闪长斑岩、角闪闪长斑岩、石英闪长岩,次为煌斑岩。除姜梨园、封新庄岩体外,沿东西向还分布有王楼、三座楼等岩体。姜梨园-封新庄铁矿区地磁异常等值线在125~300nT之间,是深部钠长斑岩-角闪闪长斑岩、磁铁矿体异常的叠加反映。因此,可选择奥陶系与岩体接触带的分布区,通过高精度地面磁法、重力测量进一步圈定成矿有利地段,进行钻探验证。

主攻矿床类型:矽卡岩型铁矿。

工作部署建议:1∶2000~1∶1万地磁测量,1∶1000高精度磁法、重力剖面,钻探。

预期成果:中型铁矿床1个。

3)贾汪镇-柳泉镇铁、金矿普查

隐伏岩体(闪长玢岩)上隆部与奥陶系肖县组—马家沟组碳酸盐岩的接触带或巨型捕虏体接触带处是成矿的有利地段。航磁异常呈北东东向,磁场强度一般为300~700nT,大多数为铁矿体引起。该预测区以往最大勘查深度为1000m左右,应加强深部成矿机制的研究,对主岩体南东部的接触带产状、岩浆岩类型以及与围岩的交代蚀变作用、矿化特征进行解剖。

主攻矿床类型:矽卡岩型铁矿、破碎蚀变岩型金矿。

工作部署建议:1∶2000~1∶1万地磁测量,1∶1000高精度磁法、重力剖面,1∶1万土壤化探,钻探。

预期成果:中型铁矿床1个,小型金矿床1个。

第四章　Ⅲ-67-③苏鲁成矿亚带预测成果

第一节　区域地质背景

该成矿亚带是苏鲁铁金成矿带的一部分，位于郯庐断裂带以东，响淮断裂以北，大地构造上与大别-苏鲁造山带的苏鲁高压-超高压变质带范围一致，区内以海泗断裂、桑墟断裂为界分为东海-新沂地区和连云港-泗洪地区两部分，分别与东海-胶南超高压变质亚带和连云港-泗洪高压变质亚带对应，如图4-1所示。

该成矿亚带内第四系广泛发育，前第四纪地层仅零星分布，发育的地层呈明显的一老一新的特点。老地层主要为新太古界—古元古界东海岩群和中新元古界的锦屏岩群、云台岩群。中、新生代地层局限分布于断陷盆地中，中生代地层主要有下白垩统莱阳群、青山群及上白垩统王氏群，岩性主要为不同成分的陆相碎屑沉积建造或火山喷发沉积建造等；新生代地层主要为新近系上新统宿迁组及覆于其上的安峰山火山岩锥，岩性为半固结的陆相碎屑沉积建造或碱性玄武岩火山岩建造。

1. 沉积岩建造组合特征

该成矿亚带处于华北板块与扬子板块之间的碰撞带位置，出露的岩石以新太古代—元古宙的区域变质岩为主，白垩纪前缺失沉积物质的记录，仅于印支期碰撞折返之后，早白垩世之后的燕山运动及喜马拉雅运动在中国东部地区以拉张地质作用为主，在区内形成少量火山沉积断陷盆地及无火山岩断陷盆地，沉积有中、新生代的火山岩-陆相碎屑岩建造，形成的岩石构造组合有湖泊泥岩-粉砂岩组合(K_1L)、大陆伸展环境安山岩-英安岩组合(K_1Q)、河流砂砾岩-粉砂岩泥岩组合(K_2W)、河流砂砾岩-粉砂岩泥岩组合(E_1t、E_2d、$E_{2-3}s$、N_2s)、湖泊泥岩-粉砂岩组合(E_1f)、大陆伸展环境碱性橄榄玄武岩组合(avc)等。其中莱阳群湖泊泥岩-粉砂岩组合以黄绿灰色页岩为主夹紫色砂页岩，泥晶灰岩；青山群大陆伸展环境的安山岩-英安岩组合为中酸性火山岩系，间夹火山碎屑岩层。王氏群河流砾岩-砂砾岩-粉砂岩组合为一套红色砂砾岩为主夹白色含砾砂岩、灰绿色泥岩、泥质粉砂岩。

而古近纪、新近纪区内沉积建造主要局限于沭阳盆地，主要为河流相-湖泊相岩石构造组合，岩性表现为砂岩、泥质砂岩、砂质泥岩、泥岩的交互，间夹部分玄武岩层；仅于安峰山—平明一带有少量大陆伸展环境碱性橄榄玄武岩组合分布，其上、下部为灰色、灰黑色橄榄玄武岩，中部为凝灰质砂砾岩，凝灰质细砂岩，粗砂岩及凝灰岩。沉积环境表现为破火山口-火山口河湖相。

该成矿亚带内第四系分布广泛，更新统为冲积、洪积、残坡积砂黏土、黏砂土、砂砾层，沉积岩建造组合类型为砂砾、中粗砂及残坡积组合；全新统岩性表现为亚黏土、亚砂土、砂土等，沉积岩建造组合类型为粉砂亚黏土组合。

2. 岩浆岩建造组合特征

该成矿亚带内燕山期岩浆作用较为强烈，形成的岩石类型主要有闪长岩、石英闪长(玢)岩、石英二

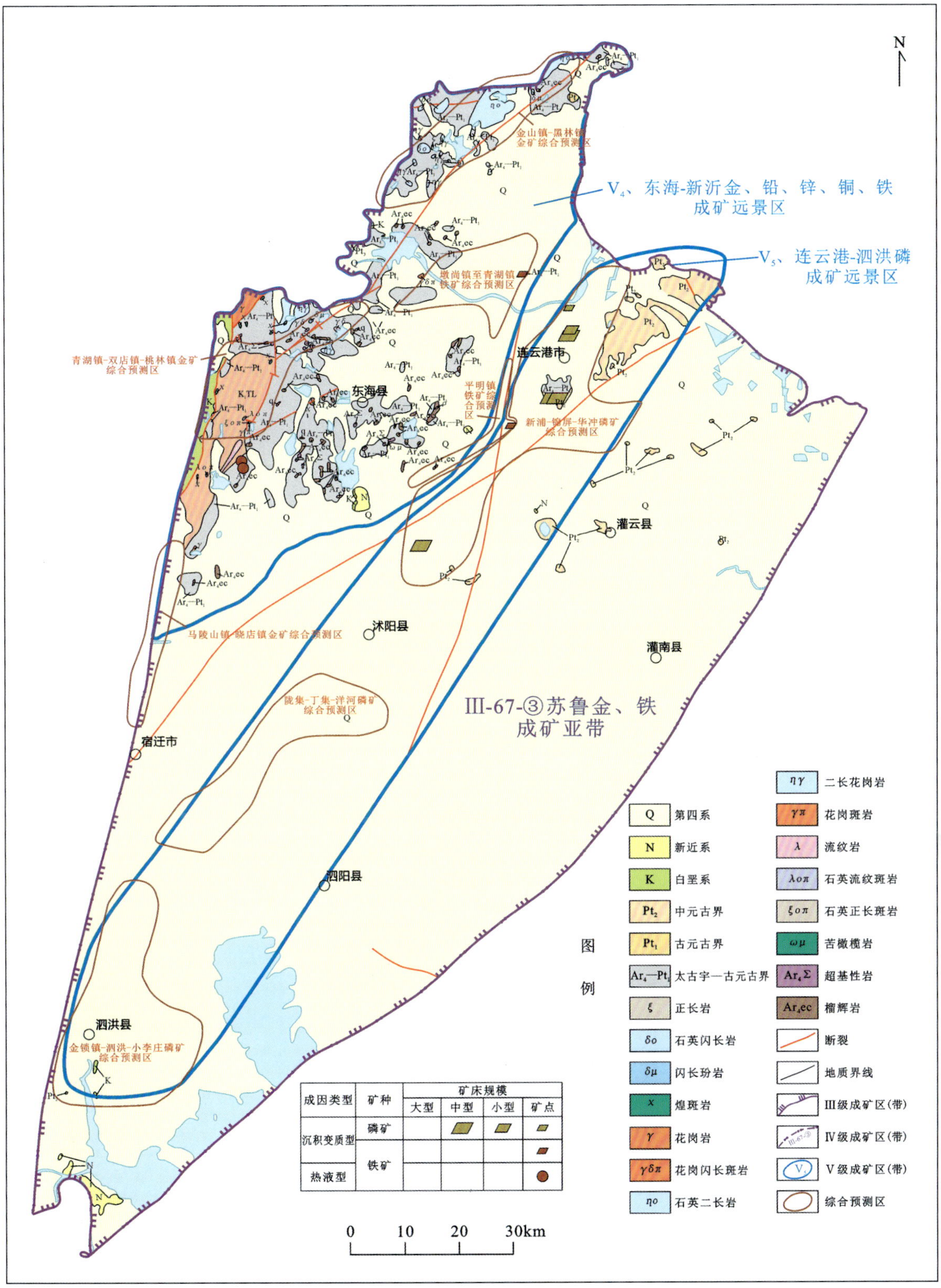

图 4-1　苏鲁成矿亚带(江苏省内)建造构造矿产示意图

长岩、二长花岗岩、二长花岗斑岩、花岗闪长岩、花岗岩、花岗斑岩等，区域上属晚三叠世以来中国东部构造岩浆岩省大别-苏鲁构造岩浆岩带的青岛-日照构造岩浆岩亚带的一部分东海桃林-莒南构造岩浆岩段，根据岩石空间分布、组合与成分特征、岩浆来源与成因、形成的构造环境进一步划分为同碰撞闪长岩组合(J_3)、后造山花岗闪长岩-二长花岗岩组合(K_1)和后造山花岗岩组合(K_1)3个岩石构造组合。

(1)同碰撞闪长岩组合(J_3)。以东海玄庙闪长岩岩体、唐岭石英闪长(玢)岩体及玉山石英二长岩为代表,岩体呈岩株、岩枝产出。岩体侵入于东海杂岩之中,并捕虏有东海杂岩的岩石包体,同位素年龄为178.3Ma。

唐岭石英闪长岩是该地区主侵入阶段的中酸性侵入岩,由3个岩体组成。岩体呈岩株产状,规模较大的面积达32km²。岩体侵位于东海杂岩,与玄庙闪长岩体呈脉动式侵入,暗色矿物减少至10%,石英相应含量达10%,色率变浅,跟玄庙深色闪长岩体形成了黑白分开的界线。

(2)后造山花岗闪长岩-二长花岗岩组合(K_1)。燕山旋回中期侵入岩,岩石类型主要有二长花岗岩、二长花岗斑岩,在东海桃林-莒南构造岩浆岩段发育较广,为该地区一期主要的构造岩浆活动。该构造岩石组合主要由马陵斑状二长花岗岩体和大解庄二长花岗岩体组成,是构成桃林杂岩体的主要部分,呈北东向带状,深部相连成岩带。马陵斑状二长花岗岩是白垩纪早期侵入阶段的酸性侵入岩,主要由6个岩体组成,岩体呈岩株产出。岩石中钾长石、斜长石两者含量均在30%左右,暗色矿物5%,色率较浅。同位素年龄为124Ma、118Ma。大解庄二长花岗岩是桃林杂岩体主侵入阶段形成的酸性侵入岩,岩体规模巨大,呈北东向带状,与马陵岩体密切伴生,呈脉动侵入关系,接触界线清晰,岩石矿物成分雷同,唯长石晶体粒径较匀。同位素年龄为118Ma、111Ma。

(3)后造山花岗岩组合(K_1)。在东海桃林-莒南岩段以东海老圩庄花岗闪长岩岩体、踢球山花岗岩体及石埠花岗斑岩为代表。老圩庄花岗闪长岩由8个岩体组成,岩体呈小岩株、岩枝产出,其侵入于大解庄二长花岗岩中,为脉动侵入关系,该单元岩石斜长石含量明显偏高,相应钾长石含量偏低,同位素年龄为111Ma、104.7Ma。踢球山花岗岩由3个岩体组成,岩体规模一般较小,呈小的岩株、岩脉产状与老圩庄岩体呈脉动接触关系,岩石石英、钾长石含量偏高,暗色矿物稀少,同位素年龄为96Ma。石埠花岗斑岩岩体规模小,多呈岩脉产状,岩石出现文象结构,矿物结构两个世代结晶极为清楚。

3. 变质岩建造组合特征

该成矿亚带位于秦祁昆造山系东延部分的苏鲁高压-超高压变质岩区,是省域内主要变质岩分布区,由苏北-胶南超高压变质岩带、连云港-泗洪高压变质岩带两个部分组成。区内变质岩石主要由新太古界—古元古界东海杂岩变质岩、中元古界锦屏岩群变质岩、新元古界云台岩群变质岩组成。东海杂岩变质岩以各种片麻岩为主,夹片岩、角闪岩、榴辉岩、变粒岩、浅粒岩、大理岩、石英岩等,变质相以低角闪岩相和高绿片岩相为主,部分地区达榴辉岩相、麻粒岩相。锦屏岩群变质岩为一套经高绿片岩相区域变质岩,由各种片岩、变粒岩、大理岩、石英岩及磷灰岩组成,不同岩石常呈互层或渐变关系,其原岩主要为沉积碎屑岩和火山沉积岩。云台岩群变质岩主要由一套经历低绿片岩相变质程度的各种浅粒岩、变粒岩、片岩、石英岩组成,以浅粒岩、变粒岩为主,片岩、石英岩常呈薄层夹于其中,原岩复杂,有沉积的长石砂岩、黏土岩等,也有火山喷发的流纹岩类和过渡类型的层凝灰岩和凝灰质砂岩等。相应的岩石构造组合划分为变粒岩-浅粒岩-石英岩组合(Pt_3y)、绿片岩-(云母)石英片岩-大理岩组合(Pt_2Js)、钾长花岗片麻岩-花岗片麻岩组合(Pt_1)、二长花岗片麻岩(Pt_1)、斜长角闪岩-榴辉岩组合(Pt_1)、变超基性岩-基性岩组合(Pt_1)、片岩-石英岩-大理岩组合(Ar_4—Pt_1)7个。

(1)片岩-石英岩-大理岩组合(Ar_4—Pt_1)。与东海杂岩中的变质表壳岩相当,主要呈透镜状、似层状分布于东海杂岩主体片麻岩类之中,为局部有序、总体无序,甚至局部总体皆无序的非史密斯地层,为省域内形成时间最早的地质体,岩石类型主要有白云长石(石英)片岩、白云石英岩、白云变粒岩、黑云变粒岩、蓝晶石石英岩、榴辉岩、斜长角闪岩(摩天岭岩组)、透辉石白云质大理岩、透辉石石英岩、白云石英片岩、绿帘角闪片岩(演马厂岩组),主要岩性为磁铁石英岩、长英质云母片岩、白云质大理岩、白云斜长变粒岩、黑云变粒岩(武强山岩组)等,原岩建造相当于基性火山岩-碎屑岩-铝质碎屑岩和碎屑岩-铁质硅质岩-碳酸盐岩建造。

(2)变超基性岩-基性岩组合(Pt_1)。与呈透镜状、脉状、不规则状混杂于东海杂岩的片麻岩之中的变质超基性—基性岩相当，主要岩石类型有纯橄岩、斜辉橄榄岩、单斜橄榄岩、二辉橄榄岩、石榴石二辉岩、石榴石橄榄二辉岩、角闪透辉石岩、石榴石辉石岩、透辉石岩等，原岩为一套超基性岩-基性岩建造。

(3)斜长角闪岩-榴辉岩组合(Pt_1)。是区内重要的特征性高压-超高压变质岩石组合，呈透镜状、脉状、不规则状混杂于东海杂岩的片麻岩之中，主要岩石类型有含微粒金刚石榴辉(闪)岩、含柯石英榴辉(闪)岩、含金红石榴辉(闪)石、石英榴辉(闪)岩、榴辉岩、斜长角闪岩、角闪岩、黑云角闪岩、绿帘斜长角闪岩、黑云斜长变粒岩、黑云变粒岩等，原岩主要为一套中基性火山岩-拉斑玄武岩建造。

(4)二长花岗片麻岩(Pt_1)。是东海杂岩变质岩的主体部分，广泛分布于苏北-胶南超高压变质带中，主要岩石类型有含黑云角闪二长片麻岩、含霓辉二长片麻岩、二长片麻岩等，其次为含黑云二长片麻岩、含白云二长片麻岩、白云斜长片麻岩、含二云绿帘斜长片麻岩、含绿帘黑云斜长片麻岩、白云二长片麻岩、黑云二长片麻岩、含二云二长片麻岩等，原岩可能为二长花岗岩、斜长花岗岩等早期中酸性侵入岩建造。

(5)钾长花岗片麻岩-花岗片麻岩组合(Pt_1)。是东海杂岩变质岩的主体片麻岩的一部分，主要岩石类型有钾长花岗质片麻岩、含角闪石钾长花岗质片麻岩、粗粒花岗质片麻岩和细粒花岗质片麻岩等，原岩可能为钾长花岗岩、花岗岩等较早期酸性侵入岩建造。

(6)绿片岩-(云母)石英片岩-大理岩组合(Pt_2j)。相当于中元古界锦屏岩群变质岩，为一套大理岩-片岩-变粒岩的岩石构造组合，主要岩石类型有大理岩、白云质大理岩、云母大理岩、含磷大理岩、钙质绿泥片岩、细粒磷灰岩、石墨片岩、白云石英片岩、白云钠长变粒岩、绿泥钙质云母片岩、云母绿泥片岩、钙质云母绿泥片岩等，不同岩石常呈互层或渐变关系，经历了高绿片岩相区域变质作用，原岩为一套基性火山岩-碎屑岩-磷块岩-碳酸盐岩沉积建造。该套岩石组合也是中国东部地区最重要的含磷层位之一。

(7)变粒岩-浅粒岩-石英岩组合($Pt_{2-3}Y$)。相当于新元古代云台岩群变质岩，为一套变粒岩-浅粒岩-石英片岩组合的岩石构造组合，主要岩石类型有白云变粒岩、黑云变粒岩、二云变粒岩、白云钠长浅粒岩、含黄铁矿浅粒岩、斜长白云片岩、白云石英片岩、蓝晶石石英片岩夹石英岩、二长浅粒岩、含岩块二长浅粒岩，夹钠长浅粒岩、含斑钠长浅粒岩及少量黄铁矿钠长浅粒岩等，经历了低绿片岩相区域变质作用，原岩为一套基性—酸性火山岩-碎屑岩沉积建造或细碧角斑岩火山沉积建造。

4. 大地构造特征

该成矿亚带位于江苏省东北部、苏鲁变质造山带的南部，西北侧以郯庐断裂带与华北陆块区相邻，西北及北侧与山东省相邻，同属苏鲁造山带，构造属性一致，东南侧以响淮断裂与扬子陆块区分界，大地构造上属于秦岭造山带(中央造山系)的武当-大别隆起的东延部分。

根据区内不同地质历史时期大地构造环境、岩石构造组合特征及区域构造特征将区内大地构造相进一步划分为3个Ⅲ级大地构造相单元——苏鲁高压-超高压变质相、桃林-莒南后造山岩浆杂岩相和苏北陆内盆地相。在前南华纪构造阶段以海泗断裂和桑墟断裂为界进一步划分出东海-胶南超高压变质带、连云港-泗洪高压变质带2个Ⅳ级构造分区；在南华纪—早三叠世该地块由于缺少记录，构造分区不明；中三叠世以来该构造分区以断块与凹陷为主，在继承基底构造分区的基础上，划分为苏北胶南断块和连云港-泗洪断块2个Ⅳ级分区。

成矿亚带内以其经历了超高压变质作用和复杂的构造演化历史著称于世。苏鲁造山带在碰撞造山运动及超高压、高压变质变形中形成了极为复杂的韧性剪切构造，中生代以来构造活动则以岩浆侵入和块断作用为其主要特色。

前寒武纪地层岩石中广泛发育的韧性剪切带或韧性变形带是区内变质变形构造的主要构造形式，空间呈带状和线状展布，发育有近东西向、北东向、北西向、近南北向韧性剪切带，其中以近东西向和北东向韧性剪切带最为宽大。走向上部分较稳定，大部分出现拐向、分叉、合并等现象，规模大小不等，剪切带内广泛发育糜棱面理，普遍出现矿物颗粒细粒化、糜棱面理、稳定的“似层状构造”、拉伸线理、剪切褶皱及各种旋转体等。总体上，韧性剪切带将区内岩石划分为各级构造岩片，各岩片之间以主要韧性剪切带为界，形成各岩石(片)在空间上的构造叠置，岩片内出现大量交织状韧性强变形带。中新生代的构造则以断裂构造为主，主要有北东向、北北东向、北东东—近东西向、北西向及近南北向5组，沿脆性断层发育有碎裂岩化片麻岩、碎裂岩、断层角砾岩、碎粒岩、假玄武玻璃、断层泥及超糜棱岩。其中早期以北东向、北北东向断裂为主，经历多期多次构造叠加，部分是先期韧性剪切构造带再次活动的产物，后期北西向断裂则切割早期各类构造形式，形成区域网格状构造格局，其中深大断裂、区域性断裂控制了中新生代岩浆侵入与火山喷发活动，并为区域成矿作用提供了较好的热液、热源与成矿物质。

第二节　区域矿产特征

该成矿亚带位于苏鲁高压-超高压变质岩带内。江苏省内共包括两个预测工作区，分别是东海-新沂预测工作区和连云港-泗洪预测工作区。

区内重点矿床是磷矿，其次是铁矿和金矿。区内铁矿矿床成因类型主要是沉积变质型。金矿矿床成因类型是破碎蚀变岩型。磷矿成因类型是沉积变质型。该成矿亚带矿产地统计见表4-1。其中该区铁矿只有矿(化)点；磷矿有4个中型矿床，1个小型矿床，查明资源量占全省磷矿查明资源量的91%。

表4-1　江苏省苏鲁成矿亚带区域矿产地统计表

成矿亚带名称	矿种	矿产地数量(个)					矿产预测类型
		总计	大型	中型	小型	矿(化)点	
Ⅲ-67-③苏鲁金、铁成矿亚带	磷矿			4	1	1	海州式沉积变质型磷矿
	铁矿					6	鞍山式沉积变质型铁矿
	金矿						焦家式破碎蚀变岩型金矿

一、成矿特征

1. 沉积变质型铁矿

区内古—中元古界东海岩群沉积变质岩系呈北东向展布，其中含矿岩系武强山岩组分布零星。区内已知矿床点为赣榆县墩尚东北4km的武强山铁矿点，赋存地层主要是在新太古界—古元古界东海岩群武强山岩组，建造类型主要是一套石英片岩-云母片岩-磁铁石英岩变质建造。

2. 破碎蚀变岩型金矿

区内北东向、北北东向断裂带发育，控制了燕山晚期中酸性岩浆岩的侵入。岩性以花岗闪长岩、二长花岗岩为主，其次为花岗斑岩、闪长岩等，与金多金属矿化关系密切。

东海岩群变质岩系中石英岩、片麻岩含金丰度较高，为金矿化形成提供了部分矿质。区内发育的北东向、北东东向韧性剪切带以及在此基础上形成的脆性构造破碎带，控制了区内金矿化的分布。目前已在竹墩、禹山、车辐山等多处发现破碎蚀变岩型金矿化显示。

金矿化成矿作用过程：经过区域变质、韧性剪切，在变质热液多次作用下，可使含金变质岩的金初步集中到有利地段，后经燕山期岩浆期后热液作用，使金进一步富集形成有工业价值的金矿体。

3. 沉积变质型磷矿

区内沉积变质型磷矿赋矿层位为中元古界锦屏岩群变质岩系。本类型矿床形成条件是受多种因素综合作用及相互制约和转化所控制，主要是矿床的建造和改造。

区内磷矿原始沉积是发生在古陆的边缘。吕梁运动，东海岩群遭受了褶皱隆起并使裸露区遭受风化剥蚀。随着地壳下沉和海侵，陆缘海分布，开始沉积了一系列的海相沉积物，磷质同时由海流带到浅海区聚积下来。根据地层顶底板出现的原岩性质，发现在矿体沉积前后的地壳振荡运动是比较频繁的，表现为海侵、海退反复出现，而且振荡的幅度又不大。在这多变的环境中，磷质容易聚沉。

锦屏岩群形成以后，经历了多次构造运动并伴随区域地质作用。在中温、中压条件下，矿物发生了明显的重结晶，矿物颗粒增大，碳酸盐岩中原始的隐晶质矿物转化为白云石、方解石晶体；原始沉积的胶磷矿形成了晶质磷灰石，形成一套变质矿物组合，岩石多具片理、片麻理等。区域变质作用不但改变了磷灰石的结晶形态，同时在变质过程中产生的热流体，也可使磷和某些元素富集。pH 值为 7.0～8.0 的中性—弱碱性环境，Eh 值为 0.1～0.3，表明磷矿主要是在弱还原条件下形成的。

磷矿形成以后，遭受了后期构造的改造作用，晚期叠加褶皱使矿体重复加厚，在褶皱轴面变形面使矿体发生大幅度弯曲滑动作用，其顶部所在区段矿体厚度加大，同时使翼部矿体变薄或无矿。小的褶皱仅局部影响矿体厚度的变化，锦屏倒转背斜控制矿体的空间分布，其转折端则是厚矿体赋存部位。经二期褶皱改造叠加，矿体多呈不规则透镜状或似层状。晚期叠加褶皱对矿层、矿体的产状变化亦有明显的改造和控制作用。因褶皱较开阔，使矿层、矿体在延深方向上呈波状起伏，在正常翼倾角较缓，而倒转翼则倾角较陡。

可见，二期褶皱对矿体均起加厚作用。原始沉积的磷矿体，一般厚数米至 10m 左右，层序亦较简单，经褶皱改造叠加，使矿层层数增多，总厚度加大，最厚可达 80m 左右。

二、矿产预测类型划分

根据本成矿亚带的地质背景、矿产特征，可将本地区划分为 3 个矿产预测类型，并划分出 2 个预测类型预测工作区。具体矿产预测类型划分见表 4-2。

表 4-2　江苏省苏鲁成矿亚带铁、金、磷矿矿产预测类型及工作区范围一览表

矿产预测类型	预测工作区	面积（km^2）	预测矿种	预测方法类型	典型矿床	成矿时代
鞍山式沉积变质型铁矿	东海-新沂预测工作区	5417	铁矿	变质型		新太古代—古元古代
焦家式破碎蚀变岩型金矿			金矿	复合内生型		燕山期
海州式沉积变质型磷矿	连云港-泗洪预测工作区	2250	磷矿	变质型	锦屏磷矿	中元古代

第三节　区域地球物理、地球化学、遥感、自然重砂特征及推断解释

一、航磁特征及解译推断

苏鲁金、铁成矿亚带属苏北平缓变化异常区，位于郯城-庐江断裂带东界断裂以东，北抵江苏省界，扬州—海安一线以北，南至金湖—高邮—泰州—如皋一带。

区带内，磁场表现为平缓变化的特征，强度一般不超过±50nT，局部异常甚少。东海—赣榆一带背景场宽缓，磁场强度20～80nT，其上叠加有较多的局部异常，异常轴向北东或北北东，大多强度不大，但在异常区北部及东海西侧，局部异常强度可高达500nT以上，呈北东向条带状展布，向西南与郯庐断裂汇聚；连云港—淮阴一带，磁异常以负场为主，异常相对平缓，局部异常主要分布在云台山、灌云县扬集和泗阳县城一带，异常以北东走向为主（图4-2）。

二、重力特征及解译推断

1. 重力特征

苏鲁金、铁成矿亚带位于江苏省的东北部，其上共划分出东海-赣榆和泗阳-灌云2个重力异常带，重力异常整体呈北东向带状展布，场值较高，异常强度变化较大。

东海—赣榆一带，重力异常等值线以北东向展布为主，呈北低、南高特征。南部的重力高为连云港-东海-新沂重力高带的主体部分，重力异常值一般在$2\times10^{-5}m/s^2$之上，极大值$(12\sim14)\times10^{-5}m/s^2$，局部异常展布方向多为北东向。北部的重力低由桃林、城头2个次级重力低构成。桃林次级重力低轴向北北东，－4等值线圈闭呈椭圆形；城头次级重力低－6等值线半圆形向北东开口。

泗阳—灌云一带，重力异常等值线以北东向、北北东向展布为主，高低相间，变化较平缓，有多个低值中心，其中颜集（沭阳）重力低和洪泽重力低特别醒目。颜集（沭阳）重力低最小等值线圈－22，北东轴向，等值线南北两侧均为梯级带，北侧尤为明显；洪泽重力低北东向长条状，基本由－8等值线圈出，最小等值线圈－20，四周为梯级带，南侧梯度大，区内为其东段北梯级带部分（图4-3）。

2. 解译推断成果

重力推断地质构造图上（图4-4），桐柏-大别-苏鲁（造山带）金、银、铁、铜、锌、钼、金红石、萤石、珍珠岩Ⅲ级成矿带包含2个预测工作区，分别是连云港-泗洪磷矿预测工作区和东海-新沂铁、金矿预测工作区。

重力推断内容包括构造单元、断裂构造、岩体、盆地和地层。共推断Ⅳ级构造单元3个，自北向南分别是东海-赣榆大复背斜（$Ⅳ_4$）、泗阳-灌云大复向斜（$Ⅳ_5$）和苏北断陷（$Ⅳ_6$）。推断区域性断裂构造7条，其中Ⅰ级断裂构造2组，分别为北北东向的郯庐断裂带江苏部分和北东向的响水口-淮阴断裂；其余为

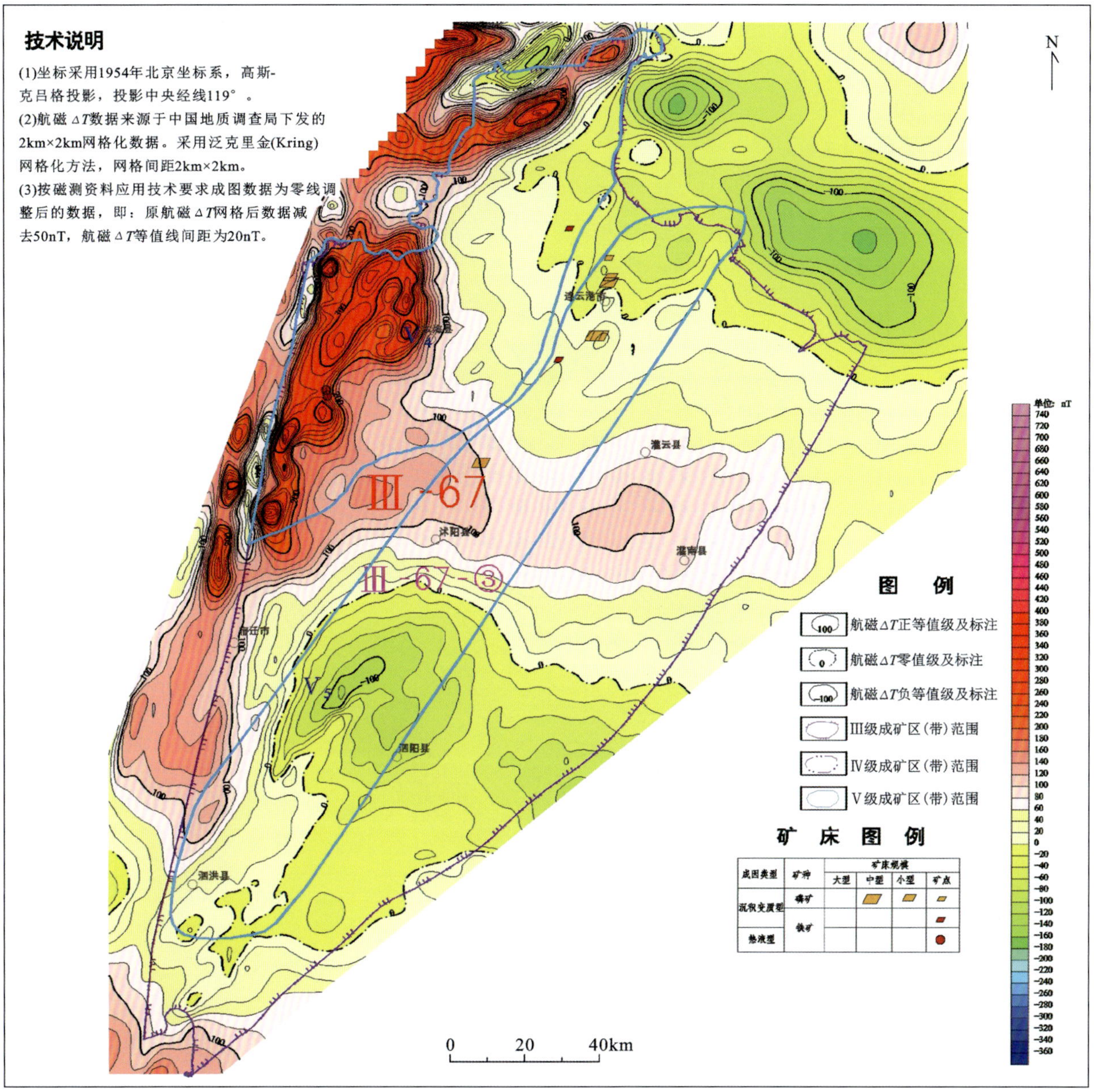

图 4-2 苏鲁成矿区亚带航磁 ΔT 等值线平面图

Ⅲ级断裂构造，计 2 条，北西向、北东向各 1 条。推断岩体 3 个，其中 2 个为中酸性岩体，规模大，北东向带状组合，S 苏-2 桃林岩体还与铁、铅锌、钼矿有成因联系；推断超基性岩体 1 个，规模小，蛇纹石化。推断盆地 4 处，白垩系、古生界、前震旦系等地层 29 处，其中的 H 苏-23 推断前震旦系与磷和铅锌矿有成因联系，H 苏-41 推断前震旦系与磷矿有成因联系。

三、地球化学特征及解译推断

本区地球化学异常特征显示，金元素处在 1.0×10^{-9} 的区域背景场中，以 1.6×10^{-9} 等值线圈定了两条北东向呈串珠状分布的异常，其一主要见于双沟、马陵山、东海县、禹山、金山等地，其二主要分布于连云港的锦屏、云台山及东西连岛一带；银异常主要见于双沟、黑林及北东向连云港之锦屏至东西连岛一带；砷、锑异常主要见于双沟、东海南部等地；镉、汞异常与金异常空间分布非常相似，均呈北东向串珠

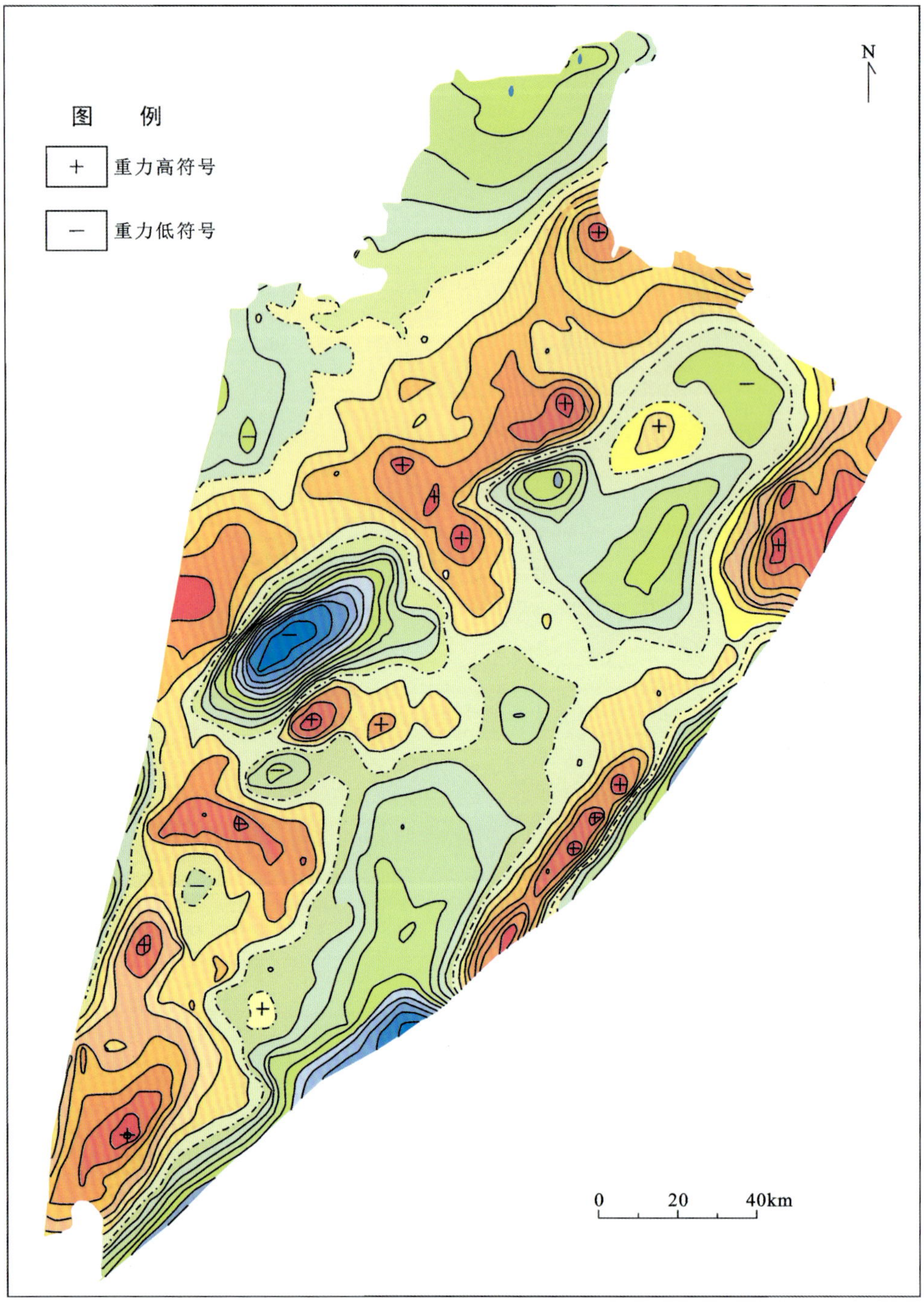

图 4-3　苏鲁成矿亚带布格重力异常图

状分布。

区域金、银、锑、汞、砷、镉异常空间相互交叠，结合地质、矿产地分布情况，可以明显地看出，这些元素异常主要与已知铁、金、铅等多金属矿点关系。如 Ap005 锦屏山铅、锌、银、汞、镉乙类异常，面积约 40km²，异常峰值 Pb 85×10^{-6}，Zn 195×10^{-6}，Ag 169×10^{-6}，Cd 440×10^{-6}。此外，本区北东向、北西向断裂发育，花岗斑岩、二长花岗岩、花岗闪长岩等中酸性脉岩发育，沿断裂裂隙的中低温热液活动强烈，北东向、北西向两组断裂交会处一般显示出良好的金、银、镉、锑、汞、砷异常，具有较好的地球化学找矿指示意义。如 Ap011 温泉金、镉乙类异常，面积约 41km²，异常峰值 Au 2.0×10^{-9}，Cd 140×10^{-6}，区内已知发现有金、萤石矿点(图 4-5)。

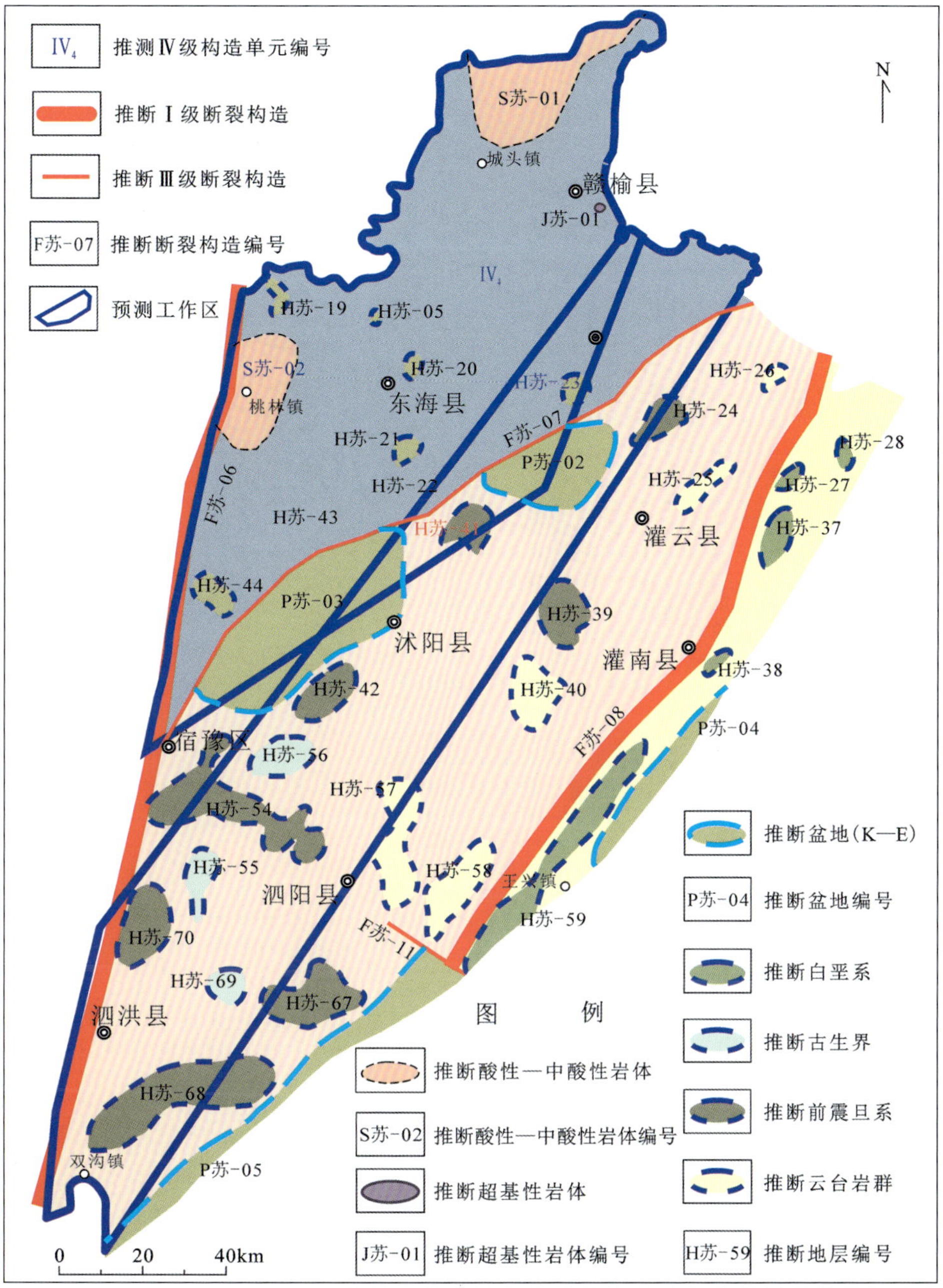

图 4-4 苏鲁成矿亚带推断地质构造图

四、自然重砂特征及解译推断

本区位于郯庐断裂东侧，区内第四系分布广泛，地貌上属低山丘陵，山丘海拔高程一般为 200～300m，最高山峰云台山 625m，其他地段为垄岗地貌，间夹狭长的冲沟河谷地貌，一般高程为 30～70m。山丘附近的冲沟浅而短，除雨季外平时多为干沟，多已淤积。在这样的地貌条件下，自然重砂搬运距离受到很大的限制，自然重砂一般采自于残坡积物，异常反映近源物质，明显受制于区内地质体的分布(图 4-6)。

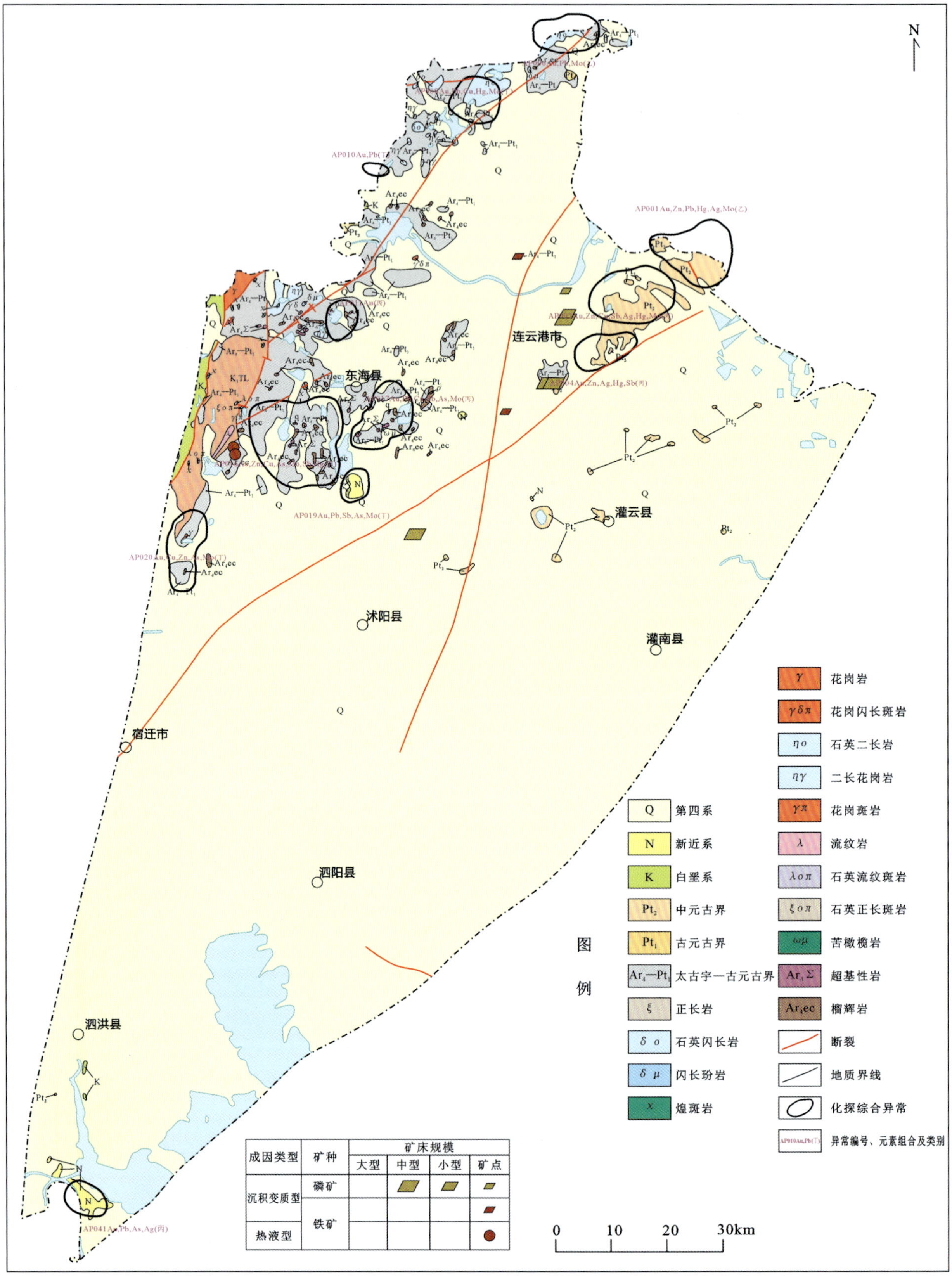

图 4-5　苏鲁成矿亚带化探综合异常图

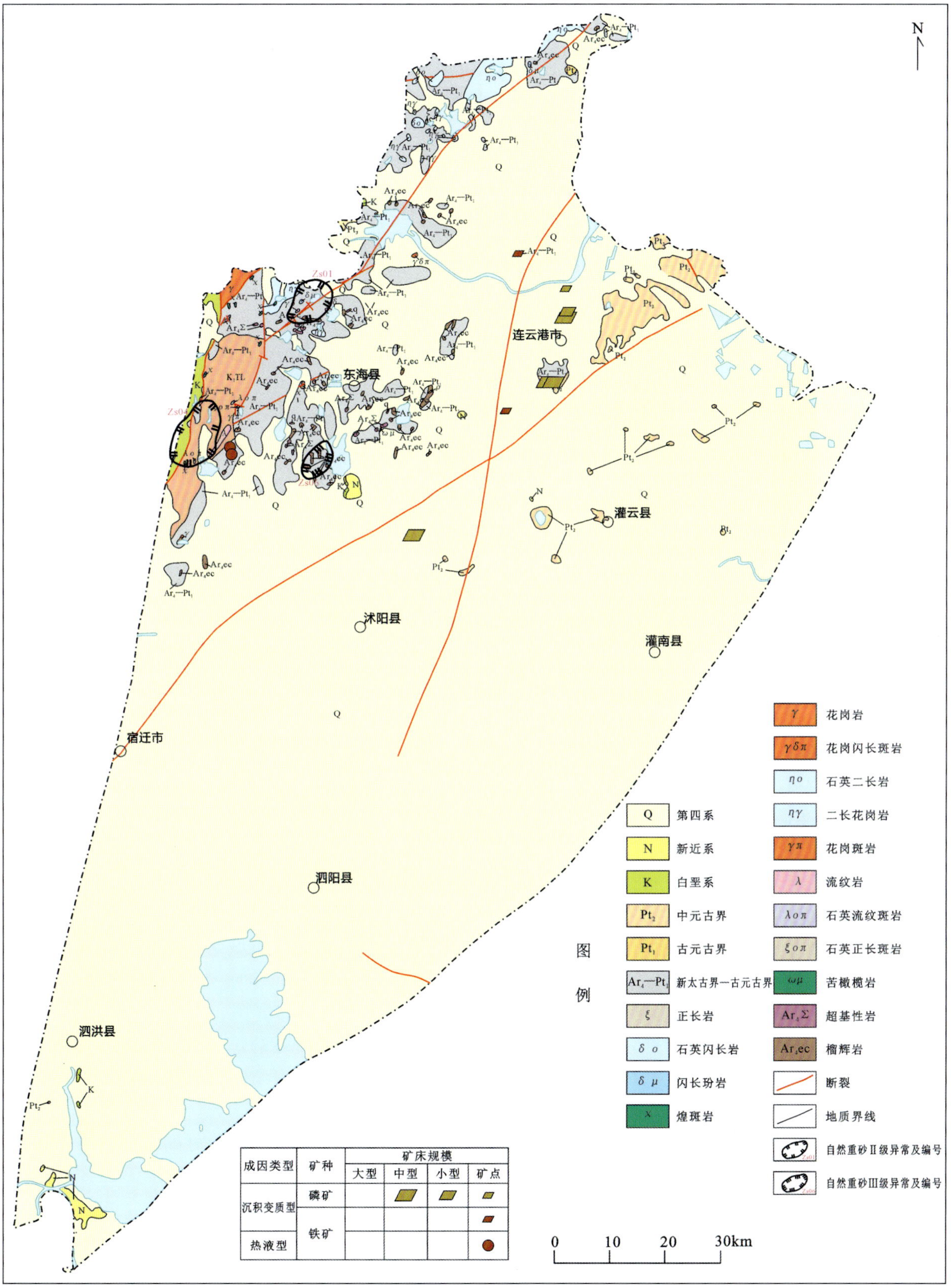

图 4-6　苏鲁成矿亚带自然重砂综合异常图

异常主要分布于东海隆起带上，北起禹山，南止高塘，呈北北东向宽带状展布。自然重砂矿物以重晶石、金、铅、锌异常为主，其次是铜、黄铁矿等，此外，还伴有赤铁矿、磁铁矿、磷灰石、透辉（闪）石异常。经资料整理，共圈定综合异常 3 处，编号分别为 1、4、6。结合地质特征，自然重砂矿物分布具有如下分布特征。

（1）受构造控制：异常明显受构造控制，尤其是主断裂及次生断裂构造，带内异常呈北北东向、北西向展布，与带内断裂方向基本一致，矿物组合表现为黄铁矿、重晶石、自然金、铅矿物、闪锌矿、赤铁矿等。

（2）与中酸性侵入岩分布有关：异常区内二长花岗岩、花岗岩、斑岩脉等非常发育，矿物组合主要为重晶石、黄铁矿，次为磷灰石、闪锌矿、磁铁矿、透辉石、透闪石等。

（3）与变质岩分布有关：带内分布大面积的东海岩群，在东海岩群分布区，磁铁矿高含量点比较集中，反映了磁铁矿受地质背景的影响。

五、遥感特征及解译推断

1. 遥感矿产地质特征

1）线要素解译

区内以北西向、北东向、东西向构造为主，其次为南北向构造。而南北向构造数量不多，不占主导地位。

西起临沂-新沂-宿迁郯庐断裂（新沂—宿迁段）贯穿图幅的南北一线是条重要的构造分区界线。郯庐断裂西侧为徐-宿构造带，东侧为苏北超高压变质岩区。

2）环要素解译

区内仅见 1 个环状岩层的显示，分布于安峰山水库南东侧，为新近系上新统碱性玄武岩，属于安峰山火山锥。

3）块要素解译

区内块要素有 1 块，主要分布在新沂—宿迁、宿迁—前房、前房—庄圩、小窑—红窑街一带。沿南北向郯庐断裂、北东向宿迁-板桥断裂、海州-泗阳断裂及小窑-红窑街断裂的南西段叠加分布。

4）色要素解译

区内色要素有 4 个，主要分布在新沂、宿迁、连云港市城南侧一线，其中新沂、宿迁 2 个色要素分布在郯庐断裂带之中，连云港市城南侧 2 个色要素分布在宿迁-板桥断裂北侧，为侵入岩体内外接触带及残留顶盖。其中郯庐断裂带在地质图上对应为白垩纪二长花岗岩，连云港市城南侧为朐山片麻岩。

5）遥感最小预测工作区

区内圈定磷矿遥感最小预测区 3 个，主要分布在连云港新浦大浦、锦屏镇、华冲镇。新浦大浦预测区：区内出露有中元古界锦屏岩群，并位于重力高值带，且在磁场零线附近的正值带，具有很好的成矿条件，新浦大浦磷矿以及太和磷矿就产于此。锦屏-袁庄预测区：区内出露有中元古界锦屏岩群，并位于重力高值带，且在磁场零线附近的正值带，具有很好的成矿条件，锦屏磷矿就产于此。华冲预测区：区内出露有中元古界锦屏岩群，并位于重力高值带，且在磁场零线附近的正值带，具有很好的成矿条件，华冲磷矿就产于此（图 4-7）。

2. 遥感异常特征

1）遥感羟基异常特征

区内较集中的遥感羟基异常主要分布于东海县西南阴平后屯-时集吴滩、灌云县西南陡沟-南岗、响水县陈家港-黄海农场，零星分布的异常有锦屏山、东辛、五图河农场、赣榆县西部欢墩-城头、小塔山水库、赣榆县南部宋庄等地。羟基异常大多呈无规则的点状集中分布。该区羟基异常大多可能与变质岩

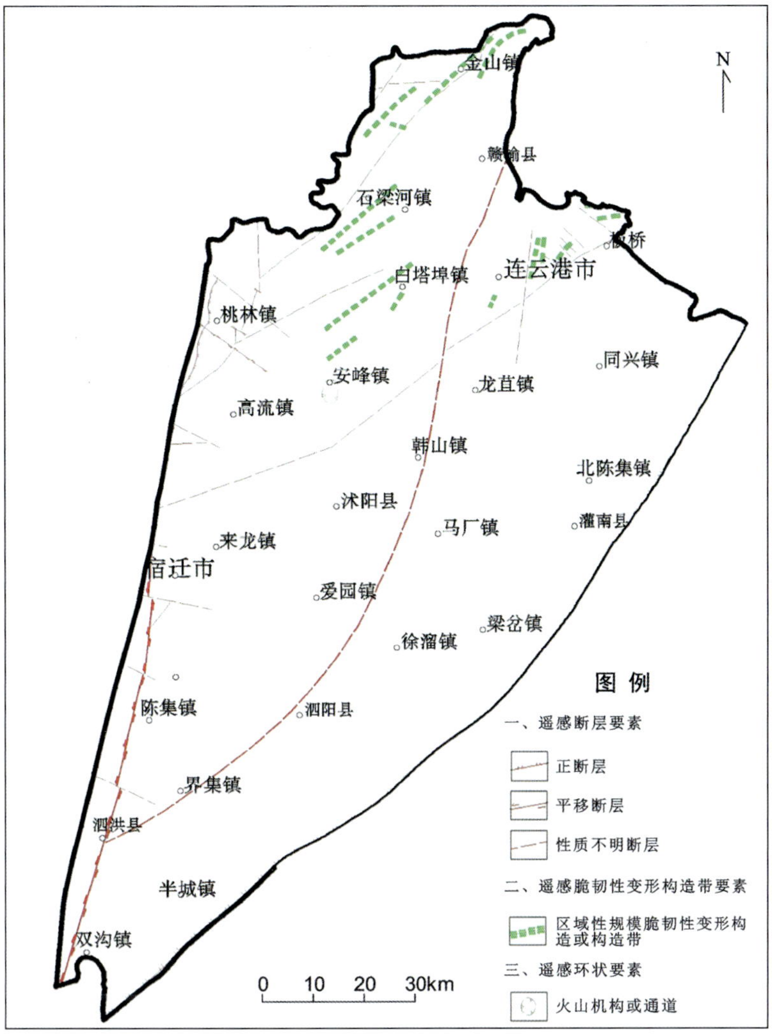

图 4-7 苏鲁成矿亚带构造遥感解译图

有关(图 4-8)。

2)遥感铁染异常特征

遥感铁染异常主要分布于东海县西南阴平后屯-时集吴滩、灌云县西南陡沟-南岗、响水县陈家港-黄海农场;零星分布的异常有锦屏山、东辛、五图河农场、赣榆县西部欢墩-城头、小塔山水库、赣榆县南部宋庄等地。该区铁染异常可能与变质岩有关,但因数据精度限制效果并不明显,对金矿没有做相关的研究,故不作为本次预测铁、金矿的预测要素。

3)遥感在矿产预测中的作用分析

遥感铁染异常主要分布于东海县西南阴平后屯-时集吴滩、灌云县西南陡沟-南岗、响水县陈家港-黄海农场,零星分布的异常有锦屏山、东辛、五图河农场、赣榆县西部欢墩-城头、小塔山水库、赣榆县南部宋庄等地。该区铁染异常可能与变质岩有关,但因数据精度限制效果并不明显,对金矿没有做相关的研究,故不作为本次预测铁、金矿的预测要素。

第四节 重要矿种预测评价模型

本成矿亚带主要矿种是磷、铁、金矿,磷矿最具代表性的典型矿床是锦屏沉积变质型磷矿,位于连云

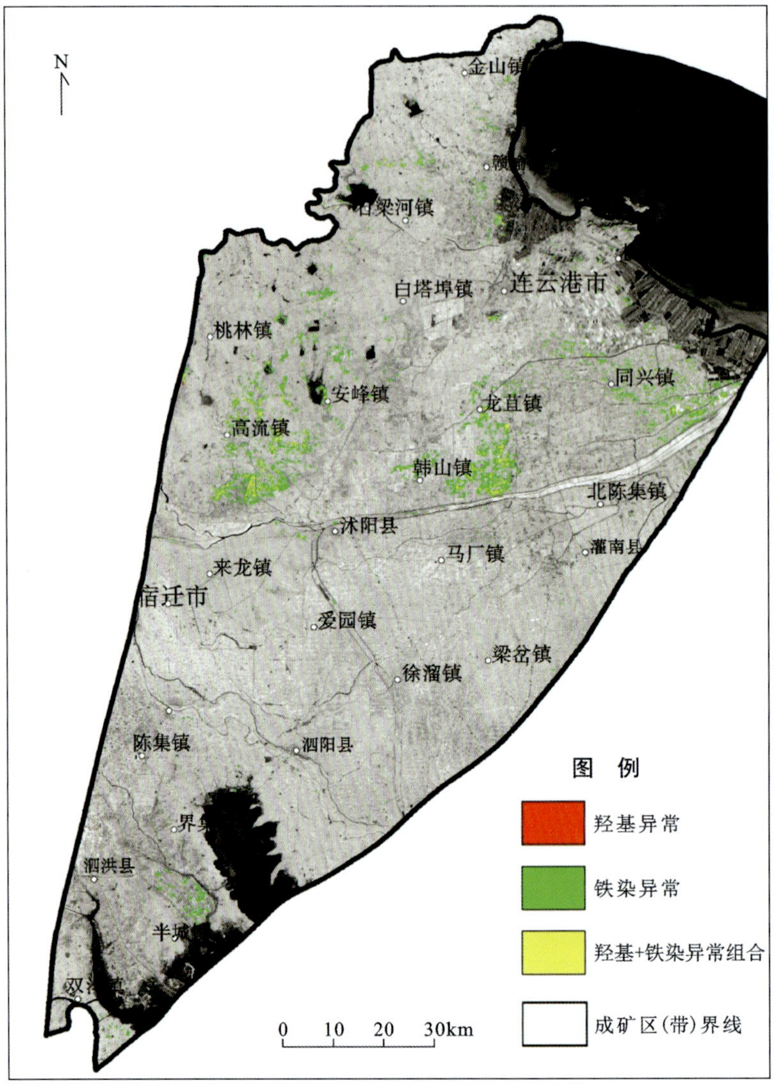

图 4-8　苏鲁成矿亚带遥感异常特征图

港-泗洪磷矿预测工作区，鞍山式沉积变质型铁矿及焦家式破碎蚀变岩型金矿都分布在东海-新沂预测工作区，区内无典型矿床。

一、典型矿床预测模型

江苏省锦屏沉积变质型磷矿

江苏省锦屏磷矿是区内海州式沉积变质型磷矿典型矿床，处于北北东向锦屏倒转背斜倾伏端。中元古界锦屏岩群、云台岩群构成倒转背斜的两翼，磷矿层赋存于锦屏岩群中，锦屏岩群呈弧形展布。矿区断裂构造以纵向逆断层为主，小的褶皱、节理、劈理等小构造也很发育。磷矿层位于锦屏岩群的上部及下部，矿层不连续且有分层。一般矿层产于大理岩、云母片岩中，与围岩呈过渡关系，产状与围岩基本一致。

典型矿床处的区域化探异常、遥感及自然重砂与磷矿的相关性较差。对重力而言，锦屏磷矿的磷矿体基本都位于重力高值带的旁侧或中心，因此重力高值带对整个地区的磷矿预测具有重要的指示作用。对磁法而言，锦屏磷矿典型矿床基本沿磁场零等值线附近正值处展布，因此其对典型矿床外围及连云港-

泗洪整个区域的磷矿预测有一定的参考意义。

主要预测要素：中元古界，变质建造，重力高值区，控矿构造(详见表 4-3)。找矿预测模型见图 4-9。

表 4-3　江苏省锦屏沉积变质型磷矿床预测要素表

<table>
<tr><td colspan="2">预测要素</td><td>描述内容</td><td rowspan="2">预测要素分类</td></tr>
<tr><td colspan="2">特征描述</td><td>矿床成因类型属于海相沉积变质型磷矿床；
矿体分布于中元古界锦屏岩群，严格受层位控制</td></tr>
<tr><td rowspan="5">地质环境</td><td>地层</td><td>矿区地层主要发育有：古元古界东海岩群(朐山组)、中新元古界云台岩群、锦屏岩群。锦屏岩群是海州式磷矿的赋矿层位</td><td>必要</td></tr>
<tr><td>岩石类型</td><td>锦屏岩群由上至下分 4 个岩性段。四段：白云质大理岩、云母大理岩、绿色片岩、白云斜长片麻岩；三段(上含矿层)：白云质大理岩、云母大理岩、磷灰岩、云母石英片岩及绿色片岩；二段：白云斜长片麻岩、云母片岩、大理岩、绿色片岩；一段(下含矿层)：大理岩、云母石英片岩、磷灰岩、白云斜长片麻岩及绿色片岩。底部为不稳定的含砾云母片岩</td><td>必要</td></tr>
<tr><td>成矿时代</td><td>中元古代(测年 1735Ma)</td><td>重要</td></tr>
<tr><td>成矿环境</td><td>海州式磷矿分布于古侵蚀面之上，严格受岩相和层位控制。含磷岩组属一套砂质-泥砂质、碳酸盐含磷建造，磷矿与碳酸盐沉积关系密切。后期区域变质作用将原岩结构和构造发生改造，形成磷灰岩矿床</td><td>必要</td></tr>
<tr><td>构造背景</td><td>该矿床区域构造位于秦岭-大别褶皱带东延部分之苏北-胶南地块的南部，其西为郯庐深大断裂，南部为响水口-淮阴断裂。二级构造主要为北北东向海-泗断裂和北东向邵-桑断裂。海州式沉积变质型磷矿主要分布于北北东向锦屏倒转背斜的南西倾伏端及其翼部，局部在海-泗断裂两侧的重力场高值区亦有分布</td><td>重要</td></tr>
<tr><td rowspan="2">矿床特征</td><td>矿物组合</td><td>矿石矿物主要是磷灰石，占 15%～80%。脉石矿物以碳酸盐(方解石、白云石)为主，占 15%～30%，少量白云母、石英、黄铁矿、绿帘石、滑石等。矿石自然类型：细粒磷灰岩、云母磷灰岩、锰磷矿</td><td>重要</td></tr>
<tr><td>控矿条件</td><td>海州式沉积变质型磷矿受层位控制，矿体分布于中元古界锦屏岩群。后期褶皱作用往往将含矿层重复叠加增厚。断裂构造对矿体的连续性起到破坏作用</td><td>必要</td></tr>
<tr><td rowspan="2">地球物理特征</td><td>重力</td><td>与锦屏倒转背斜相对应的北北东向宽缓重力高值异常带，布伽重力值一般为 6～14mgal。磷矿体位于重力高值带旁侧或中心</td><td>重要</td></tr>
<tr><td>磁法</td><td>区域磁场较平缓而单调，正磁场多为东海岩群分布区，负磁场多为锦屏岩群分布范围，锦屏岩群大致沿重力高值带及磁场零等值线展布，磷矿体无明显的磁异常反映</td><td>次要</td></tr>
</table>

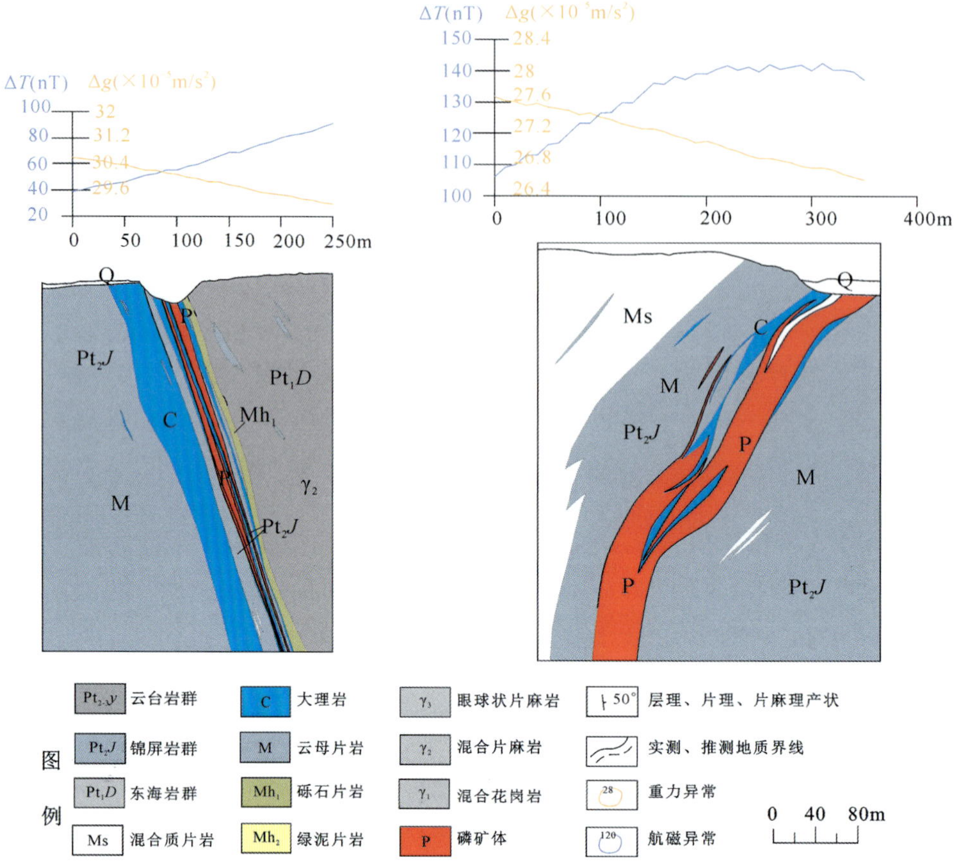

图 4-9　锦屏沉积变质型磷矿典型矿床预测模型图

二、区域预测模型

1. 连云港-泗洪磷矿预测工作区

根据典型矿床预测要素分析，结合区域内其他已知矿床特征、区域重磁、化探、遥感、自然重砂异常综合信息，总结区域的预测要素见表 4-4。

表 4-4　连云港-泗洪预测工作区海州式沉积变质型磷矿区域预测要素表

区域预测要素		描述内容	预测要素分类
区域成矿地质环境	成矿区带	Ⅲ-67-③苏鲁金、铁成矿亚带	重要
	大地构造位置	大别-苏鲁造山带，苏鲁高压—超高压变质带，连云港-泗洪断块	重要
	主要控矿构造	北北东向构造变形带	重要
	主要赋矿地层	中元古界锦屏岩群	必要
	成矿时代	中元古代(测年 1735Ma)(《江苏省锦屏磷矿(海州式)矿床地质特征研究报告》)(磷灰石 U-Pb 同位素测年)	重要
	成矿环境	海州式磷矿分布于海侵面之底部，严格受岩相和层位控制。含磷岩组属一套砂质-泥砂质、碳酸盐含磷建造，磷矿与碳酸盐沉积关系密切。后期区域变质作用将原岩结构和构造发生改造，形成磷灰岩矿床	必要

续表 4-4

区域预测要素		描述内容	预测要素分类
区域成矿地质特征	区域成矿类型和成矿期	浅海相沉积变质型磷矿床，成矿时代为中元古界(Pt_2)	重要
	海州式沉积变质型磷矿主要成矿要素	①海州式磷矿受层位控制，矿体赋存于中元古界锦屏岩群中	必要
		②主要矿石自然类型为白云石磷灰岩、云母磷灰岩、锰质磷灰岩；含磷岩组属一套砂质-泥砂质、碳酸盐含磷建造，磷矿与碳酸盐沉积关系密切	重要
		③后期区域变质作用将原岩结构和构造发生改造，形成磷灰岩矿床	重要
		④蚀变主要为大理岩化、绿帘石化	次要
		⑤磷沉积处在 Eh 值较低的弱还原环境—弱氧化条件下形成	重要
物化遥重砂异常特征	重力异常	与锦屏倒转背斜相对应的北北东向宽缓重力高值异常带，布伽重力值一般为 6～14mgal。磷矿体位于重力高值带旁侧或中心	重要
	磁异常	区域磁场较平缓而单调，正磁场多为东海岩群分布区，负磁场多为锦屏岩群分布范围，锦屏岩群大致沿重力高值带及磁场零等值线展布，磷矿体无明显的磁异常反映	次要

2. 东海-新沂铁、金矿预测工作区

本区域包括 2 种矿产预测类型：焦家式破碎蚀变岩型金矿和鞍山式沉积变质型铁矿。区内无典型矿床，根据区内成矿条件和物化探综合信息分析，并结合同一成矿区带邻省的同类型矿床研究成果，总结本区域的焦家式破碎蚀变岩型金矿和鞍山式沉积变质型铁矿预测要素分别见表 4-5、表 4-6。预测模型见图 4-10、图 4-11。

表 4-5　东海-新沂预测工作区焦家式破碎蚀变岩型金矿区域预测要素表

区域预测要素		描述内容	预测要素分类
区域成矿地质环境	成矿区带	Ⅲ-67-③苏鲁金、铁成矿亚带	重要
	大地构造位置	苏鲁高压-超高压变质带	重要
	赋矿地层	新太古界—古元古界东海岩群(Ar_4Pt_1D)变质岩地层	重要
	主要控矿构造	北东向、北北东向断裂	必要
	岩浆岩	燕山期花岗岩类酸性岩体	重要
	成矿时代	燕山期	重要
	成矿环境	新太古代—古元古代变质热液成矿作用形成了金的初步富集，燕山期花岗岩类酸性岩体的侵入，岩浆热液使原金矿化第二次富集形成工业矿体。矿体主要受断裂构造控制，赋存于断裂构造破碎带中	必要

续表 4-5

区域预测要素		描述内容	预测要素分类
区域成矿地质特征	区域成矿类型和成矿期	成矿期为燕山期，区域成矿类型为中—低温热液充填型及破碎蚀变岩型	重要
	焦家式破碎蚀变岩型金矿主要成矿要素	①与成矿有关的侵入岩为燕山期花岗岩类	必要
		②北东向压扭性断裂控制矿体的空间展布，金矿体发育在断裂构造的不同部位上	必要
		③矿体围岩主要为燕山期花岗岩类酸性岩体，部分为新太古代—古元古代变质岩系	重要
		④控矿断裂主要为北东向、北北东向断裂	必要
		⑤蚀变主要为钾长石化、黄铁绢英岩化、碳酸盐化、绿泥石化、高岭土化	重要
物化遥重砂异常特征	重力异常	重力异常等值线以北东向展布为主，由北向南，异常值呈低、高、低特征。北部的重力低由桃林、城头2个次级重力低构成，区域上为桃林—日照（山东）北东向串珠状重力低异常带的省内部分。南部的重力低为颜集（沭阳）重力低的北半部分，北东轴向，等值线南北两侧均为梯级带，北侧尤为明显。中部的重力高为连云港—东海—新沂重力高带的主体部分，局部异常展布方向多为北东向	次要
	磁异常	连续成带分布的高值异常带，强度一般为200～300nT，有的局部异常高达上千纳特。曲线波动，异常形态多种多样，磁场面貌较复杂	重要
	化探异常	元素组合以Au，Ag，As，Sb，Pb为主，次为Cu，Zn等异常。以Au为特征的组合异常主要分布于连云港隆起台北镇、东西连岛、东海县-新沂，此外在禹山、黑林一带也有零散Au异常分布。	必要
	自然重砂异常	自然重砂组合简单，主要有用自然重砂矿物为自然金、黄铁矿，分布于双店—禹山一带	重要

表 4-6　东海-新沂预测工作区鞍山式沉积变质型铁矿预测要素表

区域预测要素		描述内容	预测要素分类
区域成矿地质环境	成矿区带	Ⅲ-67-③苏鲁金、铁成矿亚带	重要
	大地构造位置	大别-苏鲁造山带苏鲁高压—超高压变质带	重要
	主要控矿构造	北东向、北北东向断裂	重要
	主要赋矿地层	东海岩群武强山岩组	必要
	成矿时代	Ar_4—Pt_1	必要
	区域变质作用及建造	含铁石英岩建造，角闪岩相-绿片岩相变质作用	必要

续表 4-6

区域预测要素		描述内容	预测要素分类
区域成矿地质特征	区域成矿类型和成矿期	变质成矿作用，新太古代—古元古代变质成矿期	重要
	鞍山式沉积变质型铁矿主要成矿要素	①赋存在新太古代—古元古代东海岩群武强山岩组石英片岩-云母片岩-磁铁石英岩等岩石组合之中	必要
		②受北东向、北北东向韧性剪切构造控制	重要
		③矿石类型主要为致密块状、条带状，由磁铁矿、石英、白云母等组成	次要
		④矿石成因类型为沉积变质型	重要
物探异常特征	重力异常	重力异常等值线以北东向展布为主，由北向南，异常值呈低、高、低特征。北部的重力低由桃林、城头2个次级重力低构成，区域上为桃林—日照（山东）北东向串珠状重力低异常带的省内部分。南部的重力低为颜集（沭阳）重力低的北半部分，北东轴向，等值线南北两侧均为梯级带，北侧尤为明显。中部的重力高为连云港—东海—新沂重力高带的主体部分，局部异常展布方向多为北东向	重要
	磁异常	连续成带分布的高值异常带，强度一般为200～300nT，有的局部异常高达上千纳特。曲线波动，异常形态多种多样，磁场面貌较复杂	必要

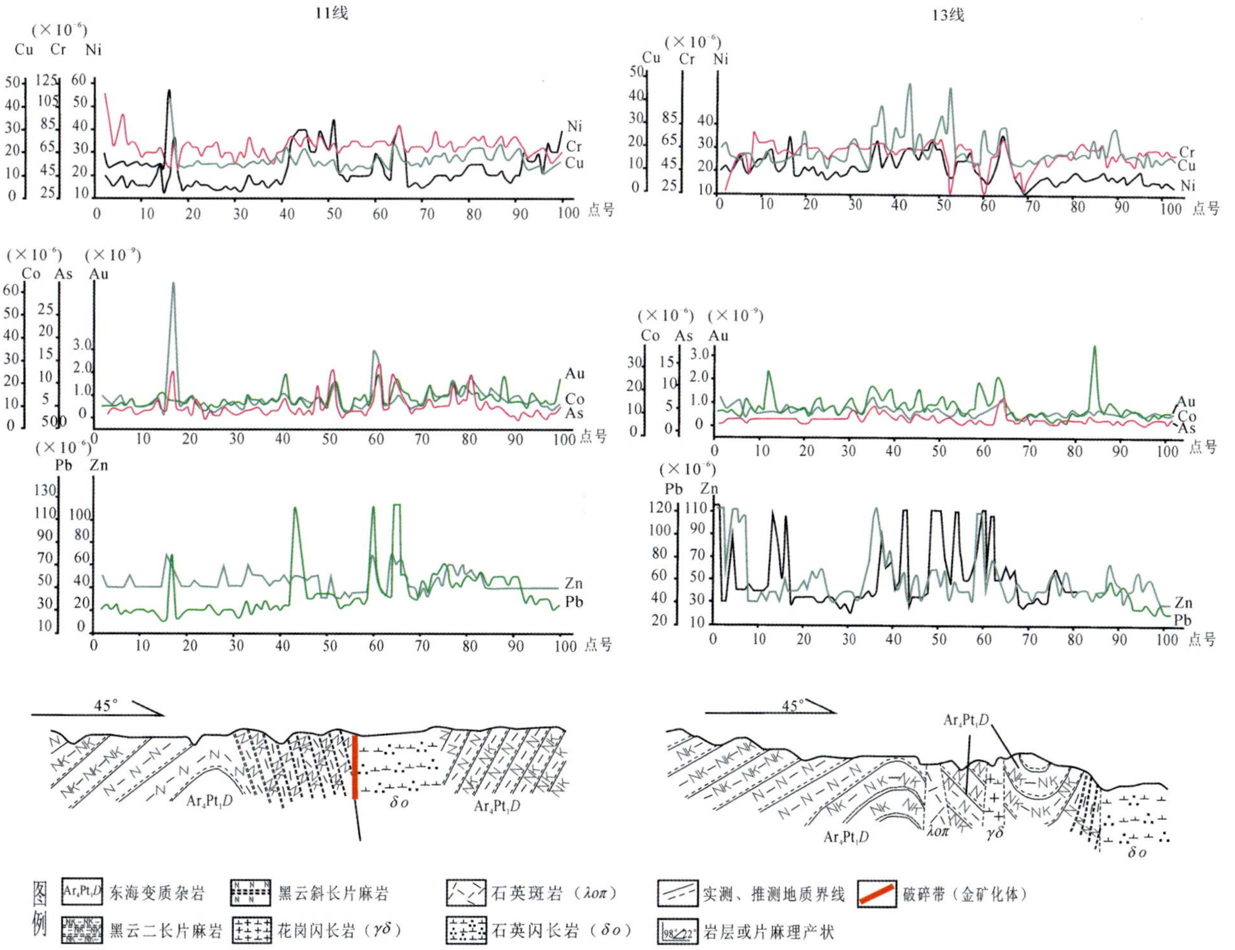

图 4-10 东海-新沂预测工作区焦家式破碎蚀变岩型金矿区域预测模型图

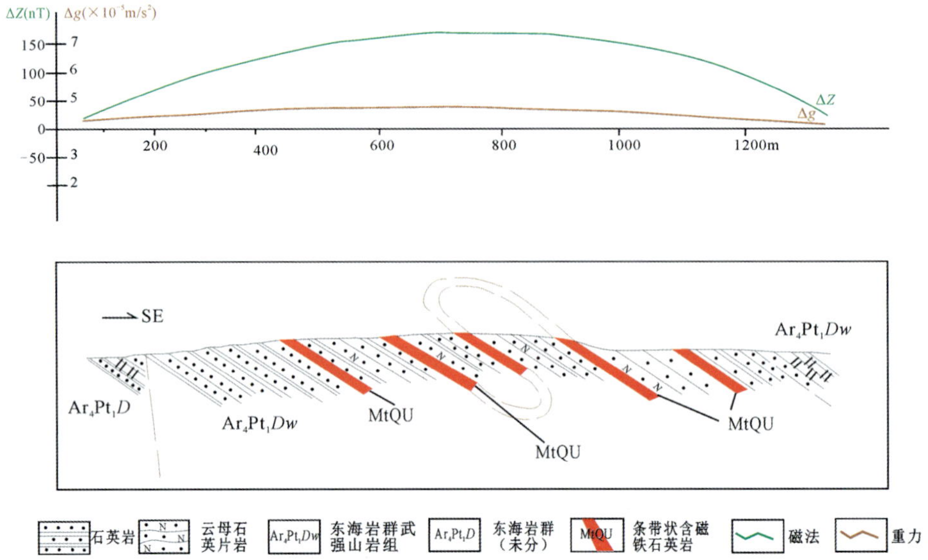

图 4-11　东海-新沂预测工作区沉积变质型铁矿区域预测模型图

第五节　综合预测区特征及预测成果

本成矿亚带省内部分主要包括东海-新沂和连云港-泗洪两个地区，此次潜力评价涉及铁、金、磷 3 个矿种，3 个矿产预测类型，各单矿种的预测成果见表 4-7。在单矿种预测成果的基础上，可划分出综合预测区 8 个，其中新浦-锦屏-华冲磷矿综合预测区最具资源潜力。

表 4-7　苏鲁成矿亚带预测成果表

成矿亚带	矿种	矿产预测类型	资源量单位	最小预测区个数	预测资源量（铁、磷矿石量：$\times10^3$t，金金属量：kg）			主要分布区域
					500m	1000m	2000m	
Ⅲ-67-③苏鲁成矿亚带	金	破碎蚀变岩型	kg	C 类 11 个	8212.89	9987.65	9987.65	东海-新沂地区
	铁	沉积变质型	$\times10^3$t	8 个（B 类 2 个，C 类 6 个）	5767.4	11 284.30	11 284.30	连云港-泗洪地区
	磷			11 个（A 类 3 个，C 类 8 个）	115 736.67	291 330.40	291 330.40	

新浦-锦屏-华冲磷矿综合预测区

（1）成矿地质条件：本综合预测工作区位于苏鲁 AuFe 成矿亚带内的北东向，属于苏鲁超高压变质带区内。位于秦岭-大别造山带东延部分之苏北-胶南地块的南部。赋矿地层是中元古界锦屏岩群变质岩系，呈北东—北北东向展布。主要构造有北北东向海-泗断裂和北东向邵-桑断裂。北北东和北东向倒转褶皱构造带是主要的控制构造。

（2）综合信息：本区重力异常位于北北东向宽缓重力高值异常带，布伽重力值一般为 6～14mgal。磷矿体位于重力高值带旁侧或中心。区域磁场较平缓，主要是在磁场零线附近的正值带展布。

(3)预测成果:区内沉积变质型磷矿成矿条件优越,已有锦屏、新浦、华冲等多个中型矿床,查明磷矿石资源量 108 831.40×10^3t,工作程度较高。重力、磁异常较为明显,对找矿有指示作用。根据已有的勘查资料、成矿条件分析,深部有较大的找矿潜力。区内共有磷矿最小预测区 5 个(A 类 3 个,C 类 2 个),2000m 以浅预测磷矿石资源量 130 935.92×10^3t。

Ⅲ-67-③苏鲁成矿亚带各综合预测区的地质特征及预测成果统计见表 4-8。

第六节 综合预测区勘查部署建议

根据区域成矿地质条件、地质矿产工作研究程度和综合预测区预测成果,遵循从实际出发,力求最佳效益的原则,本成矿带综合勘查部署建议如下。

1. 远景调查

1) 东海-新沂地区铁、金矿远景调查

该区地处华北板块、苏鲁造山带和扬子板块结合部位,以其超高压变质作用和复杂的构造演化。

区内变质岩广泛发育,前寒武系岩石均经历不同强度、不同类型的变质作用,至少经历榴辉岩、低角闪岩相、绿片岩相等不同相系的多期变质作用,其中以区域高压-超高压角闪岩相变质作用为主,并叠加动力变质作用改造。东海杂岩是一套以片麻岩类为主,含有暗色岩类及变质表壳岩类透镜体的构造混杂岩。片麻岩类以二长质片麻岩为主,经区域高压-超高压变质作用并叠加动力变质作用改造,变质岩石主要有角闪黑云二长片麻岩、斜长片麻岩、含霓辉石二长片麻岩、二长片麻岩、钾长片麻岩、细粒片麻岩、变花岗闪长岩等,原岩均为碱性—偏碱性花岗闪长岩-花岗岩类,其原岩建造应属花岗闪长岩-花岗岩系列的岩浆岩建造。铁、金成矿都与这套东海杂岩有关。

在东海—新沂一带进行过 1∶5 万化探工作,与金矿相关的元素组合为 Au,Ag,As,Sb,Pb,Cu,Zn 等异常,根据已做过的化探工作显示,整体上化探异常规模虽然较小。本地区成矿条件较好,需进一步开展工作。

主攻矿种:铁矿、金矿及多金属矿。

部署建议:1∶1 万～1∶2.5 万地磁、1∶1 万～1∶2.5 万土壤化探、1∶1 万激电中梯剖面、钻探。

预期成果:可供进一步勘查的找矿靶区 3～5 处。

2)连云港-泗洪海州式沉积变质型磷矿远景调查

该区分布于苏鲁高压-超高压变质带南缘。区内分布的基底地层主要为中元古界锦屏岩群和中—新元古界云台岩群等变质岩系,呈北东向—北北东向展布,其中,锦屏岩群为海州式磷矿的赋矿层位,含磷岩带从连云港市的临洪口一直延展到泗洪,呈北北东—南西向弧形展布,总长度近 200km。地层总体倾向南东,倾角 30°～60°,厚度一般在 200～500m 之间,在锦屏平原区及滥洪等地,磷矿沉积的同时,混杂有基性火山碎屑的堆积,导致锦屏岩群地层厚度加大,达 2500 余米。根据含磷岩性特征,岩石组合及其变质变形特点,并结合恢复原岩后的沉积旋回变化,磷矿层主要赋存在锦屏岩群的上、下部。区内有中型矿床 3 个,小型矿床 1 个,需要进一步深化研究,具有较好的成矿远景。

主攻矿种:磷矿。

工作部署建议:1∶5 万重力测量、1∶2 千高精度重力剖面、1∶2 千高精度磁测剖面、钻探。

预期成果:可供进一步勘查的找矿靶区 3～5 处。

表 4-8 苏鲁成矿亚带综合预测区预测成果统计表

成矿亚带	综合预测区编号	综合预测区名称	面积（km^2）	地质综合信息特征	预测矿种	矿产预测类型	最小预测区个数	资源量（Fe、磷矿石量：$\times10^3$t；Au金属量：kg）		
								500m	1000m	2000m
Ⅲ-67-③苏鲁成矿亚带	C320006	金山镇-黑林镇金矿综合预测区	349.62	区内主要地层是东海岩群，发育有白垩纪二长花岗斑岩、二长花岗岩及花岗闪长岩等中酸性岩体，构造以北东向的断裂为主，有1∶1万的化探Au异常及1∶20万的Au综合异常	金矿	破碎蚀变岩型	C类6个	4217.46	4217.46	4217.46
	C320007	青湖镇-双店镇-桃林镇金矿综合预测区	386.86	区内主要地层是东海岩群，发育有白垩纪的二长花岗斑岩、二长花岗岩及花岗闪长岩等中酸性岩体，构造以北东向及北北东向的断裂构造为主，有1∶20化探Au的综合异常和自然金重砂异常	金矿	破碎蚀变岩型	C类3个	3424.57	4057.62	4057.62
	C320008	马陵山镇-晓店镇金矿综合预测区	144.14	区内主要地层是东海岩群，发育有白垩纪二长花岗岩、花岗斑岩及侏罗纪石英二长岩等中酸性岩体，构造以北东向的断裂为主，有1∶20万的化探Au综合异常	金矿	破碎蚀变岩型	C类2个	570.86	1712.57	1712.57
	C320009	墩尚镇至青湖镇铁矿综合预测区	170.22	区内主要地层是东海岩群武强山岩组，沉积变质建造是含磁铁石英岩建造。区内存在局部磁异常，除少数为榴辉岩体引起外，大多数为磁铁矿石英岩的反映。已发现武强山铁矿点1处	铁矿	沉积变质型	4个（B类1个，C类3个）	5167.80	10 111.00	10 111.00

续表 4-8

成矿亚带	综合预测区编号	综合预测区名称	面积（km^2）	地质综合信息特征	预测矿种	矿产预测类型	最小预测区个数	资源量（Fe、磷矿石量：$\times10^3$t；Au 金属量：kg）		
								500m	1000m	2000m
Ⅲ-67-③苏鲁成矿亚带	C320010	平明镇铁矿综合预测区	64.17	区内主要地层是东海岩群武强山岩组，沉积变质建造是含磁铁石英岩建造。区内存在局部磁异常，除少数为榴辉岩体引起外，大多数为磁铁矿石英岩的反映。已发现东海县西印庄铁矿点1处	铁矿	沉积变质型	4个（B类1个，C类3个）	599.60	1173.30	1173.30
	A320011	新浦-锦屏-华冲磷矿综合预测区	698.77	区内出露地层主要是中元古界锦屏岩群，位于重力高值带，且在磁场零线附近的正值带，区内已探明有新浦、大浦、太和、锦屏、华冲等中小型磷矿	磷矿	沉积变质型	5个（A类3个，C类2个）	5421.85	130 935.92	130 935.92
	C320012	陇集-丁集-洋河磷矿综合预测区	354.07	区内出露地层主要是中元古界锦屏岩群，位于重力高值带，且在磁场零线附近的正值带	磷矿	沉积变质型	C类3个	35 255.01	55 310.79	55 310.79
	C320013	金锁镇-泗洪-小李庄磷矿综合预测区	693.32	区内出露地层主要有中元古界锦屏岩群，位于重力高值带，且在磁场零线附近的正值带	磷矿	沉积变质型	C类3个	75 059.81	105 083.73	105 083.73

2. 综合预测区勘查

1）新浦-大浦-华冲沉积变质型磷矿普查-详查

该区位于秦岭-大别造山带东延部分之苏北-胶南地块的南部。区内地层主要有中元古界锦屏岩群变质岩系，呈北东—北北东向展布锦屏岩群变质岩系是磷矿主要的赋矿地层。主要构造有北北东向海-泗断裂和北东向邵-桑断裂。北北东向和北东向倒转褶皱构造带是主要的控制构造。区内已经探明中型规模磷矿 3 个，小型磷矿 1 个，具有较好的找矿前景。

主攻矿种：磷矿。

工作部署建议：1∶2000 高精度重力、磁测剖面、钻探。

预期成果：大中型磷矿床 1～2 处。

2)金山镇-黑林镇破碎蚀变岩型金矿普查

该区位于苏鲁构造带的东南部，区内地层主要有古元古界东海杂岩系和中元古界锦屏岩群变质岩系，呈北东—北北东向展布。区内有北东向压扭性断裂构造和中生代二长花岗岩，北东向压扭性断裂为金矿形成提供成矿空间，二长花岗岩为成矿提供热源。根据已有资料本地区有 1∶5 万化探金异常存在，异常规模较小。根据前期地质工作，该区具有较好的成矿条件，具有较好的找矿前景。

主攻矿种：金矿。

工作部署建议：1∶1 万土壤化探、槽探、钻探。

预期成果：可供进一步勘查的找矿靶区 2～3 处。

3)青湖镇-双店镇-桃林镇破碎蚀变岩型金矿普查

该区位于苏鲁构造带的中部，区内地层主要有古元古界东海杂岩系，呈北东—北北东向展布。区内有北东向压扭性断裂构造和中生代花岗岩，北东向压扭性断裂为金矿形成提供成矿空间，花岗岩为成矿提供热源。目前还没有进行化探工作，但是有较好的成矿条件，有进一步开展地质工作的必要。

主攻矿种：金矿。

工作部署建议：1∶1 万土壤化探、槽探、钻探。

预期成果：可供进一步勘查的找矿靶区 1～2 处。

第五章　Ⅲ-69-①庐江-滁州成矿亚带预测成果

第一节　区域地质背景

该成矿亚带属于长江中下游铜、金、铁、铅、锌(锶、钨、钼、锑)、硫、石膏Ⅲ级成矿带的一部分，其主体在安徽境内，江苏省内部分仅包含盱眙地区，并划为一个Ⅴ级成矿远景区——Ⅴ6盱眙铜、钼、铁成矿远景区，范围相对较小(图5-1)。该区位于苏北坳陷西部边缘地带，郯庐断裂带东侧，属下扬子陆块苏皖前陆盆地的一部分，苏皖北西向新生代玄武岩喷发带斜贯该区域。目前区内仅发现数处铁、钼(铜)多金属矿(化)点，其中矽卡岩型铁矿体主要赋存在二长花岗斑岩及闪长玢岩等燕山晚期中酸性侵入岩与震旦纪—寒武纪镁质碳酸盐岩建造的接触带中，而斑岩型钼矿体则主要赋存在接触带附近的二长花岗斑岩等岩体中，并受北东向断裂构造控制。

1. 沉积建造组合特征

张八岭岩群是一套浅变质火山岩-沉积碎屑岩建造，岩石构造组合为千枚岩-变质砂岩-变质石英角斑岩组合，岩性以千枚状粉砂岩、变凝灰石英角斑岩为主，总厚度大于3400m，主要隐伏于区内西部或西北部，是区域最古老的岩石地层之一；震旦系主要出露于该区中部石牛山-天台山隆起区，呈北东向分布，由黄墟组上、下段及灯影组组成，形成的岩石构造组合为陆缘碎屑岩-灰岩组合和台地潮坪-局限台地碳酸盐岩组合，黄墟组下段主要为粉砂质泥岩建造，岩性为千枚状粉砂质泥岩、钙质含磷砂岩、千枚状泥岩，地层厚度大于124m；黄墟组上段为灰岩-泥质粉砂岩建造，岩性主要为含屑灰岩、泥质粉砂岩、砂质页岩、粉砂质泥岩，地层厚度小于441m；灯影组为白云岩-白云质灰岩建造，岩性主要为白云岩、白云质灰岩、灰岩、钙质砂岩等，地层厚度小于665m。一般由黄墟组构成背斜隆起的核部，黄墟组上段与灯影组则分布于背斜两翼；寒武系主要分布于石牛山-天台山隆起区东侧局部凸起中，形成的岩石构造组合为滨浅海碳酸盐岩组合，其中幕府山组为一套灰岩-碳质页岩建造，炮台山组为一套泥质条带状灰岩建造；而在石牛山-天台山隆起两侧的中、新生代凹陷中普遍沉积有中、新生代陆源碎屑岩建造和火山岩建造，其中碱性玄武岩分布广泛。

2. 岩浆岩建造组合特征

区内岩浆活动以喜马拉雅期玄武质岩浆多次喷溢活动为主，岩石构造组合为大陆裂谷碱性玄武岩组合，呈北西向带状分布，岩性主要为橄榄玄武岩、辉石橄榄玄武岩和玄武岩，多含幔源包体，火山岩相主要为喷溢相，次为爆发相和火山沉积相。侵入岩浆活动则仅见于石牛山-天台山隆起带的北部，为燕山晚期中酸性岩浆侵入，形成岩石构造组合主要有后造山闪长岩-二长岩组合、后造山花岗闪长岩-二长花岗岩组合、后造山花岗岩组合，岩石类型有石英闪长岩、闪长岩、石英二长斑岩、石英正长斑岩、花岗斑岩等，局部有燕山晚期煌斑岩类呈脉状侵入，总体上受北北东向断裂和东西向断裂构造控制。

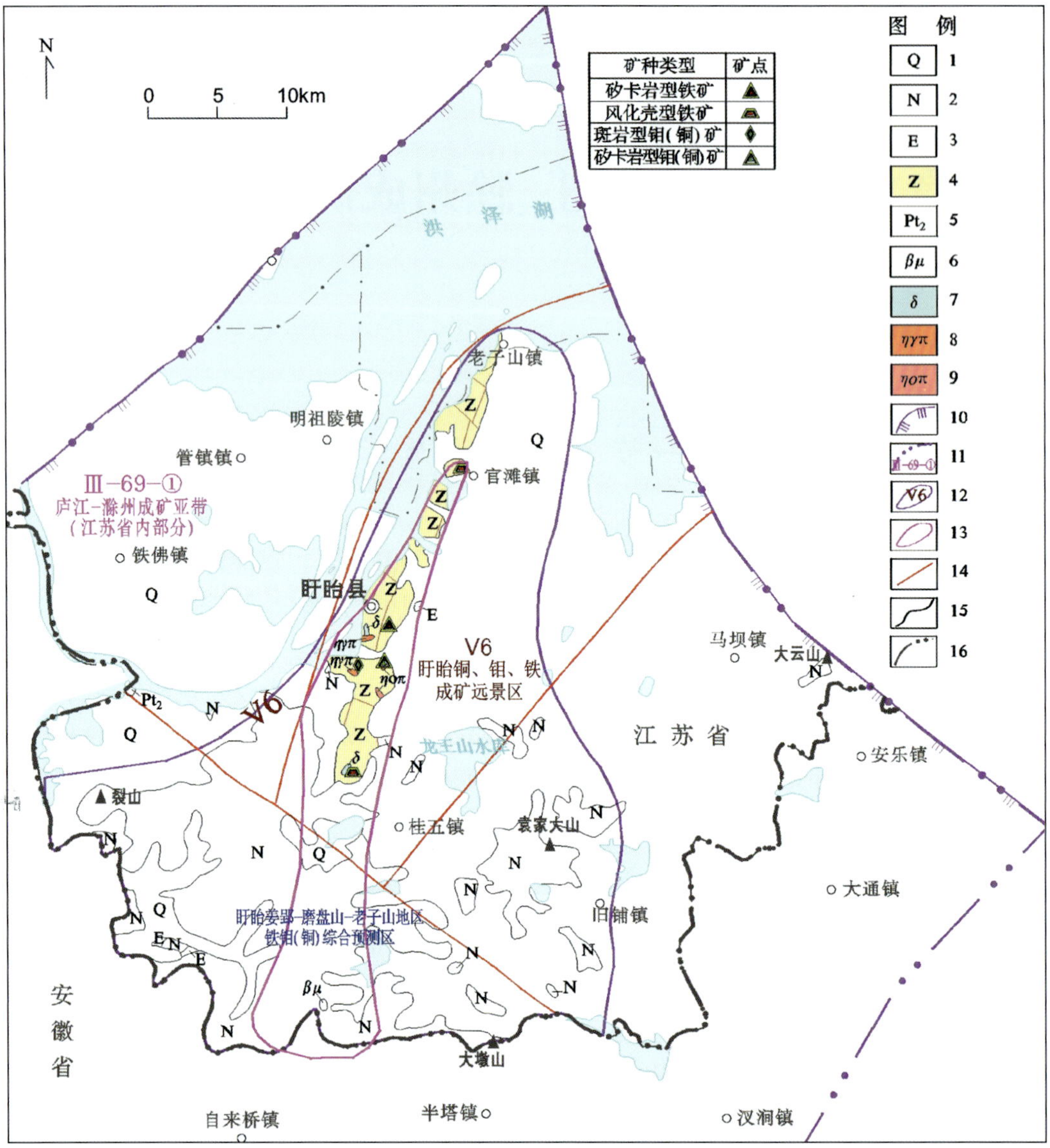

图 5-1　庐江-滁州成矿亚带(江苏省内)地质矿产简图

1. 第四系，粉砂-亚黏土组合；2. 新近系，泥岩-粉砂岩-玄武岩建造组合；3. 古近系，粉、细砂岩建造；4. 震旦系，灰岩-泥质粉砂岩-白云岩-白云质灰岩建造组合；5. 中元古界，千枚岩-变质砂岩-变质石英角斑岩组合；6. 辉绿玢岩；7. 闪长岩；8. 二长花岗斑岩；9. 石英二长斑岩；10. Ⅲ级成矿带界线；11. Ⅳ级成矿亚带界线；12. Ⅴ级成矿区范围；13. 综合预测区(B 类)；14. 断裂；15. 地质界线；16. 省界

3. 大地构造特征

该区域属下扬子陆块的一部分，处于苏北坳陷西部边缘地带，整体上属于受郯庐断裂带切割牵引的扬子板块与中央造山系弧形复合部位。区内前南华纪为基底形成阶段，大地构造相为元古宙浅变质基底杂岩相，张八岭群经晋宁运动变质变形形成本区的结晶基底；南华纪之后，区域内大面积地区覆盖新近纪玄武岩和第四纪沉积物，仅出露黄墟组与灯影组等少量震旦系，构造岩石组合为陆缘碎屑岩-灰岩组合和台地潮坪-局限台地碳酸盐岩组合，显示为被动陆缘外陆棚沉积环境。其他中—古生代地层在预测区缺失，仅依据邻区资料推测该区内从南华纪到三叠纪晚期也处于被动陆缘与前陆盆地交替的沉积环境。由于印支运动影响，三叠纪末期之后，江苏地区处于环太平洋构造动力背景作用下，下扬子地层区转化成为陆相盆地沉积环境，晚侏罗世—早白垩世前区内构造岩浆活动强烈，区域上为长江中下游中

生代构造岩浆岩带的一部分，区内仅有后造山岩浆杂岩相的花岗闪长岩-二长花岗岩岩石组合发育，形成了该区多金属成矿的构造岩浆活动环境。晚白垩世以来构造岩浆活动明显减弱，区内环境以断陷盆地陆相碎屑沉积为主，形成大陆裂谷环境的碱性玄武岩组合、河流相砂砾岩-粉砂岩泥岩组合与湖泊相泥岩-粉砂岩组合，间夹喜马拉雅期基性岩浆喷溢，形成大陆裂谷环境的碱性玄武岩组合。

区内因广泛的玄武岩和第四系覆盖，构造形迹出露较差，总体上以断裂构造发育、隆起与坳陷相间为特征，褶皱构造不甚发育。断裂构造活动于燕山旋回晚期，主要以北东向、北北东向断裂构造为主，被后期北西向断裂切割与错断，共同构成了区域构造主要格架，控制了区域隆起带与坳陷区的空间分布。其形成的构造形迹主要有天明化工厂-大孙郢断裂，王相庄-桂五断裂、龙王山-古城断裂、穆店-杨山集断裂、古桑断裂，以及受断裂控制的石牛山-天台山隆起带、穆店-王店隆起带和王相庄-古城断陷带等。北东向、北北东向断裂构造一般规模较大，多伴有北北西向、北东东向扭性小断裂，主干断裂早期多为压性和压扭性，晚期转变为张扭性。预测区早期近东西向多因严重隐盖或后期构造的破坏与改造，形迹不明显，据物探、遥感资料和部分钻孔证实，在预测区西北部有淮河断裂、裂山-天晚化工厂断裂及夹于其中的白石龟-古桑隐伏隆起带等近东西向构造分布，断裂主要为陡倾的张性构造，在隐伏隆起带中第三纪（古近纪＋新近纪）玄武岩之下揭露岩性为张八岭岩群浅变质石英片岩和震旦纪地层，表明该隆起抬升较高。预测区晚期构造主要为北西向断裂构造，切割与错断早期构造线，并控制了新生代断陷与区域性北西向基性火山喷发带的空间分布。喜马拉雅运动区域构造相对较弱，以局部升降运动和老断裂的继承性活动为特征，尤以北西向断裂构造复活，构造活动较强，控制了新生代基性火山岩的喷发。

区内铁铜钼多金属成矿作用总体较弱，已发现的矿产地主要为铁、铜钼矿（化）点，并分布在石牛山-天台山隆起带上，矿（化）体产出于燕山晚期中酸性侵入岩与震旦纪—寒武纪碳酸盐岩建造的接触带部位，成矿作用受断裂、接触带构造控制，并且北北东向破碎带与近东西向断裂交会部位为成矿最为有利区域。

第二节　区域矿产特征

一、成矿特征

该成矿区带江苏省内部分主要为盱眙地区，其位于郯庐断裂带东侧，下扬子陆块苏皖中、新生代火山岩区。中、新生代凹陷中沉积有中、新生代碎屑岩，并堆积大规模火山岩，仅在局部隆起地区有新元古界张八岭岩群变质碎屑岩与震旦纪—寒武纪碳酸盐岩分布，并有燕山期中酸性岩浆岩侵入，岩体分布受北北东向断裂破碎带与近东西向断裂控制。其金属矿产成矿作用较弱，目前仅发现几处铁、铜、钼矿化点，成矿类型有矽卡岩型、斑岩型、热液充填型等，成矿期主要为燕山晚期，区内主要矿产地如图 5-1 所示。

其中铁矿化以冶山式矽卡岩型（热液型）铁矿为主，矿体主要赋存在二长花岗斑岩及闪长玢岩等燕山晚期中酸性侵入岩与震旦纪—寒武纪镁质碳酸盐岩建造的接触带中，主要分布在古桑乡及五里墩等地，成矿时代为白垩纪。目前区内已发现五里墩、小狼山、佛窝等铁矿点，矿石矿物主要为磁铁矿、钼磁铁矿、黄铜矿、黄铁矿等，磁铁矿呈自形—半自形晶细粒状结构，块状、浸染状构造。

钼矿化以涞壁式斑岩型为主，成矿与燕山晚期二长花岗（斑）岩有关，北东向断裂构造控制了岩体的分布，钼矿化主要分布于盱眙古桑以南，成矿时代为白垩纪。区内已发现李家岗斑岩型钼矿点 1 处，矿石主要为浸染状和细脉浸染状，矿体为似层状、不规则透镜状，呈侧幕式排列的脉体群，矿石矿物主要为辉钼矿、白钨矿、黄铜矿、黄铁矿、磁铁矿等,辉钼矿呈半自形—自形片状、他形粒状结构,细脉、网脉-细脉浸染状及稀疏浸染状构造。

二、矿产预测类型划分

根据本地区的地质背景、矿产特征以及矿产预测类型划分的原则,将本地区划分为2个矿产预测类型,分别为冶山式矽卡岩型铁矿、谏壁式斑岩型钼矿,并对应划分为2个预测类型预测工作区(表5-1),都分布在盱眙地区,即盱眙冶山式矽卡岩型铁矿预测工作区、盱眙谏壁式斑岩型钼矿预测工作区。

表5-1　江苏省庐江-滁州成矿亚带铁、钼矿产预测类型及预测工作区一览表

预测类型	预测工作区	面积(km^2)	预测矿种	预测方法类型	成矿时代	分布范围
冶山式矽卡岩型铁矿	盱眙预测工作区	2000	铁	侵入岩体型	白垩纪	盱眙地区
谏壁式斑岩型钼(钨)矿	盱眙预测工作区		钼	侵入岩体型	白垩纪	盱眙地区

第三节　区域地球物理、地球化学、遥感、自然重砂特征及推断解释

一、航磁特征及解译推断

该成矿亚带省内部分位于苏北平缓变化异常区西部,根据1∶5万航磁资料显示的磁场强度、异常特征及展布规律如图5-2所示,中南部航磁ΔT异常总体以波动正磁场为背景,局部异常多,杂乱跳跃,且多不规则,大部分异常呈明显的北东走向,但连续性差,航磁ΔT强度自西向东局部异常的梯度和幅值有变小的趋势,综合地质资料,该区局部磁异常为出露的或埋藏浅的玄武岩或火山岩引起。盱眙地区中北部存在北东向航磁ΔT局部异常,在铁佛镇—明祖陵镇—老子山镇一带,航磁ΔT异常总体呈南西强度高、宽度大,北东强度弱、宽度小的特征,形态较规则,航磁ΔT异常中心部位在铁佛镇以西安徽境内,强度大于200nT,推测与中酸性侵入岩体有关。

本区内发现的少量铁矿点,主要产出在燕山期中酸性侵入岩与碳酸盐岩地层的接触带部位,受断裂、接触带构造控制。如盱眙县五里墩、古桑乡佛窝铁矿点处在岩体航磁异常梯度带附近,没有明显的航磁局部异常;而古桑乡李家岗斑岩型钼矿点也分布在二长花岗斑岩等中酸性侵入岩体航磁异常梯度带附近,可作为间接找矿标志,本区未曾开展大比例尺地磁工作。

二、重力特征及解译推断

1. 重力特征

该成矿亚带省内部分主要为盱眙重力高(图5-3),其轴向北东,为建湖重力高带的西段,基本由重力异常等值线2圈出,整体呈长条状,南、北伴有梯级带,最大等值线圈28,其北西及南东则都为重力低值区。此外,从本区铁、钼矿产地的分布与重力异常关系分析,该区重力异常与铁、钼矿关系不明显。

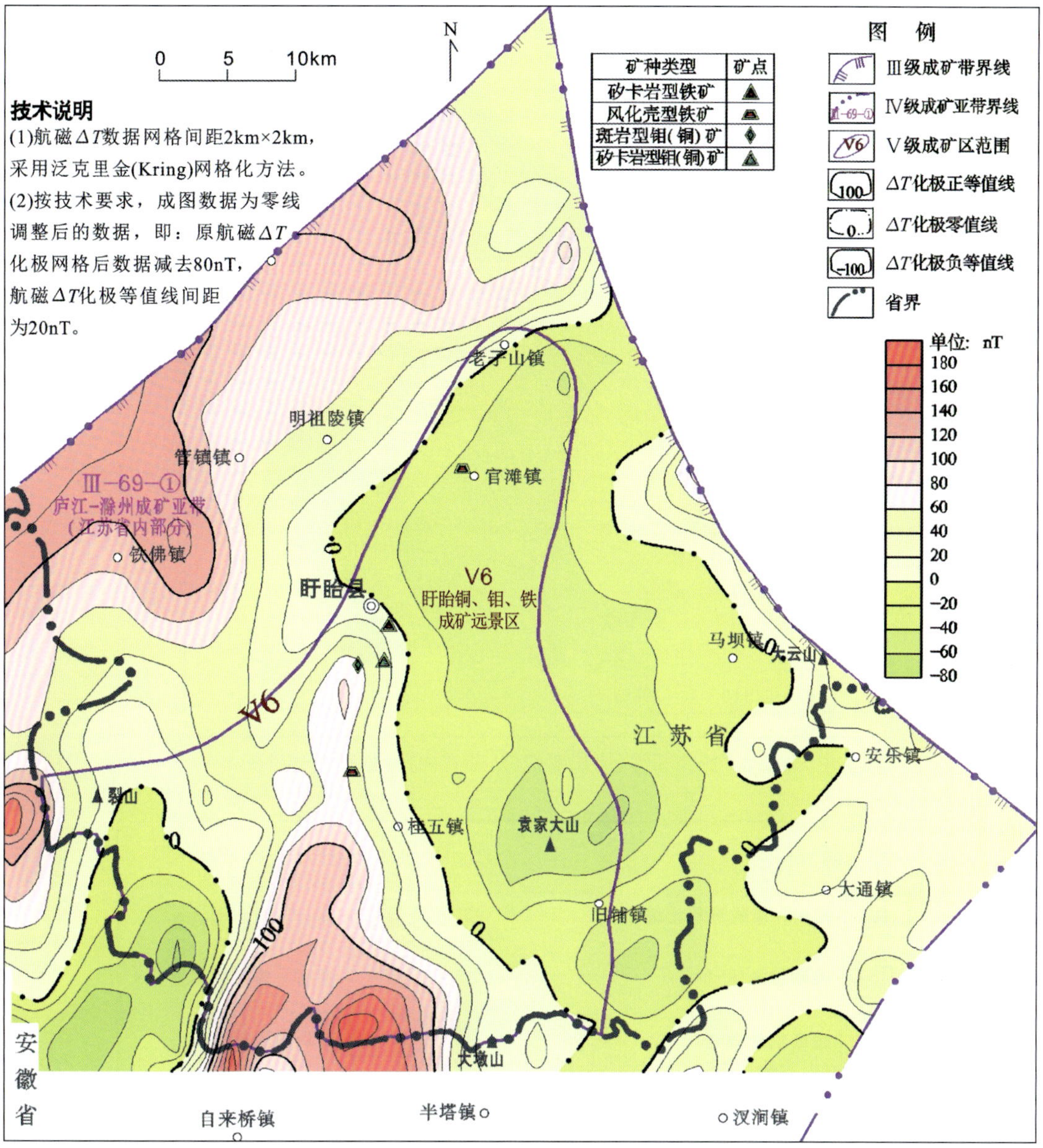

图 5-2 庐江-滁州成矿亚带(江苏省内)航磁 ΔT 化极等值线平面图

2. 解译推断成果

该成矿亚带中重力推断内容主要包括断裂构造、盆地和地层，其中推断地层主要为古生界及白垩系，推断盆地为白垩纪—古近纪的盆地，如图 5-4 所示。

三、地球化学特征及解译推断

区域地球化学特征显示，该区域内 Mo、Cu、Zn、Fe_2O_3、Mn、Ni、Cr、Co、Ni、V、Ti、MgO 处于全省高背景场，它们均为基性岩浆元素，地质上对应于盱眙县南部晚第三纪的玄武岩分布区。钼以 1.9×10^{-6} 等值线圈定异常大面积分布于盱眙县南部苏皖交界附近；铜以 53.7×10^{-6} 等值线圈定异常呈北东向串珠状分布于甘泉山、古桑林场以及南部苏皖交界附近；铋以 0.36×10^{-6} 等值线圈定异常主要分布于南部苏皖交界附近；铅异常主要分布于石牛山附近；锌异常大面积分布于南部苏皖交界附近。

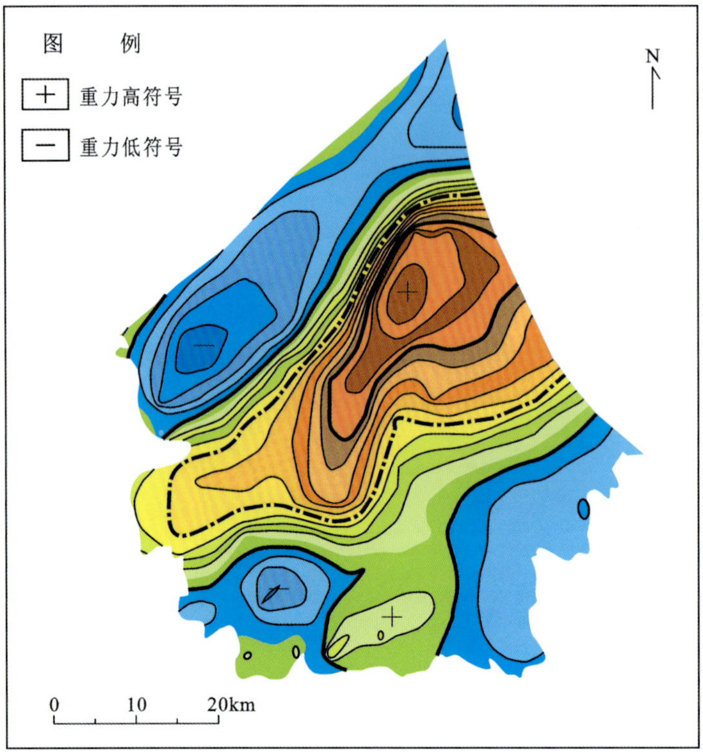

图 5-3 庐江-滁州成矿亚带(江苏省内)布格重力异常图

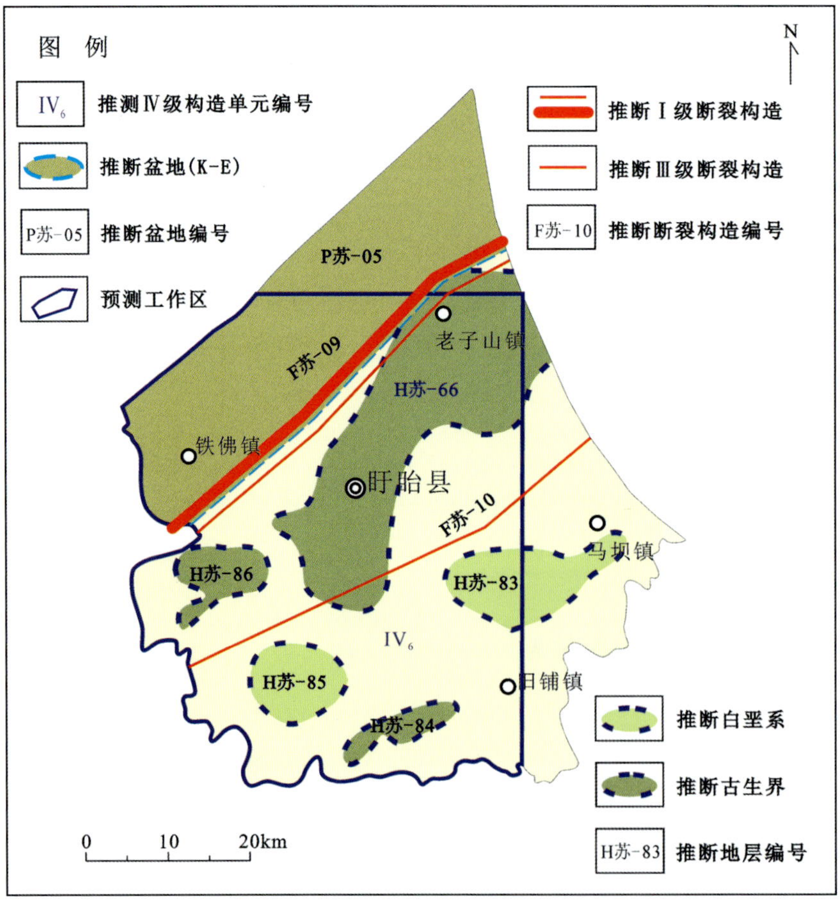

图 5-4 庐江-滁州成矿亚带(江苏省内)推断地质构造图

除了盱眙县南部大面积分布的玄武岩对基性亲岩元素影响外，铜、钼、铋、铅、锌异常还与已知铜、钼、铁多金属矿点有关，如 AP043 盱眙铜、铅乙类异常，面积约 $100km^2$，异常峰值 Cu 78.8×10^{-6}，Au 3.9×10^{-9}，异常与区内石牛山铜矿点、李家岗铜钼矿、五里墩赤铁矿点对应关系良好，如图 5-5 所示。此外，银、汞、锑、砷、镉等指示中低温热液活动的元素异常在区内具有较强的显示，它们相互交叠呈串珠状沿北北东向的桂五-老子山断裂分布，局部显示出与金矿化点有较好的对应关系。

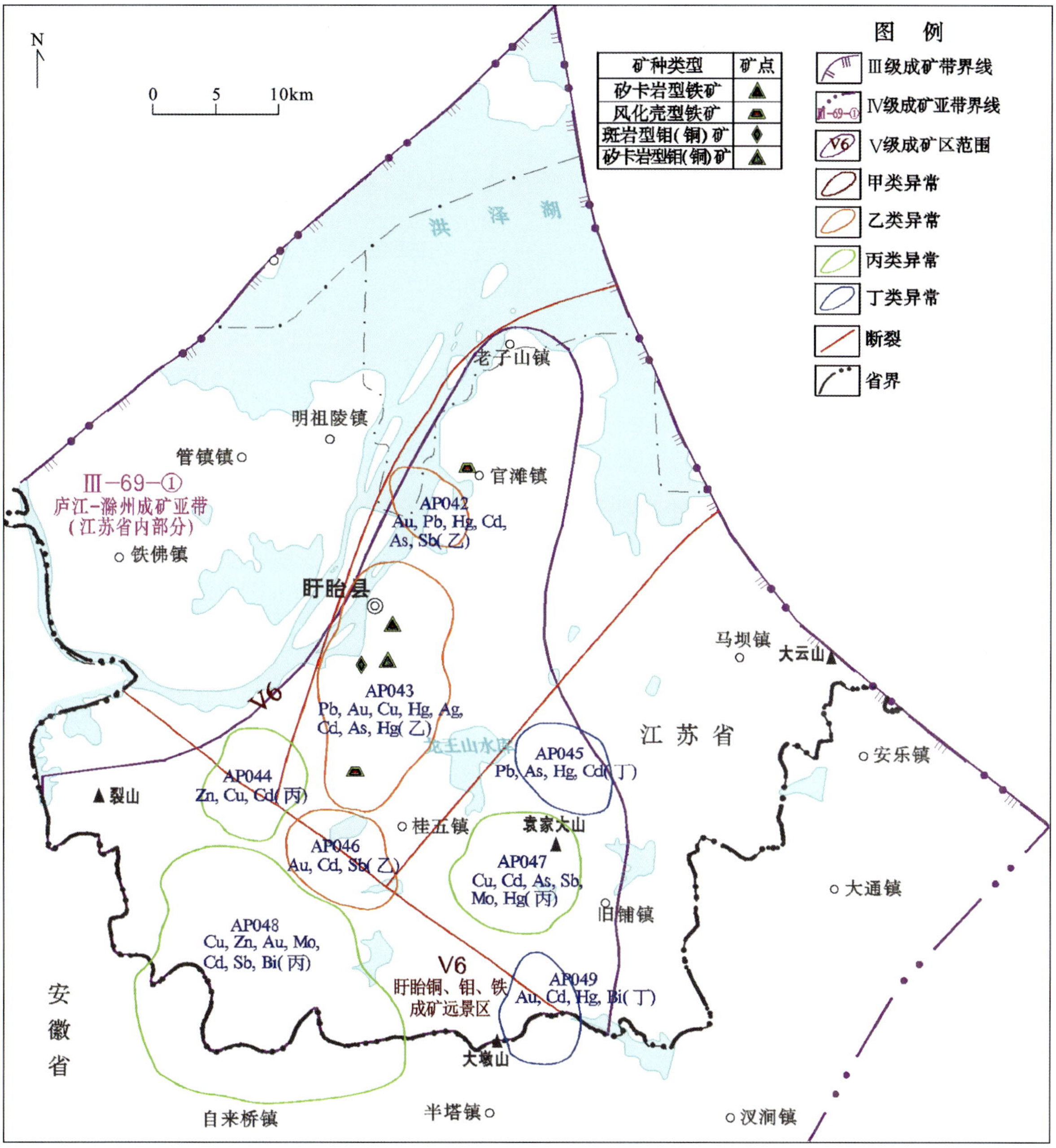

图 5-5　庐江-滁州成矿亚带(江苏省内)化探综合异常示意图

四、自然重砂特征及解译推断

本区紧靠淮河，地处丘陵地带，山系多为圆形平顶山，沟窄、谷小、河流短促。上游补给面积小，水量受季节性影响较大。特别是在小支流中，平时水流较小，春夏两季则水流湍急，冲刷很强，河流泥沙较少，重砂矿物难以停留，重砂矿物检出率很低。

异常区位于盱眙北北东向断褶隆起带的中段，为一单斜构造，出露地层有黄墟组、灯影组，主要岩性为灰岩、白云岩、白云质灰岩及钙质砂岩等，西侧有呈近南北向分布的闪长玢岩岩脉，断裂有北北东向及北西(北西西)向两组，在闪长玢岩岩脉与灰岩接触带附近有石棉矿化、方铅矿化及黄铁矿化等。重砂矿物组合主要为辰砂、黄铁矿、雄黄、雌黄、重晶石。表明异常主要与中—低温热液矿化有关，在盱眙县城东侧之天台山及其以北一带圈定出13号辰砂、雄黄、雌黄、黄铁矿综合异常，如图5-6所示。

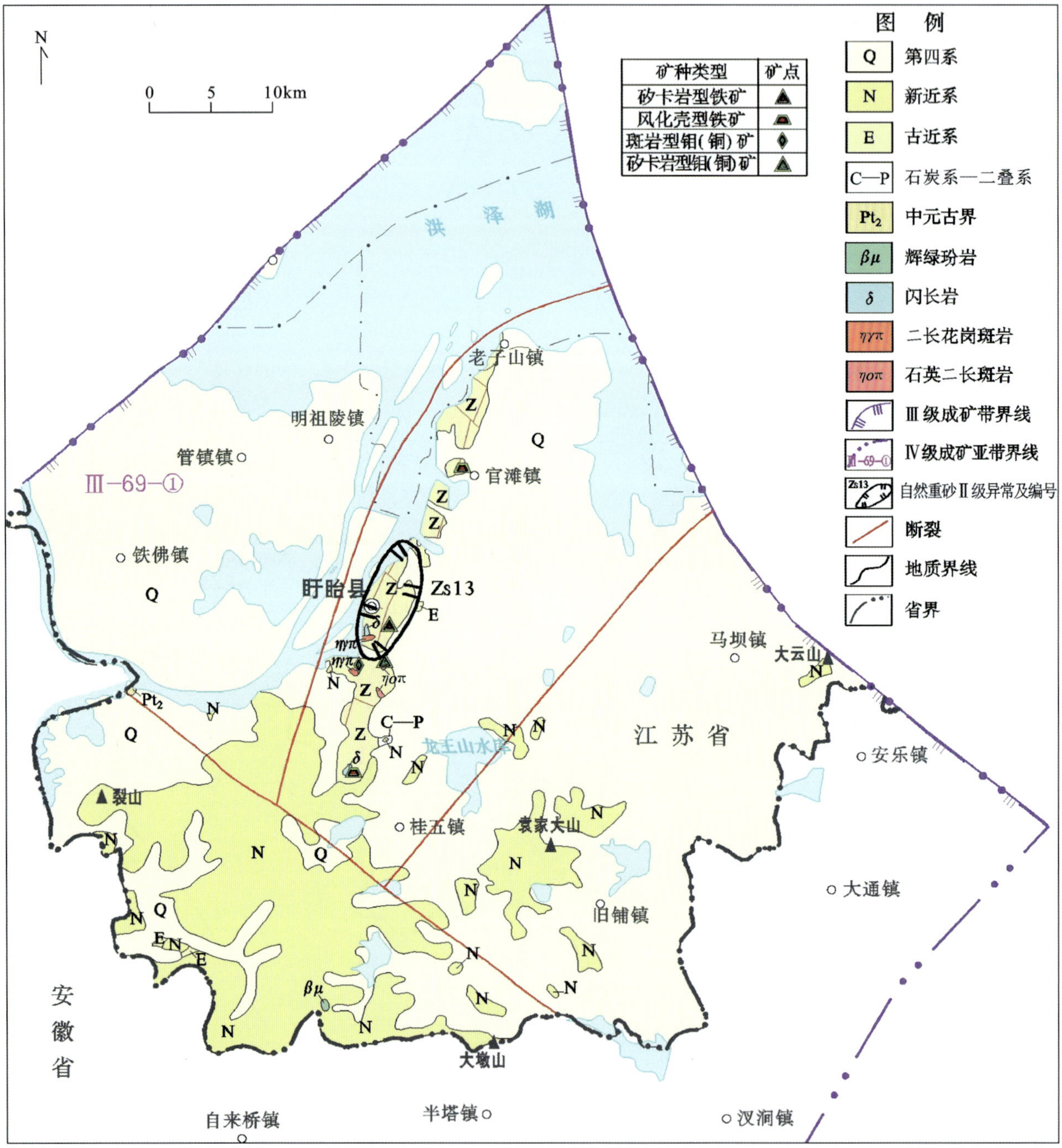

图5-6　庐江-滁州成矿亚带(江苏省内)自然重砂综合异常图

五、遥感特征及解译推断

1. 遥感异常特征

1)遥感羟基异常特征

区内遥感羟基异常呈星点状分布(图 5-7),异常主要分布于洪泽县大蒋庄北东、盱眙县大王庄南、头高庄等地。异常主要为Ⅰ、Ⅱ级,呈点状展布,分布地层主要有大面积第四系,第四系厚度 20～90m 之间。该区羟基异常应属假异常,对找矿无价值。

2)遥感铁染异常特征

如图 5-7 所示,区内较集中的遥感铁染异常主要分布于洪泽县西上塘—盱眙县北西管镇、老子山、蒋坝、裂山等地,异常呈北西向、北东向展布,主要为Ⅰ、Ⅱ、Ⅲ级异常,分布在震旦系黄墟组、灯影组和第四系等中。在局部铁染异常区范围附近,有中生代二长花岗斑岩零星分布。该区铁染异常大多数可能与地层有关,应当进一步踏勘查证。

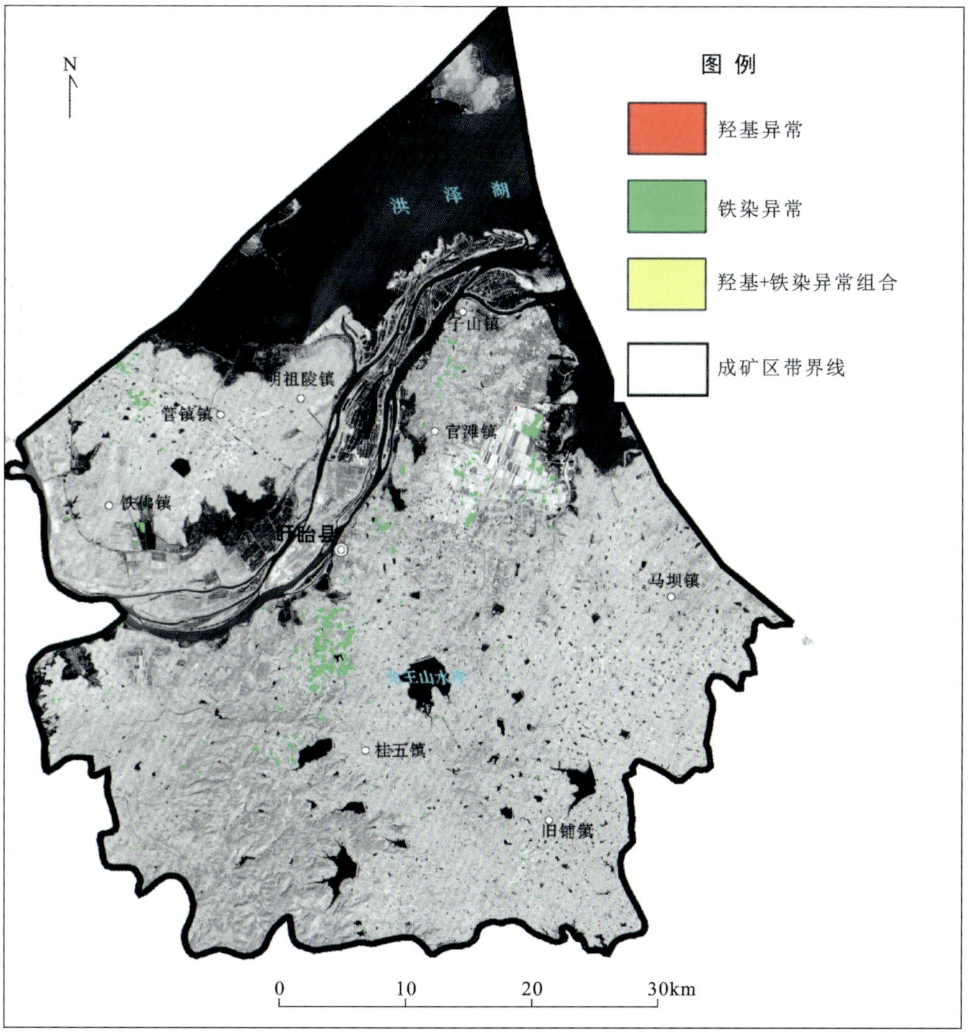

图 5-7　庐江-滁州成矿亚带(江苏省内)遥感异常特征图

2. 遥感地质推断解译特征

区内主要表现为线要素特征和环要素特征，其分别解译如下。

1)线要素解译

区内以北西向、北东向构造为主，其次为东西向、南北向构造。

北东向断裂：主要分布在图幅的中部，中部3条北东向断裂属郯庐断裂带的组成部分，是重要的构造分区界线。断裂带西侧为隆起区，东侧为苏北平原区，东侧有零星露头，其余全为第四系覆盖。航磁有明显的线性正异常带；卫星像片上断裂带的北段影像较明显，南段较模糊。

北西向构造：分布在中、南部，中部者在郯庐断裂带之中，规模较小，错动北东向郯庐断裂，属晚期断裂。

东西向构造：区内有1条东西向断裂，分布在兴隆—三河农场一线。

2)环要素解译

图区内有2个环状构造显示，1个为蒋池子火山机构，另1个为构造穹隆或构造盆地(图5-8)。

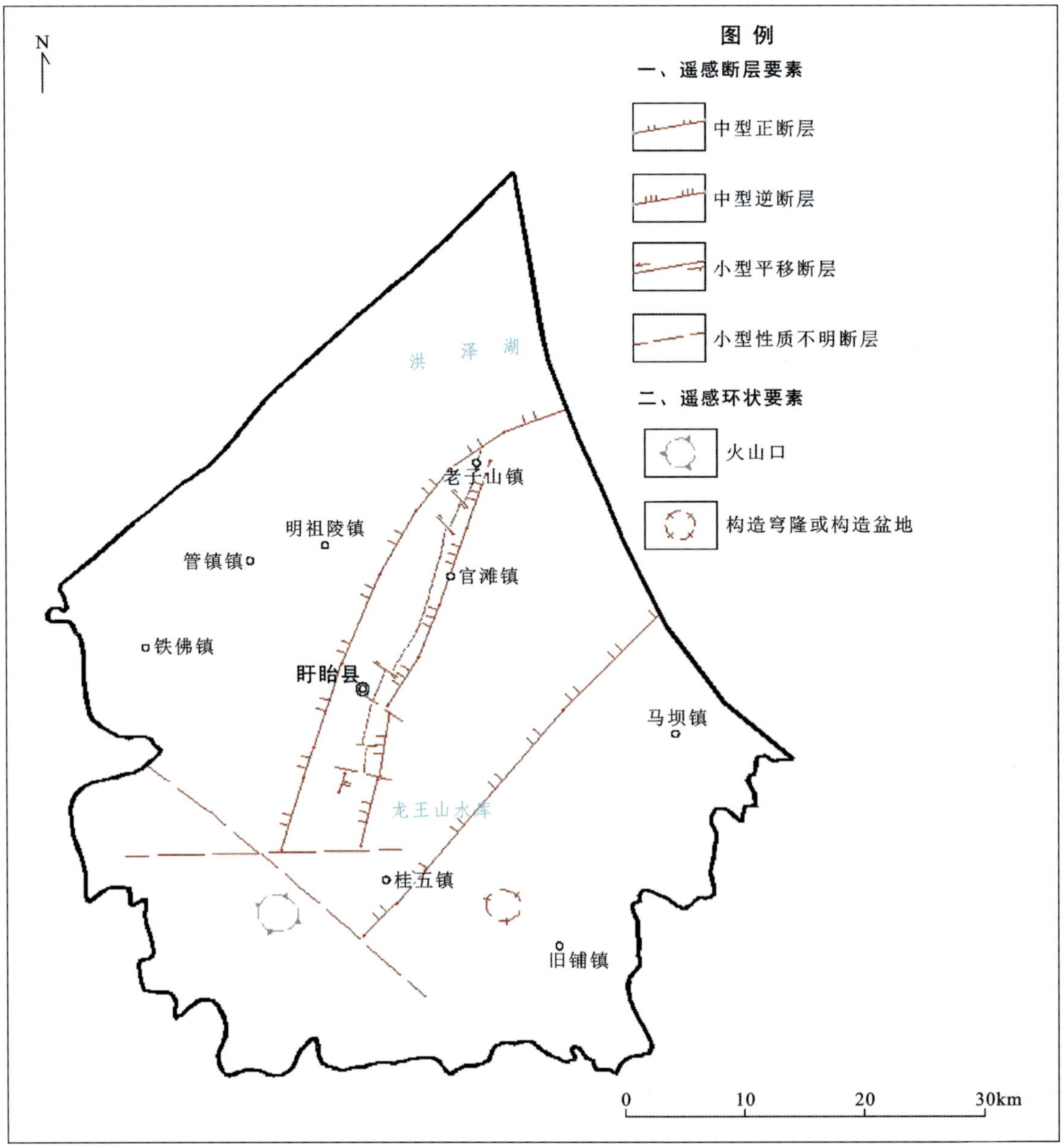

图5-8　庐江-滁州成矿亚带(江苏省内)构造遥感解译图

第四节　重要矿种预测评价模型

本成矿亚带(江苏省内部分)只涉及到铁、钼矿2个矿种的2个矿产预测类型(冶山式矽卡岩型铁矿、涑壁式斑岩型钼矿)及其对应的2个预测类型预测工作区(盱眙冶山式矽卡岩型铁矿预测工作区、盱眙涑壁式斑岩型钼矿预测工作区)。目前该区域内只发现了一些铁、钼矿矿点,无典型矿床,典型矿床预测模型可参照冶山矽卡岩型铁矿和涑壁斑岩型钼矿的典型矿床预测模型。

通过目前的资料分析,本区域冶山式矽卡岩型铁矿的资源潜力有限,其铁矿体主要赋存在二长花岗斑岩及闪长玢岩等燕山期中酸性岩浆岩与震旦系黄墟组及灯影组的白云质灰岩的接触带中,其区域成矿模式及预测评价模型与相邻沿江成矿亚带的宁镇韦岗式矽卡岩型铁矿预测工作区的区域预测模型相类似。

而本区域的涑壁式斑岩型钼矿的成矿条件则较好,其斑岩型钼矿体主要赋存在二长花岗斑岩与震旦纪碳酸盐岩地层接触带附近的岩体中。盱眙斑岩型钼矿区域预测要素见表5-2,区域找矿预测模型见图5-9。

表5-2　盱眙涑壁式斑岩型钼矿区域预测要素一览表

<table>
<tr><th colspan="2">区域预测要素</th><th colspan="2">描述内容</th><th>预测要素分类</th></tr>
<tr><td rowspan="7">区域成矿地质环境</td><td>成矿区带</td><td colspan="2">Ⅲ-69-①庐江-滁州铜、金、铁、钼、铅、锌、银、硫成矿亚带</td><td>重要</td></tr>
<tr><td>大地构造位置</td><td colspan="2">位于下扬子陆块苏皖前陆盆地,老子山-佛窝断褶隆起带</td><td>重要</td></tr>
<tr><td>主要控矿构造</td><td colspan="2">北北东向断裂破碎带与近东西向断裂交会控制了岩体的分布</td><td>重要</td></tr>
<tr><td>主要赋矿地层</td><td colspan="2">主要是下震旦统黄墟组及上震旦统灯影组碳酸盐岩地层</td><td>必要</td></tr>
<tr><td>控矿岩浆岩</td><td colspan="2">燕山晚期二长花岗斑岩</td><td>必要</td></tr>
<tr><td>成矿时代</td><td colspan="2">白垩纪</td><td>重要</td></tr>
<tr><td>成矿环境</td><td colspan="2">钼矿化主要产于二长花岗斑岩与震旦纪碳酸盐岩建造的接触带及近接触带的岩体中,矿石具有片状结构,细脉状、细脉浸染状和浸染状构造</td><td>重要</td></tr>
<tr><td rowspan="6">区域成矿地质特征</td><td>区域成矿类型和成矿期</td><td colspan="2">白垩纪的斑岩型钼矿</td><td>重要</td></tr>
<tr><td rowspan="5">涑壁式斑岩型钼矿主要成矿要素</td><td>含矿建造</td><td>燕山晚期二长花岗斑岩</td><td>必要</td></tr>
<tr><td>赋矿地层</td><td>钼矿化主要产于二长花岗斑岩与震旦纪碳酸盐岩地层的接触带及近接触带的岩体中</td><td>必要</td></tr>
<tr><td>控矿构造</td><td>北北东向断裂破碎带与近东西向断裂交会控制了岩体的分布,为区内控岩控矿构造</td><td>必要</td></tr>
<tr><td>矿石建造</td><td>矿石矿物主要为辉钼矿、白钨矿、黄铜矿、黄铁矿、磁铁矿等</td><td>重要</td></tr>
<tr><td>矿床式</td><td>主要为斑岩型钼矿(涑壁式)</td><td>必要</td></tr>
<tr><td rowspan="3">物化遥标志</td><td>重　力</td><td colspan="2">重力高值区</td><td>重要</td></tr>
<tr><td>磁　法</td><td colspan="2">磁异常区</td><td>重要</td></tr>
<tr><td>化　探</td><td colspan="2">钼、铜、铅、钡套合较好,与钼矿化相关性较大</td><td>重要</td></tr>
</table>

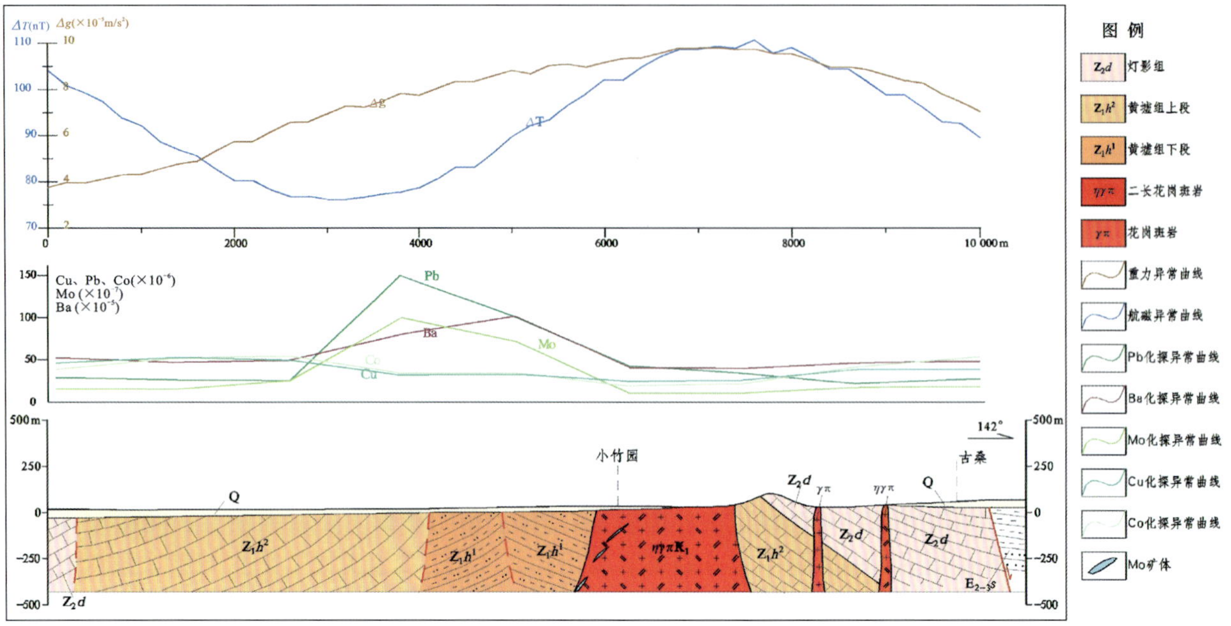

图 5-9　盱眙谏壁式斑岩型钼矿区域预测模型图

第五节　综合预测区特征及预测成果

本成矿亚带省内部分主要为盱眙地区，在此次潜力评价工作中只涉及到铁、钼 2 个矿种的 2 个矿产预测类型（矽卡岩型铁矿、斑岩型钼矿）及对应的 2 个预测类型预测工作区（表 5-1），该亚带省内部分各单矿种的预测成果见表 5-3。

表 5-3　庐江-滁州成矿亚带预测成果表

成矿亚带	矿种	矿产预测类型	最小预测区个数	预测资源量（铁矿石量：$\times10^3$t；钼：t）		主要分布区域
				500m 以浅	1000m 以浅	
Ⅲ-69-①庐江-滁州成矿亚带	铁	冶山式矽卡岩型铁矿	3 个（B 类 1 个，C 类 2 个）	3753.0	4581.3	盱眙地区
	钼	谏壁式斑岩型钼矿	3 个（B 类 1 个，C 类 2 个）	7866.49	9947.31	盱眙地区

根据本地区已知矿产地的分布特征及其区域预测成果，铁、钼的最小预测区主要集中分布在盱眙区域内姜郢-磨盘山-老子山北北东向条带中，分别为矽卡岩型铁矿及斑岩型钼矿，铁、钼矿（化）体属于同一热液成矿系统的产物。将其划为一个综合预测区——盱眙姜郢-磨盘山-老子山地区铁钼（铜）综合预测区（图 5-1），本综合预测区的成矿地质条件、综合信息特征表述如下。

盱眙姜郢-磨盘山-老子山地区铁钼（铜）综合预测区

（1）成矿地质条件：本综合预测区位于庐江-滁州成矿亚带中的盱眙断块内，沿姜郢-磨盘山-老子山北北东向的盱眙断褶隆起带分布，区内工作程度相对较低。隆起带内发育着一系列的北北东向挤压断裂及伴生的扭断裂，并被北西向和近东西向断裂切割成数段，其中北北东向断裂构造控制了本区铁、钼(铜)矿化带的分布；与成矿有关的侵入岩为燕山期的二长花岗斑岩、闪长玢岩等中酸性岩浆岩；主要赋矿围岩为震旦系黄墟组和灯影组的镁质碳酸盐岩，部分钻孔中见有震旦纪碳酸盐岩，南段基本被玄武岩覆盖。综合预测区内已发现的矿产地有五里墩铁矿点、佛窝铁矿点、李家岗钼(铜)矿点等，其中铁以矽卡岩型为主，主要赋存在震旦纪—寒武纪的镁质碳酸盐岩与燕山期二长花岗斑岩等中酸性岩浆岩的接触带中；钼(铜)以斑岩型为主，主要赋存在镁质碳酸盐岩附近的燕山期二长花岗斑岩等中酸性岩体中，并受北北东向与近东西向断裂的交叉复合部位控制。

(2)综合信息：综合预测区整体处于盱眙重力高区域范围内，沿北东向展布为主，与铁、钼矿化对应关系不明显，其北西向及东南向两侧分别为管镇重力低及桂五重力低；区内的航磁异常以波动正磁场为背景，局部异常多，杂乱跳跃，且多不规则，整体呈明显的北东走向，北部航磁 ΔT 异常相对平缓，中部有北北东向局部异常，形态规则，航磁 ΔT 强度近 200nT，推测与中酸性侵入岩体有关，与已知铁矿点有一定的对应关系；区内的钼矿化点则与 Mo、Cu、Pb、Ba 等化探元素的组合异常套合较好，其中 Mo、Cu 的区域性地球化学场增高与玄武岩浆的活动有关，Mo、Cu 的局部富集主要与中酸性岩浆活动有关，Pb 元素局部富集与北东向和北西向断裂构造有关。

(3)预测成果：综合而言，区内具备铁钼(铜)矿的成矿条件，并有一定的物化探异常信息反映，目前工作程度相对较低，结合区域内铁、钼单矿种的预测成果，该综合预测区具有一定的找矿潜力。本综合预测区的预测成果统计见表 5-4。

表 5-4 盱眙姜郢-磨盘山-老子山地区铁钼(铜)综合预测区预测成果表

综合预测区名称	隶属成矿亚带	面积(km^2)	预测矿种	矿产预测类型	查明资源量	最小预测区个数	预测资源量(铁矿石量：$\times10^3$t；钼：t)		
							500m以浅	1000m以浅	2000m以浅
盱眙姜郢-磨盘山-老子山地区铁钼(铜)综合预测区	Ⅲ-69-①庐江-滁州成矿亚带	232	铁	矽卡岩型铁矿		3个(B类1个,C类2个)	3753.0	4581.3	4581.3
			钼	斑岩型钼矿		3个(B类1个,C类2个)	7866.49	9947.31	9947.31

第六节 综合预测区勘查部署建议

由于庐江-滁州成矿亚带在省内的区域较小，仅划分为一个成矿远景区——盱眙铁钼(铜)矿成矿远景区，在此次资源潜力评价工作中，仅涉及到铁、钼 2 个矿种，共计圈定 6 个最小预测区，根据地质矿产条件及综合研究将其综合圈定成 1 个综合预测区——盱眙姜郢-磨盘山-老子山地区铁钼(铜)综合预测区。根据区内地质条件及此次预测成果，建议将盱眙姜郢-磨盘山-老子山地区铁钼(铜)综合预测区作为重点区进行勘查部署。

1. 江苏盱眙地区铁钼(铜)矿远景调查

整个远景调查区位于郯庐断裂带东侧，区内整体成矿条件相对较好，并有多处物化探异常，但由于区内第三系、第四系覆盖较厚，仅在局部隆起地区有新元古界张八岭群变质碎屑岩与震旦纪—寒武纪碳酸盐岩建造分布，并有燕山期中酸性岩浆岩侵入，并与成矿关系密切。区内工作程度较低，目前仅发现多处矽卡岩型铁矿(化)点、斑岩型钼(铜)矿(化)点，但随着覆盖区物化探研究技术手段的进步，有进一步工作的必要，因此可将其整体作为远景调查区进行工作部署。

主攻矿床类型：矽卡岩型铁矿、斑岩型钼(铜)矿。

工作部署建议：1∶5万土壤化探、1∶1万～1∶2.5万地磁、1∶1万～1∶2.5万激电、钻探。

预期成果：可供进一步找矿勘查的找矿靶区3～5处。

2. 盱眙姜郢-磨盘山-老子山地区铁钼(铜)矿勘查

该区呈北东向长条状位于盱眙地区的中部，目前是盱眙地区成矿条件、工作条件最为有利的一个区域，区内震旦纪—寒武纪镁质碳酸盐岩建造以及燕山期二长花岗斑岩均有出露，断裂构造发育，中酸性岩体与成矿关系密切，盱眙地区目前已发现的矽卡岩型铁矿(化)点、斑岩型钼(铜)矿(化)点都集中分布在该区内的震旦纪碳酸盐岩与中酸性岩体接触带内或接触带附近的岩体中。

主攻矿床类型：矽卡岩型铁矿、斑岩型钼(铜)矿。

勘查部署建议：1∶1万土壤化探、1∶2000～1∶1万地磁测量、1∶2000～1∶1万高精度重磁剖面、1∶1万激电中梯剖面、钻探。

预期成果：中小型铁、钼矿床1～2处。

第六章　Ⅲ-69-②沿江成矿亚带预测成果

第一节　区域地质背景

该成矿亚带是Ⅲ-69长江中下游成矿带大中型铜铁硫金矿床主要分布地区，大地构造位置位于下扬子陆块苏皖前陆盆地的中东部，为省内沿江构造岩浆活动带的主体。其北西与Ⅲ-69-①庐江-滁州成矿亚带相接壤，北东位于苏北坳陷西部边缘地带，南东以江南断裂为界与Ⅲ-69-③宣城-苏州成矿亚带相邻。该亚带内矿床类型多，矿产地密集区多，铁铜铅锌等矿种的大中型矿床多。地层除缺失中下泥盆统和部分下石炭统外，自前寒武系至第四系均有出露，其中震旦系、下寒武统、中下奥陶统、石炭系、二叠系及早中三叠世碳酸盐岩建造和晚侏罗世至早白垩世陆相火山岩系建造均为主要成矿和赋矿围岩。矿床均受追踪长江深断裂控制，虽岩浆岩系列、形成时代和成矿特征有所差异，但它们成矿统一于中生代燕山期强烈发育的构造-岩浆热事件中，并形成长江中下游成矿带中最具有特色的最主要的构造-岩浆岩成矿亚带。

根据不同的成矿构造环境，该成矿亚带省内划分出4个与本次评价相关矿种的Ⅴ级成矿远景区：Ⅴ7六合铁、铜成矿远景区，Ⅴ8宁镇铁、铜、铅、锌、银、金、钼、硫成矿远景区，Ⅴ9宁芜铁、铜、铅、锌、金、硫、磷成矿远景区，Ⅴ10溧水铁、铜、金、锶、铅、锌、硫成矿远景区(图6-1)。

1. 区域沉积建造组合特征

该成矿亚带属于下扬子地层分区的一部分，地表出露最老沉积地层为新元古代南华纪沉积地层。从南华纪到三叠纪晚期，扬子地层区一直处于被动陆缘与前陆盆地交替的沉积环境下，留下了大量的碎屑岩或碳酸盐岩沉积记录。由于印支运动影响，三叠纪末期之后，江苏地区处于环太平洋构造动力背景作用下，本成矿亚带转化成为陆相盆地沉积环境，特别是在宁芜及溧水火山岩断陷盆地等地区沉积了巨厚陆相沉积物，并持续到现在。

区内南华纪至震旦纪为被动陆缘沉积环境，其中南华系主要分布于江浦及埤城等地，厚度达1000m，由周岗组及苏家湾组组成，其与下伏地层为不整合接触。其中周岗组为一套变长石石英砂岩-泥岩组合建造，岩性主要为千枚状泥岩、砂质泥岩，偶夹灰岩，变质长石石英砂岩、石英长石砂岩夹变质泥岩；苏家湾组为浅变质含砾泥质砂岩-粉砂质泥岩建造，岩性主要为含冰碛砾千枚状泥质砂岩、含砾千枚状砂岩，上部夹石英砂岩，下部夹薄层及透镜状、千枚状砂质泥岩。震旦系主要分布于江浦、六合冶山及埤城等地，厚度近1000m，由黄墟组上、下段及灯影组组成，与下伏地层呈平行不整合接触。其中黄墟组下段主要为粉砂质泥岩建造，岩性为千枚状粉砂质泥岩、钙质含磷砂岩、千枚状泥岩；黄墟组上段为灰岩-泥质粉砂岩建造，岩性主要为含屑灰岩、泥质粉砂岩、砂质页岩、粉砂质泥岩，地层厚度小于441m；灯影组为白云岩-白云质灰岩建造，岩性主要为白云岩、白云质灰岩、灰岩、钙质砂岩等。

区内早古生代地层以在多期海进—海退过程中形成的稳定型沉积岩石建造为主，其中寒武系主要分布在宁镇隆起区的埤孟、仑山、汤山、幕府山以及六合隆起区的冶山等地，总厚度多在1000～1800m

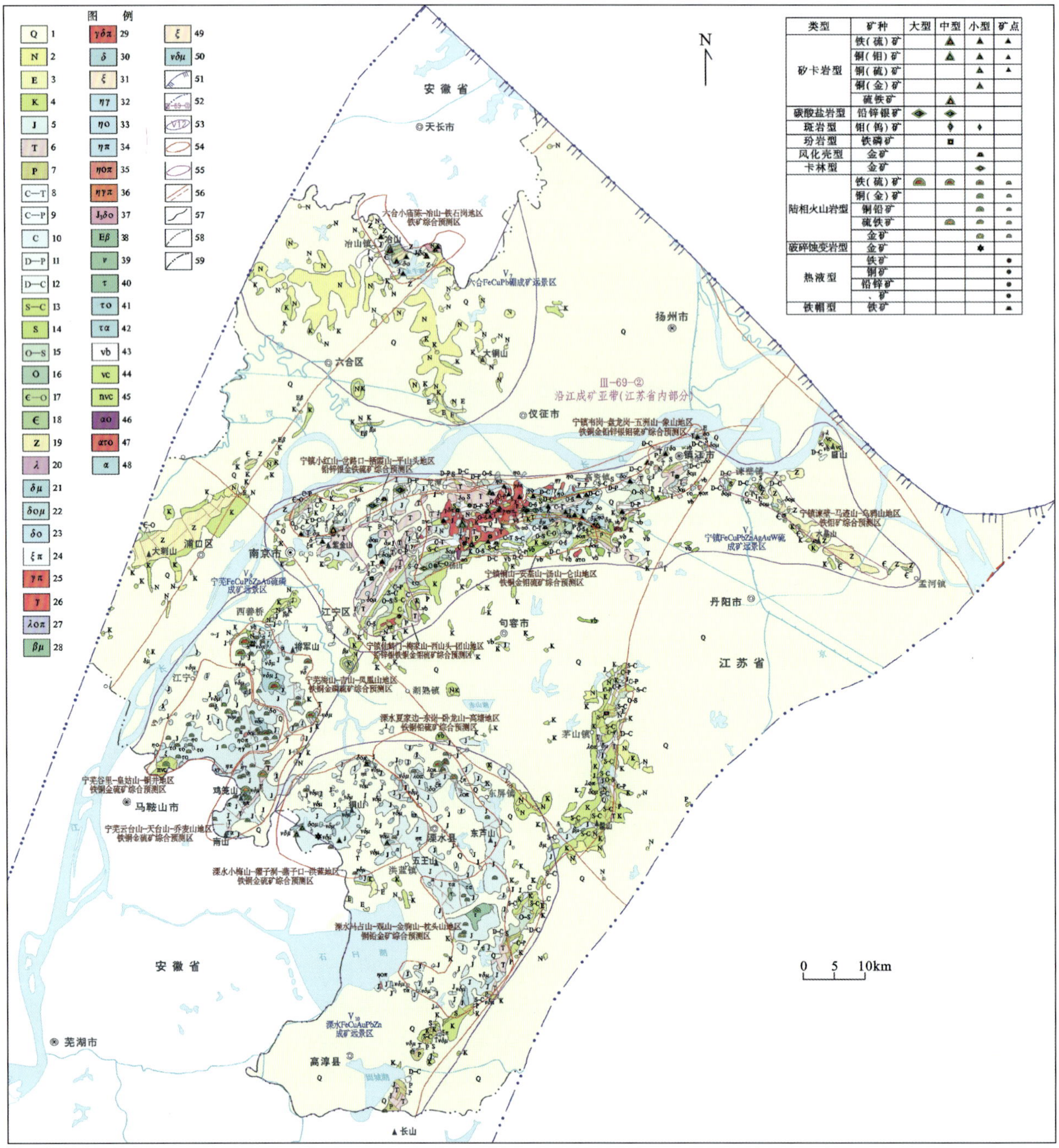

图 6-1　沿江成矿亚带(江苏省内)地质矿产简图

1. 第四系,粉砂-亚黏土建造组合;2. 新近系,砂砾岩-泥岩夹玄武岩建造组合;3. 古近系,砂泥岩夹玄武岩组合;4. 白垩系,上部为砂砾岩-粉细砂岩建造组合,下部为安山岩-粗面岩-响岩-火山碎屑岩建造组合;5. 侏罗系,上部为安山岩-火山碎屑岩建造,下部为砂砾岩-粉砂岩-页岩建造;6. 三叠系,钙质粉砂岩-长石石英砂岩-泥灰岩-泥质岩-灰岩建造;7. 二叠系,碳酸盐岩-泥页岩-粉砂岩夹煤层建造组合;8. 石炭系-三叠系并层;9. 石炭系-二叠系并层;10. 石炭系,碳酸盐岩建造,局部为石英砂岩-粉砂岩建造;11. 泥盆系-二叠系并层;12. 泥盆系-石炭系并层;13. 志留系-石炭系并层;14. 志留系,砂岩-粉砂岩-泥(页)岩建造组合;15. 奥陶系-志留系并层;16. 奥陶系,白云岩-白云质灰岩-泥质灰岩-钙质泥页岩组合;17. 寒武系-奥陶系并层;18. 寒武系,泥(页)岩-硅质岩-镁质碳酸盐岩组合;19. 震旦系,千枚状泥岩-变质砂岩-灰岩-白云岩-白云质灰岩组合;20. 流纹岩;21. 闪长玢岩;22. 石英闪长斑岩;23. 石英闪长岩;24. 正长斑岩;25. 花岗斑岩;26. 花岗岩;27. 石英流纹斑岩;28. 辉绿(玢)岩;29. 花岗闪长斑岩;30. 闪长岩;31. 正长岩;32. 二长花岗岩;33. 石英二长岩;34. 二长斑岩;35. 石英二长斑岩;36. 二长花岗斑岩;37. 石英闪长岩;38.(未分)碱性玄武岩;39. 辉长岩;40. 粗面岩;41. 石英粗面岩;42. 粗面安山岩;43. 火山堆;44. 火山岩锥;45. 娘娘山火山岩锥;46. 石英安山岩;47. 石英粗安岩;48. 安山岩;49. 正长岩;50. 辉长闪长玢岩;51. Ⅲ级成矿带界线;52. Ⅳ级成矿亚带界线;53. Ⅴ级成矿区范围;54. 综合预测区(A 类);55. 综合预测区(B 类);56. 断裂、推测断裂;57. 地质界线;58. 市界;59. 省界之间，自下而上由荷塘组、幕府山组、炮台山组、观音台组组成，与下伏地层为平行不整合接触。寒武系主要由泥（页）岩、硅质（页）岩、镁质碳酸盐岩建造等组成，为海相之沉积，其中荷塘组主要为硅质页岩-碳质页岩建造，岩性为硅质页岩、碳质页岩夹石煤层，底为铁质砂泥岩；幕府山组主要为白云岩-砂质页岩建造，岩性为白云岩，纹层状白云岩夹砂质页岩，顶底部为磷块岩、含磷硅质页岩；炮台山组主要为白云岩-泥质白云岩建造，岩性为白云岩，顶部灰黄色泥质白云岩，底部为砾岩；观音台组位于上寒武统顶部及下奥陶统底部，主要为白云岩-灰质白云岩建造，岩性为含燧石白云岩、白云岩，底部夹灰质白云岩、含灰质白云岩。

区内奥陶系主要分布在宁镇隆起区内的埤孟、仑山、汤山、幕府山等地，地层总厚度在400m以上，自下而上可分为仑山组、红花园组、大湾组、牯牛潭组、汤山组、汤头组，与下伏地层呈整合接触。该系为一套碳酸盐岩建造等沉积，以灰岩、泥质灰岩、白云岩建造为主，夹页岩及瘤状灰岩，其中仑山组为灰质白云岩-白云质灰岩建造，岩性为灰质白云岩、白云质灰岩、灰岩；红花园组为生物屑亮晶碳酸盐岩-白云质灰岩建造，岩性为纯灰岩、生物碎屑灰岩，下部夹含白云质灰岩、灰质白云岩；大湾组为泥晶灰岩-泥灰岩建造，岩性为泥质灰岩、灰质泥岩，中下部为灰色厚层结晶生物碎屑灰岩；牯牛潭组为生物屑泥晶碳酸盐岩建造，岩性为含生物碎屑灰岩；汤山组分为上、下两段，下段为生物屑泥晶碳酸盐岩建造，岩性为纯灰岩及似瘤状含泥质生物碎屑灰岩，上段为瘤状碳酸盐岩-钙质泥岩建造，岩性为瘤状泥质灰岩、钙质泥岩及黏土岩、龟裂纹状灰岩、泥质灰岩、瘤状泥灰岩；汤头组为页岩-泥岩-瘤状碳酸盐岩建造，岩性为页岩、泥岩夹瘤状泥质灰岩、黏土岩。

该成矿亚带内的上志留统至中泥盆统沉积缺失，上古生界上泥盆统及中生界三叠系又经历了一次被动陆缘和前陆盆地的变迁与演化。早期以海相沉积为主，晚期则过渡为海陆交互相及陆相沉积。其中中下志留统主要分布在宁镇隆起区的大部地区，溧水火山岩盆地的南部地区也有少量志留系分布，与下伏地层呈整合接触，地层总厚度在1800m以上，自下而上分为高家边组、坟头组、茅山组，其中高家边组是作为下志留统的底部与上奥陶统的顶部。志留系以浅海陆棚沉积为主，由一套砂泥岩组成，其中高家边组分为上、下两段，下段为硅质岩建造，岩性为灰色、灰黑色硅质岩，局部为灰黄色页岩，上段为页岩-粉砂岩-泥岩建造，岩性为页岩、粉砂质页岩、粉砂岩、泥岩、细砂岩、粉砂岩质页岩、页岩稍夹粉、细砂岩；坟头组也分为上、下两段，下段为砂岩建造，岩性为细砂岩夹粉、细砂岩，上段为泥岩-粉砂岩建造，岩性为泥岩、泥质粉砂岩、粉砂质页岩，粉细砂岩夹中细粒石英砂岩；茅山组为粉砂岩-石英砂岩-泥岩建造，岩性为粉砂岩、中粒石英砂岩，底部为铁泥质粉砂岩。

区内泥盆系仅见上统，统称五通组，主要分布在宁镇隆起区的大部分地区，溧水火山岩盆地的南部地区也有少量五通组分布，地层厚度在200m左右，与下伏地层呈平行不整合接触。五通组为石英砂砾岩-砂岩-页岩沉积建造，岩性为泥质粉砂岩、页岩、石英细砂岩、中粗粒石英砂岩，底为含砾石英砂岩。

区内石炭系主要分布在宁镇隆起区的大部分地区以及溧水火山岩盆地的南部少部分地区，区域地层厚度近200m，与下伏地层呈整合接触。石炭纪初期，地处开阔台地，沉积了金陵组碳酸盐岩-铁质岩建造，岩性为厚层结晶灰岩，底部为黄褐色铁质粉砂岩；石炭纪中期，全区地处潮坪环境，形成高骊山组的石英砂岩-粉砂岩-泥岩-铁质岩建造、和州组的灰岩-泥质灰岩-钙质泥岩建造以及老虎洞组的白云岩建造；石炭纪后期全区进入碳酸盐岩开阔台地，形成黄龙组的生物屑亮晶碳酸盐岩建造以及船山组的生物屑泥晶碳酸盐岩-藻团粒碳酸盐岩建造。

区内二叠系在宁镇隆起区分布广泛，溧水火山岩盆地的南部地区也有少量分布，区域地层厚度近400m，自下而上分为栖霞组、孤峰组、龙潭组和大隆组，与下伏地层呈平行不整合接触。其中栖霞组为硅质条带碳酸盐岩-沥青质碳酸盐岩建造，岩性为含燧石结核灰岩、灰岩夹硅质岩；孤峰组为硅质泥岩-硅质岩建造，岩性为硅质岩夹泥质灰岩、页岩，含磷结核；龙潭组为含煤碎屑岩建造，岩性为粉细砂岩、碳质页岩夹灰岩透镜体及煤层；大隆组为页岩-硅质页岩建造，岩性为页岩、硅质页岩、泥质粉砂岩夹灰岩透镜体。

中生界的三叠系在本成矿亚带内分布较为广泛，包括宁镇隆起的大部分地区、宁芜火山岩盆地东部凤凰山-乔麦山北东向的隆凹过渡带中，以及溧水火山岩盆地南部的少部分地区，区域地层厚度在

2000m 以上，与下伏地层呈整合接触。三叠系整体表现为一套较系统的海退沉积过程，沉积古地理环境由被动陆缘向前陆盆地转化，沉积相按开阔台地—局限台地—湖泊三角洲—河湖相顺序演变。其中下三叠统青龙组分为上、下两段，下段为泥灰岩-泥质岩建造，上段为蠕虫状灰岩-泥晶瘤状灰岩-泥岩建造；中三叠统周冲村组为泥晶灰岩-泥灰岩建造；黄马青组为含钙粉砂岩-长石石英砂岩建造；上三叠统范家塘组为含煤碎屑岩建造。

本区从三叠纪末以后，便进入陆相沉积环境，早—中侏罗世接受河、湖相杂色碎屑沉积(局部有火山喷发)，晚侏罗世便发生大规模火山喷发，形成多次火山活动，堆积了中—中基性、部分酸性乃至碱性火山岩。地层自下而上主要有早—中侏罗世的象山群(钟山组、北象山组)、朱村组以及晚侏罗世的陡山组、西横山组、龙王山组、大王山组等，这些地层在宁芜及溧水火山岩盆地都有着广泛的分布；而在宁镇隆起区，早—中侏罗世的象山群分布较为广泛，晚侏罗世地层只在隆起区的西部与宁芜火山岩盆地接壤区有部分分布；六合地区的冶山隆起西侧局部坳陷中也有部分晚侏罗世地层分布，各地岩性不尽一致，厚度也各不相同，从 0～4000m 不等，与下伏地层为不整合接触。其中象山群为砂砾岩-粉砂岩-页岩建造；朱村组为石英砂岩-粉砂岩-粉砂质泥岩建造；陡山组为石英砂岩-泥质粉砂岩夹砂砾岩建造；西横山组为长石石英砂岩-砾岩夹粉砂岩建造；龙王山组分为上、下两段，下段为安山质沉火山碎屑岩-安山质火山碎屑岩夹凝灰质粉砂岩建造，上段为角闪安山岩-辉石安山岩夹安山质火山碎屑岩建造；大王山组则分为 3 段，下段为安山质沉火山碎屑岩-泥质粉砂岩-凝灰质泥岩建造，中段为安山质沉火山碎屑岩-安山质火山碎屑岩建造，上段为辉石安山岩建造。

区内白垩纪仍是陆相河、湖沉积环境，早期延续了晚侏罗世以来的大规模火山喷发，下白垩统包括姑山组、白头山组和娘娘山组火山岩，为同碰撞岩浆杂岩亚相的大陆裂谷环境安山岩-粗面岩-响岩组合。姑山组分上、中、下 3 段，为一套石英安山岩-英安质火山碎屑岩-沉火山岩建造；白头山组分上、中、下 3 段，系一套粗安质火山岩-粗安质火山碎屑岩夹沉火山岩建造；娘娘山组分上、中、下 3 段，为一套碱性—强碱性响岩质-粗面质火山岩-熔结集块岩-火山角砾岩夹凝灰岩建造；同时在溧水火山岩盆地中还分布有下白垩统的姚家边组及甲山火山岩锥，其中姚家边组主要形成玄武质火山岩及火山碎屑岩建造和粗安质火山岩及火山碎屑岩建造，甲山火山岩锥则为一套流纹质火山岩-火山沉积岩建造；而下白垩统的葛村组为同时期形成于陆内盆地断陷盆地亚相的湖泊泥岩-粉砂岩夹火山岩组合，为一套岩屑砂岩-沉凝灰岩夹砂砾岩建造。上白垩统则包括浦口组、赤山组，浦口组以冲洪积及河流相粗碎屑沉积为主，系砂砾岩-粉砂岩夹页岩建造；赤山组以湖湘沉积为主，为细砂岩-玄武岩夹页岩建造。

区内的古近系自下而上分阜宁组、戴南组、三垛组，以湖泊碎屑岩为主，由一套细碎屑的砂泥岩等组成，夹多层玄武岩。新近系则为河流相沉积区，由一套砂砾岩、泥岩夹玄武岩组成，分为洞玄观组、雨花台组、方山组等。

2. 火山岩建造组合特征

本成矿亚带内的火山岩主要分布在沿江火山活动带的宁芜及溧水两个断陷火山岩盆地中，六合冶山隆起西侧局部坳陷中以及宁镇隆起西部与宁芜接壤地区也有少部分龙王山组和方山组火山岩地层分布。区内中新生代岩浆活动强烈，自中生代至新生代分为燕山和喜马拉雅两个岩浆活动期，但主要集中在中生代燕山期，其火山活动最早始于西横山期，晚侏罗世至早白垩世发生了大规模、多期次的岩浆侵入和火山喷发活动，以多旋回的强烈火山作用为主要特色，在宁芜火山岩盆地中，为龙王山、大王山、姑山、娘娘山等火山喷发旋回；而在溧水火山岩盆地中，则为龙王山、大王山旋回、姚家边、甲山等火山喷发旋回，形成的岩浆岩种类繁多，以火山岩为主，次为次火山岩和侵入岩，分布范围广。而喜马拉雅期岩浆活动相对较弱，主要为新生代方山旋回，其岩浆岩分布零星，形成的岩石有橄榄玄武岩、辉石玄武岩、玻基辉橄岩、橄榄霞石岩等，火山机构中心多伴有同成分的次火山岩或侵入岩。

在宁芜火山岩盆地中，燕山期火山岩岩性主要为一套由粗安质-安山质-石英安山质-英安质-石英粗面质火山岩及相应的火山碎屑沉积岩等，火山岩成分从早到晚由中基性向酸性、由钙碱性向碱性过渡演化，岩石构造组合分属大陆伸展环境安山岩-英安岩组合和大陆裂谷环境安山岩-粗面岩-响岩组合。各旋回火山活动大致均以强烈爆发开始，喷溢沉积结束，晚期均有相应成分的次火山岩、浅成侵入岩的产出。盆地中各火山喷发旋回晚期均伴有次火山岩的侵位，区内次火山岩十分发育，多产出于火山机构中心或环状断裂带中，与火山岩围岩呈岩相过渡渐变关系，一般面积不大，规模较小，但与铁铜多金属成矿关系紧密。次火山岩与火山岩相似，从早到晚由中基性向酸性、由钙碱性向碱性过渡演化，多呈小岩株、岩枝、岩脉、岩墙产出。

在溧水火山岩盆地中，燕山期火山岩岩性主要为一套由粗安质-粗面质-玄武质-流纹质火山岩及相应的火山碎屑沉积岩等，火山岩成分从早到晚由中基性向酸性、由钙碱性向碱性过渡演化，岩石构造组合分属大陆伸展环境玄武岩-安山岩-粗面岩组合、大陆裂谷环境玄武岩-英安岩-粗面岩-流纹岩组合和大陆碰撞环境的高钾火山岩组合。各旋回火山活动大致均以强烈爆发开始，喷溢沉积结束，晚期均有相应成分的次火山岩、浅成侵入岩的产出，与铁铜金多金属成矿关系比较紧密。区内形成的岩石种类较齐全，见有基性岩类、中性岩类、中酸性岩类、中偏碱性岩类、酸性岩类等种类岩石。

而宁镇隆起区的火山作用相对局限，根据火山活动时间和岩石系列的区域对比，本区火山岩可分为3个喷发旋回，即晚侏罗世龙王山旋回、早白垩世上党旋回和圌山旋回。龙王山旋回形成的火山岩为(玄武)安山岩-(玄武)粗安岩-粗面岩系列，岩石构造组合为伸展环境的安山岩-粗安岩组合，仅分布于本区西端；上党旋回形成的火山岩为石英安山岩-石英粗安岩-石英粗面岩-英安流纹岩系列，广泛分布于上党火山岩盆地、埤孟复背斜东北侧及南翼山麓地带、句容断陷盆地北缘；圌山旋回形成的火山岩为石英粗面岩-碱性流纹岩系列，分布于东北部的圌山及上党土山等地，它们的岩石构造组合均为碰撞环境的高钾火山岩组合。

六合隆起区内的则以喜马拉雅期玄武质岩浆多次喷溢活动为主，呈北西向带状分布。岩性主要为橄榄玄武岩、辉石橄榄玄武岩和玄武岩，多含幔源包体，火山岩相主要为喷溢相，次为爆发相和火山沉积相，总体上为一套钙碱性—碱性玄武岩组合。

3. 侵入岩建造组合特征

本成矿亚带的绝大部分侵入岩体均形成于燕山期大规模、多期次的岩浆侵入与喷发活动过程中，仅少量基性火山岩-次火山岩是喜马拉雅期岩浆活动的产物。整体上该亚带内的宁镇及六合隆起区与宁芜及溧水火山岩盆地的侵入岩各有特点，分述如下。

宁镇隆起区内侵入岩分布十分广泛，断续出露于整个地区。区内岩浆活动具有多旋回、多阶段、多样化的特点，形成大规模的宁镇山脉火山-侵入杂岩体。燕山期多期次的岩浆侵入与喷发活动形成的不同侵入岩浆岩相对集中于几个强烈活动的侵入中心区，在空间上互相穿插组合，往往构成一定的空间范围内由多次侵入和多种岩石组合的复合岩体，表现为不同的侵入杂岩体，总体上呈东西向带状展布，自西向东较大的侵入杂岩体依次有板仓、麒麟门、安基山、高资、新桥、石马、谏壁7个侵入杂岩体和1个隐伏的解放桥岩体。根据岩浆岩在空间分布上的差异，并结合区域地质构造背景，大致以方山-小丹阳断裂和茅山断裂为界，预测区的岩浆活动可划分为西、中、东3个岩区：西区(紫金山地区)岩浆活动时间总体上稍早，岩石类型以中基性为主，形成的岩石构造组合有同碰撞辉长岩-闪长岩组合、同碰撞闪长岩组合；而中区(汤山—镇江)岩浆活动时间略迟，岩石类型以中酸性—酸性岩占优势，形成的岩石构造组合有同碰撞闪长岩组合、后造山闪长岩-二长岩组合、后造山花岗闪长岩-二长花岗岩组合、后造山花岗岩组合；东区(镇江—谏壁)岩浆活动时间相对最迟，岩石类型以酸性岩为主，形成的岩石构造组合以后造山花岗闪长岩-二长花岗岩组合、后造山花岗岩组合为主。在时间上预测区燕山期岩浆侵入活动分属早、晚两期：燕山早期形成的岩石主要为辉长-闪长岩类，主要分布于西区；燕山晚期有3次侵入岩浆活动，第一次形成的岩石主要为石英闪长玢岩和闪长玢岩，主要分布于西区和中区西部，第二次形成的岩石主要为花岗闪长斑岩、石英闪长斑岩和二长花岗岩等，在中区广泛分布，东区也有少量出露，第三次形成的岩石主要为花岗岩、碱长花岗岩等，主要分布于中区东部与东区。总体表现在时空上具有随着时间的发展，岩浆活动中心由西(南)逐步向东(北)迁移，岩石类型也具由基性向中酸性、酸性演化趋势。区内各类侵入岩主要以钙碱性岩系列为主，部分为偏碱钙性，各类岩体分异与同化混染作用较强烈，导致各类岩体中相带变化较复杂，这也有利于矿化元素的分离与富集，与成矿作用关系密切。另外在每一次大规模的岩浆活动后期都有相应的派生脉岩侵入，共同组成了宁镇山脉的侵入杂岩体。预测区内与成矿相关的岩石类型主要有闪长玢岩、石英闪长玢岩、二长花岗岩、花岗闪长斑岩及花岗岩等，形成的矿产主要为铁、铜、钼、铅、锌及黄铁矿等。

六合隆起区内的侵入岩浆活动则仅见于六合-冶山隆起带的周边地区，组成了冶山岩体，呈半环状围绕地层捕虏体，为燕山晚期中酸性岩浆侵入，形成岩石主要有闪长(玢)岩、石英闪长岩等，总体上受北北东向断裂和北西向断裂构造控制。

宁芜火山岩盆地内的侵入岩体多形成于火山活动喷发旋回后期岩浆侵入阶段，一般燕山早期侵入岩极少，主要形成于燕山晚期，与相应火山岩、次火山岩多为同源、同期异相产物，或为次火山岩内部相岩石，主要分布于断裂喷发带与火山机构中心部位。区内侵入岩类以中—中酸性岩为主，局部偏碱性岩发育强烈，形成的侵入岩岩石构造组合可归并为后造山闪长岩-二长岩组合、后造山花岗闪长岩-二长花岗岩组合等，岩石类型主要有石英闪长岩、石英闪长玢岩、石英二长岩、二长岩、二长花岗岩、花岗斑岩、黝方霓辉正长岩等，相对集中分布于朱门、蒋门山、皇姑山、阴山、吉山、娘娘山、施山、铜井、双虎山、高公山等火山活动强烈地区，大多呈小岩株、岩颈、岩舌状产出，深部往往相连。岩体侵位深度一般较浅，以浅成相为主，部分中深成相，剥蚀程度中等。

溧水火山岩盆地内的侵入岩主要以火山旋回晚期的次火山岩为主，其他侵入岩少量。次火山岩多产出于火山机构中心或环状断裂带中，与火山岩围岩呈岩相过渡渐变关系，规模大小不等，一般出露面积均较小，但与区内铁、铜多金属成矿作用关系紧密。区内次火山岩岩石类型主要有角闪闪长(安山)玢岩、辉石闪长(安山)玢岩、安山玢岩、闪长玢岩、英安斑岩、粗安斑岩等，多呈小岩株、岩枝、岩脉、岩墙产出，形成的侵入岩岩石构造组合可归并为后造山闪长岩-二长岩组合。其中角闪闪长玢岩是区内最早一期次火山岩，以七里沟、大魏庄、柘塘、铜山、老虎头岩体为代表。辉石闪长玢岩一般呈小岩株、岩枝或岩脉状产出，岩体规模相对较小，主要分布于东岗火山机构南西外缘，大仁山至十里牌一带，以大仁山、十里牌、东岗头、高家边、曹家边、过山岩体为代表。粗安斑岩是区内发育程度仅次于角闪闪长玢岩的又一类次火山岩，主要分布于火山岩盆地外缘周边地区，较大的岩体有卧龙山岩体、隐烛山岩体、棉桃山岩体、观山岩体、新农村岩体、姚家岩体、上城岩体、凤栖山岩体等，主要受火山活动中心控制。预测区内燕山期侵入岩发育强度相对较弱，岩体规模也较小，多以岩脉、岩枝或小岩株状产出，集中分布于夏家边及杭村2个地区，其他地区仅零星可见。侵入岩岩性主要有闪长玢岩、石英闪长斑岩、花岗闪长斑岩、正长斑岩、霓石正长斑岩、石英斑岩等，形成的岩石构造组合以后造山花岗闪长岩-二长花岗岩组合(K_1)为主，一般偏酸性或碱性，主要是岩浆演化旋回一定时期火山岩浆分异的产物，受区域断裂构造网络或火山构造控制。

4. 大地构造特征

该成矿亚带是长江中下游成矿带的主亚带，位于扬子陆块区下扬子陆块的东南部，为省内沿江构造岩浆活动带的主体。亚带内大地构造背景复杂，地壳演化历史漫长，从南华纪到三叠纪晚期，扬子地层区一直处于被动陆缘与前陆盆地交替的沉积环境下，沉积了大量碎屑岩或碳酸盐岩的岩石建造组合。由于印支运动影响，三叠纪末期之后，江苏地区处于环太平洋构造动力背景作用下，下扬子地层区转化成为陆相盆地沉积环境，其中早—中侏罗世为坳陷盆地沉积环境，形成了象山群、朱村组、陡山组等陆内盆地坳陷盆地亚相的河流砂砾岩-粉砂岩泥岩组合；晚侏罗世后主要为陆内断陷盆地发展阶段，早白垩世前区内构造岩浆活动强烈，区域上为长江中下游中生代构造岩浆岩带的一部分，形成了同碰撞岩浆杂岩亚相的大陆伸展环境安山岩-英安岩组合、大陆裂谷环境安山岩-粗面岩-响岩组合及同碰撞辉长岩-闪长岩组合、同碰撞闪长岩组合、后造山闪长岩-二长岩组合、后造山花岗闪长岩-二长花岗岩组合、后造山花岗岩组合等岩石构造组合。晚白垩世以来构造岩浆活动明显减弱，区内环境以断陷盆地陆相碎屑沉积为主，形成多套河流相砂砾岩-粉砂岩泥岩组合与湖泊相泥岩-粉砂岩组合。

根据不同的构造环境及岩浆活动中心，该成矿亚带省内部分又可进一步细分为六合隆起、宁镇隆起、宁芜火山岩盆地及溧水火山岩盆地4部分，并对应地划分为4个与本次评价相关矿种的Ⅴ级成矿远景区：Ⅴ7六合铁、铜成矿远景区、Ⅴ8宁镇铁、铜、铅、锌、银、金、钼、硫成矿远景区、Ⅴ9宁芜铁、铜、铅、锌、金、硫、磷成矿远景区、Ⅴ10溧水铁、铜、金、锶、铅、锌、硫成矿远景区，各成矿远景区的构造特征各有特点。

1）Ⅴ7六合铁、铜成矿远景区构造特征

六合隆起区主要位于南京市六合区境内，构造上亦位于苏北坳陷西部边缘地带，郯庐断裂带东侧，系受郯庐断裂带切割牵引的扬子陆块区与中央造山系弧形复合部位，属下扬子台褶带的一部分。依据邻区资料，推测该区从南华纪到三叠纪晚期处于被动陆缘与前陆盆地交替的沉积环境。由于印支运动影响，三叠纪末期之后，江苏地区处于环太平洋构造动力背景作用下，下扬子地层区转化成为陆相盆地沉积环境，晚侏罗世—早白垩世前区内构造岩浆活动较为强烈，区域上为长江中下游中生代构造岩浆岩带的一部分，晚白垩以来构造岩浆活动明显减弱，区内环境以断陷盆地陆相碎屑沉积为主。

隆起区内因广泛的玄武岩和第四系覆盖，构造形迹出露较差，总体上以断裂构造发育、隆起与坳陷相间为特征，褶皱构造不甚发育。断裂构造活动于燕山旋回晚期，主要以北东向断裂构造为主，被后期北西向断裂切割与错断，共同构成了区域构造主要格架，控制了区域隆起带与坳陷区的空间分布。其形成的构造形迹早期北东向断裂主要有杨官庄-施官集断裂、金牛山断裂、冶山断裂组，晚期北西向断裂主要有王店集-东旺庙断裂、老虎山-竹镇断裂、龙王山-古城断裂等。冶山断裂组大致平行于复式褶皱轴，走向北东，挤压破碎带发育，主要为压扭性断裂，而其他北东向、北西向断裂则主要是物探资料推断的区域性断裂构造，推测北东向断裂以压扭性为主，北西向断裂则主要为张性、张扭性构造。北东向断裂控制了区内主要隆起构造带与燕山期中酸性岩浆岩的侵入，北西向断裂则控制了区内新生代坳陷与新近世玄武岩火山喷发带的空间展布。区内喜马拉雅运动区域构造相对较弱，以局部升降运动和老断裂的继承性活动为特征。

区内铁铜矿（点）主要分布在冶山隆起带上，产于以石英闪长岩（花岗闪长岩）为主的燕山晚期中酸性侵入岩与震旦纪—寒武纪碳酸盐岩建造的接触带部位，赋矿围岩以震旦系黄墟组、灯影组及寒武系幕府山组碳酸盐岩建造为主，成矿作用受碳酸盐岩建造、燕山晚期中酸性侵入岩、北东向和北北西向断裂以及接触带构造控制。

2）Ⅴ8宁镇铁、铜、铅、锌、银、金、钼、硫成矿远景区构造特征

宁镇远景区位于下扬子陆块区东端宁镇褶断带中，大地构造背景复杂，地壳演化历史漫长。前南华纪为基底形成阶段，大地构造相为元古宙中深变质基底杂岩相，埤城岩群经晋宁运动形成本区的结晶基底，基底构造呈近东西向展布，发育近东西向大规模断裂，与之同时形成的北东向基底断裂以张性为主，大致呈等距出现，该期基底断裂构造总体上控制了该区的中生代岩浆活动与成矿作用；震旦纪及古生代（包括三叠纪）为板块迁移和沉积盖层形成阶段，构造活动相对稳定，形成巨厚的海相沉积，该阶段于印支期因地壳强烈活动而结束；而中生代以来主要为板内构造变形阶段，由于受扬子板块与华北板块的碰撞造山作用和古太平洋板块的侧向挤压作用的影响，印支期构造形式以强烈的挤压褶皱和断裂活动为主，于沉积盖层中形成一系列近东西向平行的复式褶皱，“三背两向”（龙潭-仓头复式背斜、范家塘复式向斜、宝华山-巢凤山复式背斜、桦墅-亭子复向斜、汤山-仑山复背斜）褶皱构造组成了宁镇地区褶皱的基本格架；燕山期构造主要与中国东部滨太平洋大陆边缘活动带有关，以近南北向挤压作用下的断裂-断块活动为主，继承、加剧了原有的构造变动，构造形式以断裂和断块活动为特征，形成晚期北北东、北东向和近东西的断裂构造，奠定了本区断陷和隆起的基本格局；喜马拉雅运动主要表现为强烈的断块差异运动，是本区又一期重要的造盆时期。

总体上隆起区内断裂构造主要有4种类型：近东西向弧形逆掩断裂、北西向平移断裂、北北东向平移断裂、近东西向断裂（陷）带。其中近东西向弧形逆掩断裂在稳定盖层形成阶段开始形成或孕育，是稳

定陆块向大陆边缘活动带过渡时期的产物，往往发育于褶皱翼部或坳陷边缘，多形成于三叠纪灰岩、膏盐灰岩与三叠纪至侏罗纪砂岩之间，前者逆掩在后者之上，逆掩距离一般达数千米。北西向平移断裂多具线性、延伸远、倾角陡、切割深的特征，该组断裂一般以压性、压扭性为主，切断、错开并牵引改造两侧地质体，破坏了早期褶皱与纵向断裂的完整性，与该类构造伴生的次级构造发育，导致局部形成北西西向褶皱、北北西向和北东东向平移断裂或断裂破碎带，该类构造在宏观上将宁镇山脉分割成若干块体，对区内地质构造的发展演化起着重要的控制作用。北北东向平移断裂斜贯宁镇山脉，大致呈等距分布，多显示为逆冲或逆平移性质，一般规模大、延伸远，往往形成构造宽阔的断裂带，是大陆边缘活动阶段的主要构造形迹之一，对区内中生代以来地质构造发展、岩浆活动和内生矿产的分布均具有极为重要的控制作用。近东西向断裂（陷）带是区内形成较晚的断裂系统，在空间上主要分布在凹陷与凸起的交接部位或复式向斜的中心，多呈东西或北东东走向，一般切割了白垩系等新地层，多为拉张性质，常表现为上盘下落，该类断裂主要对后期沉积作用具有明显的控制作用，部分中生代的火山岩也受其控制。

隆起区内矿产种类以内生金属矿为主，有铅、锌、银、铜、金等，成因类型以矽卡岩型为主，其次是热液型、斑岩型及风化淋滤型等。与成矿关系密切的地层是石炭系黄龙组白云岩段、二叠系栖霞组上部含镁碳酸盐岩、三叠系青龙组及周冲村组的碳酸盐岩和蒸发岩。燕山中晚期侵入形成的岩浆岩以石英闪长玢岩、花岗闪长斑岩等中酸性岩类为主，分布面积大，剥蚀程度高，是区内主要成矿母岩。弧形构造与近东西向的网格状长江深断裂带控制了宁镇地区构造线方向、地层展布及矿床的分布；3 个近东西向的复式背斜、2 个复式向斜、纵向断裂及侵入接触带是主要的控矿构造。

3）Ⅴ9宁芜铁、铜、铅、锌、金、硫、磷成矿远景区构造特征

宁芜北段火山岩盆地是一个以中生代陆相火山杂岩为中心，中生代三叠纪、侏罗纪沉积岩作周边的火山盆地构造。中三叠世前为区域上下扬子被动陆缘的一部分，形成了青龙组被动陆缘外陆棚亚相的台地缓坡-斜坡碳酸盐岩组合；中—晚三叠世为前陆盆地沉积环境，形成了周冲村组、黄马青组、范家塘组等前陆盆地前渊亚相碳酸盐岩浊积岩组合和陆缘碎屑浊积岩组合。早—中侏罗世为坳陷盆地沉积环境，形成了象山群、朱村组、陡山组等陆内盆地坳陷盆地亚相的河流砂砾岩-粉砂岩泥岩组合；晚侏罗世后主要为陆内断陷盆地发展阶段。早白垩世前区内构造岩浆活动强烈，区域上为长江中下游中生代构造岩浆岩带的一部分，形成了同碰撞岩浆杂岩亚相的大陆伸展环境安山岩-英安岩组合、大陆裂谷环境安山岩-粗面岩-响岩组合及后造山闪长岩-二长岩组合、后造山花岗闪长岩-二长花岗岩组合。晚白垩以来构造岩浆活动明显减弱，区内环境以断陷盆地陆相碎屑沉积为主，形成多套河流砂砾岩-粉砂岩泥岩组合与湖泊泥岩-粉砂岩组合。

区内构造形迹以断裂构造为主，褶皱构造简单，主要发育于火山岩系之下的基底地层中，所形成较大的区域性褶皱构造有宁芜向斜与凤凰山-乔木山倒转背斜，轴向北东东。宁芜向斜为一宽缓的基底褶皱，构成宁芜火山岩盆地的基础，凤凰山-乔木山倒转背斜发育于宁芜火山岩盆地东部，核部由周冲村组、黄马青组组成，翼部为中、下侏罗统，西翼保留较完整，东翼被逆冲断层破坏，沿其轴部发育的区域性大断裂控制了宁芜火山岩盆地的构造演化。预测区断裂构造十分发育，主要是燕山运动以来，伴随强烈的火山-岩浆活动，形成了不同方向、不同性质的断裂系统。区内印支期未见明显的断裂活动，喜马拉雅期的断裂活动也仅限于局部地区。预测区断裂构造以北东向、北西向 2 组规模巨大，多贯穿全区，构成区内主要构造格架，大部分形成于燕山运动早期，同时伴有相当数量的北北东向、北东东向、北北西向、近东西向断裂，与区域主干断裂纵横交叉共同组成了区内断裂构造网络。以上构造多具多期活动的特征，一般北东—北北东向断裂以压性或压扭性为主，北西—北北西向断裂则以张性至张扭性为主，北北西向与北东东向断裂为共轭的扭性断裂，均反映了区域长期受北西-南东向的压应力作用。预测区内形迹较大的主干断裂构造主要有：北东向的方山-小丹阳大断裂、方山-南山大断裂、吉山-朱门推测隐伏大断裂、安德门-娘娘山隐伏大断裂、北西向的南京-湖熟隐伏大断裂、梅山-秣陵隐伏大断裂、江宁镇-陶吴断裂和铜井-小丹阳断裂等。其中南京-湖熟隐伏大断裂是宁镇隆起与宁芜火山岩坳陷的区域性分区断裂构造，奠定了区域隆坳的基本格局；方山-小丹阳大断裂是宁芜与溧水火山岩盆地的分界断裂，断裂两侧火山盆地构造运动方式、岩浆活动与演化都存在较明显的差异；其他主干断裂多切穿盆地基底地层，

伴有强烈的岩浆喷发与侵入活动,控制了区域岩浆活动带及多金属成矿带的空间展布。而与区域性主干断裂伴生的次级断裂则是区内铁、铜、金矿床(脉)的主要控矿构造,具体控制了区内火山机构、后期侵入岩体(脉)、多金属矿化体的空间分布。伴随区内强烈的岩浆侵入与喷发活动,火山构造的发育是区内构造的重要形式,也是区内多金属矿产的重要控矿构造。宁芜火山岩盆地本身就是一北东向的火山构造洼地,区内主干断裂控制了断裂岩浆侵入喷发带的空间分布,形成了相应的构造喷发带,并具体控制了三级火山岩区的分布,与受断裂交叉网络控制的火山口、火山岩穹隆及配套形成的环状、放射状断裂一起组成了区内不同级别的火山机构。

预测区内主要的铁铜硫金矿床及星罗棋布的矿点大部分皆位于构造岩浆成矿亚带中,受区内北东向、北北东向、北西向及其他断裂纵横交叉形成的断裂网格及火山机构控制。不同矿种、不同类型的矿床往往与一定旋回的火山-侵入活动有关,区内火山岩、次火山岩与围岩接触部位热液蚀变和热变质现象普遍而发育,与铁、铜、硫矿化关系密切,如铁矿与燕山早期侵位的次火山岩-辉石闪长玢岩具有强烈的成因联系,铜、金矿的产出多与燕山中晚期的碱性及弱碱性火山岩关系密切,与娘娘山旋回碱性的富钾火山岩具有明显的成因联系,矿化体受次级断裂与火山机构的共同控制。

4)Ⅴ10溧水铁、铜、金、锶、铅、锌、硫成矿远景区构造特征

溧水火山岩盆地位于下扬子陆块长江中下游构造岩浆岩带东段,是一个以中生代陆相火山杂岩为中心的火山盆地构造。从古生代到三叠纪晚期,扬子地层区一直处于被动陆缘与前陆盆地交替的沉积环境下,沉积了大的量碎屑岩或碳酸盐岩沉积的岩石构造组合;早—中侏罗世为坳陷盆地沉积环境,形成了象山群、朱村组、陡山组等陆内盆地坳陷盆地亚相的河流砂砾岩-粉砂岩泥岩组合;晚侏罗世后主要为陆内断陷盆地发展阶段,早白垩世前区内构造岩浆活动强烈,区域上为长江中下游中生代构造岩浆岩带的一部分,形成了同碰撞岩浆杂岩亚相的大陆伸展环境安山岩-英安岩组合、大陆裂谷环境安山岩-粗面岩-响岩组合及后造山闪长岩-二长岩组合(K_1)、后造山花岗闪长岩-二长花岗岩组合(K_1)。晚白垩世以来构造岩浆活动明显减弱,区内环境以断陷盆地陆相碎屑沉积为主,形成多套河流砂砾岩-粉砂岩泥岩组合与湖泊泥岩-粉砂岩组合。

三叠纪前,区内构造运动相对较弱,构造形迹保留较少。三叠纪以来,该成矿远景区受太平洋板块俯冲挤压影响,区域构造演化进入大陆边缘活动带阶段,火山作用频繁,构造运动强烈,以断裂活动或断块作用为主,形成区域以断裂构造和火山构造为主的构造格架。预测区内褶皱仅在前火山岩系发育一些,集中分布于茅山推覆体或西部隆起区,火山岩系与红层中极少发育,由于后期改造大多面目全非或因掩盖而面貌不清,形成的构造形迹较大的褶皱构造在西部隆起区有博望-桑蒲园背斜、横溪-柘塘向斜、凤凰山背斜,多为轴向北东—北北东向的开阔平缓短轴褶皱,在茅山推覆体中主要有杨树山-曹山背斜、下官塘-小茅山向斜、秀山-花山背斜等,由于强烈推覆挤压作用,多为紧闭或倒转褶皱,并伴有纵向压性断裂发育。预测区断裂构造十分发育,自印支运动形成一部分断裂以来,燕山运动各阶段伴随岩浆活动与构造变动都有断裂构造形成,构造形迹主要有北北东向、北东向、北东东向、东西向、北西西向、北西向、北北西向、南北向等8组,组成区内网络状构造格局,将溧水火山岩盆地切割成多个"菱形断块"。其中北北东向断裂形成最早,并长期多次活动,大多为隐伏构造,以压性逆断层为主,尽管发育数量不多,但该组断裂多是区域性的主干断裂,对区域沉积建造、火山喷发与岩浆侵入岩带的空间展布、后期断隆分布均有明显的控制作用。其中茅山东、西两侧的断裂构造控制了茅山推覆构造的形成,使由志留系至下三叠统组成的茅山推覆体逆掩于白垩纪火山岩之上,导致横亘于江南平原上陡峻的茅山山脉的形成;北西向断裂是区内最为发育的一组断裂构造,以张扭性、扭张性平移正断层为主,部分为扭性平移断层,构造形迹数量多,且部分也为规模较大的区域性断裂,活动时间长,控岩、控矿作用明显;其他方向的断裂构造多是在特定的构造活动期和特定地质条件下的产物,一般规模均较小,多为局部构造,发育数量不一,断裂性质复杂,对部分火山岩、后期侵入岩脉和部分铜多金属矿化、天青石、重晶石等热液充填脉有较明显的控制作用。

伴随区内强烈的岩浆侵入与喷发活动,火山构造的发育也是区内构造的重要形式,溧水火山岩盆地本身就是一个于燕山运动早期形成的中侏罗世断陷基础上逐步形成的北北东向继承式火山构造洼地,

区内北向与北西向主干断裂控制了岩浆侵入及喷发构造带的空间分布，形成了相应的断裂喷发带，并具体控制了三级火山岩区的分布，与受断裂交叉网络控制的火山口、火山岩穹隆及配套形成的环状、放射状断裂一起组成了区内不同级别的火山机构。预测区内大部分矿床或矿点都与火山机构有密切的关系，部分火山构造直接控制了矿化体的空间赋存位置与矿体形态。

远景区内矿床类型主要以火山岩型、火山-次火山热液充填型为主，主要铁铜多金属矿床及星罗棋布的矿点大部分皆位于构造岩浆成矿亚带中，受区内北北东向、北西向主干断裂及其他断裂纵横交叉形成的断裂网格与喷发构造带、火山机构控制。不同矿种、不同类型的矿床往往与一定旋回的火山-侵入活动有关，区内火山岩、次火山岩与围岩接触部位热液蚀变和热变质现象普遍而发育，与铁、铜、硫矿化关系密切，如铁矿与燕山早期侵位的次火山岩-辉石闪长玢岩具有强烈的成因联系，铜、金矿的产出多与燕山中晚期的碱性及弱碱性火山岩关系密切，与姚家边旋回偏碱性的富钾火山岩或次火山岩-粗安斑岩具有明显的成因联系，矿化体受次级断裂与火山机构的共同控制。

第二节　区域矿产特征

该成矿亚带是长江中下游成矿带的主亚带，为省内沿江构造岩浆活动带的主体，主要包括六合隆起、宁镇隆起、宁芜及溧水火山岩盆地4部分。该亚带内矿床类型多，矿产地密集区多，地层除缺失中下泥盆统和部分下石炭统外，自前寒武系至第四系均有出露，其中石炭系、二叠系和中下三叠统碳酸盐岩和上侏罗统至下白垩统陆相火山岩系为主要成矿和赋矿围岩。矿床均受追踪长江深断裂控制，虽岩浆岩系列、形成时代和成矿特征有所差异，但它们成矿统一于中生代燕山期强烈发育的构造-岩浆热事件中，往往多类型矿床共生一处，形成多矿种、多类型复合的“多位一体”特色。该亚带内参与此次预测的矿种主要有铁、铜、金、铅、锌、银、钼、硫、磷9个矿种，其铁、硫、磷矿种主要分布在宁芜北段，次为宁镇、六合及溧水地区，而铅、锌、银及铜、金、钼多金属则主要分布在宁镇隆起中，次为宁芜及溧水火山岩盆地，其中铁、铜、金、铅、锌、银及硫铁矿为省内优势矿种(见图6-1)。成矿类型主要有陆相火山岩型、矽卡岩型、斑岩型、层控热液型、铁帽型、卡林型、破碎蚀变岩型等。成矿亚带内矿产地统计见表6-1。

表6-1　江苏省沿江成矿亚带区域矿产地统计表

成矿亚带名称	矿种	矿产地数量(个)					矿产预测类型
		总计	大型	中型	小型	矿(化)点	
Ⅲ-69-②沿江成矿亚带	铁(硫、铜)	71	2	5	10	54	宁芜式陆相火山岩型，韦岗式矽卡岩型铁矿，冶山式矽卡岩型铁矿
	铜(金、钼、铅、锌、银、铁、硫)	50	0	1	13	36	安基山式矽卡岩型斑岩型铜矿，铜井式陆相火山岩型铜金矿，獾子洞式次火山热液-层控矽卡岩型铜金矿，五部式陆相火山岩型铜铅矿
	金	14	0	0	5	9	汤山式微细浸染型(卡林型)金矿，新桥式铁帽型金矿，西横山式破碎蚀变岩型金矿
	铅、锌(银)	9	1	1	0	7	栖霞山式碳酸盐岩型(层控热液型)铅锌(银)矿
	钼(钨)	3	0	1	0	2	铜山式矽卡岩型钼矿，谏壁式斑岩型钼矿
	硫铁矿	8	0	4	1	3	云台山式陆相火山岩型硫铁矿，铜陵式矽卡岩型硫铁矿
	磷	1	0	1	0	0	宁芜式玢岩型铁磷矿

一、铁矿成矿特征及预测类型划分

1. 铁矿区域成矿特征

该成矿亚带是江苏省最主要的铁矿产区，其成矿类型主要有陆相火山岩型铁矿及矽卡岩型铁矿，其中以陆相火山岩型铁矿占主要地位。已查明铁矿资源量约为72 283.41×10^4t，占全省已查明铁矿资源量的89.2%，预测资源量约为77 778.1×10^4t，占全省铁矿预测资源量的72.08%。其中又以宁芜北段火山岩盆地中的陆相火山岩型铁矿资源量最为集中，其查明资源量和预测资源量分别占该成矿亚带的89.94%及68.63%，其次则为宁镇、六合及溧水等地区。

1)陆相火山岩型铁矿区域成矿特征

陆相火山岩型铁矿是江苏省最重要的铁矿类型，主要分布在该成矿亚带的宁芜及溧水火山岩盆地中，其中又以宁芜火山岩盆地中的梅山-吉山-凤凰山北西向断裂喷发带中资源量最为集中，其次溧水火山岩盆地中东岗—石坝—野山凹一带资源量也较为集中。代表性矿床有梅山、吉山大型铁矿及凤凰山、龙旗山、东岗等中型铁矿床，矿床式统称为宁芜式，即宁芜式陆相火山岩型铁矿。

该亚带内陆相火山岩型铁矿与中生代火山-次火山岩浆气液活动密切相关，它们的分布受喷发-侵入活动(喷发中心或喷发带)控制，围绕次火山侵入体可依次出现一组不同矿物组合的铁矿床(玢岩铁矿系列)，在部分玢岩式磁铁矿床中还不同程度地含磷灰石(如泰山铁磷矿)、硫(如梅山铁矿中的伴生硫)。大王山旋回的辉长(辉石)闪长玢岩与成矿的关系最为密切，属浅层—超浅层相，有明显的次火山岩相特征。岩体呈岩株、岩钟、岩舌产出。根据矿体赋存部位与岩体的关系、控矿构造及矿物组合可进一步划分为6类。

(1)由铁矿浆充填贯入火山口附近次火山岩中的张性构造带形成的次火山岩浆矿床。矿体赋存于辉长闪长玢岩与辉石安山岩的过渡带中，辉长闪长玢岩与辉石安山岩无明显界线，呈渐变关系，主要形成于大王山旋回末期，以梅山大型磁铁矿床为代表。

(2)次火山岩体中的气成-高温热液浸染状磁铁矿床。矿体产于辉长闪长玢岩岩体上部，受岩体原生裂隙控制。品位较低，产状平缓，规模较大。以吉山大型贫磁铁矿床及溧水东岗铁矿为代表。

(3)次火山岩体与喷出岩“上接触带”附近的气成热液型块状、脉状、角砾状磁铁矿床。矿床受后期热液影响，部分脉石矿物为碳酸盐交代，代表矿床为牛首山铁矿。

(4)次火山岩体与三叠纪碳酸盐岩建造接触带中的高—中温热液型似层状、透镜状磁铁矿、赤铁矿床。矿体主要赋存于上、下三叠统青龙组灰岩，中三叠统周冲村组角砾状灰岩、黄马青组钙质砂页岩与次火山岩体的接触带中，代表矿床为凤凰山铁矿床、麒麟山铁矿床。

(5)次火山岩体附近的火山岩内中低温热液透镜状、脉状赤铁矿、镜铁矿矿床。此类矿床规模小，大多为矿点、矿化点。矿化与次火山岩体关系密切，矿体主要赋存在侵入体附近的火山岩中，呈脉状、透镜状产出，受围岩裂隙控制。宁芜地区的腾子山镜铁矿点即属此类。

(6)火山沉积-热液矿床。矿床常分布于火山喷发碎屑岩层中，主要含矿层为大王山组底部的凝灰岩、凝灰角砾岩、凝灰质砂岩、安山质砾岩等，受火山喷发层位控制。矿床规模一般较小，以静龙山(龙旗山)铁矿为代表。

2)矽卡岩型铁矿区域成矿特征

矽卡岩型(接触交代型)铁矿是该成矿亚带的另一重要铁矿类型，主要集中分布在六合及宁镇地区。本类型铁矿床主要赋存于燕山晚期侵入的中浅成岩株、岩钟及岩枝状中酸性侵入体与围岩的接触带中，部分产在围岩裂隙及内接触带的岩体中。矿体形态较复杂，呈透镜状、囊状、不规则状、柱状和似层状，矿石矿物主要为磁铁矿，少量赤铁矿和假象赤铁矿。矿石品位较富，TFe含量一般在30%～50%之间，磁铁矿常与硫化矿物(黄铜矿、黄铁矿)共生或伴生,并常伴生有钴。

在宁镇隆起中,与成矿有关的岩体主要为花岗闪长(斑)岩、石英闪长玢岩等,它们往往经历多次活动及混杂同化作用而呈现不同岩相构成杂岩体,与铁矿关系密切的有石马、高资等杂岩体,主要控矿构造有北东向、北北西向断裂,最有利的成矿围岩为石炭纪—三叠纪碳酸盐岩建造。区内铁矿主要集中分布于韦岗—巢凤山及磁山头—五洲山,以韦岗中型铁矿为代表,矿床式为韦岗式,即韦岗式矽卡岩型铁矿。

在六合隆起中,与成矿有关的岩体主要为冶山岩体的花岗闪长(斑)岩等,为燕山晚期中酸性侵入岩,主要控矿构造有北东向、北北西向断裂。最有利的成矿围岩有震旦系灯影组以及早寒武世镁质碳酸盐岩建造。区内铁矿主要集中分布在冶山复式背斜与冶山侵入岩体的接触部位,如冶山、南条山、铁石岗、横山等地,以冶山中型铁矿为代表,矿床式为冶山式,即冶山式矽卡岩型铁矿。

2. 铁矿矿产预测类型划分及预测工作区分布

沿江成矿亚带铁矿划分了3个矿产预测类型,分别为宁芜式陆相火山岩型铁矿、韦岗式矽卡岩型铁矿和冶山式矽卡岩型铁矿,确定的铁矿预测类型预测工作区有4个,分布在宁芜、溧水、宁镇和六合4个区域中。具体矿产预测类型划分及分布范围见表6-2。

表6-2　江苏省沿江成矿亚带铁矿矿产预测类型划分及工作区一览表

预测类型	预测工作区名称	面积(km^2)	预测矿种	预测方法类型	典型矿床	成矿时代	分布范围
宁芜式陆相火山岩型铁矿	宁芜北段预测工作区	944	铁	火山岩型	梅山、吉山、凤凰山、麒麟山、龙旗山铁矿床	白垩纪	宁芜北段火山岩盆地
	溧水预测工作区	2222	铁	火山岩型	东岗铁矿床	侏罗纪—白垩纪	溧水火山岩盆地
韦岗式矽卡岩型铁矿	宁镇预测工作区	2350	铁	侵入岩体型	韦岗铁矿	白垩纪	宁镇隆起区
冶山式矽卡岩型铁矿	六合预测工作区	703	铁	侵入岩体型	冶山铁矿	白垩纪	六合隆起区

二、铜矿成矿特征及预测类型划分

1. 铜矿区域成矿特征

沿江成矿亚带是江苏省最主要的铜矿产区,成矿类型主要有矽卡岩型及陆相火山岩型铜矿两大类型,以矽卡岩型铜矿资源量占主要地位,铜矿床还不同程度地共伴生了金、铅、钼等其他矿种。已查明铜矿资源量约为51.99×10^4t,占全省已查明铜矿资源量的79.38%,预测资源量约为108.41×10^4t,占全省铜矿预测资源量的87.55%。其中又以宁镇隆起中的矽卡岩型铜矿资源量最为集中,查明资源量和预测资源量分别占该成矿亚带的80.31%及81.07%。

1)矽卡岩型铜矿区域成矿特征

矽卡岩型铜矿为沿江成矿亚带铜矿床主要类型，矿体主要赋存在燕山晚期中酸性侵入岩与碳酸盐岩层的接触带及附近。近矿围岩产生强烈的交代蚀变作用，矽卡岩化很发育。

铜矿床主要分布于宁镇隆起区，以安基山岩体周边最为集中，矿床规模以中、小型为主。矿体一般沿石炭纪—三叠纪碳酸盐岩建造与燕山晚期的花岗闪长斑岩或石英闪长斑岩的接触带附近分布，交代作用为主，也有少部分铜钼矿体分布在接触带附近的岩体中，形成斑岩型铜钼矿体。矿体形态复杂，以透镜状及似层状为主，矿体厚度、品位变化较小。矿石中主要矿物有黄铜矿、斑铜矿，伴生硫化物有磁黄铁矿、黄铁矿、闪锌矿、方铅矿。脉石矿物有石榴子石、绿帘石、透辉石、透闪石、绿泥石、石英、方解石等。矿石多具致密块状、浸染状、细脉浸染状、角砾状构造。矿石中黄铜矿的爆裂温度为240～440℃，一般为290～320℃；黄铁矿的爆裂温度为150～420℃，一般为290～360℃。

代表性的矿床有安基山铜矿床、伏牛山铜钼矿床，形成以矽卡岩型为主的矽卡岩型斑岩型铜矿，矿床式为安基山式，即安基山式矽卡岩型斑岩型铜矿。

2)陆相火山岩型铜(金、铅)矿区域成矿特征

该类型是本成矿亚带铜矿床另一重要成矿类型，主要是指与中生代陆相火山-次火山气液活动有关的一系列矿床，均产于宁芜或溧水中生代火山岩盆地内及盆地边缘。根据矿体赋存部位与岩体的关系、控矿构造及矿物组合可进一步划分为3类。

(1)火山热液型脉状铜金矿床。

该类矿床主要分布于宁芜盆地中部的谷里—铜井一带，少部分于火山盆地边缘的大平山一带，受北西向、北北东向两组断裂及破火山口控制，矿体呈走向北东的大脉及复脉状雁行排列。与成矿有关的围岩有龙王山组粗安质凝灰角砾岩，大王山组安山岩，娘娘山组碱性粗面岩、粗安岩、熔结角砾岩、黝方石响岩等，在时间、空间上与粗安(面)质火山-次火山岩关系密切。铜金矿主要赋存于石英脉中，少数在菱铁矿、重晶石脉中，与硫化物关系密切。矿石矿物以黄铜矿、斑铜矿、自然金、银金矿、黄铁矿为主，次为镜铁矿、硫铜铋矿、辉锑铋矿、黝铜矿等。围岩蚀变有碳酸盐化、绿泥石化、黄铁矿化、硅化、绢云母化、高岭土化等，沿裂隙呈带状或线状分布。

代表性的矿床为铜井铜金矿床，其余还有谷里铜矿床、大平山铜矿床等矿产地，为陆相火山岩型铜金矿，矿床式为铜井式，即铜井式陆相火山岩型铜金矿。

(2)产于次火山岩体侵入接触带中的次火山热液-层控矽卡岩型铜金矿床。

该类铜金矿分布在溧水火山岩盆地西北部隆起区，是以接触交代作用为主的次火山热液-层控矽卡岩型铜金矿床，铜矿体产于辉长(角闪)闪长玢岩与上侏罗统西横山组钙质砂砾岩建造接触带附近。矿体多分布在外接触带，呈似层状、细脉浸染状，少数在岩体内部。铜矿物出现在矽卡岩矿物之后，与石英-绿泥石相伴生。铜金矿化与岩床状侵入岩接触带旁侧钙质砂砾岩及钙质页岩、泥灰岩层位关系密切，层间破碎(碎裂)带是重要的容矿构造。

矿石中铜矿物主要为黄铜矿，次为斑铜矿、辉铜矿、黝铜矿；其他金属矿物有黄铁矿、镜铁矿、赤铁矿、褐铁矿；金矿物主要为自然金。脉石矿物有的以方解石、石英为主，有的以石榴石、透辉石为主，次为绿帘石、绿泥石、绢云母、高岭土、石膏等。矿石具团块状、浸染状构造。矿石品位：Cu 0.2%～2.52%，一般0.5%～1.5%。

代表性的矿床有獾子洞铜金矿床、洪兰铜矿床等，为次火山热液-层控矽卡岩型铜金矿床，矿床式为獾子洞式，即獾子洞式次火山热液-层控矽卡岩型铜金矿。

(3)与次火山热液有关的热液充填型铜铅矿。

该类铜铅矿分布在溧水中生代火山岩盆地的观山—金鸡山一带，是与陆相碱性火山-次火山岩有关的热液型矿产，并受火山机构内断裂以及区内北西向及近南北向断裂喷发带控制，其铜铅矿体主要产于粗安斑岩中，矿体主要呈脉状、透镜状，也有少量细脉浸染状，成群出现，受断裂控制。区内矿床规模一般较小。

区内代表的矿床为观山铜铅矿床，为陆相火山岩型铜铅矿，矿床式为五部式，即五部式陆相火山岩型铜铅矿。

2. 铜(金、铅)矿矿产预测类型划分及预测工作区分布

沿江成矿亚带共划分4个铜矿产预测类型，分别为安基山式矽卡岩型斑岩型铜矿、铜井式陆相火山岩型铜金矿、獾子洞式次火山热液-层控矽卡岩型铜金矿及五部式陆相火山岩型铜铅矿。确定铜矿预测类型预测工作区3个，分布于宁镇、宁芜及溧水地区。具体矿产预测类型划分及分布范围见表6-3。

表6-3 江苏省沿江成矿亚带铜(金、铅)矿矿产预测类型划分及工作区一览表

预测类型	预测工作区名称	面积(km^2)	预测矿种	预测方法类型	典型矿床	成矿时代	分布范围
安基山式矽卡岩型斑岩型铜矿	宁镇预测工作区	2350	铜	侵入岩体型	安基山铜矿	白垩纪	宁镇隆起区
铜井式陆相火山岩型铜金矿	宁芜预测工作区	944	铜、金	火山岩型	铜井铜金矿	白垩纪	宁芜火山岩盆地北段
獾子洞式次火山热液-层控矽卡岩型铜金矿	溧水预测工作区	2222	铜、金	火山岩型	獾子洞铜金矿	白垩纪	溧水火山岩盆地
五部式陆相火山岩型铜铅矿	溧水预测工作区	2222	铜、铅	火山岩型	观山铜铅矿	白垩纪	溧水火山岩盆地

三、金矿成矿特征及预测类型划分

1. 金矿区域成矿特征

沿江成矿亚带金矿床类型主要有陆相火山岩型金矿、破碎蚀变岩型金矿、卡林型金矿及铁帽型金矿，主要分布在宁镇、宁芜及溧水3个地区。已查明金矿资源量约为13 394.98kg，占全省已查明金矿资源量的94.4%，预测资源量约为47 259.05kg，占全省金矿预测资源量的61.66%。宁镇预测工作区金矿已查明资源量和预测资源量分别占该成矿亚带的59.6%及25.0%，矿床类型主要为铁帽型和卡林型；而宁芜火山岩盆地中的陆相火山岩型金矿资源潜力较大，其查明资源量和预测资源量分别占该成矿亚带的22.28%及56.5%。

1)陆相火山岩型(火山热液型)金矿区域成矿特征

该类型金矿为本成矿亚带内金矿床主要类型之一，矿体多呈脉状充填于火山岩裂隙中，受各种断裂、蚀变构造带及火山机构的控制，主要分布在宁芜火山岩盆地中部的谷里—铜井一带以及溧水火山岩盆地南部的定山—金驹山一带。在宁芜盆地中，金矿往往是与铜矿共伴生的，主要赋矿围岩为龙王山组、大王山组和娘娘山组的火山岩及次火山岩，并受火山机构、区域性基底断裂、北西向及北北东向断裂共同控制，以铜井铜金矿床为代表性矿床。在溧水盆地中，此类型金矿资源量相对较小，以金驹山金矿床为代表，其主要赋矿围岩为大王山组的安山岩以及姚家边组的粗安斑岩、正长斑岩等，控矿构造主要为北西向、近东西向及北东向断裂。

整体而言，金矿脉多成群成带分布，有复脉状、大脉状。矿石类型有含金（碲）石英脉、含金多金属石英脉、含金（铜）重晶石石英脉、含金（铜）石英脉、含金铜黄铁矿石英脉及含金铜镜铁矿石英脉等，矿石常具有浸染状、角砾状、梳状、细脉状、晶洞状构造。矿化一般都为多期多阶段，围岩蚀变有硅化、长英岩化、青磐岩化、绢云母化、碳酸盐化、硅化、高岭土化等，蚀变带宽度与矿化规模一致。

该类型金矿床为陆相火山岩型金矿，矿床式为铜井式，即铜井式陆相火山岩型金（铜）矿。

2）（中低温热液）破碎蚀变岩型金矿区域成矿特征

该类型金矿为成矿亚带内金矿床主要类型之一，主要产于燕山期中酸性次火山岩体与沉积岩接触带外带附近围岩中的硅化破碎带或构造裂隙中。该类型矿床主要分布在溧水火山岩盆地中，其赋矿围岩主要为朱村组及陡山组的石英砂岩，与成矿有关的次火山岩体主要为燕山晚期的（石英）闪长玢岩，控矿构造主要为近东西向的断裂构造破碎带，金矿（化）体产于岩体接触带附近沉积岩中的构造破碎带内。本区域内该类型金矿较多，矿床规模一般较小，目前发现的最大破碎蚀变岩型金矿为区内西横山燕子口金矿床（小型），其余均为矿（化）点。金矿（化）体为含金硅化（石英）脉，蚀变以硅化、褐铁矿化、黄铁矿化为主要标志，有时为矽卡岩化，伴生铜铅锌矿化。

代表性的矿床有燕子口金矿床，为破碎蚀变岩型金矿，矿床式为西横山式，即西横山式破碎蚀变岩型金矿。

3）卡林型（微细浸染型）金矿区域成矿特征

该类型金矿主要分布在宁镇地区，目前仅发现汤山、仑山 2 处，成矿作用与早中奥陶世碳酸盐岩建造有关，为含金丰度较高的岩层经热液改造、活化转移的结果，深部及外围的燕山期闪长玢岩、石英闪长斑岩等中酸性岩体为成矿提供了部分成矿物质及热力来源，控矿构造为发育于短轴背斜翼部的近环状构造破碎带以及层间构造破碎带，含矿破碎带在浅表因风化淋积可形成红土型金矿。矿体以似层状为主，部分呈脉状，常沿早、中奥陶世泥质灰岩、泥质岩及其旁侧的层滑断面或不整合面分布，两者产状基本平行。矿石组分以中低温—偏低温矿物为主，矿石矿物主要为自然金，次为黄铁矿、辰砂、褐铁矿、方铅矿、闪锌矿、黄铜矿、赤铁矿等；脉石矿物主要以水云母、蒙脱石、石英为主，次为高岭石、方解石、辰砂、重晶石、方解石。矿石结构为微细粒自形晶—半自形晶压碎及胶状结构，浸染状构造为主，少部分为角砾状、网脉状及蜂窝状构造。围岩蚀变微弱，常见硅化、次生石英岩化，部分碳酸盐化、重晶石化。

区内代表性的矿床有汤山金矿床，矿床式为汤山式，即汤山式卡林型（微细浸染型）金矿。

4）铁帽型（风化淋滤型）金矿区域成矿特征

该类型金矿主要为各类型含金矿（化）体，经表生氧化作用并次生富集而成的铁锰帽型金矿床，其深部多赋存有铅锌银硫化物矿体。沿江成矿亚带内铁帽型金矿主要分布在宁镇地区，金矿中往往有铅锌银矿共伴生，赋矿地层主要为泥盆系五通组、石炭系的高骊山组和黄龙组以及侏罗系象山群，由富含金、银的铅锌硫化物，经表生氧化作用和次生富集而成，主要控矿构造是发育于石炭纪—二叠纪砂岩与灰岩之间（“硅钙面”）的近东西向纵向断裂及横向断裂构造。金属氧化物以褐铁矿为主，其次为软锰矿、白铅矿等；金属硫化物以黄铁矿为主，其次为方铅矿、闪锌矿、黄铜矿等；金矿物主要为自然金。脉石矿物主要为石英、重晶石、黏土，其次为明矾石、方解石、高岭石、水云母等。矿石具交代残余结构、粒状结构、脉状结构、固溶体分离结构，以角砾状构造、土状构造、蜂窝状构造为主。蚀变主要有硅化、褐铁矿化。

代表性的矿床有平山头银金矿床，为铁帽型金矿，矿床式为新桥式，即新桥式铁帽型金矿。

2. 金矿产预测类型划分及预测工作区分布

沿江成矿亚带内共划分出 4 个金矿产预测类型，分别为铜井式陆相火山岩型金（铜）矿、西横山式破碎蚀变岩型金矿、汤山式卡林型金矿、新桥式铁帽型金矿，确定的各矿产预测类型预测工作区有 5 个。具体矿产预测类型划分及分布范围见表 6-4。

表 6-4　江苏省沿江成矿亚带金矿矿产预测类型及工作区一览表

预测类型	预测工作区名称	面积（km^2）	预测矿种	预测方法类型	典型矿床	成矿时代	分布范围
铜井式陆相火山岩型铜金矿	宁芜预测工作区	944	金、铜	火山岩型	铜井铜金矿	白垩纪	宁芜火山岩盆地北段
	溧水预测工作区	2222	金	火山岩型	金驹山金矿	白垩纪	溧水火山岩盆地
西横山式破碎蚀变岩型金矿	溧水预测工作区	2222	金	复合内生型	燕子口金矿	白垩纪	溧水火山岩盆地
汤山式卡林型金矿	宁镇预测工作区	2350	金	复合内生型	汤山金矿	白垩纪	宁镇隆起区
新桥式铁帽型金矿	宁镇预测工作区	2350	金	复合内生型	平山头金矿	白垩纪	宁镇隆起区

四、铅锌（银）矿成矿特征及预测类型划分

1. 铅锌（银）矿区域成矿特征

该成矿亚带省内部分是江苏省最主要的铅锌（银）矿产区，其中银矿与铅锌矿共伴生，没有独立银矿。矿床类型主要有碳酸盐岩（层控热液）型铅锌（银）矿、陆相火山岩型铜铅矿 2 个类型，以碳酸盐岩（层控热液）型铅锌（银）矿为主，主要分布在宁镇地区。区内已查明铅矿资源量约为 713 512.68t，占全省已查明铅矿资源量的 85.11%，预测资源量约为 772 352.89t，占全省铅矿预测资源量的 79.76%；已查明锌矿资源量为 1 349 250.32t，占全省已查明锌矿资源量的 83.2%，预测资源量约为 1 304 241.07t，占全省锌矿预测资源量的 80.04%；已查明银矿资源量为 1712.46t，占全省已查明银矿资源量的 80.04%，预测资源量约为 1802.17t，占全省银矿预测资源量的 82.86%。其中宁镇隆起区中的碳酸盐岩（层控热液）型铅锌（银）矿资源最为丰富，铅查明及预测资源量分别占本成矿亚带的 96.7%及 85.7%。

1）碳酸盐岩型（层控热液）铅锌（银）矿区域成矿特征

该类型为本成矿亚带内铅锌（银）矿床的主要类型，其中银矿与铅锌矿共伴生，主要分布在宁镇地区，省内又称“层断热液型”（栖霞山式），即特定层位叠加纵向层间逆断层及热液作用改造形成的矿床。主要赋矿围岩或有利成矿层位为石炭系黄龙组、二叠系栖霞组等的碳酸盐岩建造，目前成矿与岩体关系不清，推测深部及外围中酸性岩体为成矿提供了主要成矿物质、成矿流体及热源，主要控矿构造则为沿“硅钙面”发育的北东向及近东西向的压性或压扭性纵向断裂。围岩蚀变弱，常见碳酸盐化、硅化、重晶石化、黄铁矿化等。矿体呈似层状、扁豆状、透镜状、不规则团块状赋存于不整合面、北东向及近东西向的纵向压性断裂（一般为早期压性，晚期张性）构造、石炭纪或二叠纪碳酸盐岩建造的层间破碎裂隙以及溶洞中。成矿元素复杂，矿石品位较富，储量规模大，有人又称沉积热液改造型，在江苏具有重要的工业意义。

代表性的矿床有南京栖霞山铅锌（银）矿床，矿床式为栖霞山式，即栖霞山式碳酸盐岩型（层控热液）铅锌（银）矿。

2）陆相火山岩型铜铅矿区域成矿特征

该类型是成矿亚带内另一铅锌矿成矿类型，主要分布在溧水中生代火山岩盆地的观山—金鸡山—

带，矿体主要为铜铅矿体，产于粗安斑岩中，受火山机构内断裂以及区内北西向及近南北向断裂喷发带控制，主要与铜矿共生，锌矿化很少，是与次火山热液有关的热液充填型铜铅矿，是以观山铜铅矿床为代表的五部式陆相火山岩型铜铅矿。

2. 铅锌(银)矿产预测类型划分及预测工作区分布

区内划分了2个矿产预测类型，分别为栖霞山式碳酸盐岩型(层控矽卡岩型)铅锌(银)矿及五部式陆相火山岩型铜铅矿，确定预测类型预测工作区有2个。具体矿产预测类型划分及分布范围见表6-5。

表6-5 江苏省沿江成矿亚带铅锌(银)矿矿产预测类型及工作区一览表

预测类型	预测工作区名称	面积(km^2)	预测矿种	预测方法类型	典型矿床	成矿时代	分布范围
栖霞山式碳酸盐岩型(层控矽卡岩型)铅锌(银)矿	宁镇预测工作区	2350	铅、锌、银	层控内生型	栖霞山铅锌(银)矿	白垩纪	宁镇隆起区
五部式陆相火山岩型铜铅矿	溧水预测工作区	2222	铜、铅	火山岩型	观山铜铅矿	白垩纪	溧水火山岩盆地

五、钼矿区域成矿特征及预测类型划分

1. 钼矿区域成矿特征

目前在江苏省内钼矿并不是优势矿种，省内已知钼矿资源量集中分布在该成矿亚带的宁镇隆起区，其已知资源量为38 835.67t，而预测资源量也基本集中在宁镇地区，为70 608.29t，占全省钼矿预测资源量的87.65%。矿床类型主要有矽卡岩型及斑岩型2种，以斑岩型钼矿资源占重要地位，其查明及预测资源量分别占本地区查明及预测钼矿资源量的76.26%及72.17%。此外宁镇地区大隆组中的钼含量较高，局部地段可接近或达到工业品位，形成海相沉积型钼矿，目前该类型仅见南京乌龟山矿化点1处，且钼的赋存状态尚未查明。

1)矽卡岩型钼矿区域成矿特征

该类型钼矿主要分布在宁镇地区，一般与矽卡岩型铜多金属共伴生。矿体主要赋存于花岗闪长斑岩、石英闪长(斑)岩等早白垩世中酸性侵入岩体与石炭系黄龙组、船山组及二叠系栖霞组等碳酸盐岩建造的接触带矽卡岩之中。纵向断裂是重要的控岩控矿构造，侵入接触带为储矿构造。矿化带(即含矿矽卡岩带)产状与围岩地层基本一致，矿体呈似层状、透镜状分布。矿石中主要金属矿物具自形—半自形晶粒状结构、交代残余结构等，及浸染状、团斑状、细脉浸染状、薄膜状构造。矿石矿物以黄铜矿、辉钼矿为主，次为磁铁矿、磁黄铁矿、黄铁矿、白钨矿和少量闪锌矿。脉石矿物以石榴石、透辉石为主，次为斜长石、透闪石、方柱石和少量绿帘石、阳起石、角闪石、绿泥石、石英等。

区内具有代表意义的矿床有句容市铜山铜钼矿床，为矽卡岩型矿床，矿床式定为铜山式，即铜山式矽卡岩型钼矿。

2)斑岩型钼矿区域成矿特征

该类型钼矿是本成矿亚带也是省内最重要的钼矿成矿类型，主要分布在宁镇地区的谏壁、盘龙岗等地。矿体主要产于燕山晚期中酸性侵入岩与震旦纪碳酸盐岩建造接触带附近的岩体内，少部分产于接触带中，极零星见于外接触带的围岩中。侵入岩体岩性以燕山晚期的二长花岗岩、二长花岗斑岩及斑状石英二长岩为主，赋矿围岩以震旦系黄墟组、灯影组的碳酸盐岩建造为主，主要控矿构造为北西—北西

西向纵向压扭性断裂及北东东向张扭性断裂，而岩体内部近于东西向的羽状构造裂隙带则为主要赋矿构造。矿石主要为浸染状和细脉浸染状，矿体为似层状、不规则透镜状，呈侧幕式排列的脉体群。矿石矿物为辉钼矿、白钨矿、黄铜矿、黄铁矿、磁铁矿等，脉石矿物主要为石英、长石及黑云母。辉钼矿呈半自形—自形片状、他形粒状结构，细脉、网脉-细脉浸染状及稀疏浸染状构造。

区内具有代表性的矿床为镇江市谏壁钼(钨)矿床(中型)，为斑岩型，矿床式定为谏壁式，即谏壁式斑岩型钼矿。

2. 钼矿产预测类型划分及预测工作区分布

本地区划分为2个钼矿产预测类型，分别为铜山式矽卡岩型钼矿及谏壁式斑岩型钼矿，并相应地划分出2个预测类型预测工作区。具体矿产预测类型划分及分布范围见表6-6。

表6-6 江苏省沿江成矿亚带钼矿产预测类型及预测工作区一览表

预测类型	预测工作区名称	面积(km^2)	预测矿种	预测方法类型	典型矿床	成矿时代	分布范围
铜山式矽卡岩型钼矿	宁镇预测工作区	2350	钼	侵入岩体型	铜山铜钼矿	白垩纪	宁镇隆起区
谏壁式斑岩型钼矿	宁镇预测工作区	2350	钼	侵入岩体型	谏壁钼矿	白垩纪	宁镇隆起区

六、硫铁矿区域矿产特征及预测类型划分

1. 硫铁矿区域成矿特征

沿江成矿亚带是江苏省最重要的硫铁矿产区，其矿床类型主要为矽卡岩型及陆相火山岩型两大类型，主要分布在宁镇、宁芜及溧水地区，其中宁芜及溧水地区以陆相火山岩型独立硫铁矿为主，也有少部分与玢岩铁矿共伴生的硫铁矿，而宁镇地区的硫铁矿以矽卡岩型为主，除独立矿床外，矽卡岩型铜多金属矿均有共伴生硫铁矿(部分共伴生硫铁矿为热液型)。成矿亚带内已知及预测的硫铁矿资源量主要集中分布在宁镇及宁芜2个区域中，其中宁镇及宁芜已知资源量分别为4519.4×10^4t、2767.5×10^4t，分别占到全省已知资源量的55.4%及33.9%；而预测资源量分别为7084.65×10^4t、8818.0×10^4t，分别占到全省预测资源量的39.25%及48.86%。

1)矽卡岩型(热液型)硫铁矿区域成矿特征

该类型为本成矿亚带及省内硫铁矿主要类型之一，主要集中分布在宁镇区域内的岔路口—栖霞山以及安基山—伏牛山—盘龙岗的2个区带内，除岔路口等少数硫铁矿构成单独矿床外，大多数为矽卡岩型铁、铜、多金属矿共伴生矿。矿体主要产于中酸性侵入岩体与石炭纪—三叠纪碳酸盐岩接触带，在接触带附近蚀变岩体或围岩构造裂隙中因热液充填作用也有部分矿体赋存，其中侵入岩体主要为石英闪长玢岩、花岗闪长斑岩、闪长岩、石英斑岩等中酸性岩体，控矿构造为北东东向、东西向的压扭性断裂带及侵入接触带。在铜多金属矿床中，黄铁矿与黄铜矿、方铅矿、闪锌矿共生，黄铁矿体与铜多金属矿体往往是重合的。在铁矿床中黄铁矿富集于铁矿体边缘或旁侧，可形成黄铁矿矿体，磁铁矿体中黄铁矿呈细脉或网脉状分布，硫的品位较贫，矿石含硫一般小于20%，可综合利用。

矿体呈透镜状、似层状，部分有分叉复合现象。矿石矿物为黄铁矿，氧化后成褐铁矿，脉石矿物主要为石英、方解石、绿泥石及硅酸盐矿物。矿石具有他形、半自形晶粒状结构及压碎结构，致密块状、浸染状和细脉浸染状构造。围岩蚀变有硅化、绿泥石化、高岭土化、角岩化、绿帘石化、阳起石化、透闪石化、叶蜡石化、大理岩化等。

区内代表性的矿床有岔路口硫铁矿床(独立中型硫铁矿)、安基山铜矿床共伴生硫铁矿等，主要为矽

卡岩型硫铁矿,矿床式为铜陵式,即铜陵式矽卡岩型硫铁矿。

2)陆相火山岩型(次火山热液型)硫铁矿区域成矿特征

该类型是本成矿亚带硫铁矿另一重要矿床类型,主要分布于宁芜北段的天台山—母鸡山—云台山—富而岗一带,成矿受云台山-乔木山北北东向压扭性断裂带控制,矿体主要受北东向断裂和层间破碎带控制,南部天台山尚受龙王山组与象山群不整合接触面控制。赋矿围岩有周冲村组碳酸盐岩、黄马青组钙质砂页岩、象山群砂岩及龙王山组粗安质角砾凝灰岩,以周冲村组、黄马青组为主,成矿与碳酸盐岩建造关系最为密切。与成矿有关的侵入岩为闪长玢岩。矿体多产于闪长玢岩与围岩的接触带及其附近的构造裂隙带中,矿体呈透镜状、似层状及扁豆状,规模大小不等,大的长几百米到近千米,延深300m以上,厚一般20m以上。矿石矿物主要为黄铁矿,脉石矿物主要为石英、方解石和白云石。矿石以他形粒状结构为主,次为自形—半自形粒状结构;块状构造为主,次为浸染状、条带状构造。矿石含硫量各地不一,云台山矿区含硫较富,一般在20%以上,最高达47.29%。围岩普遍硅化、碳酸盐化、绢云母化、高岭土化、黄铁矿化,地表风化后,常形成铁帽或"火烧皮"(浸染状黄铁矿经风化后形成褐铁矿),是找矿的直接标志之一。

该类型硫铁矿床在溧水火山岩盆地也有发现,以溧水县卧龙山黄铁矿点为代表,矿床受北西向断裂构造带控制,矿体主要赋存在龙王山组火山碎屑岩与陡山组长石石英砂岩之间的喷发不整合面之上,其次是赋存于北西向断裂构造中。

此外,在宁芜北段梅山等地,还有少部分与玢岩式铁矿伴生的硫铁矿。硫铁矿主要赋存在次火山岩与火山岩接触带或外带火山岩中,如梅山铁矿床中黄铁矿主要产于辉石闪长玢岩与大王山组辉石安山岩的接触带中,黄铁矿呈自形、他形浸染状及细脉状分布在磁铁矿体内,含硫量最高达10%,全矿区铁矿中平均含硫2.2%。在铁矿体上部围岩中黄铁矿化普遍,局部富集。

区内代表性的矿床有云台山中型硫铁矿床,其余还有天台山中型硫铁矿床及卧龙山硫铁矿等,都为陆相火山岩型硫铁矿,矿床式为云台山式,即云台山式陆相火山岩型硫铁矿。

2. 硫铁矿矿产预测类型划分及预测工作区分布

本地区划分2个硫铁矿矿产预测类型,分别为铜陵式矽卡岩型硫铁矿及云台山式陆相火山岩型硫铁矿,并相应地划分出3个预测类型预测工作区。具体矿产预测类型划分及分布范围见表6-7。

表6-7 江苏省沿江成矿亚带硫铁矿矿产预测类型及工作区范围一览表

预测类型	预测工作区名称	面积(km^2)	预测矿种	预测方法类型	典型矿床	成矿时代	分布范围
铜陵式矽卡岩型硫铁矿	宁镇预测工作区	2350	硫铁矿	侵入岩体型	岔路口硫铁矿	白垩纪	宁镇隆起区
云台山式陆相火山岩型硫铁矿	宁芜预测工作区	944	硫铁矿	火山岩型	云台山硫铁矿	晚侏罗世—白垩纪	宁芜火山岩盆地北段
云台山式陆相火山岩型硫铁矿	溧水预测工作区	2222	硫铁矿	火山岩型		侏罗纪	溧水火山岩盆地

七、磷矿区域成矿特征及预测类型划分

1. 磷矿(玢岩型)区域成矿特征

沿江成矿亚带(省内部分)磷矿主要分布在宁芜中生代火山盆地的泰山—官山—鄂儿岗一带,通常

与磁铁矿共伴生，其矿床类型为玢岩型（陆相火山岩型）铁磷矿，已知及预测磷矿石资源量分别为1077.9×10^4t及1498.34×10^4t，分别只占全省磷矿已知及预测资源量的9%及4.9%。

该类型磷矿是与次火山岩有关的火山热液矿床，与宁芜式玢岩铁矿共伴生，往往位于玢岩铁矿体中下部位，矿体赋存在辉石闪长玢岩岩体裂隙中。以辉长闪长玢岩（辉长闪长岩）为代表的浅成—超浅成次火山岩体侵入于上侏罗统龙王山组和大王山组火山岩中，火山岩岩性为安山岩、黑云母安山岩及火山碎屑岩，岩体内北北西向、北北东向及北东东向3组裂隙构造直接控制了矿体。

矿石类型有磷矿石、铁磷矿石、铁矿石3种，矿石构造为致密块状、细脉浸染状、团块状、浸染状等。矿石矿物有磷灰石（自形、半自形长柱状、针状、粒状结构）、磁铁矿（自形—他形粒状结构）、假象赤铁矿、赤铁矿，矿石组合为磷灰石-磁铁矿-透辉石。块状磷矿含P_2O_5 15%～24%，稠密浸染状和细脉浸染状磷矿含P_2O_5 5%～17%，浸染状磷矿含P_2O_5 1.5%～4%，块状磁铁矿TFe 59.70%，浸染状磁铁矿TFe 17.40%～28.78%。矿石中P_2O_5含量与铁的含量呈反相关关系。

区内代表性的矿床为泰山铁磷矿床，为玢岩型（陆相火山岩型）铁磷矿，矿床式定为宁芜式，即宁芜式玢岩型（陆相火山岩型）铁磷矿。

2. 磷矿产预测类型划分及预测工作区分布

根据本成矿亚带的地质背景、矿产特征以及矿产预测类型划分的原则，本地区仅划分1个矿产预测类型，为宁芜式玢岩型（陆相火山岩型）铁磷矿，并划分出1个预测类型预测工作区。具体矿产预测类型划分及分布范围见表6-8。

表6-8　江苏省沿江成矿亚带磷矿矿产预测类型及工作区一览表

预测类型	预测工作区名称	面积（km^2）	预测矿种	预测方法类型	典型矿床	成矿时代	分布范围
宁芜式玢岩型（陆相火山岩型）铁磷矿	宁芜预测工作区	944	磷	火山岩型	泰山铁磷矿	白垩纪	宁芜火山岩盆地北段

第三节　区域地球物理、地球化学、遥感、自然重砂特征及推断解释

一、航磁特征及解译推断

该成矿亚带属于苏南复杂磁异常区的一部分，主要由六合、宁镇、宁芜（北段）、溧水等地区组成，各区域的磁场特征及其与各矿种矿产地的关系如图6-2所示，并分述如下。

六合地区主要分为六合冶山正磁异常区、东旺庙-四合墩杂乱异常区和前凹-谢家集平缓异常区。其中冶山正磁异常走向北东，表现为一个宽度大、强度高的磁异常带，平面图上航磁ΔT异常强度达480nT，梯度北陡南缓，异常北东方向不完整，延伸至安徽境内，已有地质资料可以佐证，异常主要为冶山花岗闪长岩、金牛山辉石闪长玢岩等岩体引起，这些中酸性岩体与震旦纪—寒武纪碳酸盐岩建造的接触带中分布有冶山中型铁矿等铁矿床（点）；东旺庙-四合墩杂乱异常区位于冶山航磁正异常西侧，分布在东旺庙-四合墩附近，总体表现为以负磁场为背景的杂乱异常，局部异常正负相伴，且往往出现南负北正的特点，区域地质、物性资料反映该区磁场特征与倒转磁化的玄武岩有关；前凹-谢家集平缓异常区位于冶山航磁正异常东南侧，分布在前凹-谢家集附近，表现为平静的磁场特征，地质资料已证实为第三纪

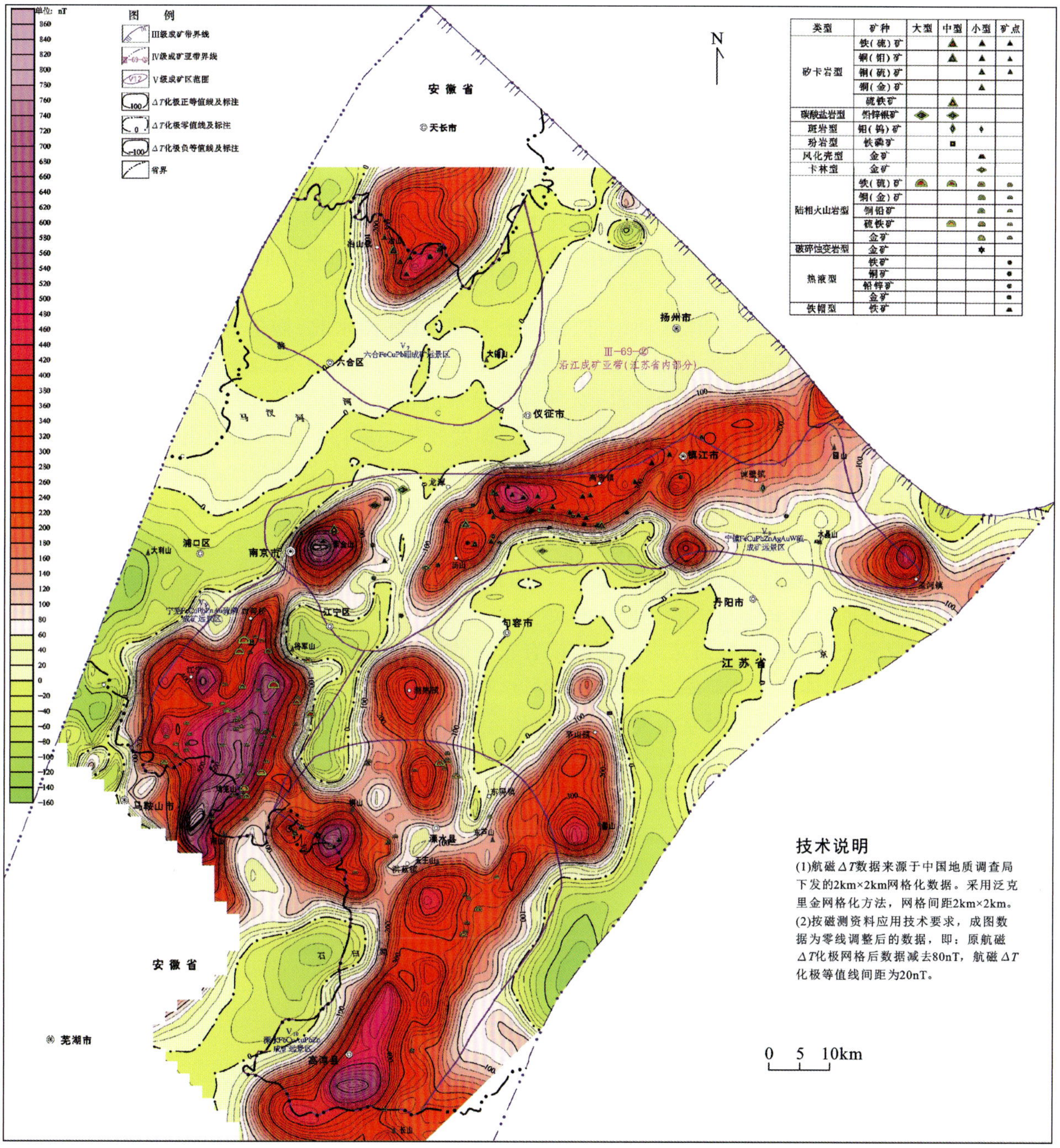

图 6-2 沿江成矿区亚带(江苏省内)航磁 ΔT 化极等值线平面图

沉积凹陷，其上零散分布的局部异常，大部分与第三纪玄武岩有关。

宁镇地区航磁异常大致对应宁镇Ⅴ级成矿区带，航磁异常呈一条正负伴生的宽大异常带，北侧负磁场宽缓，强度一般为－250～－100nT，南侧正磁场梯度较大，强度在 400nT 左右，其上分布有较多的总体呈近东西向展布的带状异常，磁场以升高背景场为特征，局部异常轴向以北东东向为主，北东向次之，异常曲线形态规则，磁场强度一般为 200～400nT，主要与燕山期中酸性侵入岩体有关，在局部磁异常高值区或其梯度带上分布有韦岗中型铁矿等铁矿床(点)。南部为上党-东昌街杂乱磁场区，磁场特征是以正负交替的平静场为背景，航磁局部异常多呈近东西走向的带状分布，峰值尖锐，梯度变化大，强度不等，其中以北陵—上党一带的异常强度为最大，ΔT_{max}＝850nT，推断该区分布的航磁异常均为中生代火山岩的反映。

宁芜(北段)表现为负背景磁场上叠加了陶吴高值异常带,范围与宁芜Ⅴ级成矿区带相当,陶吴异常带磁场由北西向南东逐渐升高,局部异常在空间的分布上大多呈北东向的带状,异常强度不等,一般在200nT左右,其中以鸡笼山一带磁场强度为最高,最大强度可达500nT以上,航磁异常向南西延伸至安徽境内,主要与该区辉石闪长玢岩、安山玢岩及石英闪长岩等中基性—中酸性次火山侵入岩体有关,区内分布有众多的铁、铜多金属矿床(点),特别是在梅山-凤凰山北北西向的局部磁异常高值区或其梯度带上分布有梅山、吉山、凤凰山等众多大中型铁矿床;宁芜地区北西向为桥林负磁场区,磁场特征以负磁场为背景,一般在-300nT左右,曲线平缓,范围较大,宁芜地区南东,即宁芜溧水交界位置为东山-禄口平静磁场区,重力资料显示桥林负磁场区、东山-禄口平静磁场区为相对重力低,推断与白垩纪盆地厚覆盖有关。

溧水地区处于苏南航磁复杂异常区西南部,区域上有湖熟镇、溧水北、博望等航磁局部异常和茅山航磁异常带,其中溧水北、博望航磁局部异常和茅山航磁异常带与溧水Ⅴ级成矿区带范围相当。湖熟镇、溧水北、博望等航磁异常以负磁场为背景,航磁局部异常的轴向较为杂乱,总体呈北东走向,异常强度一般在250~400nT之间,ΔT曲线呈波动起伏变化,梯度较陡。区内广泛出露中生代喷发的火山岩,次火山侵入岩体也有分布,航磁异常应与中基性次火山岩、中酸性侵入岩及中生代喷发的火山岩等有关,其中在磁异常高值区或梯度带上分布有东岗中型铁矿等铁矿床(点)。茅山航磁异常带分布在漆桥镇—唇山一带,磁场特征以正磁场为背景,总体呈北东走向带状,在其上叠加有众多的局部异常,形态均不甚规则,ΔT曲线呈波动起伏变化,强度一般在300nT左右,最大可达500余纳特,地质上反映为相对隆起的推覆构造,推断航磁异常与中酸性岩体有关。

总体上,该成矿亚带上磁异常对区内的铁矿床有较好的指示作用,其在小比例尺航磁图上总体位于中基性—中酸性侵入岩体引起的航磁异常梯度带附近,有一定规模的磁铁矿床在1∶5万磁测图上表现为明显的航磁局部异常或岩体磁异常上叠加的突起磁异常,有明显的地磁异常,如梅山、吉山、卧儿岗、凤凰山、韦岗铁矿、冶山铁矿等;规模较小的铁矿,航磁异常不明显,往往表现为岩体磁异常上叠加的突起磁异常,在大比例尺(1∶1万)地磁图上表现为局部地磁异常,如宁镇太阳山、徐湾、铁门坎、巢凤山、磁山头,六合铁石岗、凡定村、横山和小庙陈铁矿,溧水县群力乡石坝、爱景山铁矿,宁芜大定坊乡牛首山铁矿等。因此成矿有利地段航磁局部异常、航磁异常的局部突起或局部地磁异常可作为寻找磁性矿产的直接找矿标志。其次,区内大多数铜、金多金属矿床的成矿与中基性—中酸性次火山岩或侵入岩体以及中酸性侵入岩体与碳酸盐岩建造的接触带有关,往往位于中基性—中酸性次火山岩或侵入岩体引起的航磁异常梯度带附近,没有明显的局部磁异常,因此铜、金多金属类矿产也可通过中基性—中酸性次火山岩或侵入岩体磁异常梯度带作为间接的找矿标志。

二、重力特征及解译推断

1. 重力特征

该成矿亚带主要位于省内长江沿线,由江都(扬州)重力高、仪征重力低带、宁镇重力高带、埤城重力高、江浦(浦口)-六合重力高带、宁芜(北段)重力低、句容-溧水-高淳相对重力高带和直溪桥-桠溪港重力低带等异常区组成(图6-3)。

江都(扬州)重力高异常似肾形,四周被密集梯级带围绕,轴向北东东,由2个高值中心,基本由-6重力异常等值线圈出,最大等值线圈14。仪征次级重力低规模较小,基本由-10等值线圈出,最小等值线圈-20,轴向近东西。宁镇重力高带为醒目的东西向带状重力高异常特征,异常带基本由0重力异常等值线圈出,最大等值线圈10,其上的局部重力高异常轴向以东西向为主。埤城重力高形似平行四边形,基本由2重力异常等值线圈出,轴向北西,四周伴梯级带,最大等值线圈16。江浦(浦口)-六合重力

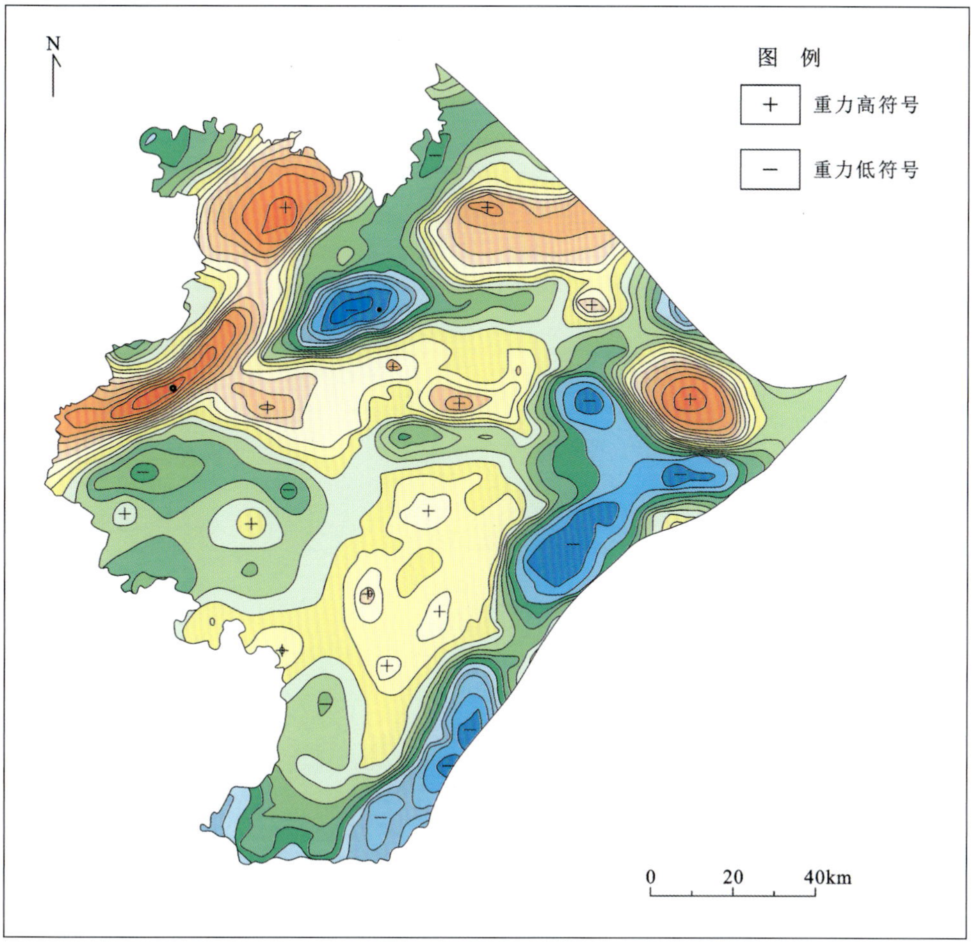

图 6-3 沿江成矿亚带(江苏省内)布格重力异常图

高带为醒目的北东向带状重力高异常特征,重力高带沿江浦(浦口)—六合—天长一线分布,江浦(浦口)-六合段异常呈窄条形,等值线两翼对称,疏密度基本相等,伴梯级带,最大等值线圈 18;六合-天长段重力高形态似平行四边形,最大等值线圈 18,四周伴梯级带。宁芜(北段)重力低基本由重力异常等值线 0 圈出,有 2 个低值中心,位于桥林和湖熟(淳化)附近,最小等值线圈分别为−8 和−6。句容-溧水-高淳相对重力高带北北东向展布,场值北高南低,由句容-溧水次级重力高和溧水-高淳次级重力低组成;句容-溧水次级重力高基本由 2 重力异常等值线圈出,最大等值线圈 8,溧水-高淳次级重力低基本由−2 重力异常等值线圈出,最小等值线圈−12。直溪桥—桠溪港重力低带为醒目的北东向带状重力低异常特征,两侧为梯级带,分别由北部的直溪桥次级重力低和南部的桠溪港次级重力低组成。直溪桥次级重力低基本由−12 重力异常等值线圈出,最小等值线圈−16,异常轴向北东;桠溪港次级重力低基本由−12 重力异常等值线圈出,最小等值线圈−18,异常轴向北北东。

2. 解译推断成果

该成矿亚带中重力推断内容主要包括构造单元、断裂构造、岩体、盆地和地层,其中推断构造单元为镇江-溧水断隆($Ⅳ_7$);并推测多条区域性断裂构造,并认为其中 F 苏-18 与铁、银矿有成因联系;推测岩体多个,以中酸性为主,其中 S 苏-03 与铁、铜、钼矿有成因联系,S 苏-04 与硫铁矿有成因联系,S 苏-05 与铁矿有成因联系,S 苏-06 与铜、钼、硫铁矿有成因联系,S 苏-07 与铜、钼、铅锌、硫铁矿有成因联系,S 苏-08 与铁、铜、钼、铅锌、硫铁矿有成因联系,S 苏-09 与钼矿有成因联系,S 苏-10 与铜、金矿有成因联系,超基性岩体规模小到中等,其中 J 苏-03 与铁矿有成因联系;推断次火山岩体多个,分布在宁芜-溧水火山岩盆地中，规模不等，其中 C 苏-02 与铁、磷、硫铁矿有成因联系，C 苏-03 与铁、铜矿有成因联系，C 苏-09 与铁、铜、硫铁矿有成因联系，C 苏-10 与铁、金矿有成因联系，C 苏-13 与铁、铅锌矿有成因联系；推断盆地及白垩系、侏罗系、三叠系、古生界、震旦系—寒武系、前震旦系等地层多处，其中 H 苏-03 推断火山岩地层与铁、铜、钼、磷、硫铁矿有成因联系，H 苏-66 推断古生界与铁、铜、钼矿有成因联系，H 苏-88 推断震旦系—寒武系与铁、铜、钼矿有成因联系，H 苏-107 推断古生界与铁、铜、钼、铅锌、硫铁矿有成因联系，H 苏-108 推断古生界与金、银、铜、钼、铅锌、硫铁矿有成因联系，H 苏-113 推断古生界与铁矿有成因联系。具体如图 6-4 所示。

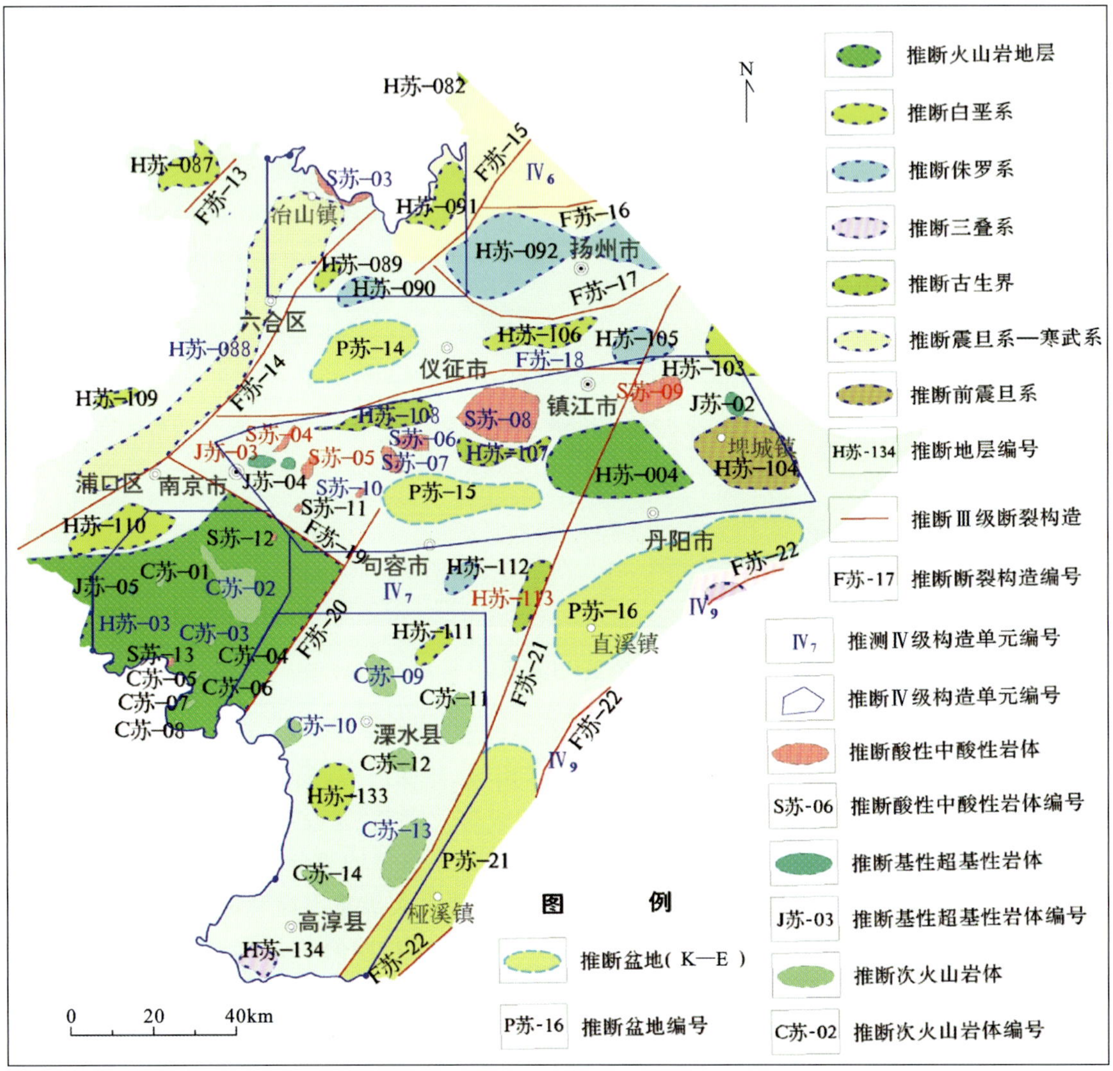

图 6-4　沿江成矿亚带(江苏省内)推断地质构造图

三、地球化学特征及解译推断

区域地球化学特征显示，该成矿亚带内铜、钼、铅、锌、金等成矿元素以及铋、银、锑、汞、砷、镉等伴生元素均处于区域高背景场，元素高含量区主要呈串珠状或带状分布于区内以下地段：①老山林场—冶山；②燕子矶—栖霞山—镇江；③铜井—谷里；④小丹阳—云台山—陶吴；⑤梅山—凤凰山；⑥大花山—禅林山—芳山一带及其以西地区。

如图 6-5 所示，本区铜、钼、铅、锌、金等成矿元素异常与宁芜、溧水、宁镇地区已知多金属矿产地对应非常吻合，如 Ap058 栖霞山铅、锌、金、钼甲类异常，面积约 50km^2，异常强度非常高，异常峰值 Pb 376×10^{-6}，Zn 640×10^{-6}，Au 30×10^{-9}，Ag 1000×10^{-6}，Cd 1200×10^{-6}，Hg 380×10^{-6}，它们相互交叠，呈北东向分布，与已知北东向分布的平山头铜金矿床，栖霞山、大凹山铅锌银矿床，甘家巷铅锌矿床位置非常

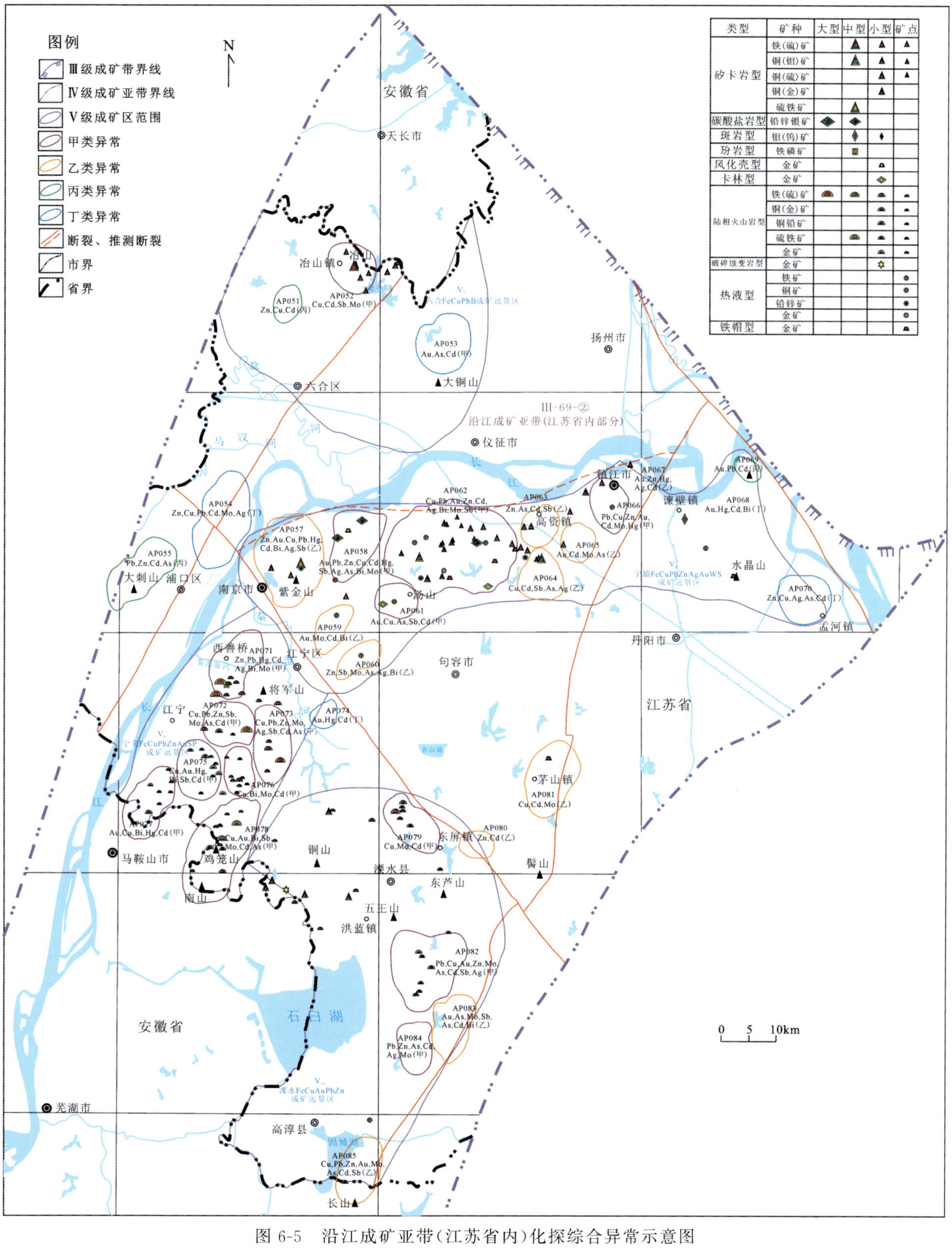

图 6-5 沿江成矿亚带(江苏省内)化探综合异常示意图

吻合；Ap062 安基山-亭子-徐湾铜铅锌金甲类异常，面积约 300km^2，异常峰值 Cu 898×10^{-6}，Ag 2100×10^{-6}，Mo 54×10^{-6}，Pb 300×10^{-6}，Zn 462×10^{-6}，Au 25.1×10^{-9}，Cd 7100×10^{-6}，该异常区内已发现有铜、铁、铅、钼、金等多金属矿产近 20 处，较好地反映出已知矿产的成矿作用。该异常在全省综合异常排序居第一位。

四、自然重砂特征及解译推断

本区为低山丘陵地区，地形起伏不大，沟谷切割不深，海拔一般为 100～200m，河流多属晚年期停滞水系，搬运能力已近停滞。河床多为巨厚的淤泥。在近山体及山间小冲沟中有利于自然重砂矿物富集地段采集残-坡积物、冲-坡积物或洪-冲积物。

从重砂矿物分布特征来看，它们多受一定的地质条件所控制。诸如：角闪石、电气石、石榴石等多与岩体及其接触带有关；金红石、白钛矿、钛铁矿等含钛矿物则多与中生代沉积岩及火山岩有关；自然金、铜矿物、铅矿物、泡铋矿、黄铁矿及辰砂、雄黄、雌黄等矿物，主要分布于多金属（包括其氧化后形成的铁帽）矿床（点）、硅化带及其附近，以及中—低温热液蚀变的灰岩或砂岩出露区。该区重砂异常非常发育，区内共圈定 14～32 号重砂异常。

（1）赤铁矿、磁铁矿等重砂异常主要分布于宁镇地区东段、宁芜盆地北段以及溧水北段，与已知铁矿床（点）关系密切，如梅山铁矿、香山铁矿点、冶山铁矿、太阳山铁矿附近均显示较好的磁铁矿异常。

（2）铜矿物、铅矿物、重晶石、泡铋矿等重砂异常主要分布于铜、铅、多金属矿床（点）的附近，如栖霞山铅锌银矿、谷里铜矿、观山铜铅矿等多金属矿床周围形成较好的铜矿物、铅矿物、重晶石、泡铋矿等重砂矿物异常。

（3）自然金、黄铁矿、辰砂、雄黄、雌黄等重砂异常主要分布于已知金矿床或断裂附近，如汤山金矿、铜井铜金矿附近及汤仑背斜上均有较好的异常显示。

五、遥感特征及解译推断

1. 遥感异常特征

1）遥感羟基异常特征

如图 6-6 所示，该成矿亚带内遥感羟基异常大多呈星点状分布，主要分布于南京市江宁城区、油坊桥北东、梅山前村北、吉山北西、洪幕山、溧水县洪兰—蒲塘桥南山头—山下港一带、严郎渡、句容市甲山、溧水县地溪、爱景山、溧水县城北、高淳县团结圩、溧阳市四家头—舍头等地，零星分布的异常有幕府山西南、龙潭镇、团山、玄武湖北东、黄木岗等地。镇江市东禹山—颜家湾—大港镇—团山一带羟基异常呈东西向带状大面积分布，为Ⅲ级异常，溧水县洪兰—蒲塘桥南山头—山下港羟基异常呈北西向带状集中大面积分布，油坊桥北东、梅山前村北、吉山北西、洪幕山异常为Ⅱ级。

异常区分布地层主要有中侏罗统陡山组、龙王山组、大王山组，白垩系姑山组、白头山组、娘娘山组及第四系。在吉山北西羟基异常区有辉石闪长玢岩分布，油坊桥北东、梅山前村北、洪幕山 3 个羟基异常位于安德门-娘娘山北北东向断裂喷发带中，梅山前村北、吉山北西羟基异常位于梅山-秣陵北西向断裂喷发带中。其中梅山前村北羟基异常附近有梅山铁矿床，吉山北西羟基异常附近有吉山铁矿床、祖堂山高岭土矿床，洪幕山羟基异常有铜井金铜矿床，该区羟基异常可能与断裂喷发带、矿化有关，南京市江宁城区附近的 3 个Ⅲ级异常可能属假异常。在局部羟基异常区范围附近，有中生代角闪闪长玢岩、辉石闪长玢岩、安山玢岩、粗安斑岩分布。该区句容市甲山羟基异常与甲山膨润土矿床，溧水县爱景山异常与已知锶矿床，洪兰—蒲塘桥南山头异常区与洪兰铀矿、南山头锗铁矿床的成因关系有待进行一步工作予以证实。高淳县团结圩异常处于第四纪覆盖区,可能属假异常。溧水蒲塘桥—南山头一带、溧水县神流凹、溧阳市四家头—般桥一带铁染异常的成因也值得研究,特别是溧水县神流凹铁染异常,位于环形构造附近,应进一步踏勘查证是否与矿化有关。南京禄口国际机场、溧水县城四周、句容市后白墅镇、江宁禄口镇、溧水县柘塘镇、天王寺店头、溧水县乌山镇、江宁横溪吴家、溧阳市上沛埠、高淳县团结圩等遥感异常分布区广泛为第四纪近代沉积和城镇区,无找矿意义。

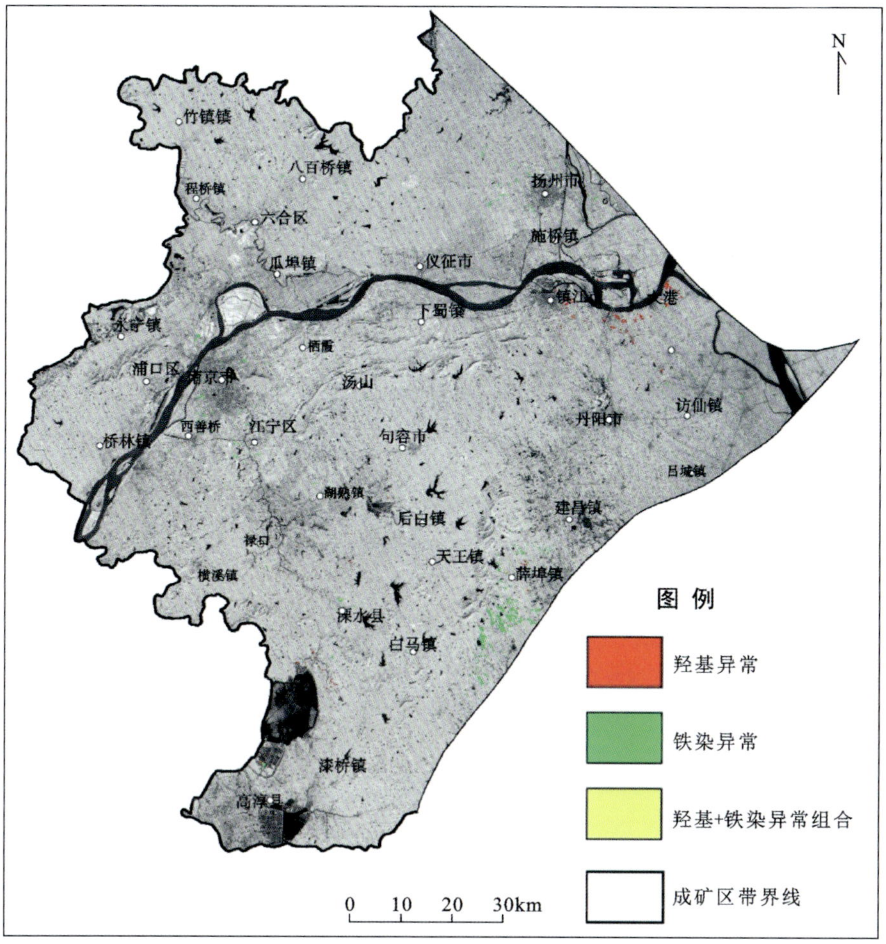

图 6-6　沿江成矿亚带(江苏省内)构造遥感异常特征图

2)遥感铁染异常特征

如图 6-6 所示,该成矿亚带内遥感铁染亦呈面积性或星点状分布,较集中的异常主要分布于南京市双闸镇—梅山—江宁区城—麒麟山—吉山—静龙山一带、南京禄口国际机场、溧水县城四周、溧水蒲塘桥—南山头、溧水县神流凹、溧阳市四家头—般桥一带、幕府山—栖霞山一带、镇江市东禹山—颜家湾—大港镇—团山一带、后朱巷—界牌一带、荒田村—土门口一带、南京市铁心桥—马群一带,零星分布的异常有秣陵镇、禄口镇句容市后白墅镇、江宁禄口镇、溧水县柘塘镇、天王寺店头、溧水县乌山镇、江宁横溪吴家、溧阳市上沛埠、高淳县团结圩、龙潭镇、丹阳市、魏家村等地。该带铁染异常呈无规则的密集点面积性分布,异常主要为Ⅰ、Ⅱ、Ⅲ级异常,个别点有Ⅰ、Ⅱ级异常点呈点状重叠展布,分布地层主要有中侏罗统陡山组、龙王山组、大王山组,白垩系姑山组、白头山组、娘娘山组,第四系。溧水县神流凹铁染异常由 2 个点组成,为Ⅰ、Ⅱ、Ⅲ级异常,其中 1 个点在(神流凹)环形构造外,另 1 个点在内环,并有Ⅰ、Ⅱ级异常叠加。在宁芜梅山、吉山、麒麟山、静龙山等地铁染异常区有辉石闪长玢岩、闪长玢岩分布,梅山异常位于安德门-娘娘山北北东向断裂喷发带中,梅山、吉山、静龙山铁染异常位于梅山-秣陵北西向断裂喷发带中,铁染异常附近有梅山、吉山、静龙山铁矿床、祖堂山高岭土矿床,该区铁染异常可能与断裂喷发带、矿化有关，应当进一步踏勘查证。南京市江宁区城区、秣陵镇、禄口镇、南京禄口国际机场附近的4个异常位于城镇区，当属假异常。在镇江市东禹山—颜家湾—大港镇—团山一带铁染异常区出露大面积石英二长斑岩，异常区有谏壁铜钼矿床、锌矿床点、水泥灰岩矿床，通过对已有资料分析，显示这一带羟基＋铁染复合异常的成因有一定的找矿指示意义，有待进行一步工作予以证实。南京市铁心桥—马群一带铁染异常分布城镇区，该区异常可能属假异常。

2. 遥感地质推断解译特征

该成矿亚带内主要表现为线要素特征、环要素特征、块要素特征、带要素特征及色要素特征，其分别解译如下。

1)线要素解译

如图6-7所示，该成矿亚带内以北西向、北东向、东西向构造为主，其次为南北向构造。而南北向构造数量不多，不占主导地位。

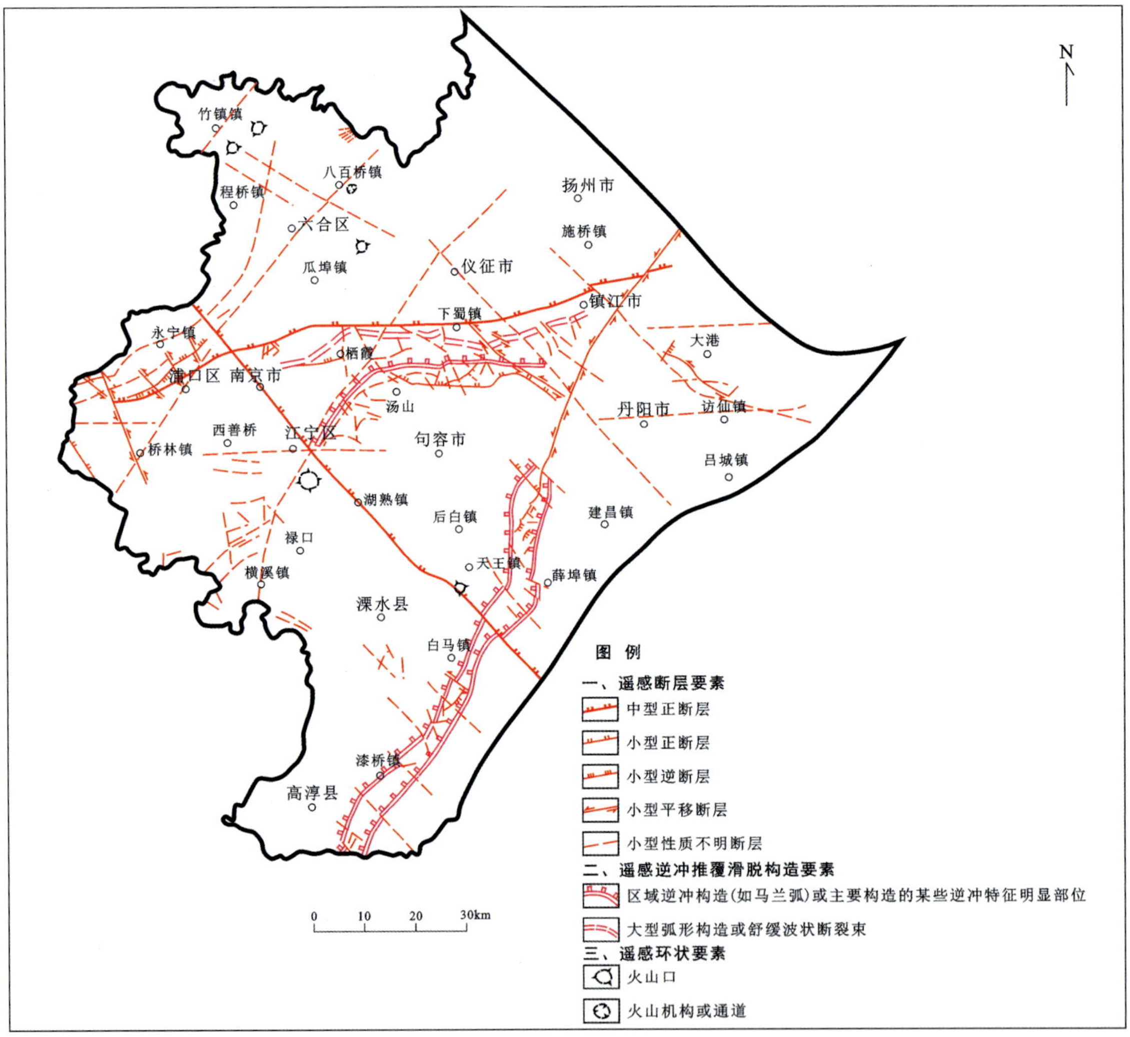

图6-7　沿江成矿亚带(江苏省内)构造遥感解译图

其中宁镇褶皱带(断凸)呈近东西向展布，由一系列近东西向平行复式褶皱组成，自北而南表现为“三背两斜”的特征。区内纵向断裂是重要的控岩、控矿构造，并形成北西向、北东向2组共轭剪切断裂。

而西起南京市江宁区陶吴的方山-小丹阳北北东向断裂是条重要的盆地分区界线，断裂西侧为宁芜火山岩盆地，东侧属溧水火山岩盆地。北部句容市郭庄-溧阳北西向断裂是条重要的构造分区界线，断裂北侧属句容火山岩盆地，南侧为溧水火山岩盆地分区界线。东部茅山山脉北北东向断裂是条重要的构造分区界线，断裂西侧为溧水火山岩盆地，东侧为溧阳火山岩盆地。

2)环要素解译

在区内，仅有1个环状岩层的显示(图6-8)，环状要素位于南京市江宁区方山辉绿玢岩，属方山火山机构。

图6-8 南京方山环形构造影像图

区内见1个环状岩层的显示(图6-9)，分布于南京-溧阳断裂的中部天王寺南东浮山，新近系方山组碱性玄武岩、玄武玢岩、辉绿岩等，属火山机构。其余大多沿断裂分布或在断层交会处附近，地质涵义不明。

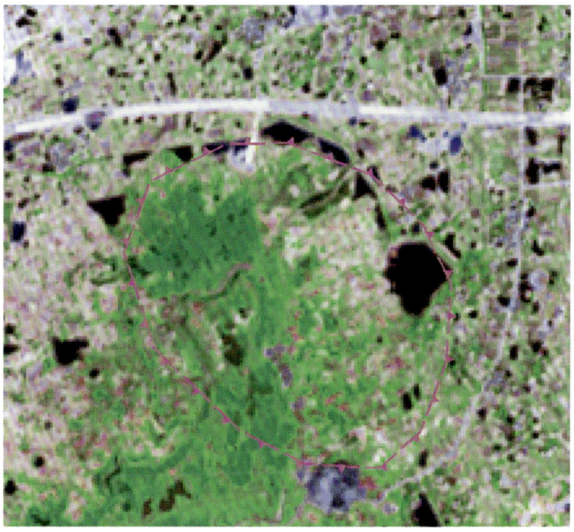

图6-9 天王寺南环形构造影像图

3)块要素解译

在区内块要素有8块，主要分布在北东部高桥门—城埃村、南部陶吴—横溪—朱门一线，呈北北东向展布，主要叠加在高桥门-城埃村(南京-溧阳)断裂和方山-小丹阳、屠家-凤凰山西断裂的南西段、茅东等断裂带，呈线状分布，个别为块状岩层的显示。

4)带要素解译

本区内带要素不发育，共有36个带要素，主要分布在北部江宁区城以西、南部横溪以南地区，溧水以西的侏罗系出露于区内，主要表现为铜、铅、锌、金、硫铁矿及高岭土矿的含矿带。

5)色要素解译

本区内色要素有4个，主要分布在韦岗。色要素解译的为侵入岩体内外接触带及残留顶盖，对应地质图地表出露为花岗闪长斑岩。

第四节 重要矿种预测评价模型

本成矿亚带(江苏省内部分)共涉及到9个矿种(组)的16个矿产预测类型(详见本章第二节各矿种的描述及其列表)，其对应的预测类型预测工作区共计有18个。本书将对该亚带中比较重要的及具有代表意义的8个矿种(组)的10个典型矿床及其对应的10个矿产预测类型的区域预测评价模型进行详细描述，其余的只进行简单论述，现分述如下。

一、宁芜式陆相火山岩型铁矿预测评价模型

宁芜式陆相火山岩型铁矿是江苏省最为重要的一个铁矿类型，主要分布在该成矿亚带内的宁芜地区以及溧水地区，其中又以宁芜地区最为重要，最具有代表意义的是梅山铁矿及其所在的宁芜宁芜式陆相火山岩型铁矿预测工作区。

1. 典型矿床预测模型

梅山铁矿为一大型铁矿，其矿体赋存于次辉石闪长玢岩体头部，并受火山构造控制，其典型矿床预测模型参见表6-9及图6-10。

表6-9 梅山陆相火山岩型铁矿床预测要素表

预测要素		描述内容	预测要素分类
特征描述		矿体赋存于次辉石闪长玢岩体头部的陆相火山岩型铁矿	
地质环境	成矿区带	Ⅲ-69-②沿江铜、铁、金、多金属、硫成矿亚带	必要
	地层	主要是晚侏罗世到晚白垩世（龙王山组、大王山组、姑山组）中偏基性、中酸性和碱性火山碎屑岩及熔岩	重要
	岩浆岩	次火山岩体：辉（石）长闪长玢岩-辉长闪长岩	必要
	岩石结构	不等粒斑状结构，基质为隐晶微晶交织结构	次要
	成矿时代	燕山晚期（黄铁矿Re-Os定年，127±11Ma；王丽娟等，2013）	必要
	成矿环境	矿体赋存于次辉石闪长玢岩体头部，上覆上侏罗统大王山组辉石安山岩	必要
	构造背景	下扬子陆块宁芜继承式火山岩断陷盆地北段，梅山-凤凰山构造岩浆喷发带与滨江构造岩浆带的交叉部位	必要
矿床特征	矿物组合	矿石矿物以磁铁矿为主，次为半假象赤铁矿、假象赤铁矿、菱铁矿，少量镜铁矿、针铁矿、含矾磁铁矿及赤铁矿等； 硫化物主要为黄铁矿，少量黄铜矿、斑铜矿、辉铜矿和方铅矿等	重要
	结 构	多具半自形—他形粒状结构	次要
	构 造	矿石构造主要有块状、斑点状、网脉浸染状、浸染状、角砾状和竹叶状构造等	次要
	蚀 变	以高岭土化、碳酸盐化、硅化、钙铁榴石化、透辉石化最为明显，绢云母化、叶蜡石化、绿泥石化、黄铁矿化、钠柱石化、钠长石化、磷灰石化为次	重要
	控矿条件	①火山岩基底发育着北北东向和北西向2组主干断裂，矿床受北西向梅山-凤凰山断裂带和北北东向卧儿岗-中华门断裂带控制；②区域主应力方向一致的北西向张性断裂和北东向压性断裂及其旁侧裂隙为控制矿化的有利构造；③岩体“上顶”作用，冷凝收缩作用形成的“虚脱”空间及环状裂隙和放射状裂隙；④气液上升过程中的减压沸腾与隐蔽爆破作用，有利于角砾岩体的形成和成矿；⑤辉石安山岩形成封闭较好的背斜构造	必要
地球物理标志	重力	重力高异常	重要
	磁法	磁异常区	必要

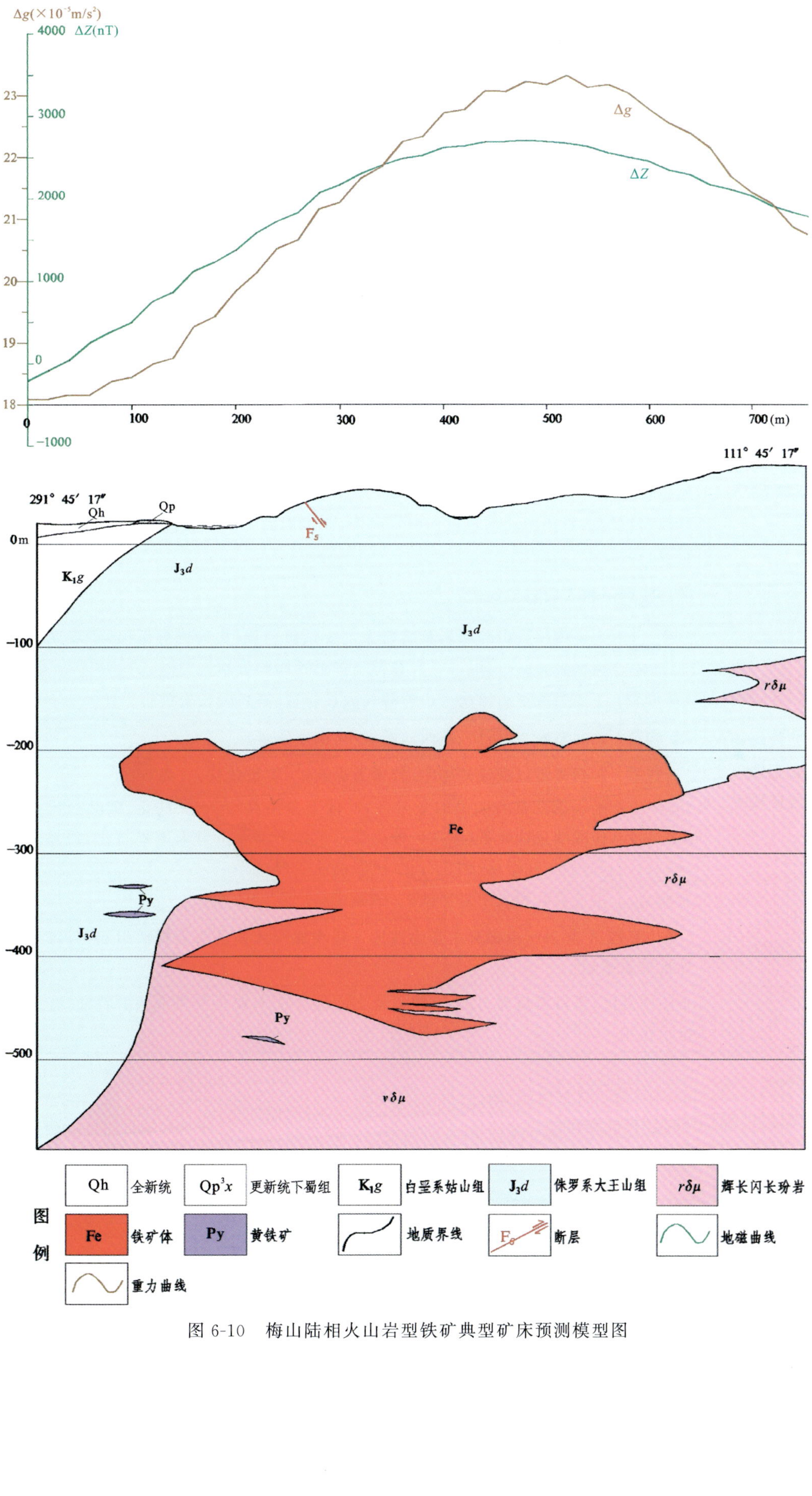

图 6-10　梅山陆相火山岩型铁矿典型矿床预测模型图

2. 区域预测模型

区域上该类型铁矿体主要赋存在辉长闪长玢岩岩体内、玢岩体附近火山岩层中以及次火山岩与三叠系黄马青组、周冲村组碳酸盐岩接触带，并主要受火山构造控制。宁芜式陆相火山岩型铁矿预测工作区的区域预测模型参见表 6-10 及图 6-11。

表 6-10　宁芜式陆相火山岩型铁矿区域预测要素表

区域预测要素			描述内容	预测要素分类
区域成矿地质环境	成矿区带		Ⅲ-69-②沿江铜、铁、金、多金属、硫成矿亚带	重要
	大地构造位置		下扬子陆块苏皖前陆盆地，宁芜火山岩断陷盆地北段	重要
	主要控矿构造		北北东向、北西向、东西向断裂控制盆地内火山喷发-侵入活动，它们的交叉复合地段控制矿田、矿床的分布	重要
	主要赋矿地层		主要是上侏罗统大王山组中偏基性火山碎屑岩与熔岩以及三叠系上、下青龙组灰岩，周冲村组白云岩和黄马青组钙质砂页岩	必要
	控矿岩浆岩		大王山组次火山岩辉长闪长玢岩、辉长闪长岩等	必要
	成矿时代		燕山晚期(白垩纪)	重要
	成矿环境		辉长闪长玢岩岩体内及其附近火山岩层中；次火山岩与前火山岩系沉积岩接触带中	重要
区域成矿地质特征	区域成矿类型和成矿期		燕山晚期陆相火山岩型铁矿	重要
	宁芜式陆相火山岩型铁矿主要成矿要素	含矿建造	大王山组火山碎屑岩及熔岩为主要赋矿层位，次为三叠系上、下青龙组灰岩，周冲村组白云岩和黄马青组钙质砂页岩	必要
		成矿母岩	主要为大王山组次火山岩辉长闪长玢岩、辉长闪长岩等	必要
		控矿构造	北北东向、北西向、东西向断裂(火山喷发带)	必要
		矿石建造	矿石类型以磁铁矿为主，其次为赤铁矿，少量黄铁矿、磷灰石	重要
		围岩蚀变	围岩蚀变具有明显的分带性，矿体上盘由高岭土化、硅化、碳酸盐化构成浅色蚀变带(浅绿色蚀变带)；矿体下部及下盘为透辉石化、磷灰石化、方柱石化、钠长石化(浅红色蚀变带)	次要
		矿床式	主要为陆相火山岩型铁矿(宁芜式)	必要
物化遥标志	磁法		3 条 NE 向、1 条 NW 向磁异常带为浅成—超浅成侵入体及玢岩铁矿引起，与磁异常关系密切	必要
	重力		重磁同高区，东带明显重力高，反映盆地 NE 向成带，NW 向切割成块的特征，有指示作用	重要

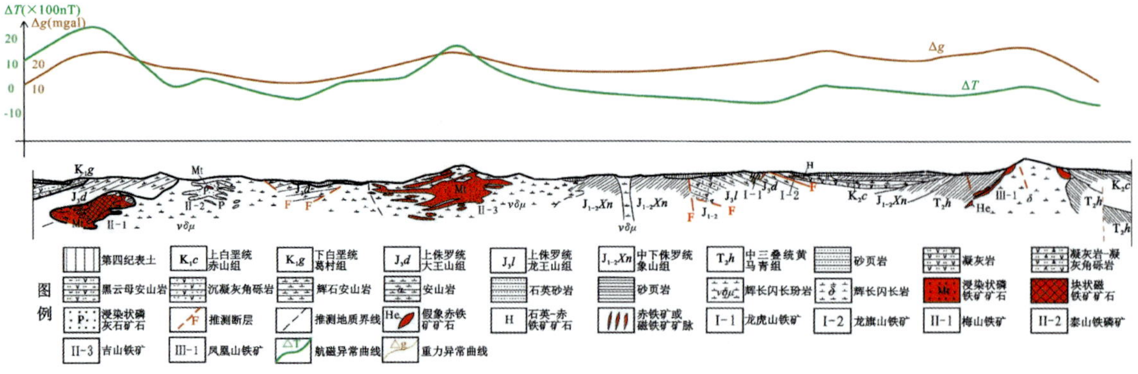

图 6-11　宁芜宁芜式陆相火山岩型铁矿区域预测模型图

二、韦岗式矽卡岩型铁矿预测评价模型

韦岗式矽卡岩型铁矿是江苏省矽卡岩型铁矿中一个重要的矿床类型，主要分布在该成矿亚带内的宁镇地区，其中具有代表意义的典型矿床为韦岗铁矿，对应的预测工作区为宁镇韦岗式矽卡岩型铁矿预测工作区。

1. 典型矿床预测模型

韦岗铁矿为一中型矽卡岩型磁铁矿床，铁矿体主要赋存于燕山晚期花岗闪长斑岩与三叠系青龙组碳酸盐岩的接触带矽卡岩中，北西向纵向断裂带是其主要控矿构造。典型矿床预测模型见表6-11及图6-12。

表 6-11　韦岗矽卡岩型铁矿典型矿床预测要素表

预测要素		描述内容	预测要素分类
特征描述		接触交代矽卡岩型高硫磁铁矿床	
地质环境	成矿区带	Ⅲ-69-②沿江铜、铁、金、多金属、硫成矿亚带	必要
	地层	下三叠统下青龙组灰岩（T_1x）及上青龙组灰岩（T_1s），其中上青龙组灰岩为矿区主要赋矿层位	重要
	岩石类型	与成矿有关的侵入岩主要为花岗闪长斑岩，次为石英闪长斑岩	必要
	岩石结构	斑状、似斑状结构，块状构造	次要
	成矿时代	燕山晚期（108±1.3Ma，锆石LA-ICP-MS U-Pb定年；孙国曦等，2013）	必要
	成矿环境	铁矿体均赋存于花岗闪长斑岩与大理岩、角岩接触带、矽卡岩中，北西向纵向断裂带是其主要控矿构造	必要
	构造背景	下扬子陆块东部，宁镇穹断褶束中段，汤仑复背斜东端北翼，上党火山岩盆地西北边缘	必要
矿床特征	矿物组合	金属矿物：磁铁矿、假象赤铁矿、赤铁矿、斑铜矿、方铅矿、闪锌矿、黄铁矿、褐铁矿等；非金属矿物：钙铁榴石、钙铝榴石、绿帘石、透辉石等	重要
	结构	他形晶粒状结构、细粒结构、中—细粒结构；假象结构、交代残余结构	次要
	构造	块状构造、条带状构造、角砾状构造、指纹状构造	次要
	蚀变	主要为绿帘石化、绿泥石化、钠长石化、硅化、绢云母化、黝帘石化。其中绿帘石化、透辉石化与铁矿体有较密切的关系	重要
	控矿条件	成因属矽卡岩-高中温热液型，成矿作用受围岩、构造、侵入岩的联合控制。上青龙组上部角砾状灰岩对成矿有利，常为成矿围岩；近东西向张性断裂与北北西向、北东向扭性断裂交会部位，为区内导矿和容矿构造；花岗闪长斑岩、石英闪长玢岩为主要成矿母岩	必要
地球物理标志	重力	梯级带异常	次要
	磁法	磁异常区，正异常区梯度北陡南缓	重要

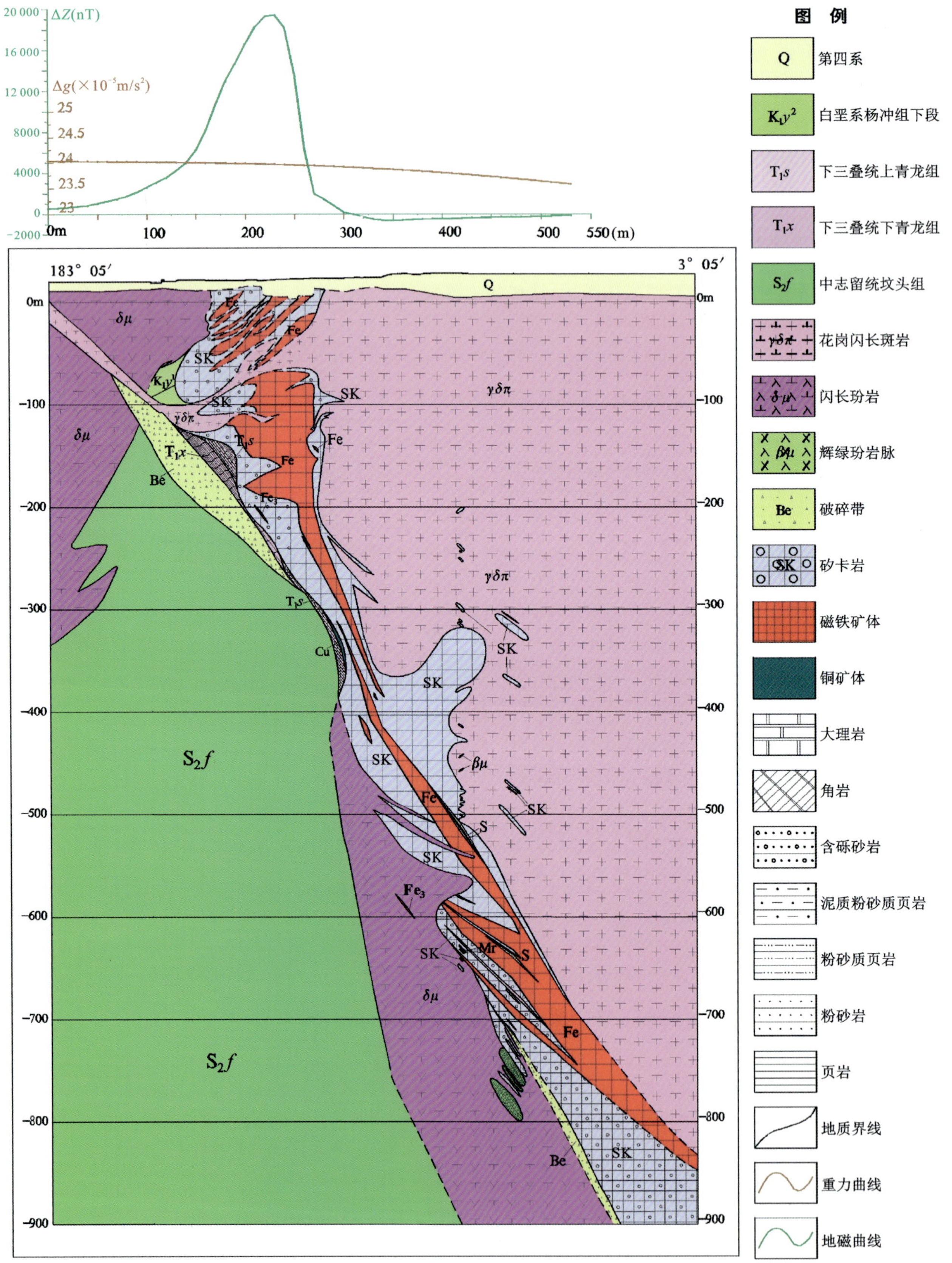

图 6-12　韦岗矽卡岩型铁矿典型矿床预测模型图

2. 区域预测模型

区域上该类型铁矿体主要赋存在石炭纪—三叠纪的碳酸盐岩建造与燕山晚期中酸性岩体的接触带矽卡岩中。宁镇韦岗式矽卡岩型铁矿预测工作区的区域预测模型参见表 6-12 及图 6-13。

表 6-12　韦岗式矽卡岩型铁矿区域预测要素表

区域预测要素			描述内容	预测要素分类
区域成矿地质环境	成矿区带		Ⅲ-69-②沿江铜、铁、金、多金属、硫成矿亚带	重要
	大地构造位置		下扬子陆块苏皖前陆盆地东端宁镇断隆	重要
	主要控矿构造		①北西西向断裂是重要的控矿断层；②构造不整合界面（杨冲组与下伏地层）；③弧形构造；④层间断层（近东西向纵向断层）；⑤其他方向的断层。近东西向张性断裂与北北西向、北东向扭性断裂交会部位，为区内导矿和容矿构造	重要
	主要赋矿地层		古生代、中生代碳酸盐岩建造	必要
	控矿岩浆岩		中酸性花岗闪长斑岩、石英闪长玢岩等	必要
	成矿时代		燕山晚期（白垩纪）	重要
	成矿环境		岩体周围接触带或接触带附近	重要
区域成矿地质特征	区域成矿类型和成矿期		燕山晚期矽卡岩型铁矿	重要
	韦岗式矽卡岩型铁矿主要成矿要素	含矿建造	石炭纪、二叠纪、三叠纪碳酸盐岩建造	必要
		成矿母岩	成矿有关的侵入岩主要为花岗闪长斑岩，次为石英闪长斑岩	必要
		控矿构造	近东西向张性断裂与北北西向、北东向扭性断裂交会部位	必要
		矿石建造	磁铁矿矿石为主，少部分赤铁矿矿石	重要
		围岩蚀变	围岩蚀变主要为绿帘石化、绿泥石化、钠长石化、硅化、绢云母化、黝帘石化。其中绿帘石化、透辉石化与铁矿体有较密切的关系	次要
		矿床式	主要为矽卡岩型铁矿（韦岗式）	必要
物化遥标志	磁法		铁矿区则表现为明显的高值异常	重要

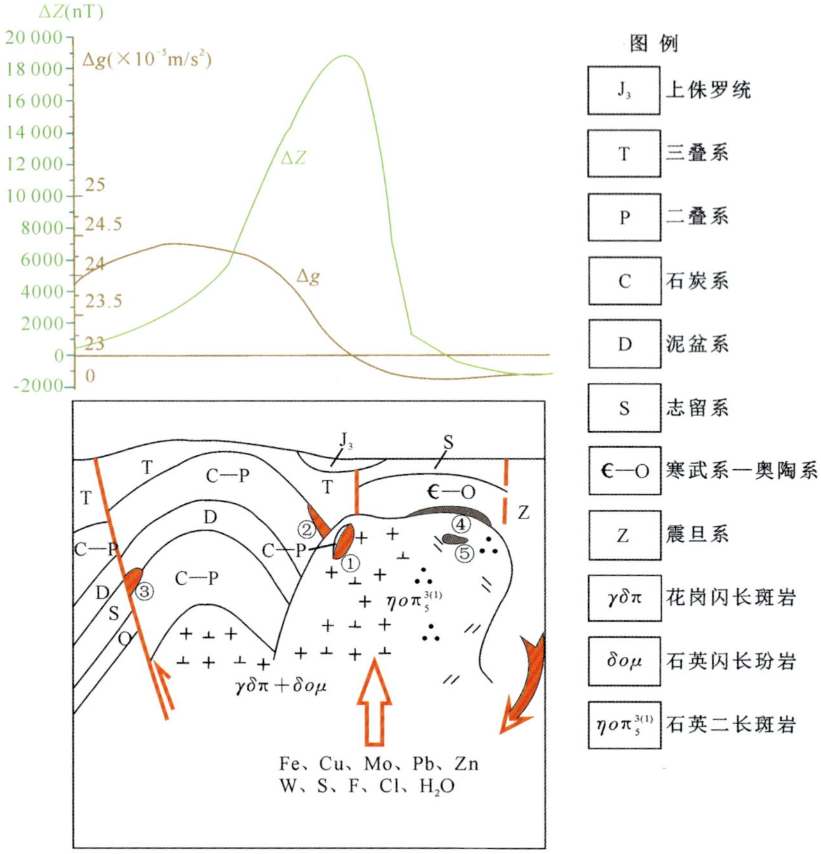

图 6-13　宁镇韦岗式矽卡岩型铁矿区域预测模型图

①韦岗铁矿；②巢凤山铁矿；③磁山头-五洲山铁矿；

④谏壁钨(钼)矿(上部)；⑤谏壁钨(钼)矿(上部)

三、安基山式矽卡岩型斑岩型铜矿预测评价模型

安基山式矽卡岩型斑岩型铜矿是江苏省最为重要的一个铜矿类型，以矽卡岩型为主，主要分布在该成矿亚带内的宁镇地区，具有代表意义的典型矿床为安基山铜矿，典型矿床及区域预测模型如下。

1. 典型矿床预测模型

安基山铜矿为一中型铜矿床，其矿体主要赋存在石炭纪—三叠纪的碳酸盐岩建造与燕山晚期的花岗闪长斑岩、石英闪长斑岩等中酸性岩体的接触带中，并有少量矿体赋存在接触带附近的蚀变斑岩体中。典型矿床预测模型见表 6-13 及图 6-14。

表 6-13 安基山矽卡岩型斑岩型铜矿床预测要素表

预测要素		描述内容	预测要素分类
特征描述		接触交代作用形成的矽卡岩型和热液成矿作用形成的斑岩型铜矿床，矽卡岩型为主要矿床类型	
地质环境	成矿区带	Ⅲ-69-②沿江铜、铁、金、多金属、硫成矿亚带	必要
	地层	石炭系黄龙组、船山组，二叠系栖霞组及三叠系上青龙组碳酸盐岩	必要
	侵入岩	燕山晚期(K_1)中酸性侵入岩体，岩性主要为花岗闪长斑岩、石英闪长斑岩	必要
	成矿时代	白垩纪(辉钼矿 Re—Os 等时线 108±2Ma；王立本等，1997)	重要
	成矿作用	主要为花岗闪长斑岩和石英闪长玢岩与石炭系黄龙组、船山组，二叠系栖霞组及三叠系青龙组碳酸盐岩接触，产生不同程度的接触交代作用和热变质作用，在接触带或捕虏体中形成矽卡岩型铜矿；在接触带内带花岗闪长斑岩和石英闪长玢岩中形成斑岩型铜钼矿	重要
	成矿环境	矿床受一组走向北北西，倾向南西西，倾角 75°～80°，张扭性断裂控制。该断裂带既是导岩、导矿构造，又是储岩、储矿构造	重要
	构造背景	下扬子陆块东部，宁镇断隆中段，桦墅-亭子向斜南翼与汤山-仑山背斜北翼之间，近东西向断裂与北北西向断裂交会处	重要
矿床特征	矿物组合	矽卡岩型：矿石矿物为黄铜矿、黄铁矿、磁铁矿、闪锌矿、方铅矿、磁黄铁矿；脉石矿物为石榴石、绿泥石、阳起石、透辉石、石膏、方解石、透闪石。斑岩型：矿石矿物为黄铁矿、黄铜矿、辉钼矿、赤铁矿、辉铜矿、磁黄铁矿、方铅矿、闪锌矿；脉石矿物为斜长石、钾长石、石英、绢云母、黑云母、高岭石、绿泥石、方解石、石膏、绿帘石	次要
	矿石结构构造	矽卡岩型：细粒结构为主，次为镶边结构、乳滴状结构；细脉状、团块状构造。斑岩型：斑状结构、聚斑状结构、残斑状结构；矿石构造：细脉状、浸染状、团块状构造	次要
	热液蚀变	早期：钾长石化、黑云母化；中期：硅化、绢云母化；晚期：泥化、青磐岩化、硫酸盐(石膏)化、碳酸盐化	重要
	控矿条件	燕山晚期(123～106Ma)中酸性杂岩体，主体为花岗闪长斑岩和石英闪长玢岩，通过北北西向张扭断裂，侵入到石炭纪、二叠纪、三叠纪碳酸盐岩地层中，发生接触交代作用和岩体热液蚀变作用，形成矽卡岩带和硅化、石英绢云母化带。矽卡岩型铜矿赋存于矽卡岩中，斑岩型铜钼矿赋存于蚀变斑岩体中	必要
物化探异常特征	重力	本区西北角存在一局部重力异常，具一定规模，似等轴状，区内不完整，向北西开口	重要
	磁法	地磁以正异常为背景，仅在北东角和南西角有 2 处负异常，区内零散分布多处正异常峰值，无伴生负异常，化极后在中部南北方向上呈串珠状正异常带展布	重要
	化探	土壤综合异常呈近圆形状分布，具有元素分带性，从内向外依次为 Ba—Cu—Pb—Mo	重要

2. 区域预测模型

区域上该类型铜矿体主要赋存在石炭纪—三叠纪碳酸盐岩建造与燕山晚期中酸性岩体的接触带中，以高中温热液接触交代为主，少部分赋存在接触带附近的蚀变斑岩体中，其区域预测模型参见表 6-14及图 6-15。

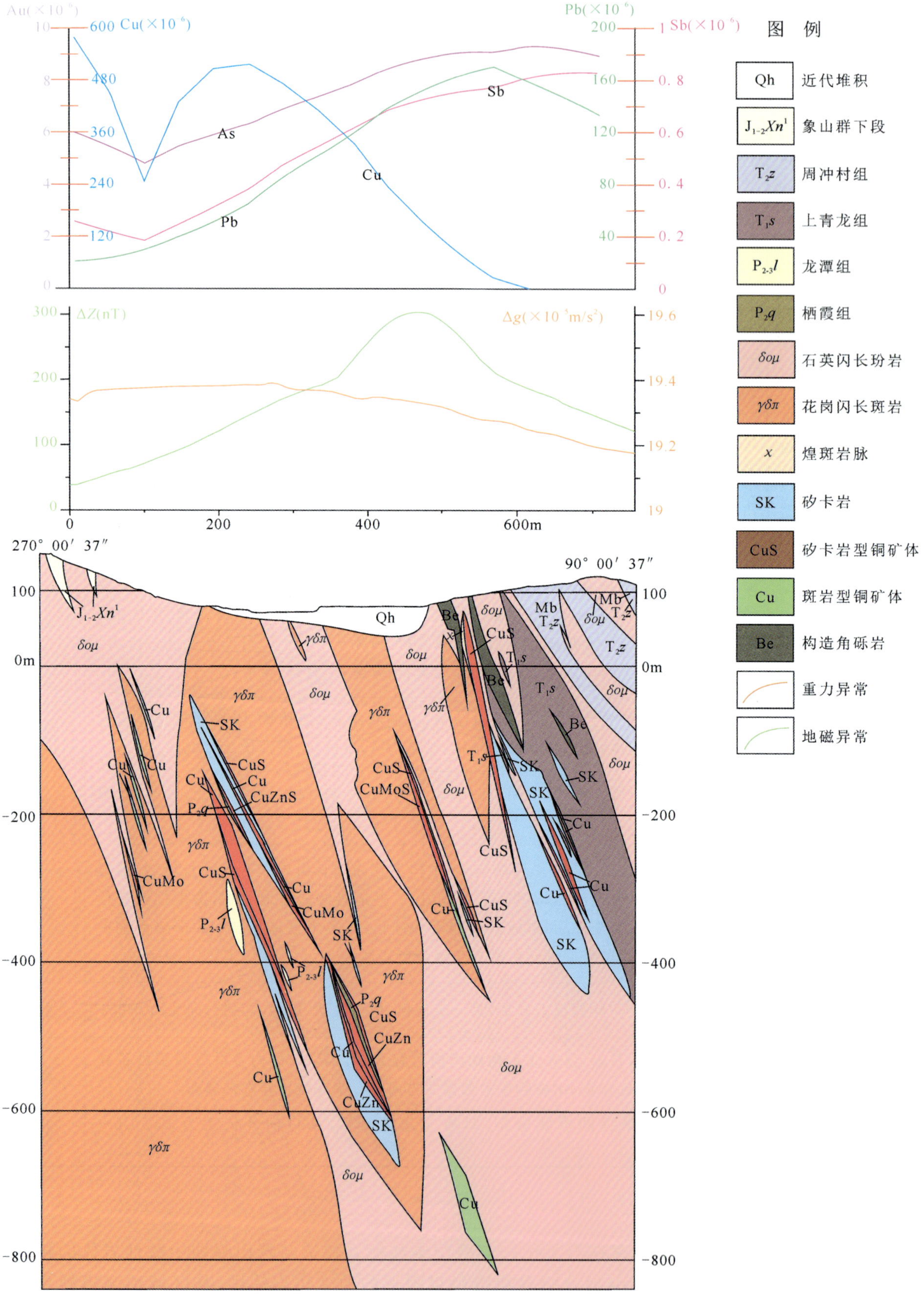

图 6-14　安基山矽卡岩型斑岩型铜矿典型矿床预测模型图

表 6-14　安基山式矽卡岩型斑岩型铜矿区域预测要素表

<table>
<tr><th colspan="2">区域预测要素</th><th colspan="2">描述内容</th><th>预测要素分类</th></tr>
<tr><td rowspan="7">区域成矿地质环境</td><td>成矿区带</td><td colspan="2">Ⅲ-69-②沿江铜、铁、金、多金属、硫成矿亚带</td><td>重要</td></tr>
<tr><td>大地构造位置</td><td colspan="2">下扬子陆块苏皖前陆盆地东端宁镇断隆</td><td>重要</td></tr>
<tr><td>主要控矿构造</td><td colspan="2">北西向、近东西向断裂是主要的控岩控矿构造</td><td>重要</td></tr>
<tr><td>主要赋矿地层</td><td colspan="2">石炭系黄龙组、船山组；二叠系栖霞组；三叠系上青龙组等的碳酸盐岩建造</td><td>必要</td></tr>
<tr><td>控矿岩浆岩</td><td colspan="2">中酸性花岗闪长斑岩、石英闪长斑岩</td><td>必要</td></tr>
<tr><td>成矿时代</td><td colspan="2">燕山晚期(白垩纪)</td><td>重要</td></tr>
<tr><td>成矿环境</td><td colspan="2">矿体主要赋存于燕山晚期中酸性岩体与石炭纪—三叠纪碳酸盐岩建造的内、外接触带及碳酸盐岩捕虏体中，靠近接触带岩体内部裂隙构造及破碎带是斑岩型矿体赋存的重要部位，个别小矿体赋存于接触带外侧裂隙中</td><td>重要</td></tr>
<tr><td rowspan="7">区域成矿地质特征</td><td>区域成矿类型和成矿期</td><td colspan="2">高中温热液接触交代为主的矽卡岩型铜矿床
热液交代、充填为辅形成的斑岩型铜矿
成矿期为燕山晚期(白垩纪)</td><td>重要</td></tr>
<tr><td rowspan="6">安基山式矽卡岩型斑岩型铜矿主要成矿要素</td><td>含矿建造</td><td>矿体主要产于石炭系黄龙组、船山组，二叠系栖霞组，三叠系青龙组碳酸盐岩地层与花岗闪长斑岩、石英闪长斑岩内、外接触带及捕虏体周围，岩体中裂隙发育</td><td>必要</td></tr>
<tr><td>成矿母岩</td><td>成矿有关的侵入岩体主要为花岗闪长斑岩、石英闪长斑岩</td><td>必要</td></tr>
<tr><td>控矿构造</td><td>矿床受北西向张扭性断裂旁侧次级构造控制。该断裂带既是导岩、导矿构造，又是储岩、储矿构造</td><td>必要</td></tr>
<tr><td>矿石建造</td><td>矿石矿物以黄铜矿、黄铁矿为主，其次为闪锌矿、方铅矿、辉钼矿、磁黄铁矿、磁铁矿</td><td>重要</td></tr>
<tr><td>围岩蚀变</td><td>围岩蚀变主要为矽卡岩带和硅化、石英绢云母化</td><td>次要</td></tr>
<tr><td>矿床式</td><td>主要为矽卡岩型斑岩型铜矿(安基山式)</td><td>必要</td></tr>
<tr><td rowspan="3">物化遥标志</td><td>磁法</td><td colspan="2">等值线总体上呈东西向展布，以升高背景场为特征，局部异常轴向以北东东向为主，北东向次之，异常曲线形态规则，磁场强度一般为 200～400nT，主要与燕山期中酸性侵入岩体有关</td><td>重要</td></tr>
<tr><td>化探</td><td colspan="2">元素组合复杂，以 Cu，Mo，Pb，Zn，Ag 为主，次为 As，Sb，Bi，Cd 异常。以 Cu 为代表的组合元素异常分布于龙潭—铜山、宝华山—巢凤山、安基山、伏牛山一带，组合元素异常分布与铜多金属矿床(点)关系比较密切</td><td>必要</td></tr>
<tr><td>重砂</td><td colspan="2">自然金、辰砂、黄铁矿为主，铅矿物、铜矿物等可见率较低。它们主要分布于多金属(包括其氧化后形成的铁帽)矿床(点)附近</td><td>次要</td></tr>
</table>

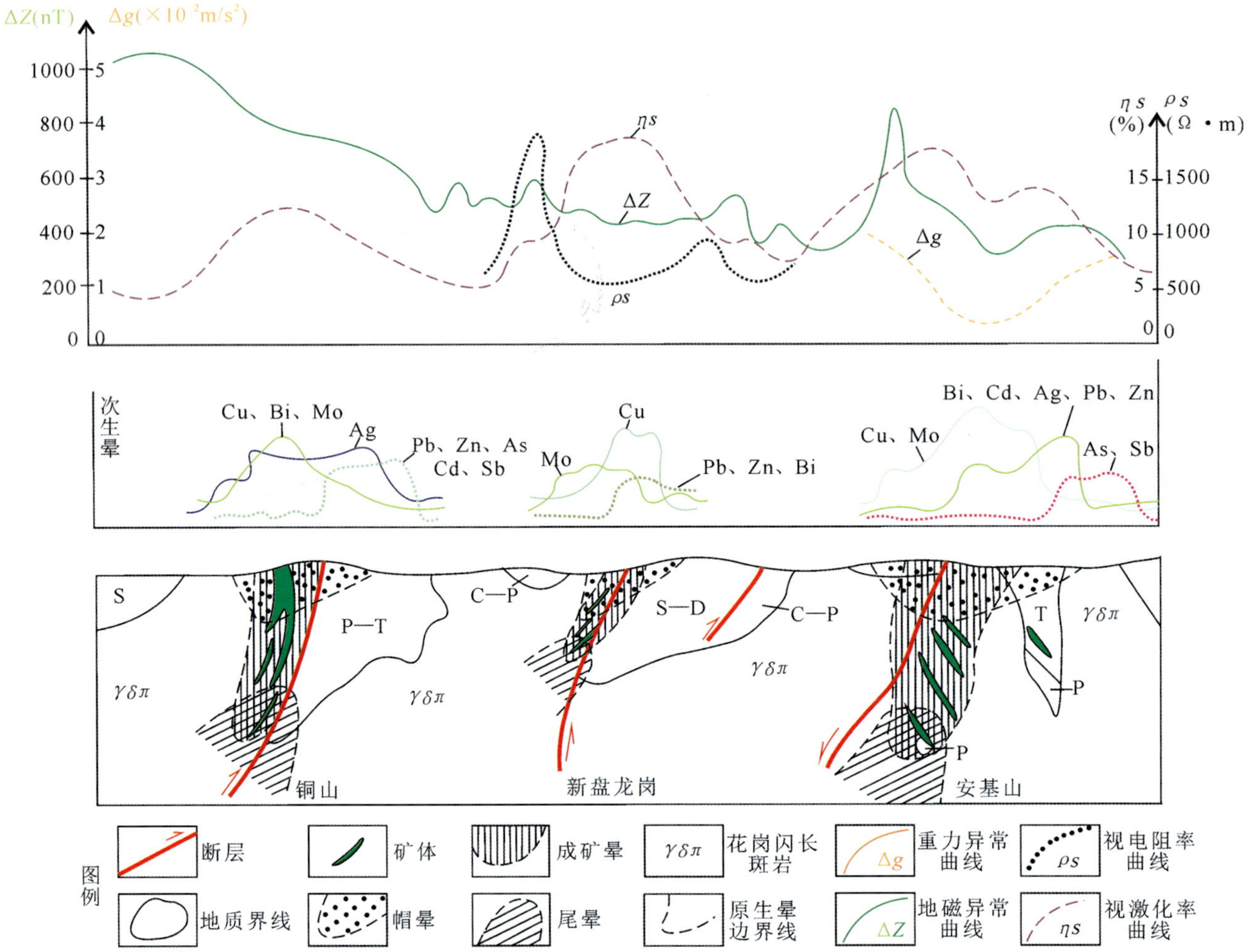

图 6-15　宁镇安基山式矽卡岩型斑岩型铜矿区域预测模型图

四、铜井式陆相火山岩型铜金矿预测评价模型

铜井式陆相火山岩型铜金矿是江苏省重要的铜金矿成矿类型，主要分布在该成矿亚带内的宁芜（北段）地区以及溧水地区，具有代表意义的典型矿床为铜井铜金矿，其典型矿床及区域预测模型如下。

1. 典型矿床预测模型

铜井铜金矿为一小型矿床，铜、金矿共伴生，其品位高，综合经济价值较高，其含金铜矿脉主要受北北西向断裂破碎带和古火山机构复合控制，并与早白垩世娘娘山（组）火山喷发旋回关系密切。其典型矿床预测模型参见表 6-15 及图 6-16。

表 6-15　铜井陆相火山岩型铜金矿床预测要素表

预测要素		描述内容	预测要素分类
特征描述		矿床受北北西向断裂构造与火山机构复合控制。矿体呈大脉状或复脉状产于侏罗系大王山组—白垩系娘娘山组火山岩之构造裂隙中。成因类型属于陆相火山岩型（火山热液型）铜金矿床	
地质环境	成矿区带	Ⅲ-69-②沿江铜、铁、金、多金属、硫成矿亚带	必要
	地层	主要为晚侏罗世—早白垩世中偏基性和碱性火山岩地层，即：上侏罗统大王山组，岩性主要为辉石安山岩、辉石粗安岩、粗安质凝灰岩；下白垩统娘娘山组，岩性为碱性粗面岩、集块角砾岩、集块岩、熔结火山角砾岩、熔结凝灰岩，黝方石响岩、粗安岩	重要
	岩石类型	以黝方霓辉正长斑岩、石英正长岩、假白榴石斑岩、粗面斑岩等为主	必要
	岩石结构	斑状结构、似斑状结构，块状构造、流纹构造	次要
	成矿时代	白垩纪（126.6±1.1 Ma，锆石 LA-ICP-MS U-Pb；周涛发等，2011）	重要
	成矿环境	含金铜矿脉主要受北北西向断裂破碎带和古火山机构复合控制。成矿主要与早白垩世娘娘山（组）火山喷发旋回关系密切	重要
	构造背景	矿床位于下扬子陆块之宁芜火山岩断陷盆地，区域断裂有北北东向（铜井-芜湖断裂）和北西向（铜井-小丹阳断裂），在两组断裂的共轭处，发生了白垩纪娘娘山火山喷发旋回。以北北西向为主的断裂破碎带是矿区主要控矿构造	必要
矿床特征	矿物组合	矿石矿物以黄铜矿、自然金、银金矿、斑铜矿、黄铁矿为主，其次有辉铜矿、铜蓝、黝铜矿。脉石矿物有石英、重晶石、菱铁矿、方解石等	次要
	结构	主要有自形—半自形粒状结构、他形粒状结构、交代残余结构、压碎结构、包裹结构等	次要
	构造	主要为团块状、浸染状、细脉状、条带状、角砾状构造	次要
	蚀变	洪幕山、铜坑山、大羊山矿段的矿体围岩为下白垩统娘娘山组碱性火山岩和火山碎屑岩，蚀变主要有硅化、高岭土化、绢云母化，次有碳酸盐化、绿帘石化等。马家山矿段的矿体围岩主要为上侏罗统大王山组辉石安山岩，围岩蚀变主要有硅化、绢云母化及黄铁矿化、菱铁矿化、绿泥石化等	重要
	控矿条件	铜金矿床主要受火山机构及断裂构造控制，火山机构受北北东向和北西向两组基底断裂控制。控矿断裂主要有两组：①北北西向断裂（320°～345°）：该组断裂是矿区的主要控矿构造，多数被含金铜石英脉、含金铜菱铁矿脉充填，在平面上呈平行带状分布。②北北东向断裂（10°～15°）：少数金、铜矿脉充填其中，但规模一般较小	必要

续表 6-15

物化探异常特征	重力异常	$0.5\times10^{-5}m/s^2$ 为间隔圈出的剩余异常较多，宏观上形成 5 个北东向局部异常条带，由西北至东南呈高—低—高—低—高变化。编图范围内，西北半部局部异常少，但规模相对较大；东南半部局部异常多，形态、规模变化大	次要
	磁异常	区内航磁以正异常为主，正异常最大幅值达 1400nT，无规则零散分布，大部分无负异常伴生，偶见东北—北方向出现负异常，负异常最大幅值达 −700nT。化极后区内负异常范围变大，但幅值不大，航磁原始图上的异常化极后位置变化不大	重要
	激电异常	高阻异常带	重要
	化探异常	次生晕表现为 Au、Bi、Cu、Ag、As、Sb、Pb 等元素组合异常；原生晕为 Au、Cu、Ag、Pb、Zn、As、Bi、Hg 等组合	必要

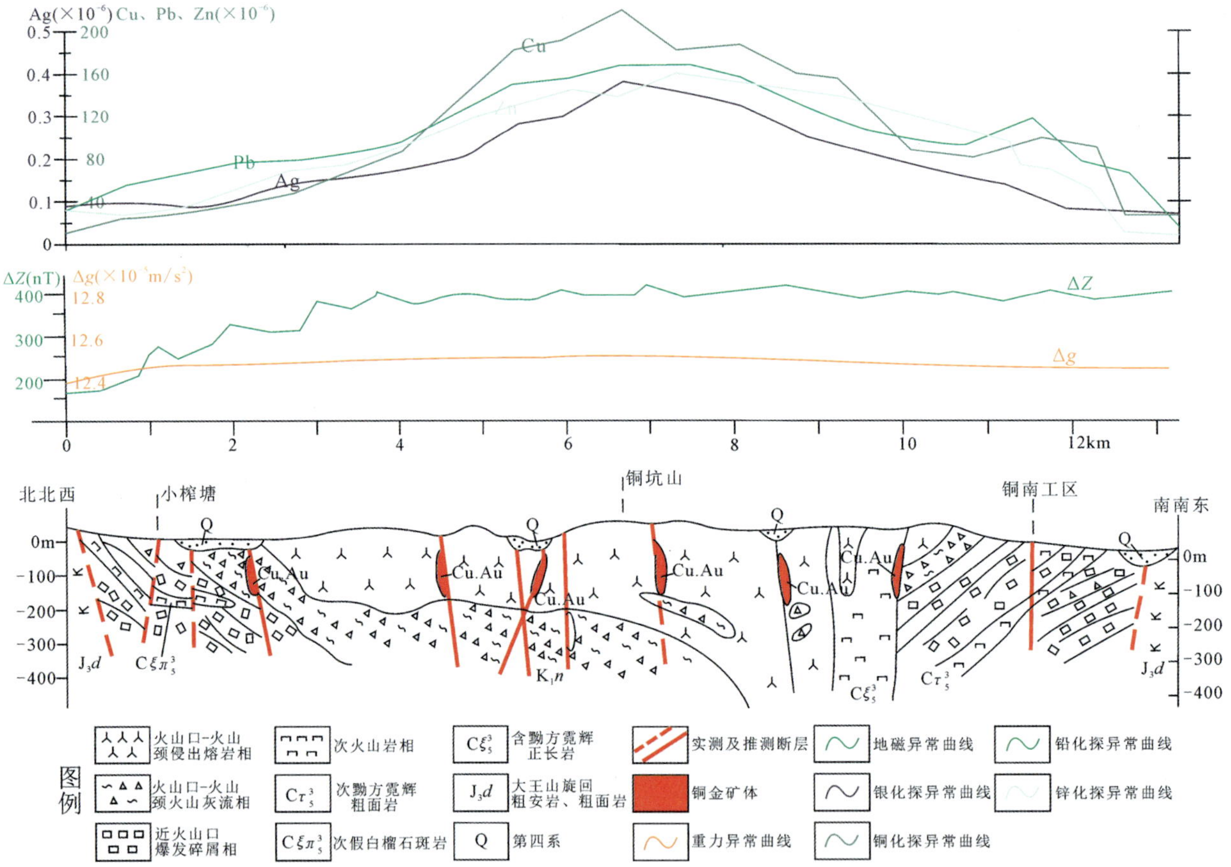

图 6-16　铜井陆相火山岩型铜金矿典型矿床预测模型图

2. 区域预测模型

区域上该类型铜金矿主要受火山机构和区域性基底断裂控制，矿体主要赋存于北西向、北北东向次级断裂破碎带中，次为次火山岩体近旁的火山岩中的节理裂隙中。区域预测模型见表 6-16 及图 6-17。

表 6-16　铜井式陆相火山岩型铜金矿区域预测要素表

区域预测要素			描述内容	预测要素分类
区域成矿地质环境	成矿区带		Ⅲ-69-②沿江铜、铁、金、多金属、硫成矿亚带	重要
	大地构造位置		下扬子陆块苏皖前陆盆地，宁芜火山岩断陷盆地北段	重要
	主要控矿构造		火山机构，区域性北北东向、北西向火山基底构造，北西向为主的次级构造破碎带	重要
	主要赋矿地层		侏罗系龙王山组、大王山组，白垩系娘娘山组火山岩、次火山岩	必要
	控矿岩浆岩		燕山期中偏碱性、碱性次火山岩与成矿有关（黝方霓辉正长斑岩、石英正长岩、粗安斑岩和粗面斑岩、假白榴石响岩、辉石安山玢岩、辉石闪长玢岩等）	必要
	成矿时代		燕山晚期（白垩纪）	重要
	成矿环境		成矿受火山机构和区域性基底断裂控制，矿体主要赋存于北西向、北北东向次级断裂破碎带，次火山岩体近旁的火山岩中节理裂隙也是较好的容矿空间	重要
区域成矿地质特征	区域成矿类型和成矿期		燕山晚期陆相火山岩型铜金矿	重要
	铜井式陆相火山岩型铜金矿主要成矿要素	含矿建造	侏罗系龙王山组、大王山组，白垩系娘娘山组火山岩、次火山岩	必要
		成矿母岩	主要为燕山期中偏碱性、碱性次火山岩（黝方霓辉正长斑岩、石英正长岩、粗安斑岩和粗面斑岩、假白榴石响岩、辉石安山玢岩、辉石闪长玢岩等）	必要
		控矿构造	火山机构，区域性北北东向、北西向火山基底构造，北西向为主的次级构造破碎带	必要
		矿石建造	矿石矿物主要以黄铜矿、自然金、黄铁矿为主，其次有辉铜矿、铜蓝、斑铜矿、黝铜矿、赤铁矿、褐铁矿、磁铁矿，以及微量的方铅矿、闪锌矿、辰砂、银金矿和自然铋	重要
		围岩蚀变	围岩蚀变主要为硅化、绢云母化，次有碳酸盐化、绿帘石化等	次要
物化遥标志	磁法		3 条北东向、1 条北西向磁异常带为浅成—超浅成侵入体及玢岩铁矿引起，有指示作用	重要
	重力		重磁同高区，东带明显重力高，反映盆地北东成带，北西向切割成块的特征，有指示作用	重要
	化探		元素组合复杂，以 Cu，Ag，As，Mo，Pb，Sn 为主，次为 Zn，Ba，Sr，Co 等，以 Cu 为代表的组合元素异常主要分布于鄂儿岗-陶吴断裂破碎带南部广大地区，与铜金矿床（点）分布对应关系良好	必要
	自然重砂		自然金、铜矿物、重晶石为主，次为辰砂、铅矿物异常，主要分布于白头山—娘娘山、谷里—云台山以及梅山—祖堂山 3 个区域	重要

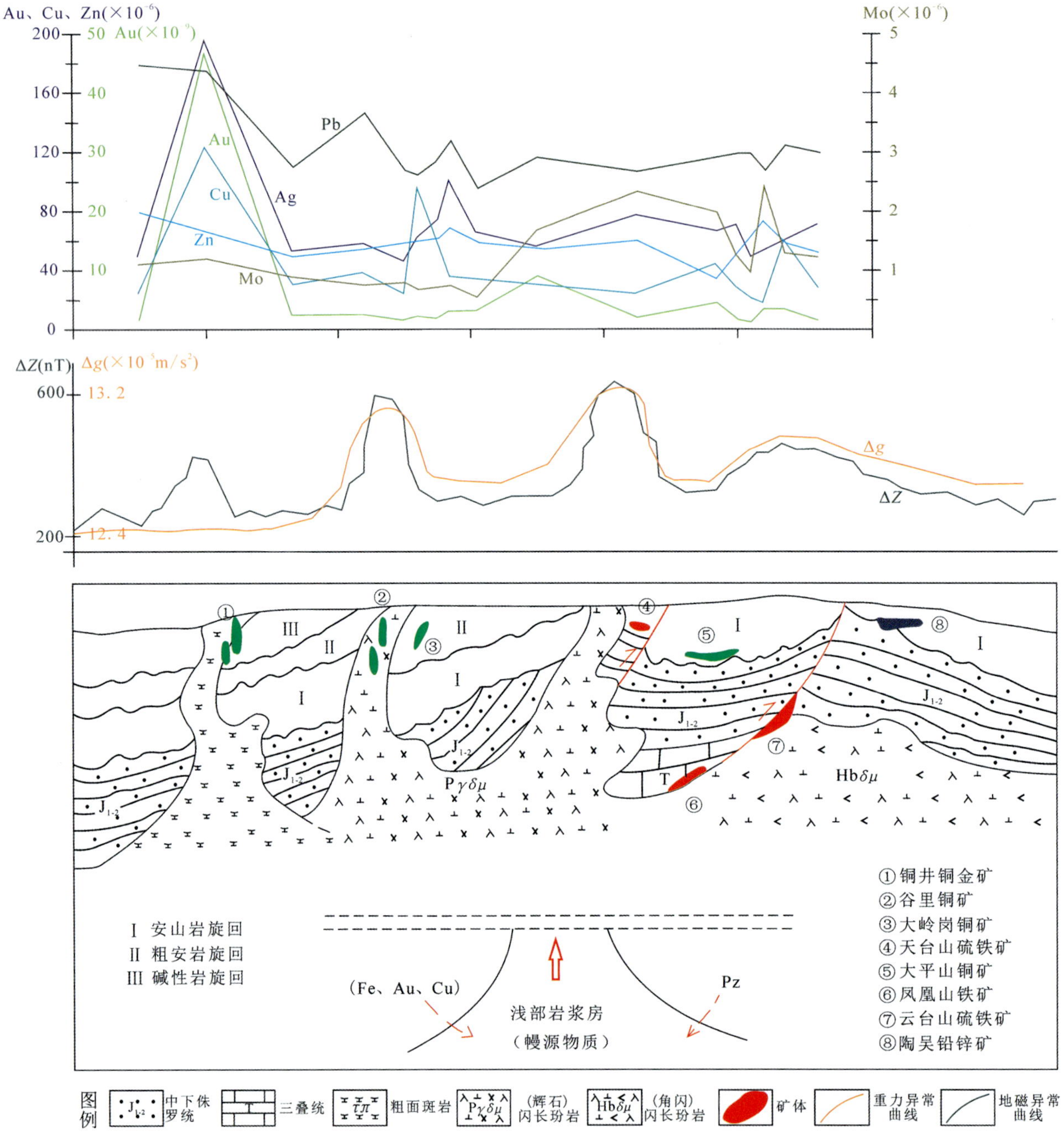

图 6-17　宁芜铜井式陆相火山岩型铜金矿预测工作区区域预测模型图

五、獾子洞式次火山热液-层控矽卡岩型铜金矿预测评价模型

獾子洞式次火山热液-层控矽卡岩型铜金矿主要分布在该成矿亚带溧水地区，具有代表意义的典型矿床为獾子洞铜金矿，其典型矿床及区域预测模型如下。

1. 典型矿床预测模型

獾子洞铜金矿为一小型矿床，以铜矿为主，伴生金和银，其矿体主要赋存于燕山晚期次火山岩体外接触带的上侏罗统西横山组钙质砂砾岩层中，其层间破碎带（或层间碎裂带）发育，为重要的容矿构造。

典型矿床预测模型参见表 6-17 及图 6-18。

表 6-17 江苏省獾子洞次火山热液-层控矽卡岩型铜金矿床预测要素表

预测要素		描述内容	预测要素分类
特征描述		与燕山晚期火山-次火山热液有关的层控矽卡岩型铜金矿床	
地质环境	成矿区带	Ⅲ-69-②沿江铜、铁、金、多金属-硫成矿亚带	必要
	地层	上侏罗统西横山组为矿区的赋矿层位	必要
	岩石类型	燕山晚期次火山岩体-闪长玢岩、角闪闪长玢岩	必要
	岩石结构	斑状结构、似斑状结构，块状构造	次要
	成矿时代	燕山中晚期(晚侏罗世—白垩纪)	重要
	成矿环境	矿体产于紧邻岩体外接触带的上侏罗统西横山组钙质砂砾岩层中，层间破碎带(或层间碎裂带)发育，是重要的容矿构造	必要
	构造背景	大地构造位置属于下扬子陆块溧水火山岩盆地西部边缘隆起区。北东向构造带和东西向构造带的褶皱及断裂对本区矿产有一定的控制作用	重要
矿床特征	矿物组合	矿石中铜矿物主要为黄铜矿，次为斑铜矿、辉铜矿、黝铜矿；金矿物主要为自然金。其他金属矿物有黄铁矿、镜铁矿、赤铁矿、褐铁矿。脉石矿物有的以方解石、石英为主，有的以石榴石、透辉石为主，次为绿帘石、绿泥石、绢云母、高岭土、石膏等	重要
	矿石结构	主要为他形中—细粒结构	次要
	矿石构造	主要为浸染状构造，其次为脉状构造、块状构造和角砾状构造	次要
	蚀变	主要为钠长石化、钠黝帘石化、矽卡岩化、碳酸盐化、硅化、绿帘石化、绿泥石化、绢云母化、高岭土化，局部石膏化。铜矿化出现于矽卡岩矿物(石榴石)之后，与硅化、绿帘石化、绿泥石化有关	重要
	控矿条件	①层位(岩性)控矿：矿(化)体多赋存在上侏罗统西横山组钙质砂砾岩、泥灰岩中；②侵入岩控矿：矿体多分布在燕山晚期(龙王山期)中酸性次火山岩体-闪长玢岩、角闪闪长玢岩等(包括岩枝、岩脉)与地层的接触带中或其附近；③层间(裂隙)破碎带控矿：层间破碎(裂隙)带是重要的容矿构造	必要
物化探异常特征	磁法	闪长玢岩体与上侏罗统西横山组钙质砂砾岩接触部位有一定的弱磁异常	次要
	激电	低阻异常反映较大岩体分布及形态特征，局部点异常多分布于低阻岩体与高阻区的砂砾岩接触带的中高阻区	重要
	化探	区域内 Cu、Pb、Zn、Mo、Mn 等金属量异常；1∶5000 化探次生晕(Cu-Pb-Zn-Mo-Ag)扫面圈定 17 个以 Cu 为主的 Cu-Pb-Zn-Mo-Ag 综合异常，异常走向北东或北北东，与发现主要铜矿体分布地段一致	必要
	重砂	矿区东南部有一金的自然重砂Ⅰ级异常，异常周围分布有金的自然重砂Ⅱ级异常	重要

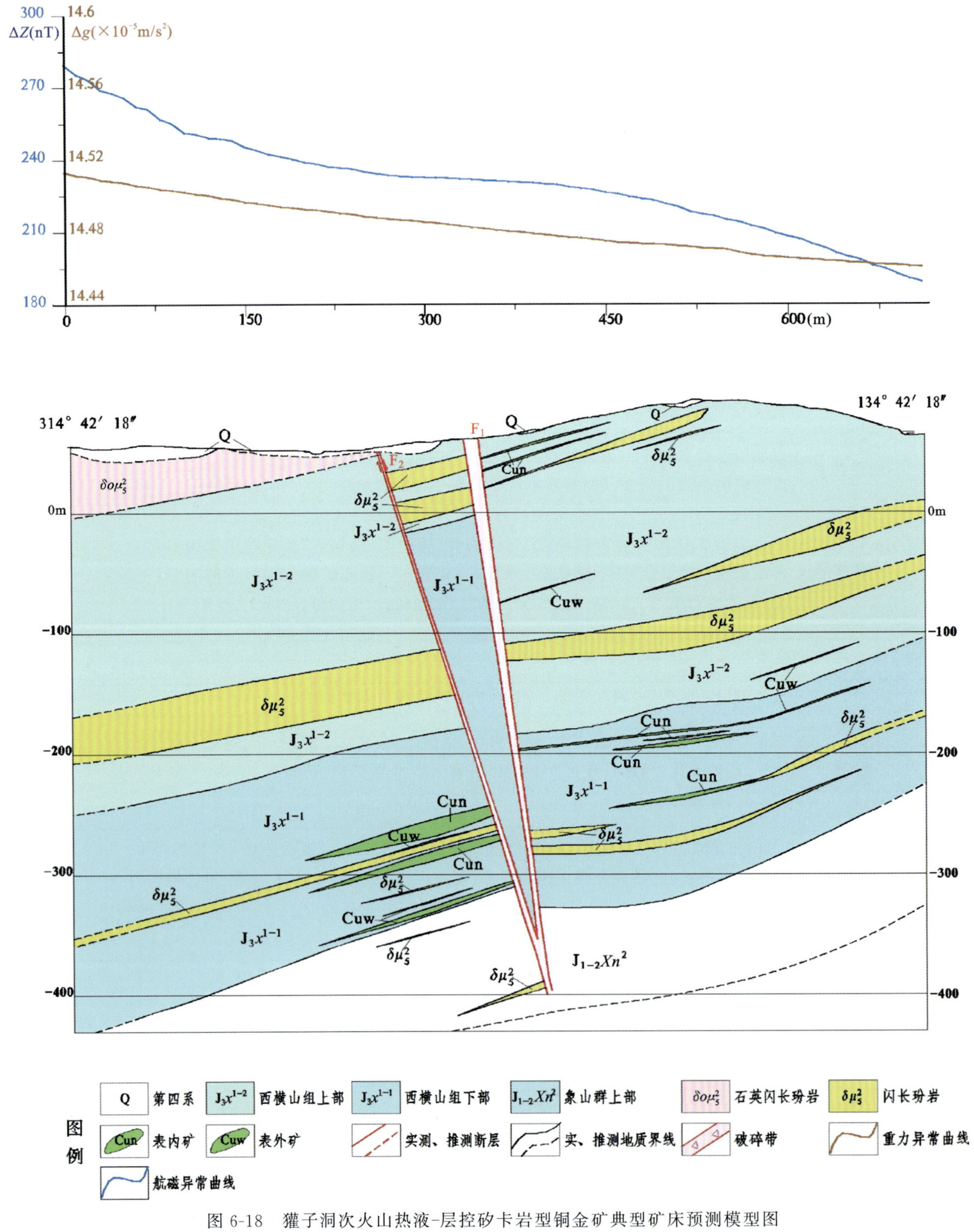

图 6-18　獾子洞次火山热液-层控矽卡岩型铜金矿典型矿床预测模型图

2. 区域预测模型

该类型铜金矿体主要赋存于紧邻燕山中晚期次火山岩体外接触带的灰岩质砂砾岩层层间破碎带中（主要为西横山组），区域中同期次成矿的铜多金属还有五部式（观山）陆相火山岩型铜铅矿、西横山式破碎蚀变岩型金矿等类型，其铜、金多金属综合区域预测模型图见图 6-19，獾子洞式次火山热液-层控矽卡岩型铜金矿区域预测要素表见表 6-18。

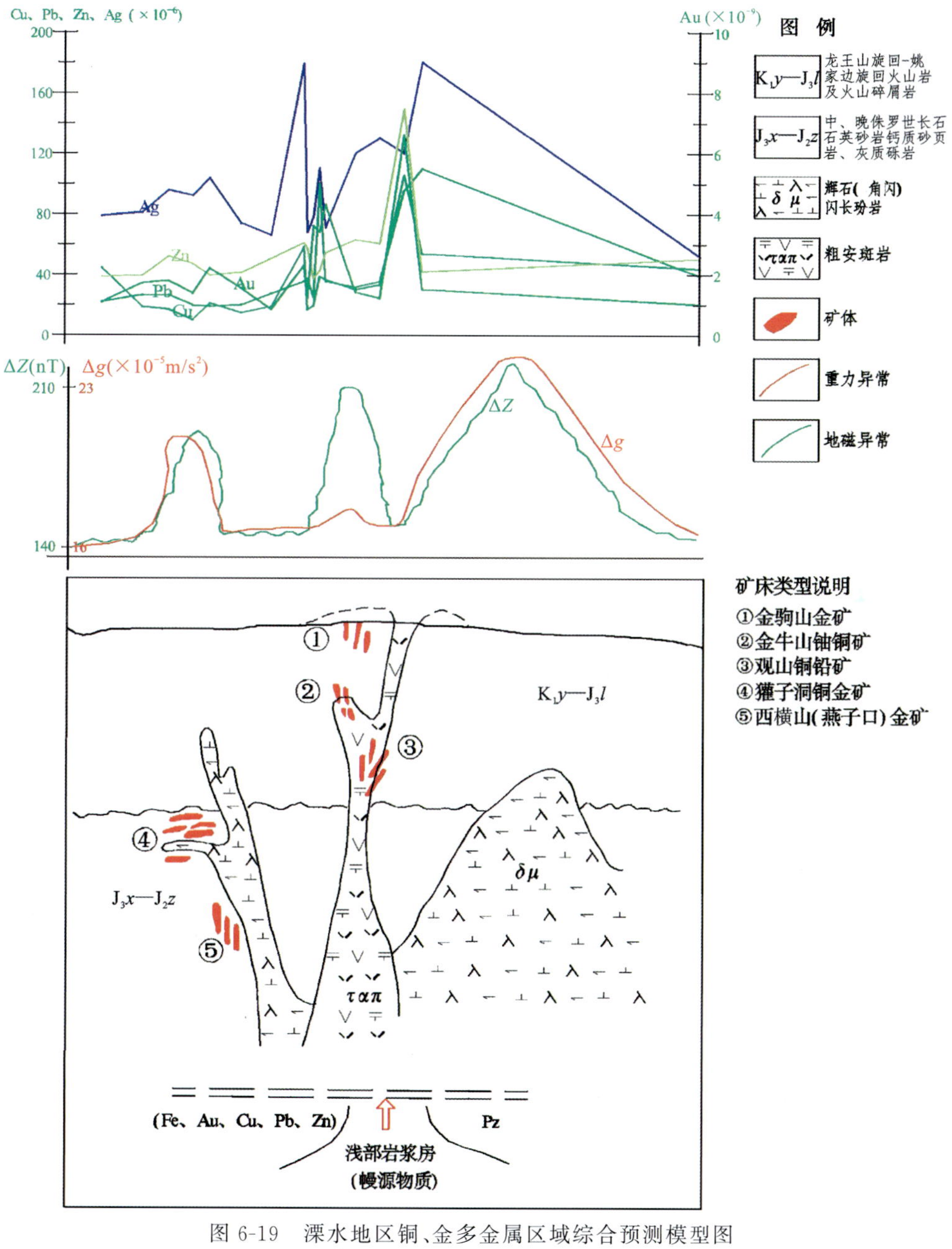

图 6-19 溧水地区铜、金多金属区域综合预测模型图

表 6-18　獾子洞式次火山热液-层控矽卡岩型铜金矿区域预测要素表

<table>
<tr><th colspan="2">区域预测要素</th><th colspan="2">描述内容</th><th>预测要素分类</th></tr>
<tr><td rowspan="7">区域成矿地质环境</td><td>成矿区带</td><td colspan="2">Ⅲ-69-②沿江铜、铁、金、多金属、硫成矿亚带</td><td>重要</td></tr>
<tr><td>大地构造位置</td><td colspan="2">下扬子陆块溧水火山断陷盆地西部边缘隆起区</td><td>重要</td></tr>
<tr><td>主要控矿构造</td><td colspan="2">北东向和近东西向的褶皱及断裂对本区矿产有一定的控制作用，上侏罗统西横山组钙质(灰岩质)砂砾岩层层间破碎带为重要的容矿构造</td><td>重要</td></tr>
<tr><td>主要赋矿地层</td><td colspan="2">上侏罗统西横山组是矿区主要的赋矿层位，矿(化)体多赋存在灰岩质砂砾岩建造中</td><td>必要</td></tr>
<tr><td>控矿岩浆岩</td><td colspan="2">燕山期中—中酸性次火山岩体(闪长玢岩、石英闪长玢岩等)</td><td>必要</td></tr>
<tr><td>成矿时代</td><td colspan="2">燕山中晚期(晚侏罗世—白垩纪)</td><td>重要</td></tr>
<tr><td>成矿环境</td><td colspan="2">矿体产于紧邻岩体外接触带的灰岩质砂砾岩层层间破碎带中</td><td>重要</td></tr>
<tr><td rowspan="8">区域成矿地质特征</td><td>区域成矿类型和成矿期</td><td colspan="2">燕山中晚期次火山热液-层控矽卡岩型铜金矿</td><td>重要</td></tr>
<tr><td rowspan="7">獾子洞式次火山热液-层控矽卡岩型铜金矿主要成矿要素</td><td>含矿建造</td><td>上侏罗统西横山组是矿区主要的赋矿层位，矿(化)体多赋存在灰岩质砂砾岩建造中</td><td>必要</td></tr>
<tr><td>成矿母岩</td><td>矿体多分布在燕山中晚期中酸性次火山岩(包括岩枝、岩脉)与上侏罗统西横山组接触带中或其附近；矿化与燕山期的中酸性次火山岩浆活动有直接的成因关系</td><td>必要</td></tr>
<tr><td>控矿构造</td><td>北东向和近东西向的褶皱及断裂对本区矿产有一定的控制作用，上侏罗统西横山组钙质(灰岩质)砂砾岩层层间破碎带(裂隙)为重要的容矿构造</td><td>必要</td></tr>
<tr><td>矿石建造</td><td>矿石矿物主要有黄铜矿、自然金、黄铁矿、辉铜矿等</td><td>重要</td></tr>
<tr><td>围岩蚀变</td><td>蚀变主要为钠长石化、钠(斜)黝帘石化、矽卡岩化、碳酸盐化、硅化、绿帘石化、绿泥石化、绢云母化，局部石膏化。矿化与晚期碳酸盐化、硅化、绿帘石化、绿泥石化有关</td><td>次要</td></tr>
<tr><td>矿床式</td><td>主要为次火山热液-层控矽卡岩型铜金矿(獾子洞式)</td><td>必要</td></tr>
<tr><td rowspan="3">物化遥标志</td><td>磁法</td><td colspan="2">中酸性次火山岩体与上侏罗统西横山组砂砾岩的接触部位有一定的弱磁异常</td><td>重要</td></tr>
<tr><td>化探</td><td colspan="2">异常元素组合复杂，以 Cu、Au、Mo、Pb、Zn 为主，次为 Bi、Ag、As 等，以 Au、Cu 高为特点，主要分布于凉帽山、铜山、獾子洞、胡家店一带。组合元素异常与铜金矿床(点)对应关系较好</td><td>必要</td></tr>
<tr><td>自然重砂</td><td colspan="2">以自然金、铜矿物为主，次为黄铁矿、雄(雌)黄异常</td><td>重要</td></tr>
</table>

六、汤山式卡林型金矿预测评价模型

汤山式卡林型金矿是该成矿亚带比较重要的金矿类型，主要分布于宁镇地区，典型矿床为汤山金矿(小型)。典型矿床及区域预测模型分述如下。

1. 典型矿床预测模型

汤山金矿为一小型金矿，矿区内奥陶纪碳酸盐岩建造之间的环形断裂破碎带为主要控矿及容矿构造，其深部及外围的闪长玢岩体提供了热源及主要含矿流体，典型矿床预测模型参见表 6-19 及图 6-20。

表 6-19　江苏省汤山微细浸染型(卡林型)金矿床预测要素表

预测要素		描述内容	预测要素分类
特征描述		矿体主要赋存于红花园组至汤头组间的(F_1)环形断裂破碎带中,并严格受断裂控制,矿床成因类型属中低温热液-岩溶淋积微细浸染型矿床,即卡林型金矿	
地质环境	成矿区带	Ⅲ-69-②沿江铜、铁、金、多金属、硫成矿亚带	必要
	地层	下奥陶统红花园组碳酸盐岩地层为主要赋矿围岩	必要
	岩石类型	矿区深部及外围有闪长玢岩体分布,为成矿提供了热源及主要含矿流体	重要
	成矿时代	白垩纪	重要
	成矿环境	受闪长玢岩的侵入影响,含矿热液沿断裂带上升,产生金矿化和硅化蚀变,以后长期受岩溶和风化淋滤作用,使地表断裂的宽度明显增大,形成断层角砾岩和岩溶产物混合而成的泥状角砾岩,同时浅部早先形成的金矿(化)体进一步富集,形成工业矿体	必要
	构造背景	位于下扬子陆块宁镇断隆之汤仑复背斜弧形弯曲转折处的汤山短轴背斜。断裂构造发育,有环形断裂带、近南北向张性断裂、北西向和北东向扭性断裂、放射状断裂和隐伏断裂,其中环形断裂带为矿区主要控矿容矿构造	重要
矿床特征	矿物组合	矿石矿物主要为自然金,次为黄铁矿、辰砂、褐铁矿、方铅矿、闪锌矿、黄铜矿、黝铜矿、赤铁矿等;脉石矿物主要为水云母、蒙脱石、石英,次为高岭石、方解石、辰砂、重晶石、方解石	重要
	结构	微细粒、自形晶、半自形晶、压碎及胶状结构	次要
	构造	浸染状、角砾状、网脉状及蜂窝状构造	次要
	蚀变	主要有硅化、次生石英岩化、褐铁矿化、黄铁矿化、赤铁矿化、重晶石化、萤石化、泥化、大理岩化	重要
	控矿条件	红花园组灰岩与汤头组泥灰岩中金背景值较高,比宁镇地区灰岩的背景含量高 6 倍多,为后期金的富集提供部分来源;环形断裂带为深部含金热液上升提供了通道和容矿的空间,岩溶作用及地下热水的循流促进了金的进一步富集成矿	必要
物化探异常特征	重力异常	布格重力异常总体呈北高南低特征,场值在$(15\sim23)\times10^{-5}\,m/s^2$之间变化,等值线展布方向以东西向为主,北部有一明显的重力高异常存在	次要
	磁异常	在新建村西南有一峰值为 300γ 的低缓航磁异常,呈椭圆形,长轴北东向,认为是中酸性侵入体引起的;汤山南、北均有 10 余个小磁异常,峰值 $200\sim250\gamma$,零散分布于闪长玢岩接触带和硅化带上	重要
	化探异常	1∶5 万土壤地球化学测量 Au、Sb、As、Pb、Ag 异常,呈北东东向长条状展布;1∶1 万原生晕 Au、Sb、As、Pb、Ag 异常;次生晕 Au、Sb、As、Pb、Ag、Zn、Cu 元素组合异常,Au、Sb、As 浓度高	必要

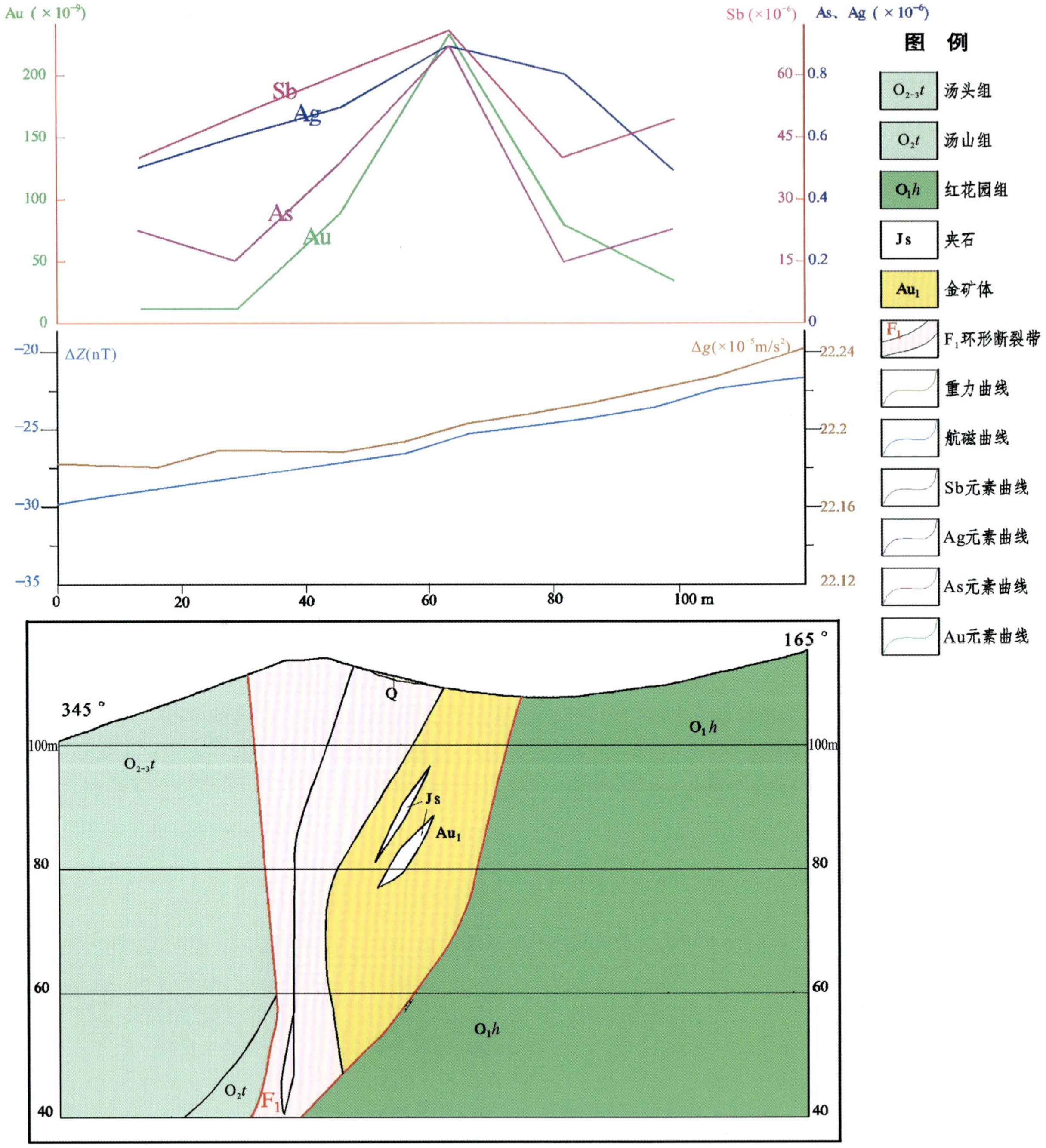

图 6-20　汤山卡林型金矿典型矿床预测模型图

2. 区域预测模型

区域上，该类型金矿体主要赋存在奥陶系红花园组至汤头组间的环形断裂破碎带中，矿区深部及外围的燕山期闪长玢岩、石英闪长斑岩等中酸性岩体，为成矿提供了主要成矿物质及热源。区域预测模型见表 6-20 及图 6-21。

表 6-20　汤山式卡林型(微细浸染型)金矿区域预测要素表

<table>
<tr><th colspan="3">区域预测要素</th><th>描述内容</th><th>预测要素分类</th></tr>
<tr><td rowspan="7">区域成矿地质环境</td><td colspan="2">成矿区带</td><td>Ⅲ-69-②沿江铜、铁、金、多金属、硫成矿亚带</td><td>重要</td></tr>
<tr><td colspan="2">大地构造位置</td><td>下扬子陆块苏皖前陆盆地东端宁镇断隆</td><td>重要</td></tr>
<tr><td colspan="2">主要控矿构造</td><td>发育于短轴背斜(穹隆)翼部近环状构造破碎带以及奥陶纪灰岩层间构造破碎带为主要的控矿构造</td><td>重要</td></tr>
<tr><td colspan="2">主要赋矿地层</td><td>奥陶系红花园组至汤头组之间的碳酸盐岩建造为主要赋矿围岩</td><td>必要</td></tr>
<tr><td colspan="2">控矿岩浆岩</td><td>深部及外围中酸性岩浆活动是成矿主要热力来源</td><td>必要</td></tr>
<tr><td colspan="2">成矿时代</td><td>原生期为燕山晚期(白垩纪),表生期为喜马拉雅期</td><td>重要</td></tr>
<tr><td colspan="2">成矿环境</td><td>矿(化)体主要赋存于红花园组至汤头组间的环形断裂破碎带,断裂经过层间滑动—压性逆冲—张性改造的复杂过程,断裂产状与地层产状基本一致</td><td>重要</td></tr>
<tr><td rowspan="7">区域成矿地质特征</td><td colspan="2">区域成矿类型和成矿期</td><td>中低温热液(岩溶淋积)微细浸染型(卡林型)金矿床。原生期为燕山晚期(白垩纪),表生期为喜马拉雅期</td><td>重要</td></tr>
<tr><td rowspan="6">汤山式卡林型(微细浸染型)金矿主要成矿要素</td><td>含矿建造</td><td>早中奥陶世碳酸盐建造为赋矿围岩,其金背景值较高,为后期金的富集提供部分物质来源</td><td>必要</td></tr>
<tr><td>成矿母岩</td><td>深部及外围的燕山期闪长玢岩、石英闪长斑岩等中酸性岩体,为成矿提供了主要成矿物质及热源</td><td>必要</td></tr>
<tr><td>控矿构造</td><td>发育于短轴背斜(穹隆)翼部近环状构造破碎带为含金热液运移提供了通道和富集空间。环状断裂与横断裂交叉处破碎带变宽,后期岩溶作用使矿体变大</td><td>必要</td></tr>
<tr><td>矿石建造</td><td>矿石矿物主要为自然金,次为黄铁矿、辰砂、褐铁矿、方铅矿、闪锌矿、黄铜矿、黝铜矿、赤铁矿等</td><td>重要</td></tr>
<tr><td>围岩蚀变</td><td>近矿围岩蚀变主要为硅化、次生石英岩化、大理岩化、褐铁矿化、黄铁矿化、重晶石化、萤石化、泥化</td><td>次要</td></tr>
<tr><td>矿床式</td><td>主要为卡林型(微细浸染型)金矿(汤山式)</td><td>必要</td></tr>
<tr><td rowspan="3">物化探异常特征</td><td colspan="2">磁法</td><td>等值线总体上呈东西向展布,以升高背景场为特征,局部异常轴向以北东东向为主,北东向次之,异常曲线形态规则,磁场强度一般为 200～400nT,主要与燕山期中酸性侵入岩体有关,有指示作用</td><td>次要</td></tr>
<tr><td colspan="2">化探</td><td>元素组合复杂,以 Au,As,Ag,Sb,Pb 为主,次为 Cu,Zn,Bi,Mo,Cd 等。以 Au 为代表的组合元素异常分布与褶皱构造密切相关,主要分布于幕府山、栖霞山—铜山、宝华山—巢凤山、徐家山—金子山、汤山—仑山等。金矿床(点)附近 Au 异常反映良好,浓度分带较完整</td><td>必要</td></tr>
<tr><td colspan="2">重砂</td><td>自然金、辰砂、黄铁矿为主,铅矿物、铜矿物等可见率较低。自然金异常零散分布于徐家山、汤山、钉耙岗—固江口等地,较好地反映了多金属矿床(点)分布</td><td>重要</td></tr>
</table>

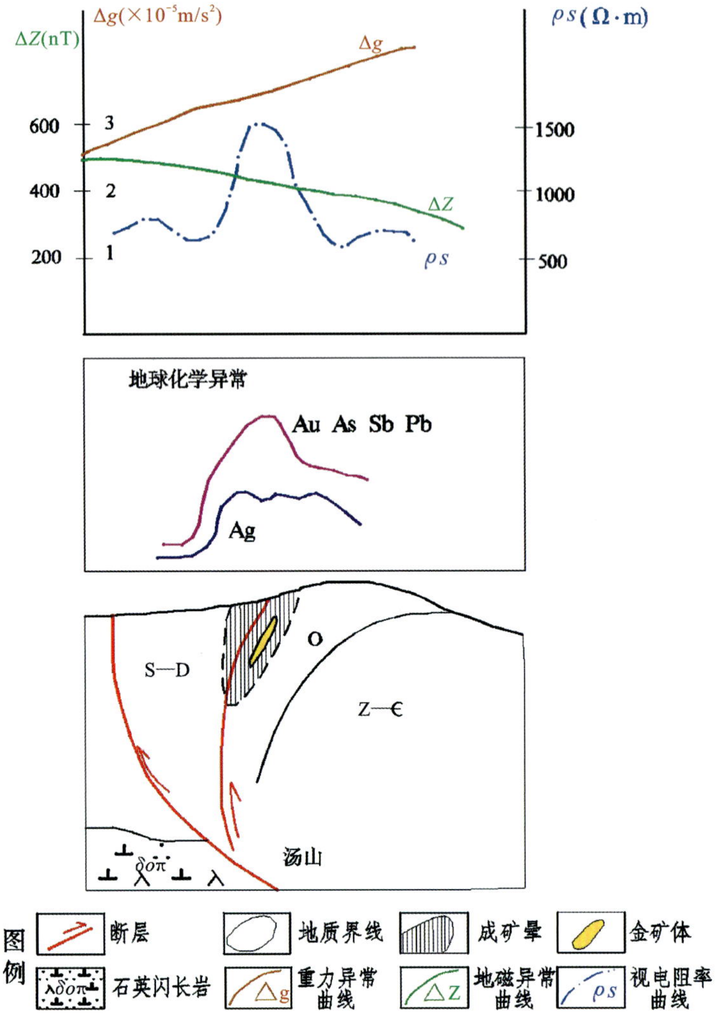

图 6-21　宁镇汤山式卡林型金矿区域预测模型图

七、栖霞山式碳酸盐岩型铅锌(银)矿预测评价模型

栖霞山式铅锌(银)矿是江苏省最为重要的一个铅锌(银)矿类型,主要分布于宁镇地区,最具有代表意义的典型矿床是栖霞山铅锌(银)矿。典型矿床及区域预测模型如下。

1. 典型矿床预测模型

栖霞山铅锌(银)矿为一大型铅锌多金属矿床,亦为长江中下游成矿带具有代表意义的典型矿床,矿区的石炭纪、二叠纪碳酸盐岩地层为其成矿有利层位和主要赋矿地层,北东东向压性或压扭性纵向断裂、断碎不整合面及北西向张性或张扭性断裂为其主要控矿构造,并根据现有资料推测其深部岩浆岩为其提供了主要成矿物质及热源,其典型矿床预测模型参见表 6-21 及图 6-22。

表 6-21 栖霞山碳酸盐岩(层控热液)型铅锌(银)矿典型矿床预测要素表

预测要素		描述内容	预测要素分类
特征描述		矿体主要受纵向逆断层、断碎不整合面控制,次为层间裂隙及古岩溶构造控制,矿体围岩主要为石炭系黄龙组、二叠系栖霞组碳酸盐岩,成因类型为以热液充填为主的碳酸盐岩型(层控热液型)铅锌(银)矿	
地质环境	成矿区带	Ⅲ-69-②沿江铜、铁、金、多金属、硫成矿亚带	必要
	地层	石炭系黄龙组、二叠系栖霞组碳酸盐岩地层为有利成矿层位	必要
	断裂构造	发育于泥盆系五通组或石炭系高丽山组砂页岩与石炭纪—二叠纪碳酸盐岩地层之间的压性或压扭性断裂是矿区主要容矿构造,象山群砂岩与下构造层之间不整合所发生的断裂破碎带,也是矿区重要的容矿构造之一	必要
	构造背景	下扬子陆块宁镇断隆西部,栖霞山复背斜南翼的倒转部位	重要
	成矿时代	燕山期	重要
矿床特征	矿物组合	矿石矿物主要为闪锌矿、方铅矿、黄铁矿、菱锰矿,次为黝铜矿、黄铜矿、白铁矿和少量磁铁矿、菱铁矿、铁菱锰矿、毒砂、磁黄铁矿,微量辉银矿、自然金;矿物共生组合主要有:闪锌矿-方铅矿-黄铁矿-黝铜矿-磁铁矿、闪锌矿-方铅矿-菱锰矿-黄铁矿、黄铁矿-菱锰矿-钙菱锰矿	重要
	结构构造	细粒结构为主,次为镶边结构、乳滴状结构	次要
		角砾状构造、土状构造、蜂窝状构造为主,其次为块状构造、浸染状构造、脉状构造	
	热液蚀变	总体热液蚀变较弱,局部有碳酸盐化、硅化、重晶石化等	次要
	控矿条件	成矿明显受构造和岩性控制。北东东向压性或压扭性纵向断裂、断碎不整合面及北西向张性或张扭性断裂是主要控矿构造,次为层间错动和层间裂隙及古岩溶构造;石炭纪、二叠纪碳酸盐岩地层为成矿有利层位和主要赋矿地层	必要
物化探异常特征	重力异常	布格重力异常总体呈线状异常特征,近东西方向展布,由北向南异常强度逐渐升高,场值在$(8.5\sim14)\times10^{-5}m/s^2$之间变化,南部重力异常等值线局部向北东、北西方向拐折。矿床处于重力梯级带	次要
	磁异常	区内地磁负异常位于区内中部偏东位置,幅值范围$-120\sim0nT$,其周围分布有正异常区,北部一处正异常区峰值达900nT。化极后负异常区范围变大,但周围仍零散分布有正异常区	重要
	化探异常	元素组合以Pb、Zn、Ag、Sb、As为主,并有Cd、Bi、Hg等。单元素呈现的异常范围由小到大、由内向外依次为Mo—Cd—Bi—Hg—Ag—As—Sb—Zn—Pb,具有一定的元素分带性,愈向西南方向分带性愈明显。多数元素都有一定的浓度分带性,但发育程度不同	必要

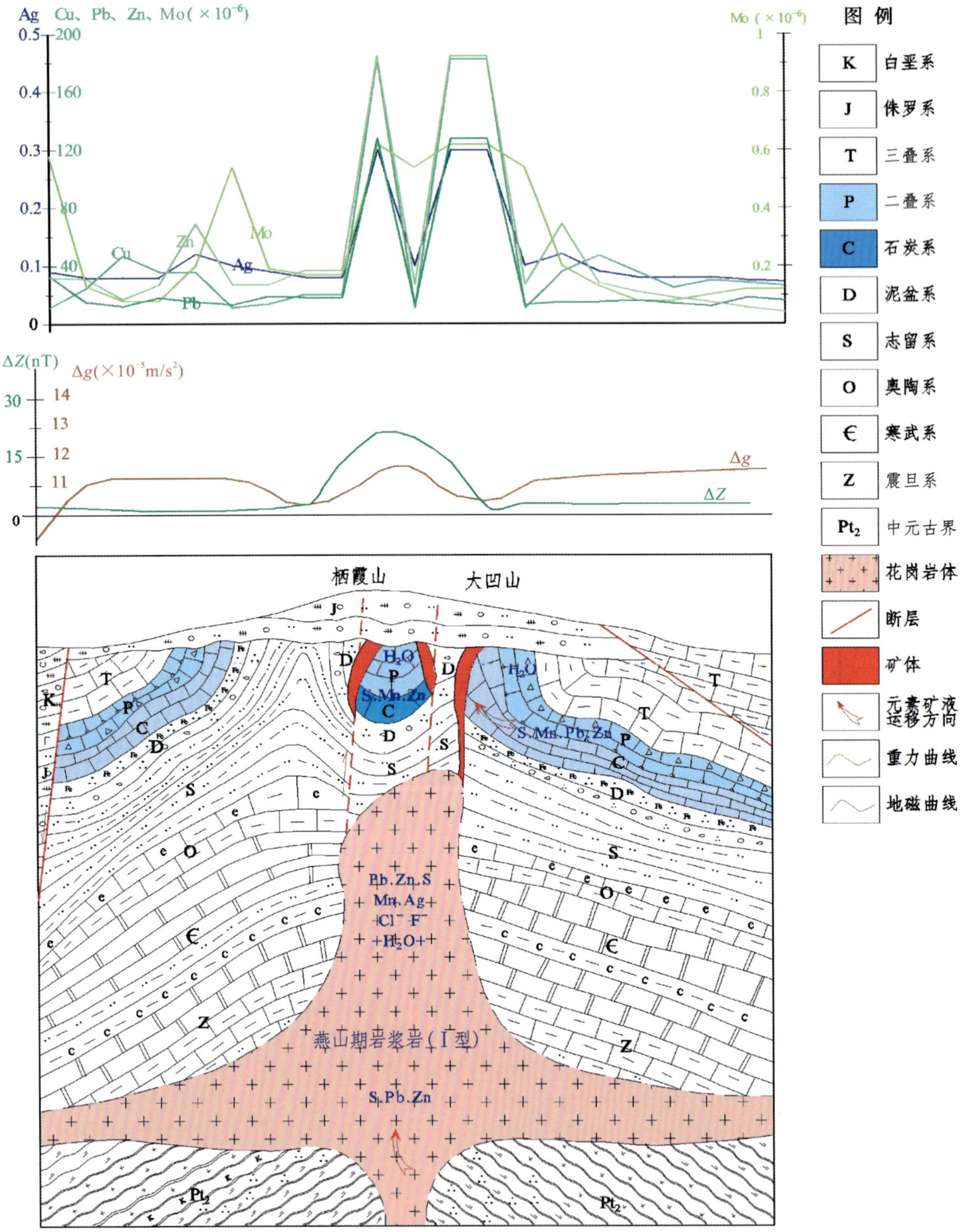

图 6-22　栖霞山碳酸盐岩(层控热液)型铅锌银矿典型矿床预测模型图

2. 区域预测模型

该类型铅锌多金属矿体主要赋存于石炭系黄龙组、二叠系栖霞组等的碳酸盐岩建造中,并受北东—近东向压性或压扭性纵向断裂控制。深部及外围中酸性岩体为其成矿提供了主要成矿物质、成矿流体及热源。区域预测模型参见表 6-22 及图 6-23。

表 6-22　栖霞山式碳酸盐岩(层控热液)型铅锌(银)矿区域预测要素表

区域预测要素			描述内容	预测要素分类
区域成矿地质环境	成矿区带		Ⅲ-69-②沿江铜、铁、金、多金属、硫成矿亚带	重要
	大地构造位置		下扬子陆块苏皖前陆盆地东端宁镇断隆	重要
	主要控矿构造		北东向、近东西向压性或压扭性纵向断裂	重要
	主要赋矿地层		石炭系黄龙组、二叠系栖霞组等的碳酸盐岩建造为有利成矿层位和主要赋矿建造	必要
	控矿岩浆岩		成矿与岩体关系不清,推测深部及外围中酸性岩体为成矿提供了主要成矿物质、成矿流体及热源	必要
	成矿时代		燕山晚期(白垩纪)	重要
	成矿环境		矿体主要赋存于北东向、近东西向的压扭性纵向断裂中,少部分矿体赋于北西向的张扭性横断裂、不整合面、古岩溶及部分地层层间裂隙中,石炭系黄龙组、二叠系栖霞组碳酸盐岩地层是成矿有利地层及主要赋矿围岩	重要
区域成矿地质特征	区域成矿类型和成矿期		区域成矿类型为碳酸盐岩(层控热液)型铅锌(银)矿(也有人认为是沉积-热液叠改型),成矿期为燕山晚期(白垩纪)	重要
	栖霞山式碳酸盐岩型(层控热液型)铅锌(银)矿主要成矿要素	含矿建造	主要含矿建造是石炭系黄龙组、二叠系栖霞组等的碳酸盐岩建造	必要
		成矿母岩	成矿与岩体关系不清,推测深部及外围中酸性岩体为成矿提供了主要成矿物质、成矿流体及热源	必要
		控矿构造	主要控矿构造是沿"硅钙面"发育的北东—近东向压性或压扭性纵向断裂,次为层间错动和层间裂隙及古岩溶构造	必要
		矿石建造	矿石矿物以闪锌矿、方铅矿、黄铁矿、钙菱锰矿为主,次有白铁矿、黄铜矿、磁铁矿、自然金、赤铁矿及少量软锰矿等	重要
		围岩蚀变	围岩蚀变主要为硅化、黄铁矿化、碳酸盐化、高岭土化、白云石化等	次要
		矿床式	主要为碳酸盐岩(层控热液)型铅锌(银)矿(栖霞山式)	必要
物化遥标志	磁法		等值线总体上呈东西向展布,以升高的高背景场为特征,局部异常以北东东向为主,北东向次之。异常形态规则,强度较高,主要与中酸性侵入体有关	重要
	化探		元素组合复杂,以 Pb,Zn,Ag,Sb,As 为主,伴有 Cd,Hg,Bi 等。以 Pb 为代表的元素组合异常主要分布于栖霞山—铜山、汤山—仑山、宝华山—巢凤山、徐家山—金子山,此外,在镇江地区有零星 Cu 异常分布,区域上 Pb 元素异常分带较完整。铅锌矿床(点)附近组合元素异常反映较理想	必要
	重砂		自然金、辰砂、黄铁矿为主,铅矿物、铜矿物等可见率较低。它们主要分布于多金属(包括其氧化后形成的铁帽)矿床(点)附近	重要

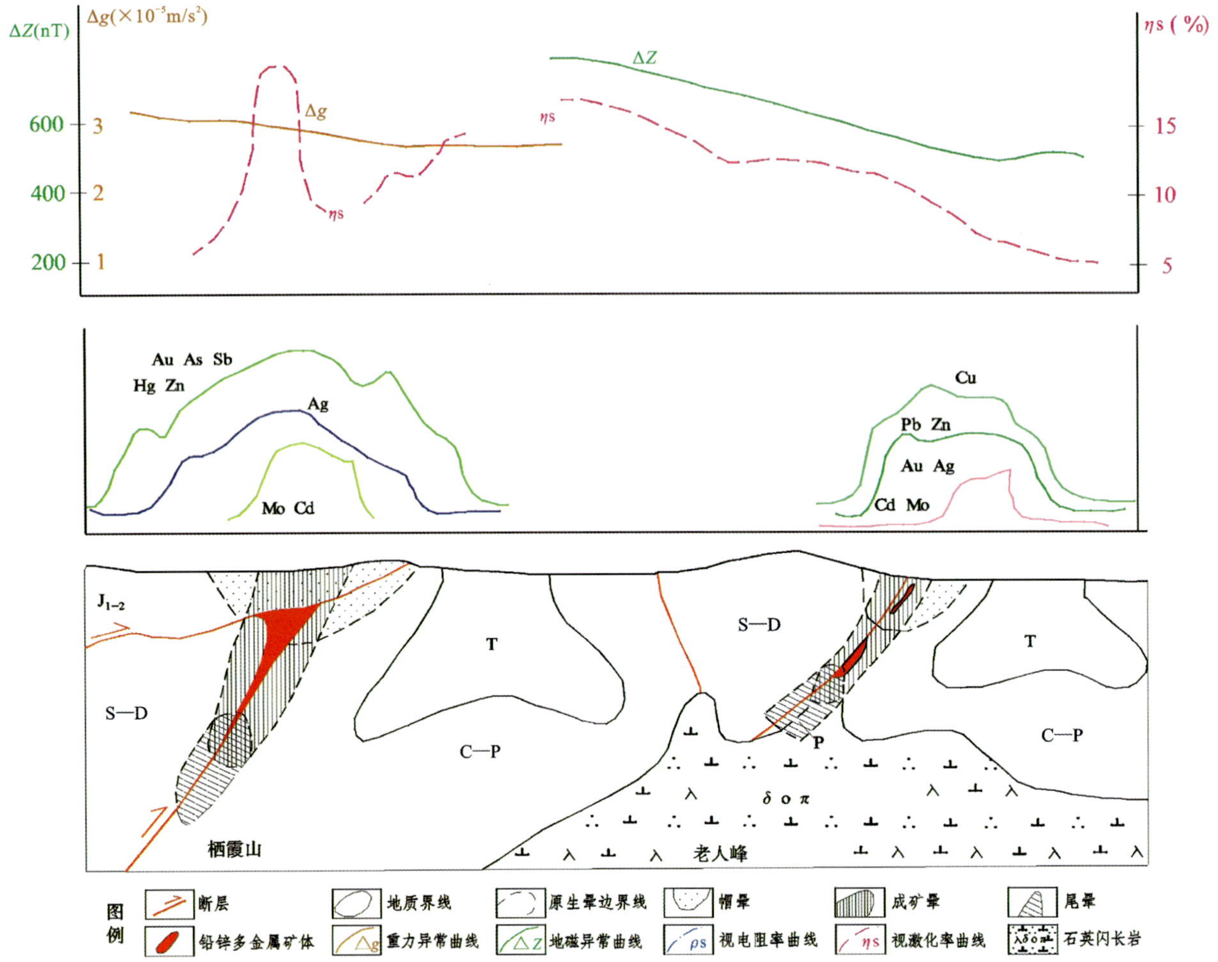

图 6-23　宁镇栖霞山式碳酸盐岩(层控热液)型铅锌(银)矿区域预测模型图

八、铜山式矽卡岩型钼矿预测评价模型

铜山式矽卡岩型铜钼矿主要分布在宁镇地区，钼矿往往与铜矿体共伴生，具有代表意义的典型矿床为铜山铜钼矿。典型矿床及区域预测模型如下。

1. 典型矿床预测模型

铜山铜钼矿为一小型矿床，二叠系栖霞组碳酸盐岩建造为主要赋矿围岩，发育于上泥盆统五通组与下二叠统栖霞组之间纵向逆断层是其主要导矿和容矿构造，燕山晚期斑状石英闪长岩等中酸性岩体为其成矿母岩。典型矿床预测模型参见表 6-23 及图 6-24。

表 6-23　铜山矽卡岩型钼铜矿床预测要素表

预测要素		描述内容	预测要素分类
特征描述		燕山晚期岩浆活动所产生的斑状石英闪长岩、花岗闪长斑岩侵入体与石炭纪—二叠纪碳酸盐岩地层接触交代形成的矽卡岩型钼铜矿床	
地质环境	成矿区带	Ⅲ-69-②沿江铜、铁、金、多金属、硫成矿亚带	必要
	地层	二叠系栖霞组为主要赋矿地层	必要
	侵入岩	燕山晚期花岗闪长斑岩、斑状石英闪长岩等中酸性岩体与成矿关系密切	必要
	成矿时代	白垩纪(106±3Ma,辉钼矿 Re-Os;王立本等,1997)	重要
	成矿作用	在高—中温条件下,燕山晚期岩浆活动所产生的斑状石英闪长岩侵入体与二叠系栖霞组碳酸盐岩接触后,发生交代作用形成矽卡岩及铜钼矿	重要
	成矿环境	发育于上泥盆统五通组与下二叠统栖霞组之间纵向逆断层(F_1)是主要导矿和容矿构造	重要
	构造背景	下扬子陆块宁镇断隆中段北缘的龙潭-仓头复背斜南翼	重要
矿床特征	矿物组合	矿石矿物:主要为黄铜矿、辉钼矿,次要为磁铁矿、磁黄铁矿、黄铁矿;脉石矿物:主要为石榴石、透辉石,次要为斜长石、方柱石、方解石、绿帘石、阳起石、角闪石	次要
	矿石结构构造	矿石结构:自形—半自形粒状结构、他形粒状结构、骸晶结构、交代残余结构、溶蚀结构;矿石构造:浸染状构造、细脉浸染状构造、团块状构造	次要
	蚀变	与钼矿化有关的蚀变主要有:矽卡岩化、绿帘石化、硅化、钠长石化	重要
	控矿条件	成矿有利围岩地层为二叠系栖霞组碳酸盐岩地层;发育于上泥盆统五通组与下二叠统栖霞组之间纵向逆断层(F_1)是主要导矿和容矿构造;燕山晚期斑状石英闪长岩等中酸性岩体为成矿母岩	必要
物化探异常特征	重力异常	重力异常背景较高,场值在(18～25)×10^{-5}m/s^2 之间变化,由南向北,异常值逐渐升高,整体呈东西向线状异常特征;矿床处在线状异常带中,无局部异常	次要
	磁异常	正负异常都有分布但分布不均匀,中间以负异常为主,四周主要分布正异常,呈不规则的环状异常形态。矿床北部为一处近椭圆形的带状正异常,该异常最大值为2580nT,矿床所在位置处于一处局部正异常的梯度带上	重要
	化探异常	矿床与 Cu、Pb、Zn、Mo、Bi 异常套合较好,异常延伸方向与断裂走向一致,其中 Mo、Pb、Bi 异常内、中、外带分带清晰,浓集中心明显;Cu 、Zn 异常较弱,仅见于外、中带,内带少见	重要

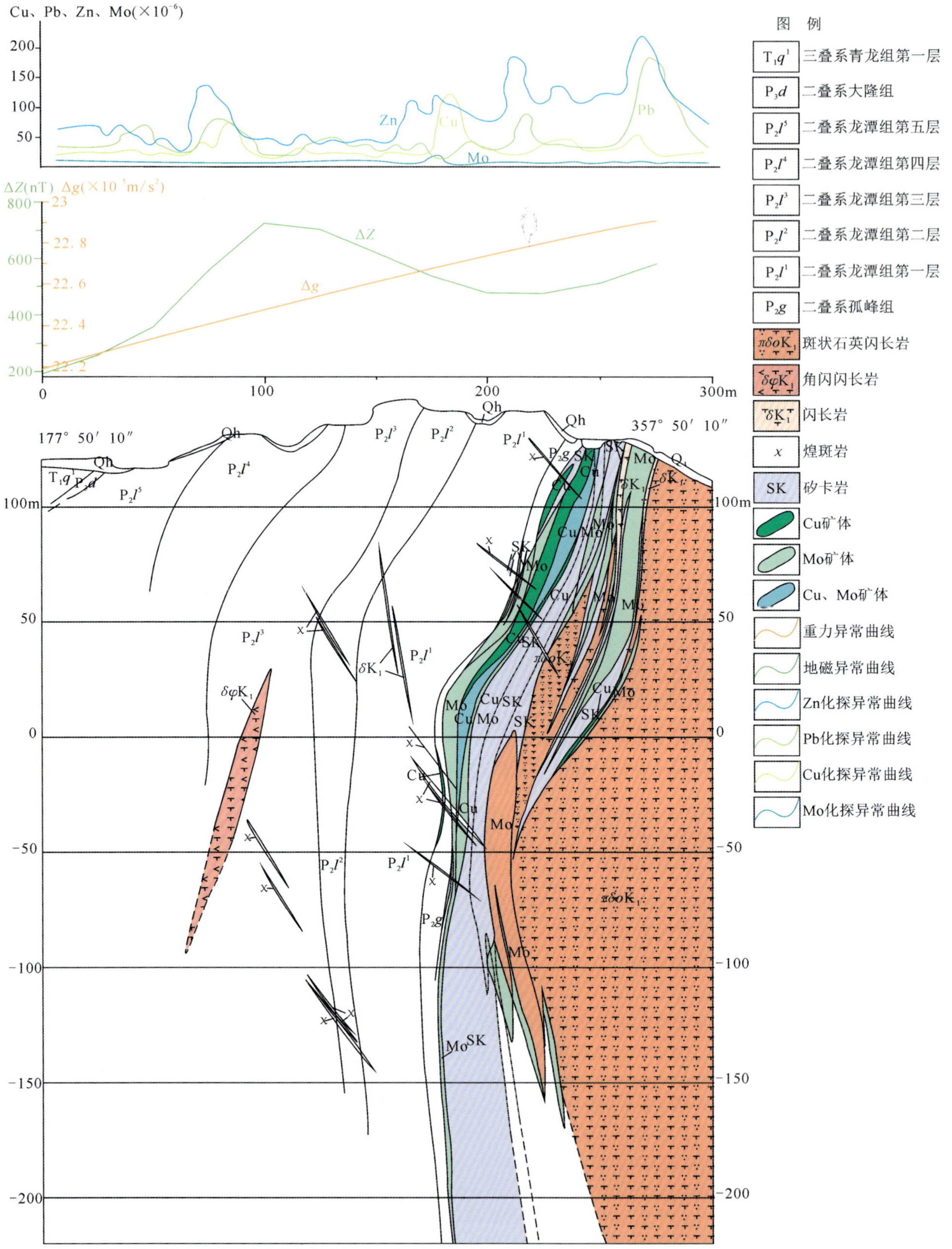

图 6-24　铜山矽卡岩型钼铜矿典型矿床预测模型图

2. 区域预测模型

区域上，该类型铜钼矿体主要赋存于燕山晚期花岗闪长斑岩、斑状石英闪长岩等中酸性侵入体与石炭系黄龙组、船山组，二叠系栖霞组碳酸盐岩建造的接触带矽卡岩中，少部分赋于围岩层间破碎裂隙中。区域预测模型参见表6-24及图6-25。

表6-24 铜山式矽卡岩型钼矿区域预测要素表

<table>
<tr><th colspan="3">区域预测要素</th><th>描述内容</th><th>预测要素分类</th></tr>
<tr><td rowspan="7">区域成矿地质环境</td><td colspan="2">成矿区带</td><td>Ⅲ-69-②沿江铜、铁、金、多金属、硫成矿亚带</td><td>重要</td></tr>
<tr><td colspan="2">大地构造位置</td><td>下扬子陆块苏皖前陆盆地东端宁镇断隆</td><td>重要</td></tr>
<tr><td colspan="2">主要控矿构造</td><td>纵向断裂是区内重要的控岩控矿构造，岩体与碳酸盐岩地层接触带为主要储矿构造。矿体主要赋存在岩体与碳酸盐岩的接触带矽卡岩中</td><td>重要</td></tr>
<tr><td colspan="2">主要赋矿地层</td><td>石炭系黄龙组、船山组和二叠系栖霞组等的碳酸盐岩建造为主要赋矿建造</td><td>必要</td></tr>
<tr><td colspan="2">控矿岩浆岩</td><td>燕山晚期早白垩世中酸性岩体，主要岩性有花岗闪长斑岩、斑状石英闪长岩</td><td>必要</td></tr>
<tr><td colspan="2">成矿时代</td><td>燕山晚期(白垩纪)</td><td>重要</td></tr>
<tr><td colspan="2">成矿环境</td><td>在高—中温条件下，燕山晚期岩浆活动所产生的花岗闪长斑岩、斑状石英闪长岩侵入体与石炭系黄龙组、船山组，二叠系栖霞组碳酸盐岩接触后，发生交代作用形成矽卡岩，矿体主要赋存在接触带矽卡岩中，少部分赋存于围岩层间破碎裂隙中</td><td>重要</td></tr>
<tr><td rowspan="7">区域成矿地质特征</td><td colspan="2">区域成矿类型和成矿期</td><td>成矿类型为接触交代矽卡岩型钼矿床；成矿期为燕山晚期</td><td>重要</td></tr>
<tr><td rowspan="6">铜山式矽卡岩型钼矿主要成矿要素</td><td>含矿建造</td><td>石炭系黄龙组、船山组和二叠系栖霞组等的碳酸盐岩建造</td><td>必要</td></tr>
<tr><td>成矿母岩</td><td>花岗闪长斑岩、斑状石英闪长岩等中酸性岩体与成矿关系密切</td><td>必要</td></tr>
<tr><td>控矿构造</td><td>纵向断裂是区内重要的控岩控矿构造，岩体与碳酸盐岩地层接触带为主要储矿构造</td><td>必要</td></tr>
<tr><td>矿石建造</td><td>矿石矿物主要为黄铜矿、辉钼矿，次要为磁铁矿、磁黄铁矿、黄铁矿等</td><td>重要</td></tr>
<tr><td>围岩蚀变</td><td>近矿围岩蚀变主要为硅化、大理岩化、褐铁矿化、黄铁矿化等</td><td>次要</td></tr>
<tr><td>矿床式</td><td>主要为矽卡岩型钼矿(铜山式)</td><td>必要</td></tr>
<tr><td rowspan="3">物化遥标志</td><td colspan="2">磁法</td><td>等值线总体上呈东西向展布，以升高背景场为特征，局部异常轴向以北东东向为主，北东向次之，异常曲线形态规则，磁场强度一般为200～400nT，主要与燕山期中酸性侵入岩体有关，有指示作用</td><td>次要</td></tr>
<tr><td colspan="2">化探</td><td>矿床与次生晕Cu、Pb、Zn、Mo、Bi异常套合较好，异常延伸方向与断裂走向一致，其中Mo、Pb、Bi异常内、中、外带分带清晰，浓集中心明显；Cu、Zn异常较弱，仅见于外、中带，内带少见</td><td>必要</td></tr>
<tr><td colspan="2">重砂</td><td>自然金、辰砂、黄铁矿为主，铅矿物、铜矿物等可见率较低。它们主要分布于多金属(包括其氧化后形成的铁帽)矿床(点)附近</td><td>次要</td></tr>
</table>

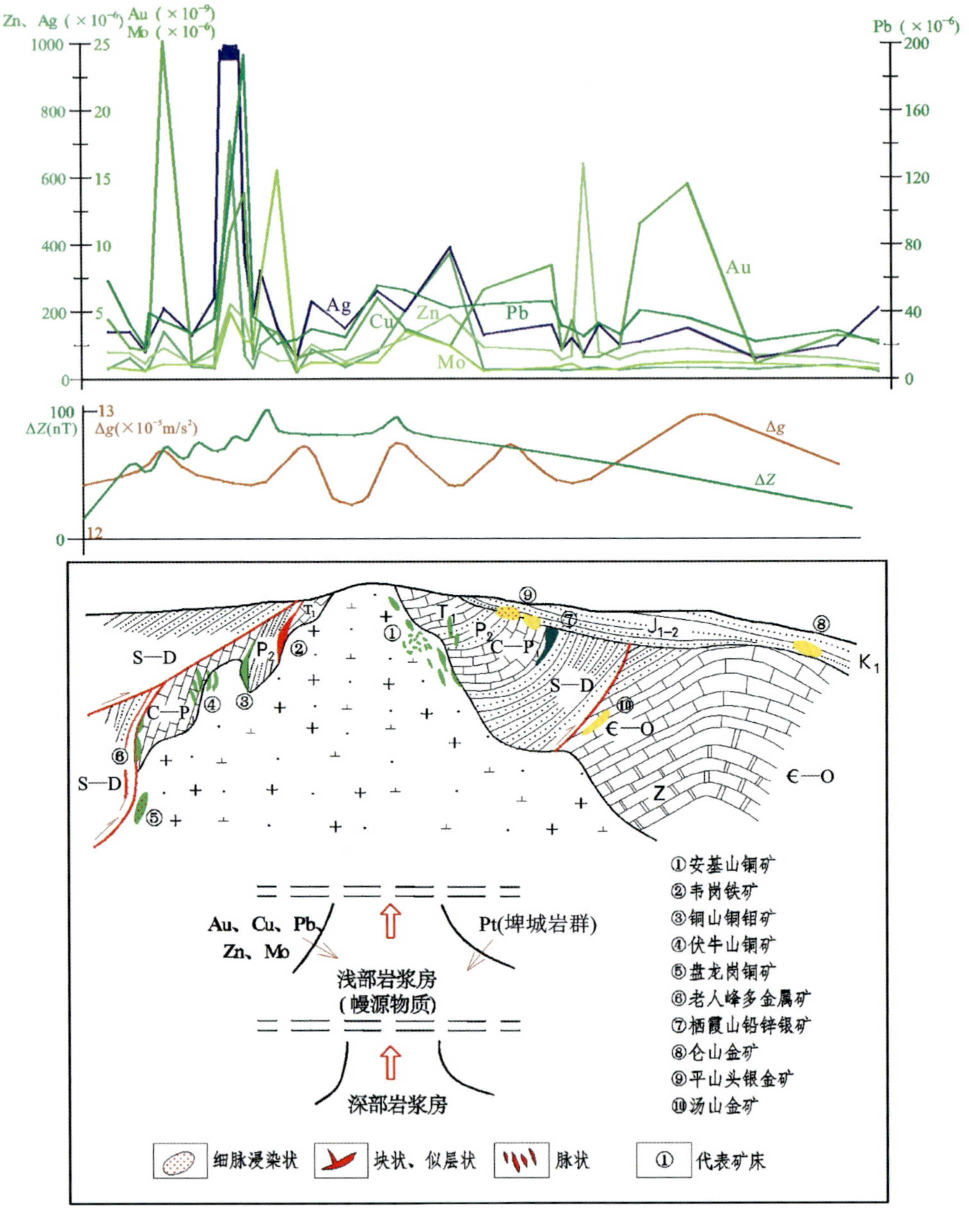

图 6-25　宁镇地区铜、金、钼多金属矿区域综合预测模型图

九、谏壁式斑岩型钼矿预测评价模型

谏壁式斑岩型钼矿是江苏省重要的钼矿类型，主要分布在宁镇地区，典型矿床为谏壁钼矿。典型矿床及区域预测模型如下。

1. 典型矿床预测模型

谏壁钼矿为一中型矿床，其矿体主要赋存于二长花岗岩、二长花岗斑岩等中酸性岩体与震旦纪碳酸盐岩建造接触带附近的岩体内，并伴生有少量钨矿。典型矿床预测模型见表 6-25 及图 6-26。

表 6-25 谏壁斑岩型钼(钨)矿床预测要素表

预测要素		描述内容	预测要素分类
特征描述		斑岩-石英脉型热液充填-交代型钼(钨)矿床,即斑岩型钼(钨)矿	
地质环境	成矿区带	Ⅲ-69-②沿江铜、铁、金、多金属、硫成矿亚带	必要
	地层	震旦系黄墟组、灯影组	必要
	侵入岩	燕山晚期中酸性侵入岩体,岩性主要为二长花岗岩、二长花岗斑岩、石英二长斑岩	必要
	成矿时代	白垩纪	重要
	成矿作用	主要为二长花岗岩、二长花岗斑岩等中酸性岩体与震旦纪碳酸盐岩接触,产生不同程度的接触交代作用和热变质作用,在接触带附近的岩体内(少部分产于接触带)形成斑岩型钼钨矿(由微细脉组成的脉群)	重要
	成矿环境	近东西向、北西向、北东向断裂构造为区内导岩、导矿构造,岩体内部近于东西向的羽状构造裂隙带是主要赋矿空间,少量矿体赋存于接触带中	重要
	构造背景	下扬子陆块宁镇山脉东段埠(埠城)-孟(孟河)复背斜的北西倾没部位	重要
矿床特征	矿物组合	矿石矿物:主要为辉钼矿,其次为白钨矿,少量黄铜矿;脉石矿物:石英、钾长石、石榴石、透辉石、黑云母、榍石、褐帘石、磷灰石、方解石、绿帘石、绿泥石	次要
	矿石结构构造	矿石结构:辉钼矿呈半自形—自形晶,叶片状、菊花状、粉末状结构;矿石构造:细粒浸染状构造,细脉状构造,网脉状构造,斑点状-不规则团块状构造	次要
	热液蚀变	正接触带:透辉石化、透闪石化、石榴石化、矽卡岩化;内接触带:硅化、钾长石化、绿泥石化;内带:钾长石化、钠长石化	重要
	控矿条件	近东西向、北西向、北东向断裂构造为区内导岩、导矿构造;燕山晚期中酸性岩体,主体为二长花岗岩、二长花岗斑岩、石英二长斑岩,为成矿岩体;围岩为震旦系黄墟组、灯影组碳酸盐岩;钼(钨)矿赋存于接触带附近的岩体内,岩体内部近于东西向的羽状构造裂隙带是主要储矿空间,少量矿体赋存于接触带中	必要
物化探异常特征	重力异常	布格重力异常背景较高,场值在$(8\sim15)\times10^{-5}\ m/s^2$之间变化,由西北向东南,异常值逐渐升高,等值线整体呈北东向线状异常特征;矿床处在线状异常带中	重要
	化探异常	Cu、Pb、Zn、Co、Mo 异常与石英闪长斑岩、石英二长斑岩套合性较好,异常较弱,仅见于外、中带,内带少见,无明显浓集中心,异常主要分布于矿体外围	重要

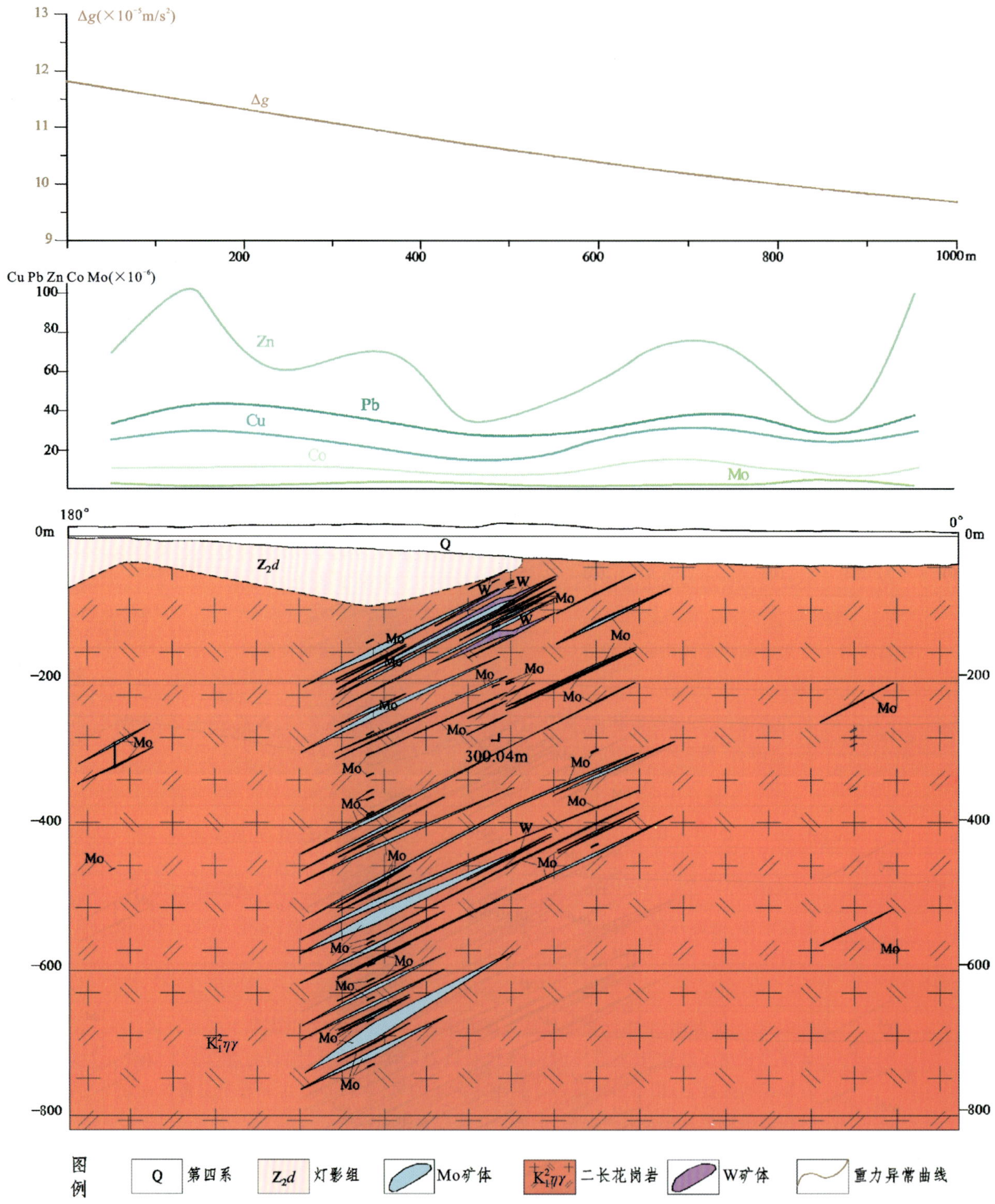

图 6-26　谏壁斑岩型钼矿典型矿床预测模型图

2. 区域预测模型

宁镇谏壁式斑岩型钼矿预测工作区区域预测模型参见表 6-26 及图 6-27。

表 6-26 谏壁式斑岩型钼矿区域预测要素表

区域预测要素			描述内容	预测要素分类
区域成矿地质环境	成矿区带		Ⅲ-69-②沿江铜、铁、金、多金属、硫成矿亚带	重要
	大地构造位置		下扬子陆块苏皖前陆盆地宁镇断隆东端	重要
	主要控矿构造		北西—北西西向构造为纵向压扭性断裂构造，北东东向断裂属张扭性断裂，均为区内主要控岩、控矿构造，岩体内部近于东西向羽状构造裂隙带是主要赋矿构造	重要
	主要赋矿地层		矿体主要赋存于燕山晚期侵入形成的二长花岗岩、二长花岗斑岩中，少量矿体产于岩体与震旦系灯影组碳酸盐岩地层的接触带中	必要
	控矿岩浆岩		燕山晚期中酸性侵入岩体，岩性主要为二长花岗岩、二长花岗斑岩	必要
	成矿时代		燕山晚期(白垩纪)	重要
	成矿环境		燕山晚期的二长花岗岩、二长花岗斑岩等中酸性岩体，侵入到震旦系黄墟组、灯影组碳酸盐岩地层中，在接触带带及附近岩体内，形成斑岩型钼钨矿	重要
区域成矿地质特征	区域成矿类型和成矿期		斑岩型钼(钨)矿床；成矿期为燕山晚期	重要
	谏壁式斑岩型钼矿主要成矿要素	含矿建造	矿体主要产于二长花岗岩、二长花岗斑岩、石英二长斑岩等中酸性岩体与震旦系黄墟组、灯影组碳酸盐岩地层的接触带附近的岩体的微细裂隙带中，少量产于接触带中	必要
		成矿母岩	与成矿有关的侵入岩体主要为二长花岗岩、二长花岗斑岩、石英二长斑岩等	必要
		控矿构造	北西—北西西向构造为纵向压扭性断裂构造，北东东向断裂属张扭性断裂，均为区内主要控岩、控矿构造。岩体内部近于东西向羽状构造裂隙带是主要赋矿构造	必要
		矿石建造	矿石矿物主要为辉钼矿，其次为白钨矿，少量为黄铜矿	重要
		围岩蚀变	围岩蚀变分带较明显，可分为正接触带、内接触带、内带。正接触带中透辉石、透闪石、石榴子石矽卡岩与 W、Mo、Cu 关系密切，但连续性差；内接触带硅化、钾长石化、绿泥石化在空间上与矿化关系密切；内带钾长石化、钠长石化与白钨矿化空间关系较为密切	次要
		矿床式	主要为斑岩型钼矿(谏壁式)	必要
物化遥标志	磁法		等值线总体上呈东西向展布，以升高背景场为特征，局部异常轴向以北东东向为主，北东向次之，异常曲线形态规则，磁场强度一般为 200～400nT，主要与燕山期中酸性侵入岩体有关，有指示作用	次要
	化探		次生晕表现为 Cu、Pb、Zn、Co、Mo 元素组合异常，异常与石英闪长斑岩、石英二长斑岩套合性较好，异常较弱，仅见于外、中带，内带少见，无明显浓集中心，异常主要分布于矿体外围	必要
	重砂		自然金、辰砂、黄铁矿为主，铅矿物、铜矿物等可见率较低。它们主要分布于多金属(包括其氧化后形成的铁帽)矿床(点)附近	次要

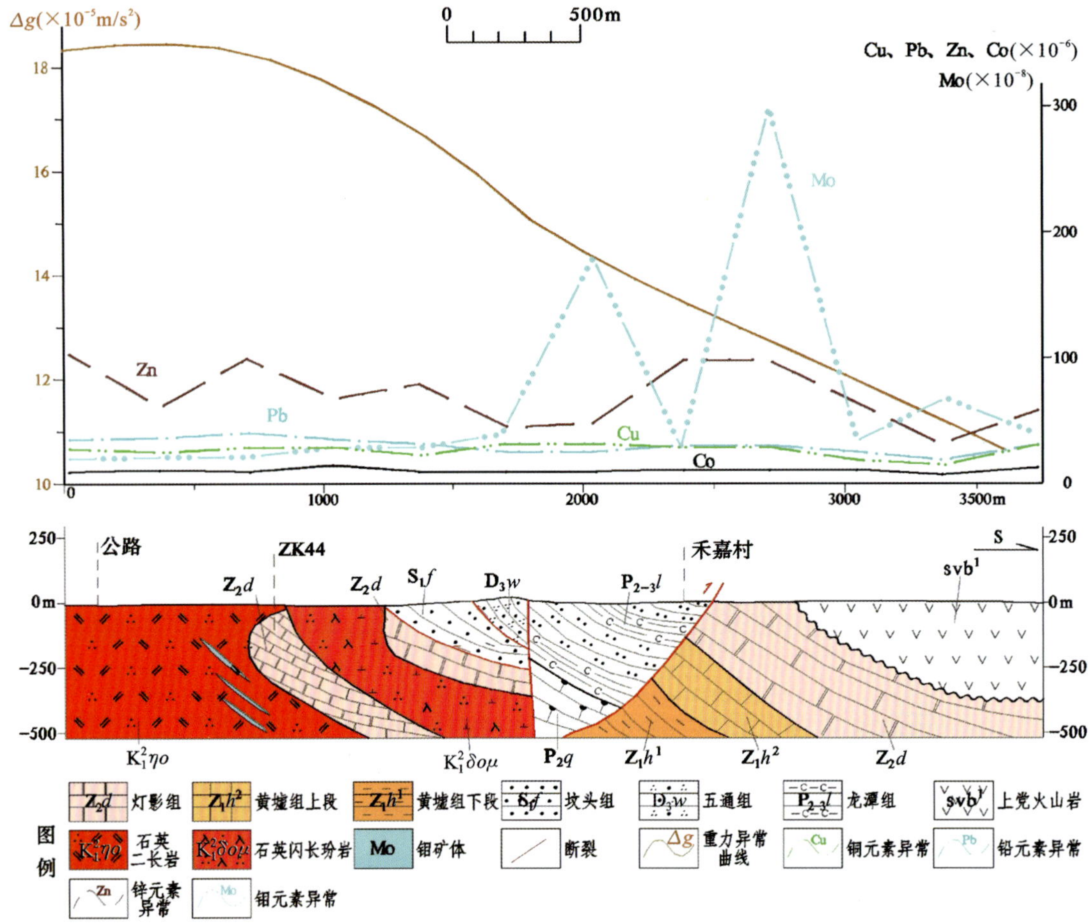

图 6-27 宁镇谏壁式斑岩型钼矿区域预测模型图

十、云台山式陆相火山岩型硫铁矿预测评价模型

云台山式陆相火山岩型硫铁矿是江苏省最为重要的一个硫铁矿类型，主要分布在沿江成矿亚带宁芜(北段)地区，溧水地区有少量分布，最具有代表意义的典型矿床为南京云台山硫铁矿床。典型矿床及区域预测模型如下。

1. 典型矿床预测模型

云台山硫铁矿为一中型陆相火山岩型硫铁矿床，位于下扬子陆块之宁芜火山岩断陷盆地的中段东侧，其矿体主要赋存在次闪长玢岩体附近破碎的灰质白云岩、泥灰岩及钙质粉砂岩中，燕山期火山活动及次火山岩体——闪长玢岩的侵入为其提供了成矿物质及成矿热液。典型矿床预测模型参见表 6-27 及图 6-28。

表 6-27　南京云台山陆相火山岩型硫铁矿预测要素表

预测要素		描述内容	预测要素分类
特征描述		矿体受北东向的断裂及层间破碎带控制，呈透镜状或似层状产出。矿体主要赋存在周冲村组碳酸盐岩层、黄马青组泥灰岩、钙质泥质粉砂岩中，在象山群砂页岩、龙王山组安山质火山碎屑岩及辉长闪长玢岩中也有矿体赋存，成矿与碳酸盐岩关系最为密切。成因类型属于陆相火山岩型(次火山热液型)硫铁矿床	
地质环境	成矿区带	Ⅲ-69-②沿江铜、铁、金、多金属、硫成矿亚带	必要
	地层	赋矿层位主要为周冲村组、黄马青组，其次为龙王山组	必要
	岩石类型	燕山中晚期辉长(辉石)闪长玢岩为主	必要
	岩石结构	不等粒斑状结构或变余斑状结构	次要
	成矿时代	燕山中晚期(晚侏罗世—白垩纪)	重要
	成矿环境	北东向的压扭性断裂控制了辉长闪长玢岩的侵入，次级构造和层间裂隙控制了硫矿体。三叠系周冲村组、黄马青组是本区的主要赋矿层位，硫铁矿体主要赋存在破碎的灰质白云岩、泥灰岩及钙质粉砂岩中	重要
	构造背景	矿床位于下扬子陆块之宁芜火山岩断陷盆地的中段东侧，区域断裂主要有北北东—北东向、北北西向、北西西向 3 组。以北东向为主的逆断层及层间破碎带为矿区主要控矿构造	必要
矿床特征	矿物组合	矿石矿物以黄铁矿为主，有少量白铁矿、磁铁矿、菱铁矿和极少量的镜铁矿、闪锌矿、方铅矿、黄铜矿及辉钼矿等；脉石矿物以白云石、方解石、石英为主，次为绢云母、绿泥石等	次要
	蚀变	围岩蚀变主要为硅化、碳酸盐化、绢云母化、高岭土化、绿泥石化等	重要
	控矿条件	三叠系周冲村组、黄马青组是本区的主要赋矿层位，其次为龙王山组；北东向的压扭性断裂控制了辉长闪长玢岩的侵入，为本区主要控岩控矿构造，次级构造和层间裂隙提供了容矿空间；燕山期火山活动及次火山岩体-闪长玢岩侵入，提供了成矿物质及成矿热液	必要
地球物理特征	重力	布格重力异常背景较高，矿床处在升高异常的边缘，无明显局部异常	重要
	磁法	地磁等值线图上背景为大片正异常，分布杂乱无章，矿床所在位置处于中间相对平稳的梯度带上	次要
地球化学特征	化探	Ba、Sr、P、Mn 异常主要分布于碳酸盐岩地层区；Cu、Mo 异常内、中、外带分带清晰，浓集中心明显	重要

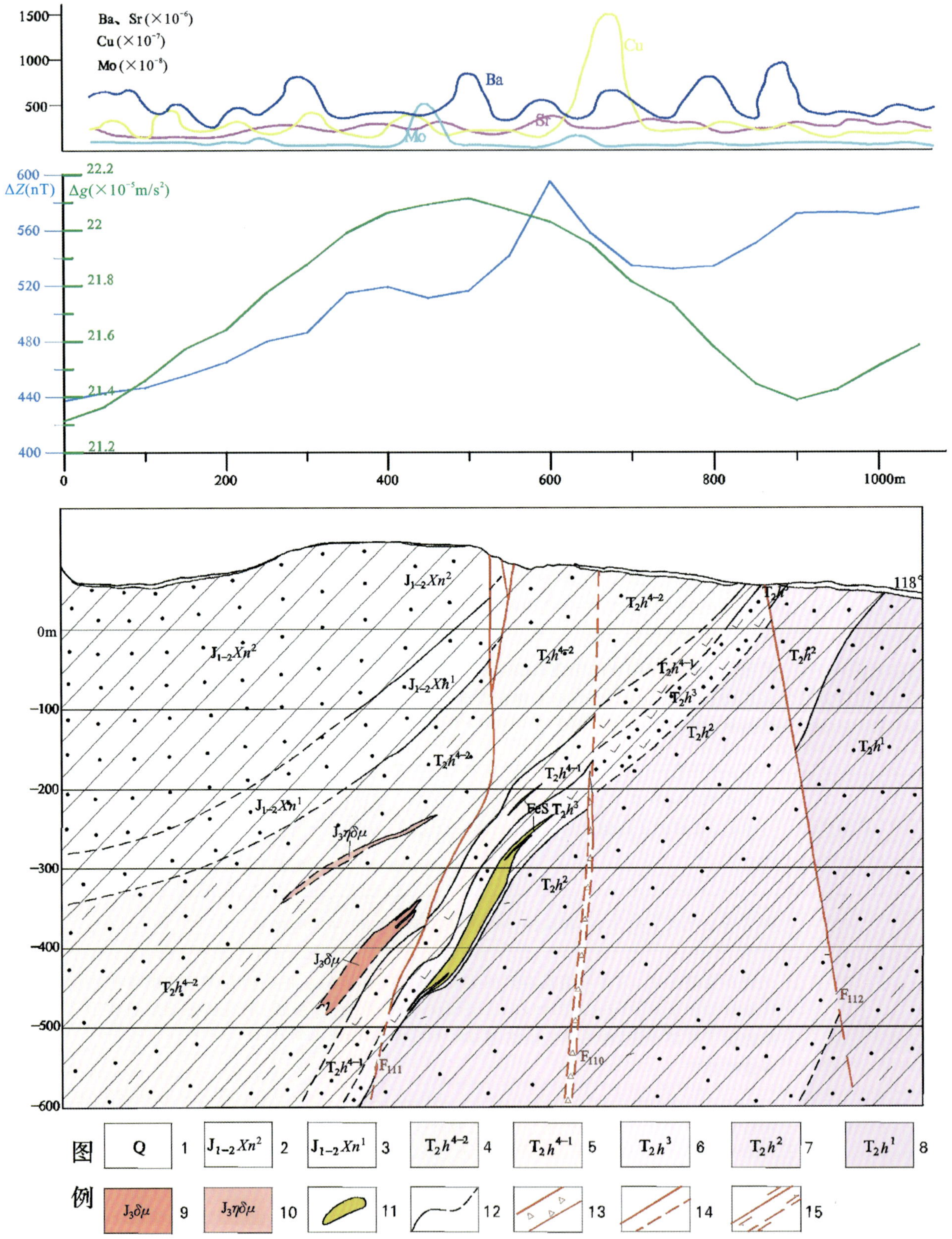

图 6-28　云台山陆相火山岩型硫铁矿典型矿床预测模型图

1.第四系；2.象山群上部；3.象山群下部；4.黄马青组上红色岩段上部；5.黄马青组上红色岩段下部；6.黄马青组碳酸盐岩段；7.黄马青组杂色砂岩段；8.黄马青组下红色岩段；9.闪长玢岩；10.辉长闪长玢岩；11.黄铁矿体；12.实测、推测地质界线；13.构造破碎带；14.实测、推测性质不明断层；15.实测、推测平移断层

2. 区域预测模型

区域上，该类型硫铁矿体主要赋存在次闪长玢岩体附近破碎的灰质白云岩、泥灰岩及钙质粉砂岩中，部分赋存于闪长玢岩体与火山碎屑岩的接触带中。区域预测模型参见表6-28及图6-29。

表6-28 云台山式陆相火山岩型硫铁矿区域预测要素表

区域预测要素			描述内容	预测要素分类
区域成矿地质环境	成矿区带		Ⅲ-69-②沿江铜、铁、金、多金属、硫成矿亚带	重要
	大地构造位置		下扬子陆块苏皖前陆盆地，宁芜火山断陷盆地北段	重要
	主要控矿构造		北北东向、北东向、近东西向的断裂控制盆地内火山喷发-侵入活动，硫铁矿床主要受北东向和近东西向构造控制。层间构造裂隙为主要赋矿构造	重要
	主要赋矿地层		赋矿层位主要是周冲村组的灰质白云岩、泥灰岩和黄马青组的钙质砂页岩，其次为龙王山组下段的凝灰岩、凝灰角砾岩、安山岩	必要
	控矿岩浆岩		主要为燕山中晚期闪长玢岩	必要
	成矿时代		燕山中晚期(晚侏罗世—白垩纪)	重要
	成矿环境		北北东向、北东向、近东西向的断裂及火山构造控制盆地内闪长玢岩体的侵入，次级构造和层间裂隙控制了硫矿体分布。周冲村组及黄马青组是本区的主要赋矿层位，其次为龙王山组下段，硫铁矿体主要赋存在次闪长玢岩体附近破碎的灰质白云岩、泥灰岩及钙质粉砂岩中，部分赋存于闪长玢岩体与火山碎屑岩的接触带中	重要
区域成矿地质特征	区域成矿类型和成矿期		区域成矿类型为陆相火山岩型(次火山热液型)硫铁矿床；成矿期为燕山中晚期(晚侏罗世—白垩纪)	重要
	云台山式陆相火山岩型硫铁矿主要成矿要素	含矿建造	龙王山组下段的凝灰岩、凝灰角砾岩、安山岩以及周冲村组的灰质白云岩、泥灰岩与黄马青组的钙质砂页岩为主要赋矿围岩	必要
		成矿母岩	主要为燕山中晚期闪长玢岩	必要
		控矿构造	北北东向、北东向、近东西向的断裂控制盆地内火山喷发-侵入活动，硫铁矿床主要受北东向和近东西向构造控制。矿体主要赋存在围岩构造裂隙中	必要
		矿石建造	矿石矿物以黄铁矿为主，有少量白铁矿、磁铁矿、菱铁矿和极少量的镜铁矿、闪锌矿、方铅矿、黄铜矿及辉钼矿等	重要
		围岩蚀变	围岩蚀变主要为硅化、碳酸盐化、绢云母化、高岭土化、绿泥石化等	次要
		矿床式	主要为陆相火山岩型硫铁矿(云台山式)	必要
物化遥标志	磁法		总体重磁同高区，3条北东向、1条北西向磁异常带为浅成—超浅成侵入体及玢岩铁矿引起，有指示作用	次要
	重力		重磁同高区，东带明显重力高，反映盆地北东向成带，北西向切割成块的特征。重力异常往往是矿床与含矿围岩的综合反映	重要
	化探		Fe_2O_3、Cu、Mo、Ba、Sr与硫铁矿相关性较大，其中Ba、Sr异常主要分布于碳酸盐岩地层区，异常分带不明显，未见明显的浓集中心；Cu、Mo异常内、中、外带分带清晰，浓集中心明显，与硫铁矿套合较好	重要

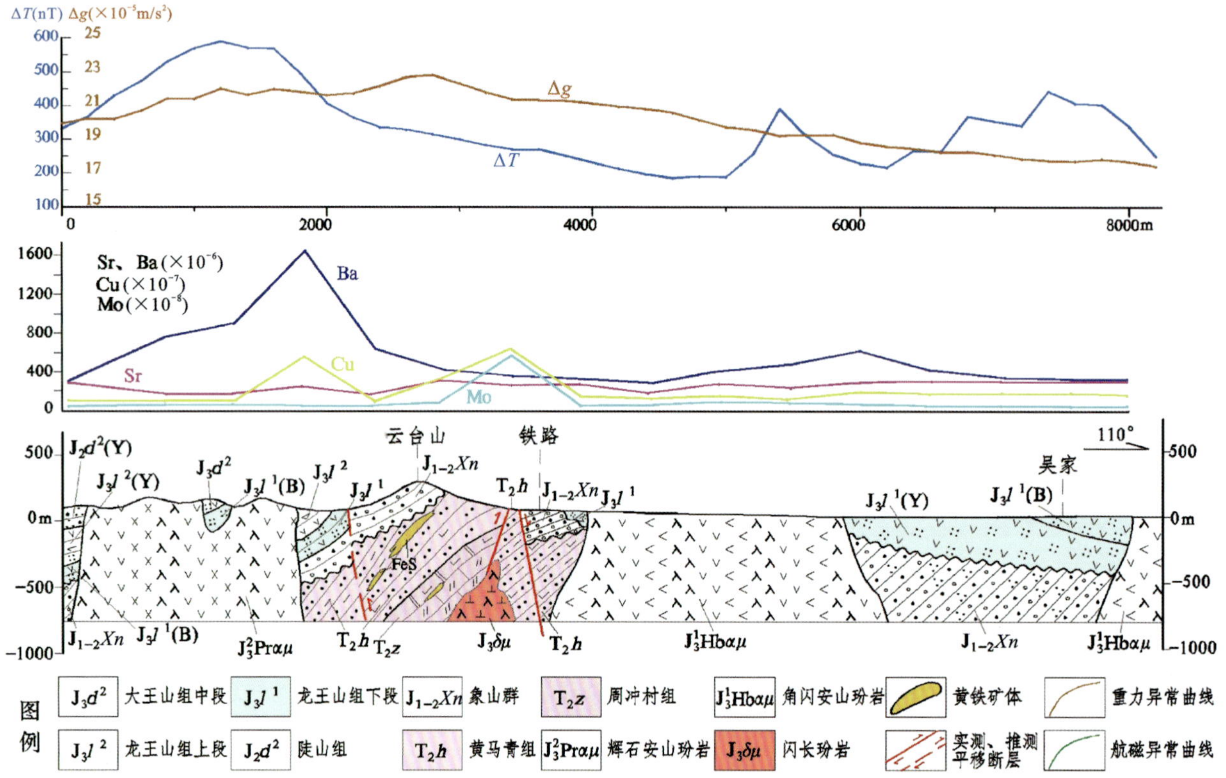

图 6-29　宁芜宁芜式陆相火山岩型铁矿区域预测模型图

十一、沿江成矿亚带其他预测评价模型简述

在沿江成矿亚带中，除了上述具有典型意义与重要地位的 8 个矿种的 10 个矿产预测类型及其预测评价模型外，还有铁、铜、金、磷等矿种的其他 6 个矿产预测类型及其预测评价模型。

（1）冶山式矽卡岩型铁矿，该类型铁矿主要分布在该亚带内的六合预测工作区，以冶山中型铁矿为代表，矿体主要赋存在燕山晚期的花岗闪长斑岩等中酸性岩体与震旦纪—寒武纪镁质碳酸盐岩建造接触带矽卡岩（大理岩）中，其成矿机制及预测评价模型与韦岗式矽卡岩型铁矿相类似。

（2）五部式陆相火山岩型铜铅矿，该类型铜铅矿主要与次火山热液有关，分布在溧水预测工作区，以观山小型铜铅矿为代表，矿体主要分布在次火山岩体粗安斑岩中，受次火山岩体内古火山机构形成的断裂所控制，与区域中獾子洞式铜金矿同期次。

（3）西横山式破碎蚀变岩型金矿，该类型金矿主要分布在成矿亚带内的溧水预测工作区，以燕子口小型金矿为代表，矿体主要产于燕山期中酸性次火山岩体与侏罗纪沉积岩接触带外带附近围岩中的硅化破碎带或构造裂隙中，与区域中獾子洞式铜金矿同期次，其成矿机制及预测评价模型可参照图 6-20。

（4）新桥式铁帽型金矿，该类型金矿主要分布在成矿亚带内的宁镇地区，以平山头小型金矿为代表，其矿体主要由富含银、金铅锌硫化物，经表生氧化作用和次生富集而成，其深部多赋存有铅锌银硫化物矿体，与栖霞山式铅锌银矿有成生联系，其成矿机制及预测评价模型可参照借鉴之（图 6-24）。

（5）铜陵式矽卡岩型硫铁矿，该类型硫铁矿主要分布在宁镇预测工作区，除岔路口等少数硫铁矿构成单独矿床外，大多数为矽卡岩型铁、铜、多金属矿共伴生矿（如安基山铜矿等），矿体主要产于燕山晚期中酸性侵入岩体与石炭纪—三叠纪碳酸盐岩建造（主要是灰岩）接触带内，其独立硫铁矿可参照借鉴宣州-苏州成矿亚带中铜陵式矽卡岩型硫铁矿的预测评价模型，共伴生硫铁矿可参照借鉴相应多金属矿的成矿机制及预测评价模型。

(6)宁芜式玢岩型铁磷矿，该类型铁磷矿主要分布在该成矿亚带内的宁芜预测工作区，是与次火山岩有关的热液矿床，其与宁芜式陆相火山岩型铁矿(玢岩铁矿)多共伴生，矿体往往位于玢岩铁矿体的中下部位，并赋存在辉石闪长玢岩岩体裂隙中，以泰山铁磷矿为代表，其成矿机制及预测评价模型可参照宁芜式陆相火山岩型铁矿的预测评价模型。

第五节　综合预测区特征及预测成果

本成矿亚带是长江中下游成矿带的主成矿亚带，也是江苏省最重要的一个成矿亚带，其主要由六合隆起、宁镇隆起、宁芜中生代火山岩盆地及溧水中生代火山岩盆地相对独立的4个区域组成。在此次矿产资源潜力评价工作中，该成矿亚带省内部分涉及到铁、铜、金、铅、锌、银、钼、硫、磷共计9个矿种(组)的16个矿产预测类型、18个预测类型预测工作区。该亚带各单矿种的预测成果及主要分布区域如表6-29所示。

根据已知矿产地的分布特征及其各矿种预测成果，铁、硫、磷矿种主要分布在宁芜北段火山岩盆地中，次为宁镇、六合及溧水地区；而铅锌银及铜、金、钼多金属则主要分布在宁镇地区，次为宁芜及溧水地区。

在单矿种预测成果的基础上，该成矿亚带内共计综合圈定出12个综合预测区(见图6-1)，每一综合预测区特征分述如下。

1. 六合小庙陈-冶山-铁石岗地区铁矿综合预测区

地质矿产特征：本综合预测区位于沿江成矿亚带中的六合冶山地区。综合预测区内断裂构造主要活动于燕山旋回晚期，以北东向断裂构造为主，后期被北西向断裂切割与错断，其北东向断裂主要有杨官庄-施官集断裂、金牛山断裂及冶山断裂组，并控制了区内主要隆起构造带与燕山期中酸性岩浆岩的侵入，与成矿关系密切；与成矿有关的侵入岩为冶山岩体，主要由燕山晚期(白垩纪)的石英闪长岩(花岗闪长岩)组成，并呈半环状围绕地层捕虏体；区内出露地层总体呈北东向分布，主要由震旦系的黄墟组上段，灯影组上、下段，寒武系荷塘组及幕府山组组成，均为镁质碳酸盐岩建造(白云岩)，构成了赋矿围岩。目前区内已发现的矿产地以冶山中型铁矿床为代表，其余有铁石岗、南条山、横山、小庙陈、团山、凡定村等小型铁矿及矿点，均为矽卡岩型铁矿，矿床式定为冶山式，矿体主要赋存在震旦纪—寒武纪的碳酸盐岩建造与冶山岩体(白垩纪石英闪长岩)的侵入接触带中，特别是岩体突入围岩的前缘部位或由陡直变为平缓弯曲处，并受北东及北西向断裂所控制。

综合信息：综合预测区中部有一北西向线状重力异常带，线状异常带东北侧为由中酸性岩体引起的重力低异常，线状异常带西南侧为由早古生代碳酸盐岩引起的重力高异常，反映了震旦系—寒武系的分布。预测区处于六合冶山航磁正异常区，其正异常区宽度大，强度高，磁异常走向北东，平面上ΔT达800nT，南陡北缓，区内已知的铁矿床(点)基本都分布于正异常区内。

预测成果：区内矽卡岩型铁矿成矿条件有利，磁异常反映较为明显，除冶山铁矿外的部分矿床点研究程度较低，在冶山铁矿等已知矿区的深部及外围或部分有成矿条件的低缓磁异常区仍有较好的找矿潜力。六合小庙陈—冶山—铁石岗地区铁矿综合预测区预测成果统计如表6-30所示。

表 6-29　沿江成矿亚带重要矿种预测成果表

成矿亚带	矿种	矿产预测类型	资源量单位	最小预测区个数	预测资源量			主要分布区域
					500m 以浅	1000m 以浅	2000m 以浅	
Ⅲ-69-②沿江成矿亚带	铁	韦岗式矽卡岩型铁矿	$\times 10^3$ t	24 个(A 类 7 个,B 类 4 个,C 类 13 个)	77 325.2	142 659.9	168 811.7	宁镇地区
		冶山式矽卡岩型铁矿		4 个(A 类 2 个,B 类 1 个,C 类 1 个)	13 064.4	26 979.4	36 552.4	六合地区
		宁芜式陆相火山岩型铁矿		45 个(A 类 9 个,B 类 13 个,C 类 23 个)	242 798.7	367 040.1	572 416.9	主要为宁芜地区,其次为溧水地区
		合计		73 个(A 类 18 个,B 类 18 个,C 类 37 个)	333 188.3	536 679.4	777 781.0	
	铜	安基山式矽卡岩型斑岩型铜矿	t	15 个(A 类 3 个,B 类 6 个,C 类 6 个)	350 858.08	623 377.98	878 928.6	宁镇地区
		獾子洞式次火山热液-层控矽卡岩型铜矿		10 个(A 类 1 个,B 类 2 个,C 类 7 个)	43 606.0	43 606.0	43 606.0	溧水地区
		铜井式陆相火山岩型铜金矿(铜)		16 个(A 类 4 个,B 类 9 个,C 类 3 个)	51 908.49	110 661.62	110 661.62	宁芜地区
		五部式陆相火山岩型铜铅矿(铜)		9 个(A 类 1 个,B 类 5 个,C 类 3 个)	25 552.64	50 917.03	50 917.03	溧水地区
		合计		50 个(A 类 9 个,B 类 22 个,C 类 19 个)	471 925.21	828 562.63	1 084 113.25	
	铅	栖霞山式碳酸盐岩型铅锌银矿(铅)	t	4 个(A 类 2 个, C 类 2 个)	423 743.28	662 227.2	662 227.2	宁镇地区
		五部式陆相火山岩型铜铅矿(铅)		9 个(A 类 1 个, B 类 5 个,C 类 3 个)	55 117.72	110 125.67	110 125.67	溧水地区
		合计		13 个(A 类 3 个, B 类 5 个,C 类 5 个)	478 861.0	772 352.9	772 352.9	
	锌	栖霞山式碳酸盐岩型铅锌银矿(锌)	t	4 个(A 类 2 个, C 类 2 个)	834 918.9	1 304 241.1	1 304 241.1	宁镇地区
	(银)	栖霞山式碳酸盐岩型铅锌银矿(银)	t	4 个(A 类 2 个, C 类 2 个)	1289.04	1802.17	1802.17	宁镇地区

续表 6-29

成矿亚带	矿种	矿产预测类型	资源量单位	最小预测区个数	预测资源量			主要分布区域
					500m 以浅	1000m 以浅	2000m 以浅	
Ⅲ-69-②沿江成矿亚带	金	铜井式陆相火山岩型铜金矿(金)	kg	22 个(A 类 3 个,B 类 10 个,C 类 9 个)	15 970.06	30 852.18	30 852.18	宁芜地区及溧水地区
		汤山式卡林型金矿		4 个(A 类 2 个,C 类 2 个)	3971.34	3971.34	3971.34	宁镇地区
		新桥式铁帽型金矿		13 个(A 类 1 个,B 类 1 个,C 类 11 个)	7831.27	7831.27	7831.27	宁镇地区
		西横山式破碎蚀变岩型金矿		6 个(A 类 1 个,C 类 5 个)	4604.26	4604.26	4604.26	溧水地区
		合计		45 个(A 类 7 个,B 类 11 个,C 类 27 个)	32 376.93	47 259.05	47 259.05	
	钼	铜山式矽卡岩型钼矿	t	14 个(A 类 3 个,B 类 1 个,C 类 10 个)	6067.95	15 004.50	19 653.21	宁镇地区
		谏壁式斑岩型钼矿		9 个(A 类 1 个,B 类 1 个,C 类 7 个)	18 463.76	37 709.641	50 955.0791	宁镇地区
		合计		23 个(A 类 4 个,B 类 2 个,C 类 17 个)	24 531.71	52 714.14	70 608.29	
	硫铁矿	铜陵式矽卡岩型硫铁矿	×10^3t	21 个(A 类 5 个,B 类 3 个,C 类 13 个)	35 764.5506	63 800.5931	70 846.5	宁镇地区
		云台山式陆相火山岩型硫铁矿		14 个(A 类 3 个,C 类 11 个)	62 881.30	87 777.78	92 315.41	宁芜地区为主,其次为溧水地区
		合计		35 个(A 类 8 个,B 类 3 个,C 类 24 个)	98 645.85	151 578.37	163 161.91	
	磷矿	宁芜式玢岩型铁磷矿	×10^3t	3 个(A 类 1 个,C 类 2 个)	12 066.03	14 983.42	14 983.42	宁芜地区

注:表中铁、磷、硫铁矿为矿石量,其余矿种为金属量。

表 6-30　六合小庙陈—冶山—铁石岗地区铁矿综合预测区预测成果表

综合预测区名称	隶属成矿亚带	面积(km^2)	预测矿种	矿产预测类型	最小预测区个数	预测资源量(铁矿石量:$\times10^3$ t)		
						500m以浅	1000m以浅	2000m以浅
六合小庙陈-冶山-铁石岗地区铁矿综合预测区	Ⅲ-69-②沿江成矿亚带	101	Fe	冶山式矽卡岩型	4个(A类2个,B类1个,C类1个)	13 064.4	26 979.4	36 552.4

2. 宁镇小红山-岔路口-栖霞山-平山头综合预测区

地质矿产特征:本综合预测区位于沿江成矿亚带中宁镇隆起带的西段北缘地区,呈北东向展布,西起小红山,北临长江,南沿岔路口—下梅墓一线,东至龙潭镇东边的正盘山一带。东段成矿以铅锌(银)金及硫铁矿为主,西段有部分硫铁矿及少量铁矿。区内断裂、褶皱均比较发育,其中北西向、北东向及东西向等几组断裂与成矿关系密切;出露地层为震旦系—白垩系,与成矿关系密切的为泥盆系—三叠系的相关层位;区内白垩纪的石英闪长玢岩等中酸性侵入岩呈北东向分布在西段的小红山—尧化门一带,与铁矿、硫铁矿成矿关系密切,东段大凹山—栖霞山—青龙山一带则未见有侵入岩出露及分布,但推测深部有岩浆岩存在,并与铅锌(银)矿成矿关系密切。目前区内已发现的矿产有铅锌银金铁硫等矿种,其中铅锌(银)矿主要分布在综合预测区的东段,为碳酸盐岩型,有栖霞山及甘家巷等大中型铅锌(银)矿床,并共伴生较大资源量的硫铁矿及金矿,其赋矿围岩主要为石炭系黄龙组及二叠系栖霞组碳酸盐岩建造,受沿"硅钙面"发育的北东—近东西向的压性或压扭性纵向断裂控制,并推测深部的岩浆岩提供了主要成矿物质及热源;而区内独立硫铁矿则分布在西段的岔路口地区,为矽卡岩型,有岔路口中型硫铁矿床,主要为闪长(玢)岩侵入接触于三叠系周冲村组及黄马青组的碳酸盐岩-砂岩建造而形成,并受北东东向、东西向压扭性断裂带控制;而区内的铁矿较为简单,分布在西段的小红山地区,为矽卡岩型,仅有小红山小型铁矿及杨家山铁矿点,主要为燕山晚期闪长玢岩侵入接触与三叠纪的碳酸盐岩建造接触交代形成,矿床分布于北西及北东向断裂交会处;区内的金矿类型主要为铁帽型,已知有平山头小型银金矿床,是燕山晚期的铅锌硫化物经表生氧化和次生富集而成,控矿构造为发源于硅钙面的近东西向纵向断裂。

综合信息:综合预测区内布格重力异常总体呈线状异常特征,呈近东西方向展布,局部为北北东向,其重力梯级带与铁矿有一定的对应关系;区内沿小红山—尧化门—栖霞山还分布一北东向的磁异常带,与铁(点)矿及侵入岩体的分布有较好的对应关系,其磁异常向北东逐渐减弱,反映了岩体向北东埋深增大;区内的土壤地球化学异常显示较好,以Pb、Zn、Ag、Au、Hg、Sb、As等元素的组合异常为主,分布在栖霞山、大凹山、平山头、青龙山、岔路口及幕府山等地,其中栖霞山、大凹山及平山头等几处的化探异常规模大,形态好,与已知矿床吻合较好;在栖霞山—大凹山地区,还有一铅矿物重砂异常,与栖霞山铅锌(银)矿床相对应。

预测成果:综合而言,区内东段的铅锌(银)金多金属成矿条件很有利,也是目前省内铅锌矿的主要产区,其化探、重砂显示的异常信息也比较有利,因此在区内栖霞山铅锌(银)矿等已知矿区的深部、外围以及青龙山等地有很好的找矿潜力,而硫铁矿等其他矿种的资源潜力相对一般。本综合预测区预测成果见表6-31。

表 6-31　宁镇小红山-岔路口-栖霞山-平山头综合预测区预测成果表

综合预测区名称	隶属成矿亚带	面积(km^2)	预测矿种	矿产预测类型	最小预测区个数	预测资源量(铅锌银:t;铁硫矿石量:$\times10^3$t;金:kg)		
						500m以浅	1000m以浅	2000m以浅
宁镇小红山-岔路口-栖霞山-平山头综合预测区	Ⅲ-69-②沿江成矿亚带	113	铅	栖霞山式层控内生型	2个(A类1个,C类1个)	154 721.91	383 876.45	383 876.45
			锌			306 384.75	761 426.94	761 426.94
			银			477.98	982.06	982.06
			金	新桥式铁帽型	2个(A类1个,C类1个)	544.79	544.79	544.79
			铁	韦岗式矽卡岩型	2个(A类1个,C类1个)	4725.8	7607.8	7607.8
			硫铁矿	铜陵式矽卡岩型	3个(A类2个,C类1个)	951.01	11 046.7	11 046.7

3. 宁镇仙鹤门-梅家山-西山头-团山综合预测区

成矿地质条件:本综合预测区位于沿江成矿亚带中宁镇隆起带的西段南缘地区,呈近似南北向展布,北起麒麟门岩体处,南至西山头,西以梅家山为界,东沿武岗山一线。区内断裂、褶皱均比较发育,其中北东及近东西向等几组断裂与成矿关系密切。出露地层为奥陶系—白垩系,与成矿有关的地层及围岩为石炭纪—三叠纪的碳酸盐岩建造。区内北端有麒麟门杂岩体呈近南北向分布,侵入时代为白垩纪,岩性为石英闪长斑岩、花岗斑岩等;南端的西山头有花岗斑岩岩脉,同时据航磁资料推测天宝山处有隐伏的主岩体。这些燕山期中酸性侵入岩与铁、铜、钼等成矿关系密切。目前区内没有发现小型及以上规模的矿床,仅有马庄、贺家边、天宝山等几处铁矿点、沧波门铜矿点以及西山头—天宝山一带的铅锌(银)矿化,主要为矽卡岩型及斑岩型矿床,其中铁、铜矿化体主要位于石炭纪—三叠纪的碳酸盐岩建造与白垩纪中酸性侵入岩的接触带中,部分铜矿体位于接触带附近的岩体内,整体受北西及北东向断裂所控制;而热液型铅锌(银)矿化主要赋存在发育于石炭纪—三叠纪碳酸盐岩建造中的纵向断裂带内;同时区内还具备矽卡岩型及斑岩型钼矿、铁帽型金矿及矽卡岩型硫铁矿等矿种的成矿条件。

综合信息:综合预测区内重力异常整体呈北北东向展布,其重力梯级带与铁矿点有一定的对应关系;区内在麒麟门及梅家山等地有近南北向或北东向的磁异常,磁异常规模一般,与侵入岩体及部分铁矿点有一定的对应关系;区内的土壤地球化学异常显示较好,以 Cu、Pb、Zn、Ag、Hg、Sb、As、Mo 组合异常为主,其中 Cu-Pb-Zn 组合异常主要分布在西山头—天宝山一带,与铅锌矿化有关;Mo-Cu-As-Ag-Hg 组合异常主要分布在武岗山—象山、石山以及梅家山等地,与铜钼矿化有关;在武岗山地区,还存在一铅矿物重砂异常。

预测成果:区内具备铁、铜多金属以及硫铁矿的成矿条件,也有物探、化探异常信息反映,但异常规模不大,资源潜力一般。本综合预测区的预测成果如表 6-32 所示。

表 6-32　宁镇仙鹤门-梅家山-西山头-团山综合预测区预测成果表

综合预测区名称	隶属成矿亚带	面积(km^2)	预测矿种	矿产预测类型	最小预测区个数	预测资源量(铅锌银铜钼:t;铁硫矿石量:$\times10^3$t;金:kg)		
						500m以浅	1000m以浅	2000m以浅
宁镇仙鹤门-梅家山-西山头-团山综合预测区	Ⅲ-69-②沿江成矿亚带	136	铅	栖霞山式碳酸盐型	1个(C类1个)	259 693.98	259 693.98	259 693.98
			锌			514 253.47	514 253.47	514 253.47
			银			802.27	802.27	802.27
			铁	韦岗式矽卡岩型	4个(B类2个,C类2个)	8950.6	16 727.2	16 727.2
			铜	安基山式矽卡岩型斑岩型	2个(B类1个,C类1个)	19 503.42	19 503.42	19 503.42
			金	新桥式铁帽型	1个(C类1个)	236.2	236.2	236.2
			钼	铜山式矽卡岩型	2个(C类2个)	1592.91	1592.91	1592.91
				谏壁式斑岩型	2个(C类2个)	2279.35	2279.35	2279.35
				Mo合计	4个(C类4个)	3872.26	3872.26	3872.26
			硫铁矿	铜陵式矽卡岩型	5个(C类5个)	12 457.94	15 504.4	15 504.4

4. 宁镇铜山-安基山-汤山-仑山综合预测区

地质矿产条件:本综合预测区位于沿江成矿亚带中宁镇隆起带的中段,呈近东西向展布,西起桦墅,北临沪宁铁路,南沿汤山—仑山一线,东至亭子一带,基本覆盖安基山岩体及其周边地区,以铜多金属矿为主。区内近东西向、北西向断裂以及褶皱构造与成矿关系密切,是重要的控矿构造;寒武系—白垩系均有出露,其中奥陶纪及石炭纪—三叠纪的碳酸盐岩建造为有利成矿围岩;区内侵入岩则主要为组成安基山岩体的白垩纪石英闪长斑岩(花岗闪长斑岩)及少部分闪长玢岩,与成矿关系密切。安基山—铜山一带分布的金属矿产以铜钼矿为主,并共伴生硫铁矿,是省内重要的铜钼矿集区,已查明的矿床有铜山铜钼矿床(小型)、安基山铜矿床(中型)、伏牛山铜矿床(小型),还有石砀山铜矿等小型及矿(化)点有10余处,矿床成因以矽卡岩型为主,主要为石炭纪—三叠纪的碳酸盐岩与燕山晚期石英闪长(斑)岩(花岗闪长斑岩)接触交代而成,多属"正接触带式"及"捕虏体式",也有少部分铜钼矿体形成于接触带附近的岩体内,构成斑岩型铜钼矿体;而综合预测区南缘近东西向的汤山—仑山一带,则以金矿为主,已查明的主要为汤山及石宕冲2处小型金矿床,矿床成因为卡林型,矿(化)体主要赋存于早中奥陶世碳酸盐岩建造间的环形断裂破碎带内以及层间构造破碎带内；同时区内也具备铁帽型金矿的成矿条件。具体如图6-30所示。

综合信息：综合预测区内的重力异常主要表现为东西向的重力高背景值的相对低值带，主要反映了中酸性岩的分布区域；磁异常则表现为较大规模、中等强度的一个北东向磁异常，应主要是对安基山岩体的反映；区内的土壤地球化学异常显示较好，主要是围绕安基山岩体的Cu、Pb、Zn、Cd、Bi、Mo等元素的组合异常，并形成伏牛山-安基山、铜山、螺丝宕、射乌山、华山庙、九华山-钉耙岗等异常中心，与已知铜钼矿区对应关系较好；而以汤山及仑山为异常中心形成了Au、Ag、As、Hg、Mo等元素的组合异常，与已知金矿对应关系较好，可见区内的化探异常对寻找铜钼金多金属矿具有重要的意义；区内重砂测量在汤山至伏牛山一带及九华山—固江口一带有金异常，九华山—安基山一带有金、雄黄异常，铜山西有铜族异常，对寻找铜金多金属矿也有一定的指示意义(图6-31)。

预测成果：在已知矿区的深部及外围具有寻找铜钼多金属矿的巨大潜力，而汤山—仑山一带，尽管目前只有小型金矿，但成矿条件好，工作程度低，是进一步寻找卡林型金矿的有利地区。本综合预测区的重要矿种预测成果统计如表6-33所示。

表6-33 宁镇铜山-安基山-汤山-仑山综合预测区预测成果表

综合预测区名称	隶属成矿亚带	面积(km^2)	预测矿种	矿产预测类型	最小预测区个数	预测资源量(铜钼:t;铁硫矿石量:$\times10^3$t;金:kg)		
						500m以浅	1000m以浅	2000m以浅
宁镇铜山-安基山-汤山-仑山综合预测区	Ⅲ-69-②沿江成矿亚带	244	铁	韦岗式矽卡岩型	7个(B类2个,C类5个)	30 748.0	61 283.9	70 487.5
			铜	安基山式矽卡岩型斑岩型	9个(A类2个,B类4个,C类3个)	233 278.85	482 135.3	737 685.93
			金	新桥式铁帽型	4个(B类1个,C类3个)	4363.97	4363.97	4363.97
				汤山式卡林型	4个(A类2个,C类2个)	3971.34	3971.34	3971.34
				金合计	8个(A类2个,B类1个,C类5个)	8335.31	8335.31	8335.31
			钼	铜山式矽卡岩型	8个(A类2个,B类1个,C类5个)	2911.9	11 207.6	15 856.31
				谏壁式斑岩型	2个(B类1个,C类1个)	5532.18	11 064.37	14 152.3
				钼合计	10个(A类2个,B类2个,C类6个)	8444.08	22 271.97	30 008.61
			硫铁矿	铜陵式矽卡岩型	8个(A类1个,B类2个,C类5个)	14 559.77	25 007.9	30 993.8

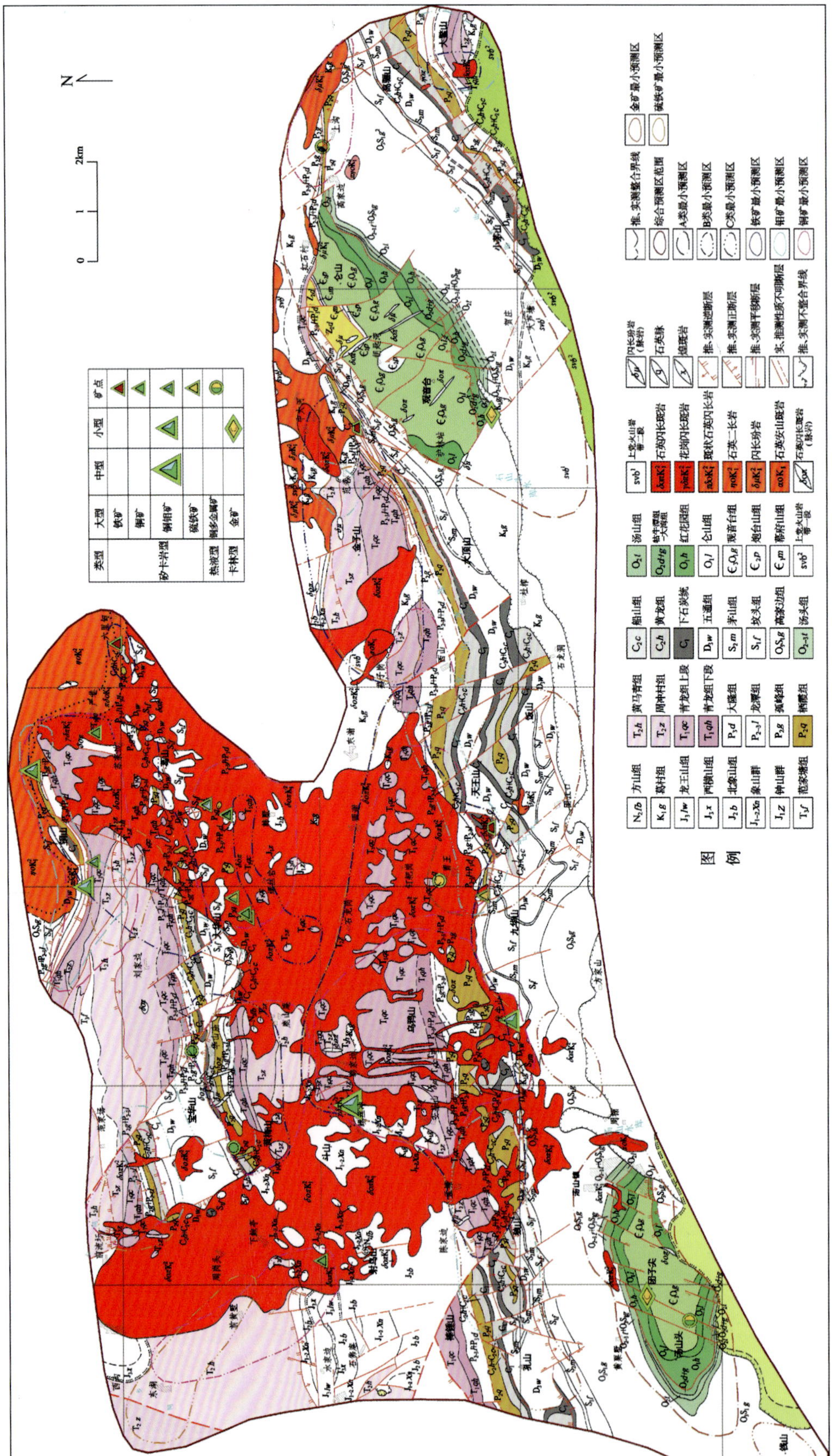

图 6-30　宁镇铜山-安基山-汤山-仑山综合预测区示意图

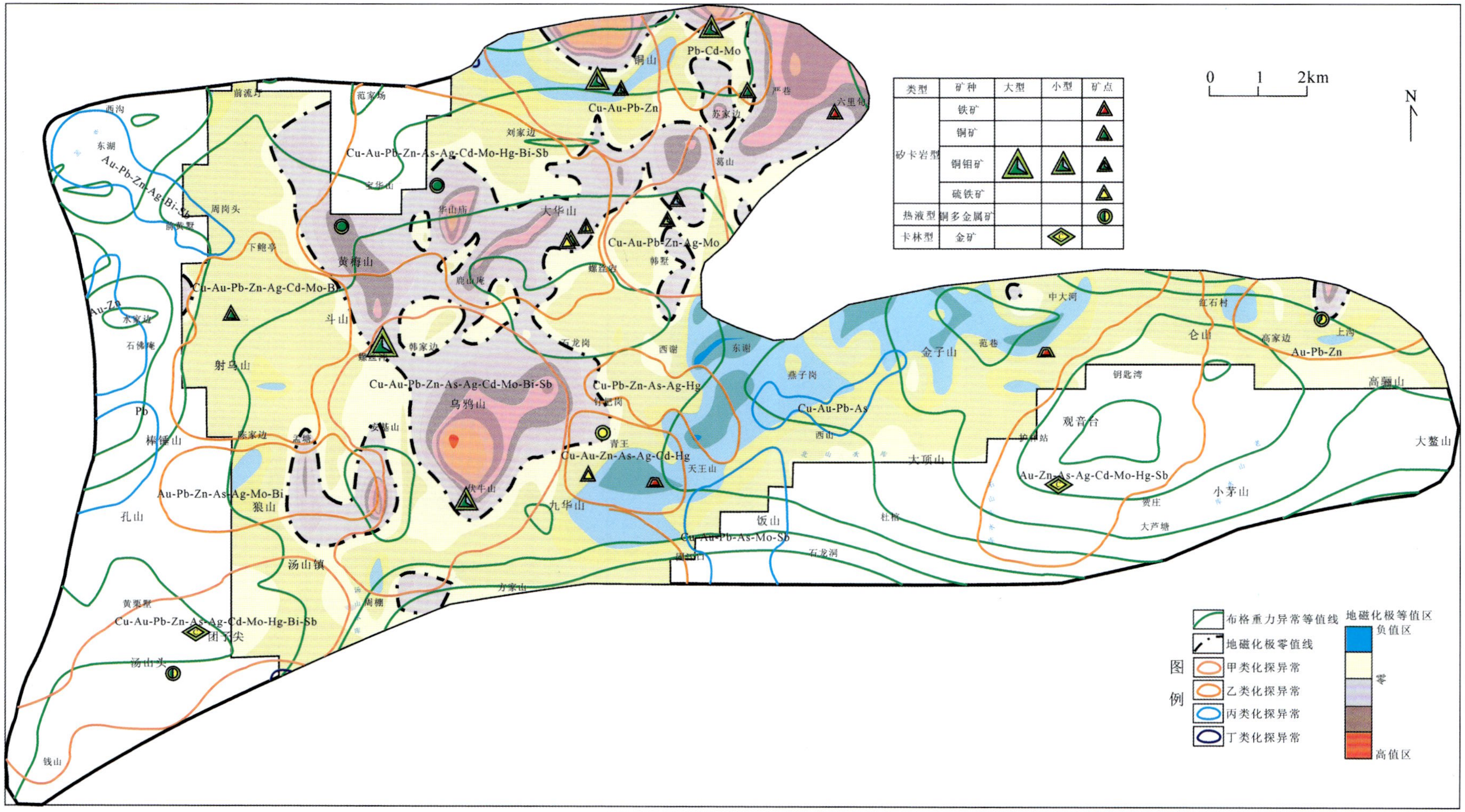

图 6-31　宁镇铜山-安基山-汤山-仑山综合预测区物化探综合信息示意图

5. 宁镇韦岗-盘龙岗-五洲山-象山综合预测区

地质矿产条件：本综合预测区位于沿江成矿亚带中宁镇隆起带的中段东部，整体呈近北北东向展布，西起老人峰，北临沪宁铁路，南沿韦岗—石马一线，东至镇江市象山，已知矿床类型以矽卡岩型铁矿为主。区内近东西向、北北西向断裂以及褶皱构造与成矿关系密切，是重要的控矿构造；地层自奥陶系—白垩系均有出露，其中石炭纪—三叠纪的碳酸盐岩为有利成矿围岩；侵入岩主要为组成高资岩体及石马岩体的白垩纪(斑状)石英闪长岩、(斑状)石英二长岩、石英(花岗)闪长斑岩、闪长玢岩等中酸性岩，与区内内生矿产成矿关系密切。根据成矿特征，区内可细分为两部分，其中西端的老人峰—盘龙岗一带主要为铜铅锌多金属矿产分布区，已知矿床有老人峰小型铅锌银矿(碳酸盐岩型)及盘龙岗小型铜钼矿(矽卡岩型斑岩型)，其中铅锌矿体主要赋存于石炭系—二叠系之间的压性纵向断层中或灰岩层间裂隙中，而铜钼矿体主要赋存在岩体与碳酸盐岩建造的接触带内或其附近的石英闪长斑岩等岩体中，并受近东西向断裂构造控制；而西端南缘呈北西向展布的韦岗—东林场一带，以及区内北部呈北北东向展布的磁山头—五洲山—牌湾一带，则主要为矽卡岩型铁矿的成矿有利区域，已知矿床有韦岗中型铁矿及磁山头、五洲山等10余处小型铁矿或铁矿点，也是宁镇地区铁矿最为集中的地区，矿体主要赋存在石炭纪—三叠纪的碳酸盐岩与白垩纪石英(花岗)闪长斑岩等中酸性岩体的侵入接触带矽卡岩中，受北北西向控矿断裂所控制，同时还有硫铁矿共伴生(图6-32)。

综合信息：综合预测区内的磁异常反应明显，局部异常较多，一般强度大，梯度陡，有3条磁异常带，即磁山头-五洲山异常带、香炉山-巢凤山异常带、韦岗-东林场及韦岗-条状山异常带，与已知磁铁矿体或磁铁矿体伴生的多金属矿体对应关系较好，为磁铁矿床重要的找矿标志；在区内的老人峰—盘龙岗一带，有Cu-Au-Pb-Zn化探元素组合异常，与已知矿区对应关系较好，对铜多金属矿具有一定的指示作用(图6-33)。

预测成果：综合而言，区内铁铜多金属的成矿条件较好，物化探异常较为集中，在西端的老人峰—盘龙岗一带，仍有寻找铜钼铅锌多金属矿的潜力，而在韦岗、巢凤山、五洲山等已知铁矿区的深部及外围，其矽卡岩型铁矿的资源潜力仍较大。本综合预测区的预测成果如表6-34所示。

表6-34　宁镇韦岗-盘龙岗-五洲山-象山综合预测区预测成果表

综合预测区名称	隶属成矿亚带	面积(km²)	预测矿种	矿产预测类型	最小预测区个数	预测资源量(铅锌银铜钼：t；铁硫矿石量：×10³t；金：kg) 500m以浅	1000m以浅	2000m以浅
宁镇韦岗-盘龙岗-五洲山-象山综合预测区	Ⅲ-69-②沿江成矿亚带	192	铁	韦岗式矽卡岩型	10个(A类6个，C类4个)	31 675.0	55 079.8	72 028.0
			铜	安基山式矽卡岩型斑岩型	4个(A类1个，B类1个，C类2个)	98 075.81	121 739.25	121 739.25
			金	新桥式铁帽型	6个(C类6个)	2685.89	2685.89	2685.89
			铅	栖霞山式层控热液型	1个(A类1个)	9327.37	18 656.78	18 656.78
			锌			14 280.67	28 560.67	28 560.67
			银			8.79	17.84	17.84
			钼	铜山式矽卡岩型	4个(A类1个，C类3个)	1563.14	2203.99	2203.99
				谏壁式斑岩型	2个(C类2个)	8055.55	12 032.05	12 032.05
				Mo合计	6个(A类1个，C类5个)	9618.69	14 236.04	14 236.04
			硫铁矿	铜陵式矽卡岩型	5个(A类2个，B类1个；C类2个)	7795.84	12 241.6	13 301.6

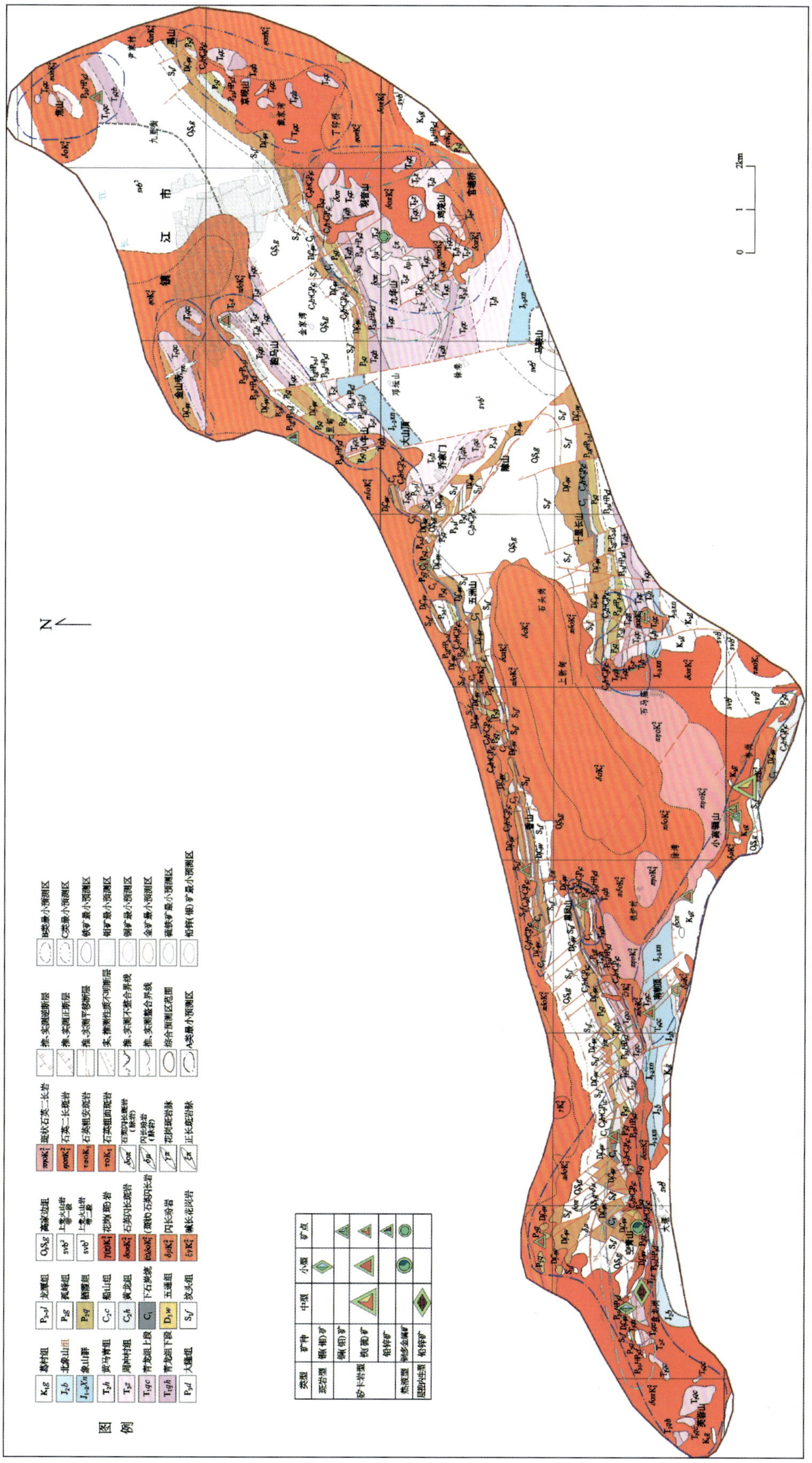

图 6-32　宁镇韦岗-盘龙岗-五洲山-象山综合预测区示意图

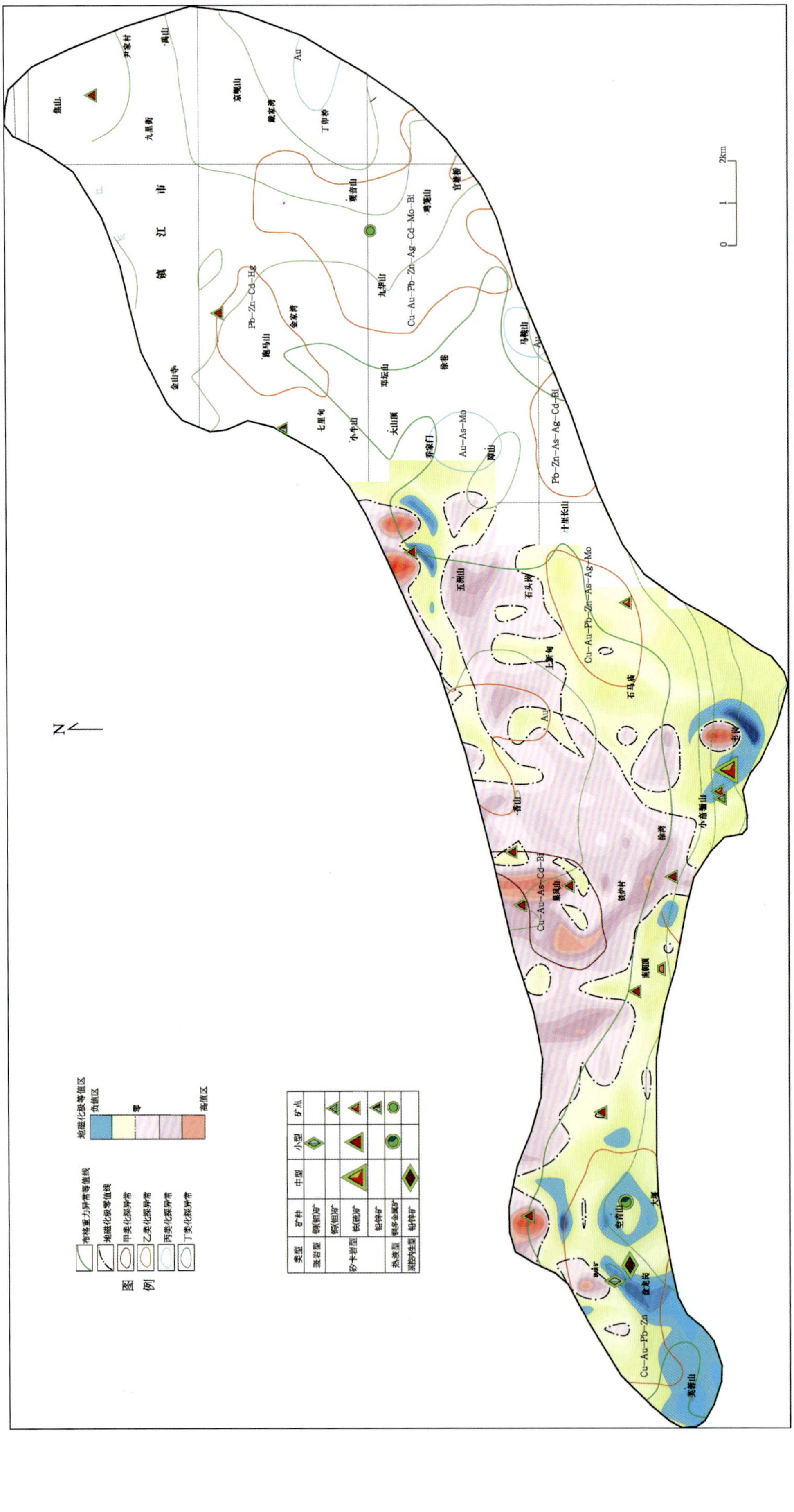

图 6-33　宁镇韦岗-盘龙岗-五洲山-象山综合预测区物化探综合信息示意图

6. 宁镇谏壁-马迹山-乌鸦山综合预测区

地质矿产条件：本综合预测区位于沿江成矿亚带中宁镇隆起带的东段，呈北西向沿孟河镇—谏壁镇展布，以斑岩型钼矿为主。区内与成矿有关的断裂主要为近东西向及北北东向两组；出露地层为震旦系—寒武系及志留系—侏罗系，石炭纪—三叠纪的碳酸盐岩为有利成矿围岩；区内侵入岩则主要为组成谏壁杂岩体的白垩纪石英二长斑岩（二长花岗斑岩）及石英闪长斑岩等中酸性岩体，与成矿关系密切。目前区内已知矿床主要有谏壁中型斑岩型钼矿，以及马迹山多金属热液型矿点及水晶山矽卡岩型铁矿点，其中斑岩型钼矿的含矿建造主要为白垩纪石英二长斑岩（二长花岗斑岩）等中酸性侵入岩体，也有少量矿体产于侵入岩体与碳酸盐岩建造的接触带中，北北东向及近东西向断裂控制了岩体的分布，为控岩控矿构造；而区内的少量铁及多金属矿（化）体则主要赋存在石炭纪—三叠纪的碳酸盐岩建造与中酸性侵入岩体的接触带中或附近断裂带中。

综合信息：综合预测区内的谏壁镇附近有一北东向的磁异常，主要与中酸性岩体有关；在谏壁镇、马迹山、水晶山等地，则有 Mo、Bi、Cu、Pb、Zn 等元素的化探组合异常，与谏壁钼矿及马迹山多金属矿化点对应关系较好，有一定的找矿指示作用。

预测成果：综合而言，区内斑岩型钼矿的成矿条件较好，也有相应化探异常信息反映，因此区内特别是谏壁钼矿的深部及外围仍具有寻找斑岩型钼矿的资源潜力。本综合预测区的预测成果如表 6-35 所示。

表 6-35 宁镇谏壁-马迹山-乌鸦山综合预测区预测成果表

综合预测区名称	隶属成矿亚带	面积（km^2）	预测矿种	矿产预测类型	最小预测区个数	预测资源量（铁矿石量：$\times10^3$ t；钼：t）		
						500m 以浅	1000m 以浅	2000m 以浅
宁镇谏壁-马迹山-乌鸦山综合预测区	Ⅲ-69-②沿江成矿亚带	94	铁	韦岗式矽卡岩型	1个（C类1个）	1225.8	1961.2	1961.2
			钼	谏壁式斑岩型	3个（A类1个，C类2个）	2596.68	12 333.87	22 491.38

7. 宁芜梅山-吉山-凤凰山综合预测区

地质矿产条件：本综合预测区位于沿江成矿亚带中宁芜火山岩盆地北段的东北端，由梅山—吉山—凤凰山一带组成，并呈北北西向展布，以陆相火山岩型铁矿为主，并有少部分铁磷矿及共伴生硫铁矿（图 6-34）。区内断裂构造及火山喷发带发育，板桥-凤凰山北西向断裂喷发带贯穿整个矿田，南京-板桥、吉山-朱门、方山-小丹阳北北东向断裂及方山-板桥、西善桥-江宁东西向断裂均在区内通过，并相互交会，为本区域成矿的主要控制因素；在区内南部零星出露有三叠纪周冲村组、黄马青组沉积岩建造，侏罗纪—白垩纪陆源碎屑岩建造、火山岩建造广泛出露全区，其中三叠纪的沉积岩建造及上侏罗统大王山组的火山岩建造与成矿关系密切；区内出露岩体主要为晚侏罗世大王山旋回的（辉石）闪长玢岩、（辉石）安山玢岩等次火山岩体，为区内主要成矿母岩。区内北部及中部地区的铁矿体及少部分铁磷矿体多赋存在（辉石）闪长玢岩等次火山岩体内或岩体顶部与火山喷发岩的“接触带”中，也有少部分赋存在附近的火山岩裂隙中，主要矿床有梅山、吉山大型铁矿，卧儿岗、牛首山等中型铁矿以及泰山铁磷矿等小型铁

(磷)矿及矿床点,部分铁矿床还共伴生一定资源量的硫铁矿;而综合预测区南部的铁矿体则主要赋存在三叠系青龙组、周冲村组及黄马青组的(泥)灰岩-钙质粉砂岩建造与(辉石)闪长玢岩次火山岩体的接触带中,少部分产于岩体内或岩体内围岩捕虏体周围,如凤凰山中型铁矿以及麒麟山等小型铁矿及矿床点;同时区内也具备陆相火山岩型铜(金)矿及独立硫铁矿的成矿条件,目前仅发现大塘铜(金)矿点1处,矿体赋存在安山岩的裂隙构造内。

综合信息:本综合预测区内整体具有重磁同高的特征,其北端及中部的磁场背景杂乱且波状起伏,反映了火山岩地区的磁场特征,局部异常较多,且规模大、峰值高、梯度陡,沿板桥—梅山—吉山组成一个北西向的磁异常带,并与板桥—梅山—吉山一带的线性重力高梯度带相吻合,并且已验证多数局部异常由已知矿体或矿化岩体所引起;而区内南端的局部磁异常则峰值低缓,面积较大,分布在方山—陶吴一线重力高梯度带旁侧,由于受到火山岩磁场的叠加干扰,局部磁异常对铁矿体有反映但不太明显;同时区内还存在着梅山—吉山—凤凰山北西向的Cu、Zn、Mo、Ag、Ba、As等化探元素的组合异常带,主要由火山喷发岩及次火山岩体引起(图6-35)。

预测成果:本综合预测区是江苏省已知铁矿资源量最为集中地区,占全省已查明铁矿资源的85%以上,区内具备很好的陆相火山岩型铁矿的成矿条件,磁异常反映也很明显,因此本区域,特别是已知铁矿区的深部及外围仍具备很好的资源潜力,铜多金属的资源潜力则一般。本综合预测区的预测成果统计见表6-36。

表6-36　宁芜梅山-吉山-凤凰山地区综合预测区预测成果表

综合预测区名称	隶属成矿亚带	面积(km^2)	预测矿种	矿产预测类型	最小预测区个数	预测资源量(铁磷硫矿石量:$\times10^3$t;铜:t;金:kg)		
						500m以浅	1000m以浅	2000m以浅
宁芜梅山-吉山-凤凰山综合预测区	Ⅲ-69-②沿江成矿亚带	140	铁	宁芜式陆相火山岩型	10个(A类6个,B类2个,C类2个)	230 179.3	274 750.1	289 542.3
			铜	铜井式陆相火山岩型	1个(B类1个)	4096.63	6554.61	6554.61
			金			1482.6	2372.16	2372.16
			磷	宁芜式玢岩型	3个(A类1个,C类2个)	12 066.03	14 983.42	14 983.42
			硫铁矿	云台山式陆相火山岩型	1个(C类1个)	7365.1	7365.1	7365.1

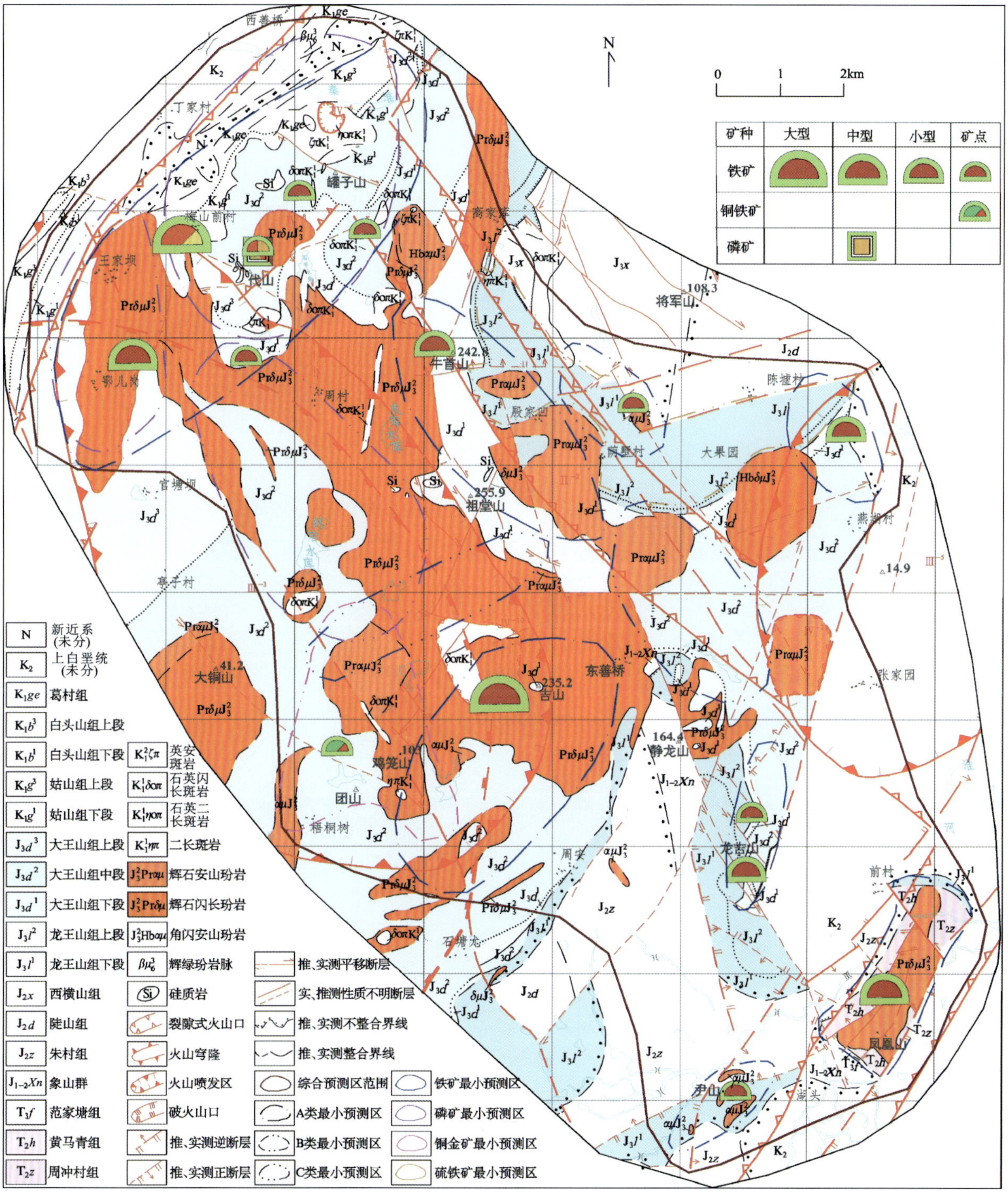

图 6-34　宁芜梅山-吉山-凤凰山综合预测区示意图

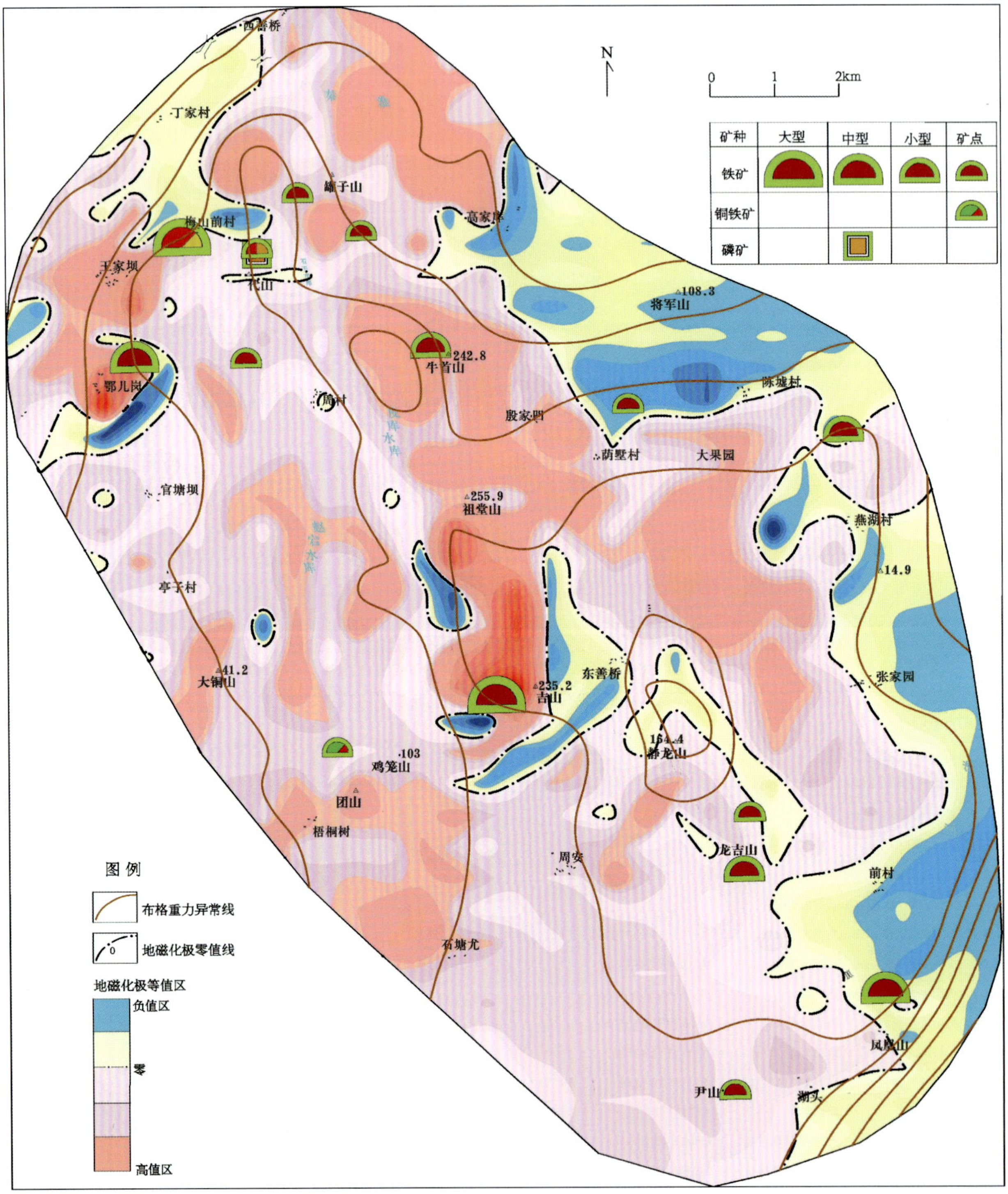

图 6-35　宁芜梅山-吉山-凤凰山综合预测区重磁示意图

8. 宁芜谷里-皇姑山-铜井综合预测区

地质矿产条件：本综合预测区位于沿江成矿亚带中宁芜火山岩盆地北段的西侧及中部部分地区，北起谷里镇，北西以宁芜铁路为界，南至铜井镇、娘娘山苏皖省界，东止阴山—大架子山一带，整体呈北北东向展布，以陆相火山岩型铜(金)矿及铁矿为主(图 6-36)。区内基底构造及成矿断裂复杂，北西向的基底断裂对该区铜(金)矿的分布有一定的控制作用，北北西向、北北东向及近东西向断裂，特别是其交叉复合部位也是重要的控矿构造；出露地层主要是侏罗系大王山组及白垩系姑山组、白头山组以及娘娘山组的火山岩建造，为主要赋矿围岩；出露的岩体有燕山中晚期辉石安山玢岩、辉石闪长玢岩、粗安斑岩、粗面斑岩等次火山岩体，与区内铁、铜、金成矿关系密切。区内谷里—铜井一带以铜金矿为主，成矿类型为火山-次火山热液型，受火山机构及基底断裂控制，矿体主要赋存在北西向、北北东向次级断裂破碎带中以及次火山岩体近旁的火山岩节理裂隙中，已有铜井、谷里、大岭岗、高庄 4 处小型铜金矿以及其他 10 多处铜金矿点，大古山、红土洼等少数几处与火山热液有关的铁矿点；而皇姑山—阴山一带则以铁、铜矿为主，北北东向及北西向断裂交会处为成矿有利部位，铁、铜矿体主要赋存在辉石安山玢岩、辉石闪长玢岩等次火山岩体内，也有部分见于与次火山岩体相接触的大王山组火山岩围岩裂隙中，已有阴山小型铁矿以及铜子山、簪子山等 10 余处铁、铜矿矿点；区内东部阴山地区也具备陆相火山岩型硫铁矿成矿条件，但目前没有发现矿床点。

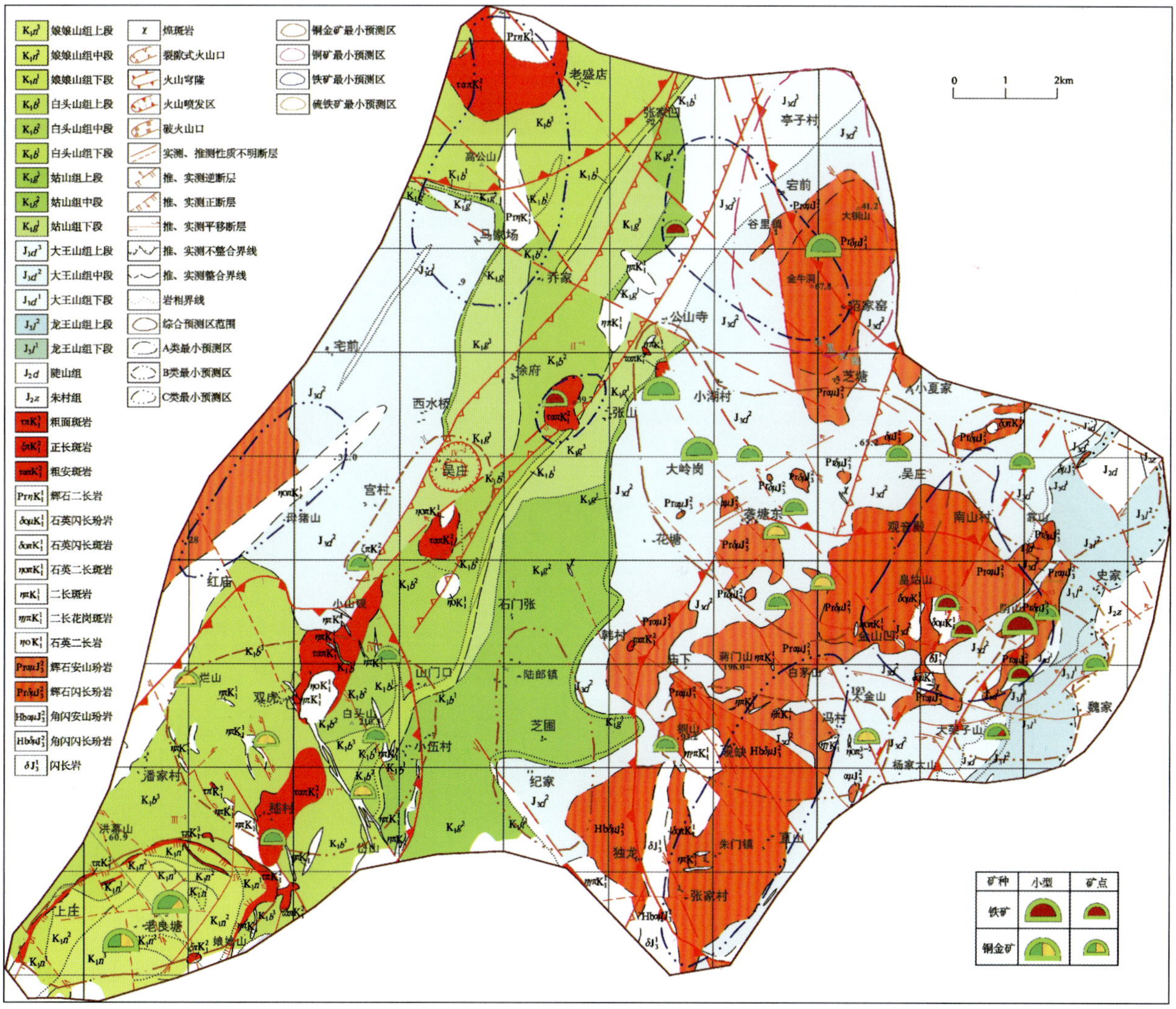

图 6-36　宁芜谷里-皇姑山-铜井综合预测区示意图

综合信息：综合预测区内的磁异常呈北东向展布，其中谷里—铜井一带的磁异常由多个单异常呈串珠状排列，表现了主要断裂构造的方向；而阴山—皇姑山一带的北东向磁异常，为南窄北宽，且局部异常较多、规模大、梯度陡，且与这一区域近于北东向的重力高值区向基本吻合，呈现重磁同高的特征，与铁矿（点）有较好的对应关系，这一带的地质条件、航磁特征与安徽凹山、陶村及省内吉山等地也都较为相似，但目前尚未发现较大规模的工业铁矿床。区内的土壤地球化学元素组合异常复杂，分布广泛，以Cu、Ag、As、Mo、Pb、Sn等元素为主，以铜井、白头山、大岭岗、谷里、皇姑山、狼山等地的异常形态好、规模大，且与已知铜金矿床点对应关系较好，对找矿有较好的指示作用（图6-37）。

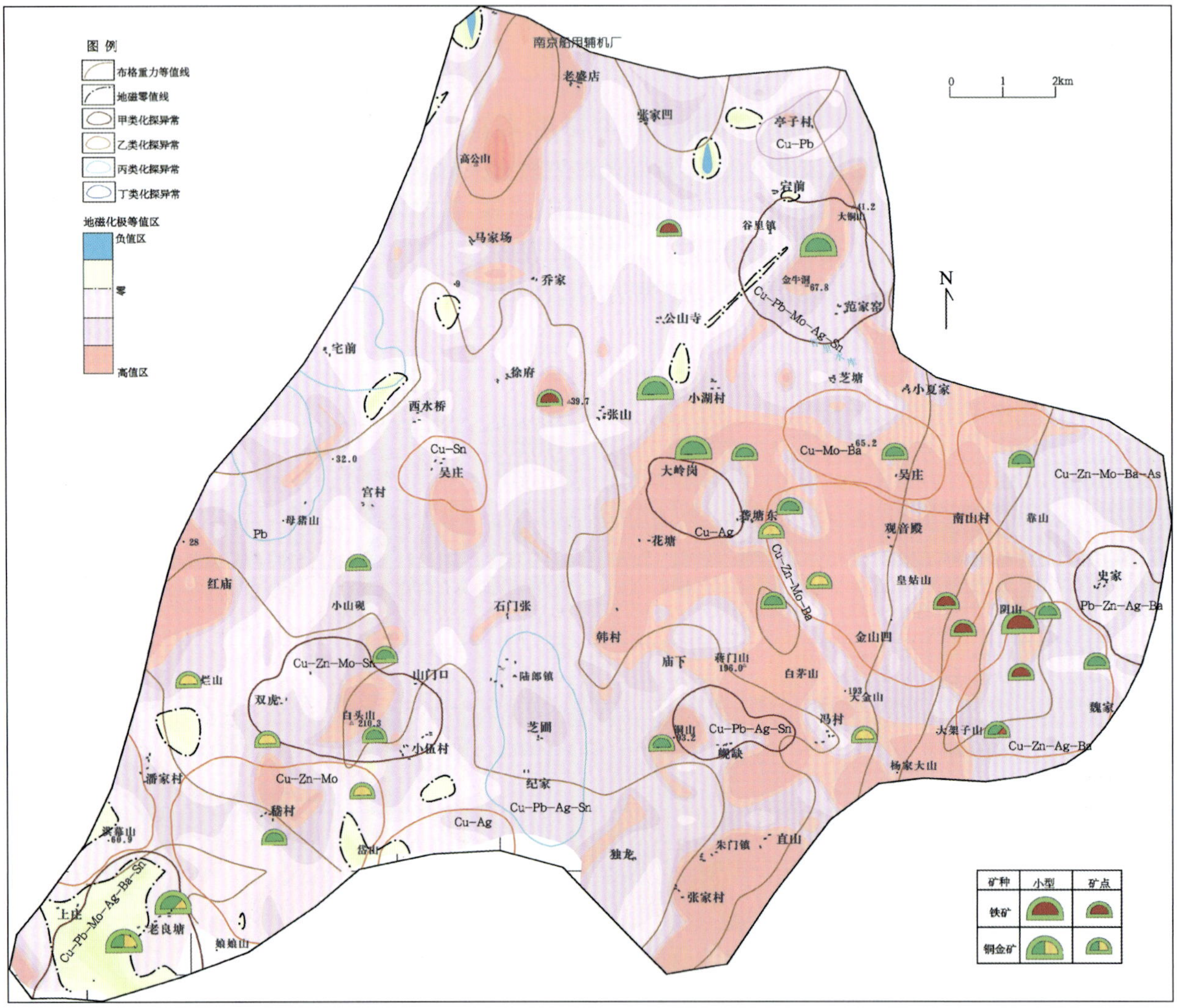

图6-37　宁芜谷里-皇姑山-铜井综合预测区物化探综合信息示意图

预测成果：综合而言，本综合预测区是宁芜北段铜金矿最为集中地区，区内已具备较好的陆相火山岩型铜金矿及铁矿的成矿条件，物化探异常也较好，因此在谷里—铜井一带铜金矿的资源潜力很好，而在皇姑山—阴山一带也具有相对较好的铁矿找矿潜力。本综合预测区的矿种查明资源量及预测资源量如表6-37所示。

表 6-37　宁芜谷里-皇姑山-铜井综合预测区预测成果表

综合预测区名称	隶属成矿亚带	面积(km^2)	预测矿种	矿产预测类型	查明资源量	最小预测区个数	预测资源量(铁、硫矿石量:$\times 10^3$t;铜:t;金:kg)		
							500m以浅	1000m以浅	2000m以浅
宁芜谷里-皇姑山-铜井地区铜金铁硫矿综合预测区	Ⅲ-69-②沿江铜、铁、金、多金属、硫成矿亚带	240	铁	宁芜式陆相火山岩型	1107.0	6个(A类1个,B类2个,C类3个)	0	49 545.1	178 978.703
			铜	铜井式陆相火山岩型(铜金矿)	35 745.0	9个(A类3个,B类5个,C类1个)	36 876.72	87 698.57	87 698.57
			金		2984.99		9932.34	20 305.18	20 305.18
			硫铁矿	云台山式陆相火山岩型		C类1个	5639.0	5639.0	5639.0

9. 宁芜云台山-天台山-乔麦山综合预测区

地质矿产条件:本综合预测区位于沿成矿亚带中宁芜火山岩盆地北段的东部地区,北起陶吴,经云台山、天台山至乔麦山地区,呈北北东向展布,以陆相火山岩型硫铁矿为主,也有部分陆相火山岩型铜金矿及铁矿。区内断裂构造发育,方山-小丹阳断裂从本区东南侧通过,区内以云台山-乔麦山等北北东向压性断裂以及北东向、近东西向断裂最为发育,为控矿构造;地层及建造主要为侏罗系龙王山组火山岩建造、象山群的砂砾岩建造、三叠系黄马青组的粉砂岩建造以及见于钻孔中的周冲村组碳酸盐岩建造,其中三叠系黄马青组及周冲村组是本区主要赋矿层位,其次为龙王山组的火山岩;区内出露岩体主要为燕山中晚期(辉石)安山玢岩、闪长玢岩等次火山岩体,其中闪长玢岩与成矿关系密切。目前区内已发现的矿产地有云台山、天台山中型硫铁矿床,大平山小型铜铁矿床以及莺子山、倪岗头、查塘等多处铁铜(金)矿点。其中硫铁矿体主要赋存在次闪长玢岩体附近破碎的周冲村组及黄马青组的碳酸盐岩及钙质粉砂岩建造中,部分见于闪长玢岩体与龙王山组火山碎屑岩的接触带中;铁矿(化)体主要赋存在次火山岩体与周冲村组及黄马青组的碳酸盐岩及钙质粉砂岩建造的接触带中;铜(金)矿成矿则主要与火山热液有关,矿(化)体主要赋存在象山群砂岩或龙王山组角砾凝灰岩中。

综合信息:综合预测区内磁异常反映不明显,局部异常较少,与已知矿产地没有明显的对应关系;重力则表现为北东向的高值区,是对矿床及含矿围岩的综合反映,有一定指示作用;激电异常在大平山、云台山、富而岗等地则反映良好;区内 Cu、Mo、Ba、Sr 亲硫元素土壤地球化学组合异常与硫铁矿有一定的相关性,主要分布在碳酸盐岩地层区,与硫铁矿套合较好,有找矿指示作用,在大平山地区还有 Cu、Zn 组合异常,但规模不大,与大平山铜矿相对应。

预测成果:整体而言,区内硫铁矿及铁铜多金属的成矿条件较为有利,也有一定的物化探异常信息,区内特别是已知矿区的深部及外围具有较大的找矿潜力。综合区域内各单矿种的预测成果,本综合预测区的预测成果如表 6-38 所示。

表 6-38　宁芜云台山-天台山-荞麦山综合预测区预测成果表

综合预测区名称	隶属成矿亚带	面积(km²)	预测矿种	矿产预测类型	最小预测区个数	预测资源量(铁、硫矿石量:×10³t;铜:t;金:kg)		
						500m以浅	1000m以浅	2000m以浅
宁芜云台山-天台山-荞麦山综合预测区	Ⅲ-69-②沿江成矿亚带	128	铁	宁芜式陆相火山岩型	5个(B类4个,C类1个)	0	5202.4	65 232.6
			铜	铜井式陆相火山岩型(铜金矿)	6个(A类1个,B类3个,C类2个)	10 935.14	16 408.44	16 408.44
			金			2049.96	4030.79	4030.79
			硫铁矿	云台山式陆相火山岩型	7个(A类2个,C类5个)	47 261.5	70 638.28	75 175.91

10. 溧水小梅山-獾子洞-燕子口-洪蓝综合预测区

地质矿产条件:本综合预测区位于沿江成矿亚带中溧水火山岩盆地的西北部构造隆起区,北起柘塘镇的小梅山,南至左山—洪蓝镇一带,西起苏皖省界獾子洞一带,东至炸山,呈近东西向椭圆形展布,已知矿床类型以铜金矿为主。区内近东西向椭圆状的大魏庄破火山口是重要控岩、控矿构造,其中部为侏罗纪的角闪闪长玢岩次火山岩体,受火山通道控制,四周也分布有环状角闪闪长玢岩小岩体,向四周顺层贯入侏罗系朱村组、陡山组、西横山组含钙质的砂砾岩类建造以及龙王山组的火山碎屑岩建造中,岩体与围岩的接触带及附近层间北东、北西向构造破碎带均为重要控矿构造,在小茅山—洪蓝一带还零星有侏罗纪的闪长玢岩及粗安斑岩出露。目前区内已发现矿产地有横山(獾子洞)铜金矿床、燕子口金矿床等小型铜金矿床,以及大山、小茅山铜矿点,丁公山金矿点,老虎头、左山、炸山、七里沟等铁矿点。以獾子洞铜金矿床为代表的次火山热液-层控矽卡岩型铜金矿体主要赋存在角闪闪长玢岩体外接触带西横山组的灰岩质砂砾岩层间破碎带中;以燕子口金矿床为代表的破碎蚀变岩型金矿体主要分布在闪长玢岩体边缘附近的断裂破碎带中,围岩主要是朱村组、陡山组的石英砂岩建造。区内铁矿点主要是与次火山热液有关的陆相火山岩型,矿(化)体主要赋存在闪长玢岩体与朱村组、西横山组的砂砾岩建造以及龙王山组火山碎屑岩建造的接触带及接触带附近的围岩裂隙中。

综合信息:综合预测区内的磁异常主要有横溪—七里沟、柘塘、炸山以及左山—老虎头—大魏庄一带几个磁异常区,其规模较大、梯度陡,大多为闪长玢岩体的反映,当磁异常与西横山组等砂砾岩建造和次火山岩体接触带相吻合时,往往有铁、铜多金属矿化;区内在横山—獾子洞一带,还存在着规模较大的近东西向展布的低缓金异常带,与已知的燕子口、獾子洞铜金矿对应关系明显;在大付村、小茅山、洪蓝、野竹山等地还存在Cu、Pb、Zn、Mo、Ag、Au等化探元素的组合异常,与已知的铜多金属矿化点也有一定的对应关系。

预测成果:区内铜金矿的成矿条件较好,化探异常反映明显,区内特别是獾子洞—燕子口—丁公山一带具有较大的铜金矿资源潜力,此外,在七里沟、炸山等已知铁矿点地区也有一定的铁矿找矿前景。本综合预测区的预测成果如表6-39所示。

表 6-39　溧水小梅山-獾子洞-燕子口-洪蓝综合预测区预测成果表

综合预测区名称	隶属成矿亚带	面积(km^2)	预测矿种	矿产预测类型	最小预测区个数	预测资源量(铁硫矿石量:$\times10^3$t;铜:t;金:kg)		
						500m以浅	1000m以浅	2000m以浅
溧水小梅山-獾子洞-燕子口-洪蓝综合预测区	Ⅲ-69-②沿江成矿亚带	359	铁	宁芜式陆相火山岩型	17个(A类1个,B类4个,C类12个)	4911.5	14 323.9	15 444.7
			铜	獾子洞式次火山热液-层控矽卡岩型	10个(A类1个,B类2个,C类7个)	43 606.0	43 606.0	43 606.0
			金	西横山式破碎蚀变岩型	4个(A类1个,C类3个)	3751.64	3751.64	3751.64
			硫铁矿	云台山陆相火山岩型	C类1个	75.5	415.0	415.0

11. 溧水夏家边-东岗-卧龙山-高塘综合预测区

地质矿产条件:本综合预测区位于沿江成矿亚带中溧水火山岩盆地的东北部,北起郭庄庙,南至东岗头,西起乌山,东至方边,呈北西向展布,以陆相火山岩型铁矿为主,次为陆相火山岩型硫铁矿及少部分铜铅矿(点)。区内断裂构造发育,北北东向断裂与北西向及东西向断裂交会,岩浆侵入喷发活动强烈,有东岗、夏家边2处火山机构,对区内铁、铜及硫铁矿有重要控制作用;出露地层及岩性主要为陡山组的石英砂砾岩建造、龙王山组的火山碎屑岩建造,西横山组的钙质砂砾岩亦有零星出露;后村、爱景山、卧龙山等地零星出露的燕山中晚期闪长玢岩类次火山岩体与成矿关系密切,呈岩株状产出。目前区内已发现东岗中型铁矿床、石坝小型铁矿床、卧龙山小型硫铁矿床、野山凹及爱景山等铁矿点、石头山铜矿点以及高塘铜铅矿点等,其中铁矿体主要赋存在火山机构中燕山中晚期辉石闪长玢岩等次火山岩体头部,并受北西及北北东向基底断裂控制;硫铁矿体则主要赋存在燕山中晚期火山岩系(主要为龙王山组)与基底地层(主要为陡山组)之间的喷发不整合面之上,闪长玢岩类次火山岩体提供了热源及部分成矿物质,并受北西向断裂构造控制;而区内高塘等个别的铜铅矿点则可能与隐伏的次火山岩体及火山机构、断裂喷发带有关。

综合信息:本综合预测区内航磁反映为升高的磁场,且磁异常分布广泛,并与区内重力高相吻合,主要与区内中生代火山岩及次火山岩体有关,少部分可能是铁矿床点的反映;区内Cu、Sr、Mo、Pb、Zn等化探元素的组合异常主要分布在爱景山、卧龙山及高塘等地,与区内铜、锶及硫铁矿等矿床点的对应关系较好,有指示作用;在大仁山、庙山以及大前巷等地还存在重晶石重砂异常,也有一定的找矿指示作用。

预测成果:区内陆相火山岩型铁矿及硫铁矿的成矿条件较好,并有一定的物化探异常反映,因此区域内特别是已知矿区的深部及外围具有较大的资源潜力,而铜铅矿的找矿潜力则一般。本综合预测区的预测成果如表6-40所示。

表 6-40　溧水夏家边-东岗-卧龙山-高塘综合预测区预测成果表

综合预测区名称	隶属成矿亚带	面积(km^2)	预测矿种	矿产预测类型	最小预测区个数	预测资源量(铁、硫矿石量:$\times 10^3$t;铜:t;金:kg)		
						500m以浅	1000m以浅	2000m以浅
溧水夏家边-东岗-卧龙山-高塘综合预测区	Ⅲ-69-②沿江成矿亚带	200	Fe	宁芜式陆相火山岩型	7个(A类1个,B类1个,C类5个)	7707.9	23 218.6	23 218.6
			Cu	五部式陆相火山岩型	2个(B类1个,C类1个)	2194.35	3510.95	3510.95
			Pb			4798.78	7678.05	7678.05
			硫铁矿	云台山式陆相火山岩型	4个(A类1个,C类3个)	2540.2	3720.4	3720.4

12. 溧水马占山-观山-金驹山-枕头山综合预测区

地质矿产条件:本综合预测区位于沿江成矿亚带中溧水火山岩盆地的东南部,为溧水盆地相对凹陷区,北起棉桃山,南至漆桥镇,西沿傅家边—骆山一带,东至白马—芝山一线,以陆相火山岩型铜铅矿及金矿为主。区内断裂构造发育,北西向洪蓝-芝山断裂带与北北东向段家山-曹旺山断裂带交会部位控制了观山火山机构及火山岩-次火山岩的分布,观山火山机构及北东向新桥-白马断裂是区内重要控矿构造,北西向、北东向及近东西向断裂亦是容矿构造;出露地层及岩性主要为龙王山组、大王山组及姚家边组的火山碎屑岩建造,西部边缘亦有侏罗系陡山组的石英砂岩及白垩系葛村组砂砾岩建造出露,东部边缘地带有志留系—三叠系的部分地层出露,其中大王山组及姚家边组的火山碎屑岩建造是主要赋矿围岩;出露岩体主要为白垩纪的粗安斑岩次火山岩体,与成矿关系密切。目前区内已发现观山小型铜铅矿床,金驹山小型金矿床,以及金鸡山铜矿点、定山金矿点等矿点10余处,其中铜铅矿体主要分布在次火山岩体粗安斑岩中,并受次火山岩体内古火山机构所形成的断裂控制;而金矿体则主要赋存在以大王山组及姚家边组火山碎屑岩为赋矿围岩的构造破碎带中,以北西向为主,次为近东西向及北东东向断裂破碎带。

综合信息:本综合预测区内磁异常分布广泛,主要与中生代火山岩和次火山岩体有关;而土壤地球化学异常主要为Cu、Au、Pb、Zn、Ag、Mo等元素的组合异常,主要分布在红石山、枕头山、赭山及芝山等地,而在马占山—磨盘山—观山—金驹山一带则有一明显的Au异常带,这些异常与已知的矿床点对应关系较好,对进一步找矿有重要指示作用;在马占山、观山、金驹山、金鸡山、碧山里等地还有重晶石重砂异常,对铜金矿找矿亦有指示作用。

预测成果:综合而言,区内陆相火山岩型铜铅矿及金矿的成矿条件较好,化探及自然重砂异常反映明显,在已知矿产地的深部及外围,特别是观山火山机构外围地区仍有较大的找矿潜力。本综合预测区的预测成果如表6-41所示。

表 6-41　溧水马占山-观山-金驹山-枕头山综合预测区预测成果表

综合预测区名称	隶属成矿亚带	面积(km^2)	预测矿种	矿产预测类型	最小预测区个数	预测资源量(铁硫矿石量:$\times10^3$t;铜:t;金:kg)		
						500m以浅	1000m以浅	2000m以浅
溧水马占山-观山-金驹山-枕头山综合预测区	Ⅲ-69-②沿江成矿亚带	259	金	铜井式陆相火山岩型	8个(A类1个,B类1个,C类6个)	2505.16	4144.05	4144.05
				西横山式破碎蚀变岩型	C类2个	852.62	852.62	852.62
				合计	10个(A类1个,B类1个,C类8个)	3357.78	4996.67	4996.67
			铜	五部式陆相火山岩型	7个(A类1个,B类4个,C类2个)	23 358.29	47 406.08	47 406.08
			铅			50 318.94	102 447.62	102 447.62

第六节　综合预测区勘查部署建议

该成矿亚带省内区域主要包括六合成矿远景区、宁镇成矿远景区、宁芜成矿远景区及溧水成矿远景区,已发现大中小型矿产地众多,工作程度相对较高,为本省铁、铜、金、钼、铅锌银多金属及硫铁矿资源量最为集中的一个成矿亚带。根据本次资源潜力评价成果,该成矿亚带内各单矿种最小预测区总计为246个,在已知矿床(点)深部及外围仍具有较好的找矿远景,如梅山铁矿、栖霞山铅锌银矿、韦岗铁矿等大中型矿床的深部及外围都有很好的潜力。根据区域成矿地质条件及区域成矿系统、成矿作用综合分析研究,将沿江成矿亚带内246个最小预测区综合圈定成12个综合预测区。其中六合成矿远景区内有1个综合预测区,以铁矿为主;宁镇成矿远景区内有5个综合预测区,以铅、锌、铜、金多金属及铁矿为主;宁芜成矿远景区内有3个综合预测区,以铁、铜、金矿及硫铁矿为主;溧水成矿远景区内有3个综合预测区,以铁、铜、金矿为主。根据该成矿亚带内各地区的成矿地质条件、工作程度及预测成果,建议将六合地区、溧水地区作为远景调查区进行工作部署,宁芜地区及宁镇地区作为深部远景调查区进行部署,选择9个条件较好的综合预测区进行普查工作部署。具体部署建议如下。

1. 江苏六合地区铁铜矿远景调查

本区主要位于南京六合区境内,于郯庐断裂带东侧,区内中、新生代凹陷中沉积有中、新生代碎屑岩,并堆积大规模火山岩,仅在局部隆起地区出露有新元古界张八岭岩群变质碎屑岩与震旦纪—寒武纪碳酸盐岩地层,并有燕山期中酸性岩浆岩侵入,且与成矿关系密切,隆起区内断裂构造发育,磁异常特征明显,目前已有冶山中型铁矿等多处矽卡岩型铁矿床(点)。在此次潜力评价工作中,该区隆起区铁矿总计有4个最小预测区,预测铁矿资源量为3655×10^4t,而目前区内是否存在矽卡岩型铜多金属矿以及凹陷区覆盖层下的成矿可能性都需要进一步研究,因此可在本地区进行铁铜矿远景调查工作部署。

主攻矿床类型:矽卡岩型铁、铜多金属矿。

工作部署建议:1∶1万～1∶2.5万地磁、1∶1万～1∶2.5万激电、1∶1万～1∶2.5万化探、钻探。

预期成果:可供进一步找矿勘查的找矿靶区3～5处。

2. 江苏宁镇地区深部矿产资源远景调查

本区沿长江深断裂分布在南京—镇江地区，其成矿地质条件好，物化探异常特征明显。区内震旦系至中新生界出露齐全，与成矿关系密切的主要是石炭纪—三叠纪的碳酸盐岩建造，以及分布广泛的石英闪长玢岩、花岗闪长斑岩等燕山中晚期侵入形成的中酸性侵入岩浆岩，"三背两斜"、纵向断裂及侵入接触带则是主要的控矿构造。目前区内已发现铅、锌、铁、铜、金、钼及硫铁矿等矿种的矿床(点)数十处，以层控热液型及矽卡岩型为主，其次为斑岩型，主要分布在宁镇山脉的西部和中部，是江苏省铅锌矿以及铜、铁等矿种的重要矿产基地。在此次潜力评价工作中，该区成矿有利区域较多，其铅锌银、铁、铜、金、钼及硫铁矿总计有 104 个最小预测区，其预测资源量也很可观，其中铅为 731 768t，锌为 14 628 570t，银为 1802t，铁为 16 881×10^4t，铜为 878 928t，金为 11 802kg，硫铁矿为 7084×10^4t，该区工作程度较高，目前已进入"攻深找盲"阶段，因此可在本地区进行铅锌银及铁铜金多金属矿等矿种的深部远景调查工作部署，为深部找矿勘查提供靶区。

主攻矿床类型：层控热液型铅锌银矿，矽卡岩型铁、铜、金、钼多金属矿，斑岩型钼矿。

工作部署建议：1∶5 万深穿透地球化学剖面测量、1∶1 万矿产地质测量、1∶1 万地质物化探剖面测量、AMT 测量、TEM 剖面测量、CSAMT 剖面测量、钻探。

预期成果：可供进一步找矿勘查的找矿靶区 10～20 处。

3. 江苏宁芜地区深部矿产资源远景调查

本区位于宁芜继承式火山岩盆地北段，区内火山构造、断裂构造发育，大部分地区为上侏罗统龙王山组、大王山组火山岩地层覆盖，盆地西部有下白垩统姑山组、娘娘山组分布，盆地边部分布有黄马青组及象山群。区内成矿地质条件良好，目前已发现的各类矿床、矿(化)点 100 多处，其中大型 2 处、中型 9 处，小型 12 处，以陆相火山岩型铁铜金及硫铁矿等内生矿产为主，为本省铁、硫矿产资源的重要基地。这些星罗棋布的矿点大部分位于构造岩浆带中，与火山活动旋回有明显的关系。在此次潜力评价工作中，该区铁、铜金、硫铁矿及磷矿总计有 49 个最小预测区，其预测资源量也很可观，其中铁为 53 375×10^4t，铜为 110 661t，金为 26 708kg，硫铁矿为 8818×10^4t，磷为 1498×10^4t，该区工作程度较高，目前已进入"攻深找盲"阶段，其深部资源潜力可观，因此可在本地区进行铁铜金多金属矿以及硫铁矿等矿种的深部远景调查工作部署。

主攻矿床类型：陆相火山岩型铁、铜金多金属矿及硫铁矿。

工作部署建议：1∶5 万深穿透地球化学剖面测量、1∶1 万地质物化探剖面测量、AMT 测量、TEM 剖面测量、CSAMT 剖面测量、钻探。

预期成果：可供进一步找矿勘查的找矿靶区 5～10 处。

4. 江苏溧水地区铁铜金矿远景调查

本区为溧水中生代断凹相对隆起区，区内地质矿产条件较好，火山构造及断裂构造发育，物化探异常特征明显，目前已发现矿床、矿点和矿化点近百个，主要为铁、铜、金多金属等矿种，以陆相火山岩型为主。其矿体一是主要产于西横山组层间破碎带中，在火山口附近形成次火山热液型铜、金、铅、锌矿床、矿点集中分布区；二是多金属矿体呈大脉状产于燕山期火山-次火山岩构造破碎带中。在此次潜力评价工作中，该区铁、铜、金、铅、硫等矿种总计有 71 个最小预测区，其预测资源量也较为可观，其中铁为 3866×10^4t，铜为 94 523t，金为 11 060kg，铅为 110 125t，硫铁矿为 413×10^4t，因此可在本地区进行铁、铜金多金属矿远景调查工作部署。

主攻矿床类型：陆相火山岩型铁、铜、金多金属矿。

工作部署建议：1∶1 万～1∶2.5 万地磁测量、1∶1 万～1∶2.5 万激电测量、1∶1 万～1∶2.5 万化探、钻探。

预期成果：可供进一步找矿勘查的找矿靶区 5～10 处。

5. 六合小庙陈-冶山-铁石岗普查区

本区位于六合地区中部的隆起区内，其铁矿成矿地质条件较好，磁异常特征明显，目前已发现冶山中型铁矿等多处矽卡岩型铁矿床(点)，矿体主要赋存在震旦纪—寒武纪的碳酸盐岩建造与冶山岩体(白垩纪石英闪长岩)的侵入接触带中，特别是岩体侵入围岩的前缘部位或由陡直变为平缓弯曲处，并受北东及北西向断裂所控制。在此次潜力评价工作中，该区内圈出 4 个铁矿最小预测区，其预测铁矿资源量为 3655×10^4t，在区内已知矿床点的深部及外围仍有一定的铁矿资源潜力。

主攻矿床类型：矽卡岩型铁矿。

工作部署建议：1∶2000～1∶1 万地磁测量、1∶2000～1∶1 万高精度磁测剖面、1∶2000～1∶1 万高精度重力剖面、钻探。

预期成果：预获中型铁矿床 1 处。

6. 宁镇小红山-岔路口-栖霞山-平山头普查区

本区位于宁镇隆起带的西段北缘地区，区内铅锌银金多金属矿及硫铁矿等矿种的成矿地质条件较好，物化探异常特征明显，目前已发现栖霞山大型层控热液型铅锌银矿等多处矿床(点)，矿产类型以层控热液型及矽卡岩型为主。其中铅锌银矿体受热液作用影响，主要赋存在石炭系黄龙组及二叠系栖霞组碳酸盐岩建造中，并受沿“硅钙面”发育的北东—近东西向的压性或压扭性纵向断裂控制，其余矽卡岩型矿体则主要为白垩纪的闪长(玢)岩等中酸性岩体与三叠纪的碳酸盐岩—砂岩建造侵入接触而形成。在此次潜力评价工作中，该区内共圈出铅锌银、金、铁及硫铁矿等矿种的 9 个最小预测区，其预测资源量较为可观，其中铅为 383 876t，锌为 761 426t，银为 982t，金为 544kg，铁为 760×10^4t，硫铁矿为 1104×10^4t，通过分析，在区内已知矿床点的深部及外围仍有较大的资源潜力，特别是铅锌银多金属矿具有很好的找矿前景。

主攻矿床类型：层控热液型铅锌银矿。

工作部署建议：1∶1 万土壤化探、1∶1 万激电中梯(或复电阻率)剖面、CSAMT 剖面测量、钻探。

预期成果：中型铅锌银矿 1～2 处，小型金矿 1～2 处。

7. 宁镇铜山-安基山-汤山-仑山普查区

本区位于宁镇隆起带的中段，区内铁铜钼金多金属矿及硫铁矿等矿种的成矿地质条件较好，物化探异常特征明显，目前区内已发现安基山铜矿、铜山铜钼矿、汤山金矿等多处多金属矿床(点)，其中铁、铜、钼及硫铁矿以矽卡岩型及斑岩型为主，金矿则主要为卡林型。在区内已知矿产中占主要地位的主要为铜钼矿及金矿，其中铜钼矿体主要赋存在石炭纪—三叠纪的碳酸盐岩建造与安基山岩体的石英闪长斑岩侵入接触带中，也有少部分矿体形成于接触带附近的岩体内，而卡林型金矿(化)体则主要赋存于早中奥陶世碳酸盐岩建造间的环形断裂破碎带内以及层间构造破碎带内。在此次潜力评价工作中，该区内共圈出铜、钼、金、铁及硫铁矿等矿种的 42 个最小预测区，其预测资源量铜为 737 685t，钼为 30 008t，金为 8335kg，铁为 7048×10^4t，硫铁矿为 3099×10^4t，通过分析，在区内已知矿床点的深部及外围都仍有较大的资源潜力，特别是区内的铜钼矿及金矿。

主攻矿床类型：矽卡岩型、斑岩型铜钼矿，卡林型金矿，矽卡岩型铁矿。

工作部署建议：1∶1 万土壤化探、1∶2000～1∶1 万地磁测量、1∶2000～1∶1 万高精度磁测剖面、1∶2000～1∶1 万高精度重力剖面、1∶1 万激电中梯剖面、钻探。

预期成果：中—小型铜金矿床 2～3 处，小型钼矿床 1～2 处，中—小型铁矿床 1～2 处。

8. 宁镇韦岗-盘龙岗-五洲山-象山普查区

本区位于宁镇隆起带中段的东部，其成矿地质条件较好，物化探异常特征明显，目前区内已发现多处矿床(点)，其中以矽卡岩型铁矿为主，如韦岗中型铁矿，其次为铅锌银矿及铜钼矿等小型矿床及矿点。其中铁矿体主要赋存在石炭纪—三叠纪的碳酸盐岩建造与白垩纪的中酸性岩体侵入接触带中，受北北西向控矿断裂所控制；铅锌矿体主要赋存于石炭系—二叠系之间压性纵向断层中或灰岩层间裂隙中；铜钼矿体主要赋存于岩体与碳酸盐岩建造的接触带内或其附近的石英闪长斑岩等岩体中，并受近东西向断裂构造控制。在此次潜力评价工作中，该区内共圈出铁、铜、钼、铅锌、金及硫铁矿等矿种的 32 个最小预测区，预测资源量铁为 7202×10^4t，铜为 121 739t，金为 2685kg，铅为 18 656t，锌为 28 560t，钼为 14 236t，硫铁矿为 1330×10^4t，通过分析，区内已知铁矿床的深部及外围仍有较大的资源潜力。

主攻矿床类型：矽卡岩型铁矿、矽卡岩型斑岩型铜钼矿。

工作部署建议：1∶2000～1∶1 万地磁测量、1∶2000～1∶1 万高精度磁测剖面、1∶2000～1∶1 万高精度重力剖面、1∶1 万激电中梯(或复电阻率)剖面、钻探。

预期成果：中—小型铁矿床 2～3 处，小型铜钼多金属矿床 2～3 处。

9. 宁芜梅山-吉山-凤凰山普查区

本区位于宁芜火山岩盆地北段的东北端，区内以陆相火山岩型铁矿为主，如梅山、吉山大型铁矿以及其他多处铁矿床(点)，另有少量小型磷矿床、铜金矿点分布。区内断裂构造及火山喷发带发育，铁矿床(点)往往位于重磁同高区，其铁矿体及少部分磷矿体多赋存在(辉石)闪长玢岩等次火山岩体内或岩体顶部与火山喷发岩的“接触带”中，也有少部分赋存在附近的火山岩裂隙中或三叠纪(泥)灰岩-钙质粉砂岩建造与(辉石)闪长玢岩次火山岩体的接触带中。在此次潜力评价工作中，该区内共圈出铁、磷、铜金及硫铁矿等矿种的 15 个最小预测区，其中铁矿潜力较大，其预测资源量为 $28\ 954\times10^4$t，此外磷为 1498×10^4t，铜为 6554t，金为 2372kg，硫铁矿为 736×10^4t，通过分析，在区内已知矿床点的深部及外围都仍有较大的资源潜力，特别是区内的大中型铁矿床深部及周边地区，建议部署勘查工作。

主攻矿床类型：陆相火山岩型铁矿。

工作部署建议：1∶2000～1∶1 万地磁测量、1∶2000～1∶1 万高精度磁测剖面、1∶2000～1∶1 万高精度重力剖面、1∶1 万土壤化探、钻探。

预期成果：中型铁矿 2～3 处，小型铜金矿 1～2 处。

10. 宁芜谷里-皇姑山-铜井综合普查区

本区位于宁芜火山岩盆地北段的西侧及中部部分地区，以陆相火山岩型铜(金)矿及铁矿为主，已发现有铜井小型铜金矿、谷里小型铜矿、阴山小型铁矿等多处矿床(点)。区内基底构造及成矿断裂复杂，北西向的基底断裂对该区铜(金)矿的分布有一定的控制作用，出露地层及岩性主要是侏罗系大王山组及白垩系姑山组、白头山组以及娘娘山组的火山岩建造，与铜金矿成矿关系密切，为主要赋矿围岩；出露的岩体有侏罗纪的辉石安山玢岩、辉石闪长玢岩以及白垩纪的粗安斑岩、粗面斑岩等次火山岩体，前者主要与铁、铜矿成矿有关，后者则主要与铜金矿成矿关系密切。区内物化探异常特征明显，在谷里—铜井一带以铜金矿为主，而皇姑山—阴山一带则以铁、铜矿为主。在此次潜力评价工作中，该区内共圈出铜、金、铁及硫铁矿等矿种的 16 个最小预测区，其中铜、金、铁矿潜力较大，铜矿预测资源量为 87 698t，金矿预测资源量为 20 305kg，铁矿为 $17\ 897\times10^4$t，硫铁矿为 564×10^4t。

主攻矿床类型：陆相火山岩型铜金矿、陆相火山岩型铁矿。

工作部署建议：1∶1 万土壤化探、1∶2000～1∶1 万高精度磁测剖面、1∶1 万激电中梯(或复电阻率)剖面、槽探、钻探。

预期成果：中—小型铜金矿床 2～3 处，中—小型铁矿 2～3 处。

11. 宁芜云台山-天台山-乔麦山综合普查区

本区位于宁芜火山岩盆地北段的东部地区，区内断裂构造发育，成矿地质条件较好，物化探异常特征明显，区内矿产以陆相火山岩型硫铁矿为主，次为陆相火山岩型铜金矿。区内已发现云台山、天台山中型硫铁矿和大平山铜矿等多处矿床(点)。其中硫铁矿体主要赋存在次闪长玢岩体附近破碎的周冲村组及黄马青组的碳酸盐岩及钙质粉砂岩建造中，部分见于闪长玢岩体与龙王山组火山碎屑岩的接触带中；铁矿(化)体主要赋存在次火山岩体与周冲村组及黄马青组的碳酸盐岩及钙质粉砂岩建造的接触带中；铜(金)矿成矿主要与火山热液有关，矿(化)体主要赋存在象山群砂岩或龙王山组角砾凝灰岩中。在此次潜力评价工作中，该区内共圈出铜、金、铁及硫铁矿等矿种的18个最小预测区，其中硫铁矿资源潜力较大，为7517×10^4t，此外铁矿预测资源量为6523×10^4t，铜为16 408t，金为4030kg，通过分析可知，区内硫铁矿有较大的资源潜力，铜金矿也有一定的找矿前景。

主攻矿床类型：陆相火山岩型硫铁矿、陆相火山岩型铁、铜多金属矿。

工作部署建议：1∶1万土壤化探、1∶2000～1∶1万高精度磁测剖面、1∶2000～1∶1万高精度重力剖面、1∶1万激电中梯(或复电阻率)剖面、钻探。

预期成果：中型硫铁矿床2～3处，小型铜金矿床1～2处。

12. 溧水小梅山-獾子洞-西横山-洪蓝综合普查区

本区位于溧水火山岩盆地的西北部构造隆起区，区内以与火山-次火山热液相关的铜金矿为主，如獾子洞铜金矿、燕子口金矿等小型铜金矿，也有部分铁矿点。区内火山构造及断裂构造发育，物化探异常特征明显，其中以獾子洞铜金矿为代表的次火山热液-层控矽卡岩型铜金矿体主要赋存在角闪闪长玢岩体外接触带西横山组的灰岩质砂砾岩层间破碎带中；以燕子口金矿为代表的破碎蚀变岩型金矿体主要分布在闪长玢岩体边缘附近的断裂破碎带中，围岩则主要是朱村组、陡山组的石英砂岩建造；区内的铁矿(化)体主要赋存在闪长玢岩体与朱村组、西横山组的砂砾岩建造以及龙王山组火山碎屑岩建造的接触带及接触带附近的围岩裂隙中。在此次潜力评价工作中，该区内共圈出铜、金、铁及硫铁矿等矿种的32个最小预测区，其中铜预测资源量为43 606t，金为3751kg，铁为1544×10^4t，硫铁矿仅为41×10^4t，根据预测成果可知，区内的铜金矿具有较大的资源潜力。

主攻矿床类型：次火山热液-层控矽卡岩型铜金矿、破碎蚀变岩型金矿。

工作部署建议：1∶1万土壤化探、1∶2000～1∶1万地磁测量、1∶2000～1∶1万高精度磁测剖面、1∶2000～1∶1万高精度重力剖面、1∶1万激电中梯剖面、钻探。

预期成果：中型金矿1处，小型铜金矿2～3处。

13. 溧水马占山-观山-金驹山-枕头山综合普查区

本区位于溧水火山岩盆地的东南部，为溧水盆地相对凹陷区，以陆相火山岩型铜铅矿及金矿为主，如观山小型铜铅矿，金驹山小型金矿等矿床(点)。区内火山构造及断裂构造发育，物化探异常特征明显，其中铜铅矿体主要赋存在次火山岩体粗安斑岩中，并受次火山岩体内古火山机构所形成的断裂控制；而金矿体主要赋存在以大王山组及姚家边组火山碎屑岩为赋矿围岩的构造破碎带中，白垩纪的粗安斑岩等次火山岩体与区内铜多金属矿化关系密切。在此次潜力评价工作中，该区内共圈出铜铅矿及金矿等矿种的17个最小预测区，其中铜预测资源量为47 406t，金为4996kg，铅为102 447t，通过分析，区内的铜金矿产仍有较大的资源潜力，建议在区内部署普查工作，进一步扩大找矿前景。

主攻矿床类型：陆相火山岩型铜铅矿、陆相火山岩型金矿。

工作部署建议：1∶1万土壤化探、1∶2000～1∶1万高精度磁测剖面、1∶1万激电中梯(或复电阻率)剖面、钻探。

预期成果：小型铜多金属矿床2～3处，小型金矿床3～4处。

第七章　Ⅲ-69-③宣城-苏州成矿亚带重要矿种预测成果

第一节　区域地质背景

该成矿亚带是长江中下游成矿带东端，大地构造单元属下扬子陆块下扬子被动陆缘，北西以江南断裂为界，并与沿江成矿亚带相接壤；南东则以湖苏断裂为界，并与钦杭东段北部成矿带中的天目山-金山成矿亚带相接壤；南西为苏浙皖省界；北东与黄海接壤。该亚带内矿床类型多，但多为小型矿床及矿(化)点，地层自寒武系至第四系，但除二叠系外，各时代地层都有部分缺失，其中寒武纪及石炭纪—三叠纪的碳酸盐岩建造为主要赋矿围岩。矿床受成矿亚带内环形构造等各种断裂构造控制，其岩浆岩系列、形成时代和成矿特征也有所差异，但它们成矿统一于中生代燕山期强烈发育的构造-岩浆热事件中，形成长江中下游成矿带中具有江南过渡带特色的构造-岩浆成矿亚带。

根据不同的成矿构造环境，该成矿亚带省内部分可细分为宜兴-溧阳成矿区、苏州西部成矿区及南通-启东成矿区3部分，并对应的划分为3个与本次评价相关矿种的Ⅴ级成矿远景区：Ⅴ11南通-启东铁成矿远景区，Ⅴ12宜兴-溧阳铁、铜、铅、锌、金成矿远景区，Ⅴ13苏锡、铅、锌、银、铁、硫、萤石成矿远景区(图7-1)。

该成矿亚带的地质背景整体较为复杂，其区域沉积建造组合特征、岩浆岩建造组合特征及大地构造特征分述如下。

1. 区域沉积建造组合特征

该成矿亚带属于下扬子地层分区江南过渡带中的一部分，地表出露最老沉积地层即为寒武纪地层，从寒武纪到三叠纪晚期，扬子地层区一直处于被动陆缘与前陆盆地交替的沉积环境下，留下了大量的碎屑岩或碳酸盐岩沉积记录。由于印支运动影响，三叠纪末期之后，江苏地区处于环太平洋构造动力背景作用下，本成矿亚带转化成为陆相盆地沉积环境，特别是在溧阳火山岩盆地等地区沉积了巨厚的陆相沉积物，并持续到现在。

区内下古生界以在多期海进—海退过程中形成的稳定型沉积岩石建造为主，其中寒武系及奥陶系主要分布在南通地区的王浩乡王浩花岗岩体周边地区，寒武系总厚度多在1000～1800m，奥陶系总厚度大于560m，由于地表为厚达260～380m的第四纪沉积物覆盖，未对区内的寒武系及奥陶系做进一步划分。寒武系主要以白云岩、白云质大理岩等碳酸盐岩建造组成，奥陶系主要以灰质白云岩、白云质灰岩等碳酸盐岩建造为主，局部夹砂泥质碎屑沉积岩建造，它们也是南通地区矽卡岩型铁矿的主要赋矿围岩。

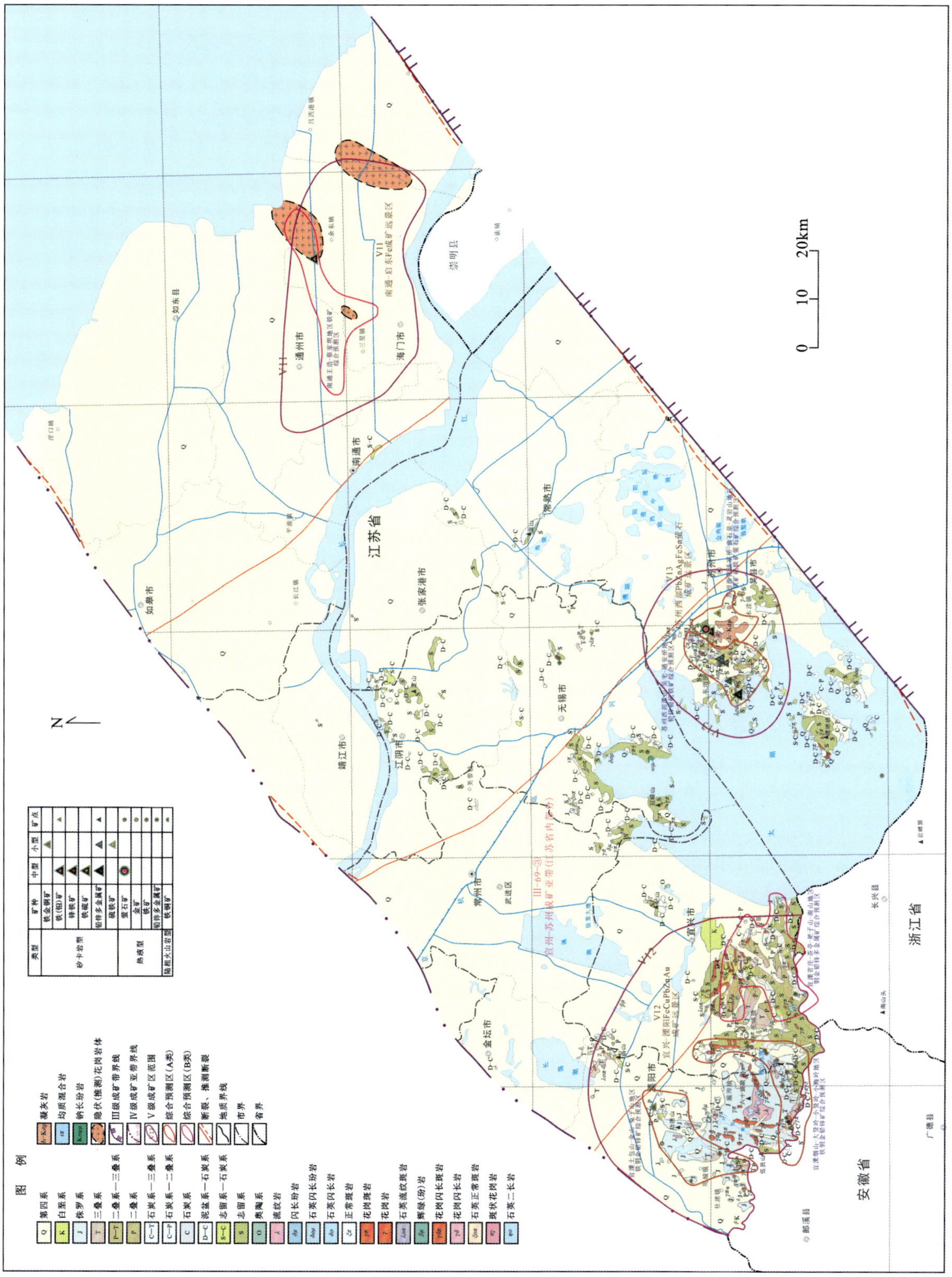

图 7-1　宣州-苏州成矿亚带(江苏省内)地质矿产简图

区内的下志留统部分沉积地层及上志留统至中泥盆统沉积缺失，上古生界上泥盆统及中生界三叠系，又经历了一次被动陆缘与前陆盆地的变迁及演化。早期以海相沉积为主，晚期则过渡为海陆交互相及陆相沉积。其中中下志留统自下而上可分为坟头组及茅山组，与下伏地层呈平行不整合接触，主要分布在宜溧地区除西部火山岩盆地外的大部地区，在苏州花岗岩体周边的大部分地区及南通地区的王浩乡周边等地仅分布有茅山组，地层总厚度在1800m以上。志留系以浅海陆棚沉积为主，由一套砂泥岩组成，其中坟头组为砂岩-粉砂质泥岩建造；茅山组为粉砂岩-石英砂岩-泥岩建造。

区内仅见上泥盆统，统称五通组，在宜溧等局部地区，自下而上又可分为观山组及擂鼓台组，五通组在宜溧地区除西部火山岩盆地外的大部分地区、苏州花岗岩体周边的大部分地区及南通大部分地区都有分布，各地地层厚度不一，一般在60～400m之间，与下伏地层呈平行不整合接触。五通组整体上主要为石英砂砾岩-粉砂质泥岩-泥质粉砂岩沉积建造，其中观山组为石英砂岩-碳质泥岩建造，擂鼓台组为复成分砂岩-碳岩-粉砂质泥岩建造。

区内石炭系—二叠系在成矿亚带内除溧阳火山岩盆地外的大部分地区广泛分布，但其中下石炭统部分地层在全区有缺失，在南通地区由于第四系的厚覆盖，石炭系—二叠系未作进一步划分。区内石炭系整体厚度在200m左右，与下伏地层呈平行不整合接触。石炭纪初期，地处开阔台地，与同一成矿带内邻区相比，本成矿亚带缺失金陵组碳酸盐岩-铁质岩建造；石炭纪中期，全区地处潮坪环境，形成高骊山组的石英砂岩-粉砂岩-页岩建造，与邻区相比缺失了和州组及老虎洞组的碳酸盐岩建造；石炭纪后期，全区进入碳酸盐开阔台地，形成黄龙组的生物屑亮晶灰岩-白云岩-泥岩的碳酸盐岩建造以及船山组灰岩-生物屑灰岩的碳酸盐岩建造。

区内二叠系整体厚度近400m，自下而上分为栖霞组、孤峰组、龙潭组和长兴组（江阴—宜兴一线北西为大隆组），与下伏地层呈平行不整合接触。其中栖霞组为以结晶灰岩-硅质岩-钙质泥页岩为主的碳酸盐岩建造；孤峰组为页岩-粉砂质页岩建造，并夹燧石层及含磷结核；龙潭组为以石英砂岩-页岩-粉砂质泥岩为主的含煤碎屑岩建造；长兴组为以灰岩夹燧石结核为主的碳酸盐岩建造；大隆组为硅质页岩-泥质粉砂岩建造。

中生界三叠系在本成矿亚带内也分布较为广泛，包括除溧阳火山岩盆地外的大部分地区，区域地层厚度在1000m左右，与下伏地层呈整合接触，自下而上为下三叠统的青龙组及中三叠统的周冲村组，与邻区相比缺失中上三叠统的黄马青组及范家塘组。三叠系整体表现为一套较系统的海退沉积过程，沉积古地理环境由被动陆缘向前陆盆地转化，沉积相按开阔台地—局限台地—湖泊三角洲—河湖相顺序演变。其中青龙组分为上、下两段，下段为隐晶或微晶灰岩建造，上段为泥质灰岩建造；周冲村组主要为微晶灰岩-灰质白云岩建造。

本区从三叠纪末以后，便进入陆相沉积环境，但成矿亚带内未见早—中侏罗世地层，晚侏罗世发生大规模火山喷发，形成多次火山活动，堆积了中—中基性、部分酸性乃至碱性火山岩。地层自下而上主要有晚侏罗世的龙王山组及大王山组火山岩地层，并与下伏地层呈不整合接触，这些地层主要分布在宜溧地区的溧阳火山岩盆地，而在苏州西部花岗岩体的外围部分地区及南通海门部分地区亦有火山岩建造，但未作进一步划分。其中宜溧地区的龙王山组分为上、下两段，下段为粗安岩-粗安质角砾熔岩建造，上段为流纹质多屑凝灰岩建造；大王山组则分为4段，最下段为凝灰质泥岩-粉砂质页岩建造，第二段为粗安岩-安粗质角砾熔岩建造，第三段为流纹岩-流纹质火山碎屑岩建造，上段为流纹岩建造；而苏州西部部分地区的晚侏罗世火山岩地层则为英安质角砾熔岩-英安质火山碎屑岩建造；南通部分地区的晚侏罗世火山岩地层则为中酸性熔岩-凝灰岩夹火山碎屑岩建造。

区内白垩纪仍是陆相河、湖沉积环境，未见下白垩统，上白垩统则包括浦口组、赤山组，主要分布在宜溧地区，其中浦口组以冲洪积及河流相粗碎屑沉积为主，系砂砾岩夹粉砂岩建造；赤山组以湖相沉积为主，为长石砂岩-砂岩建造；而苏州西部地区及南通地区的上白垩统则未作进一步划分，主要为砂砾岩夹泥岩建造。

区内古近纪沉积地层则主要为分布在宜溧地区的阜宁组，沉积建造为泥岩-粉砂岩-泥灰岩建造。

2. 岩浆岩建造组合特征

本成矿亚带内岩浆活动极为频繁，岩浆岩分布广泛，具“多旋回、多期次”的特征，侵入岩和火山岩均有出露，以燕山期岩浆活动为主。其中侵入岩主要形成于燕山期多期多次的岩浆侵入活动，形成的岩浆岩主要以中酸性岩类为主，与成矿亚带内的铁铜多金属成矿关系密切，喜马拉雅期仅有微弱的基性岩浆喷发或喷溢。亚带内宜溧地区、苏州地区及南通地区的岩浆岩有各自的特点，对其分述如下。

1)宜溧地区岩浆岩建造组合特征

宜溧区域内岩浆活动强烈，岩浆岩分布广泛，具“多旋回、多期次”的特征，其中以燕山晚期为主，喜马拉雅期仅有微弱的基性岩浆喷发。燕山晚期岩浆活动早期表现为大规模的火山喷发和溢流，晚期则以酸性—中酸性的岩浆侵入为主。

区域内的中生代火山岩具有多旋回，多期次的特点，主要分布在溧阳火山岩盆地内，宜兴张渚及太湖西岸蜀山等亦有零星露头。火山活动经历了龙王山旋回到大王山旋回的活动过程，火山活动方式以中心式喷发为主，经历了溢流—爆发(火山灰流)—溢流多次反复的过程，岩浆性质也经历了中性—酸性循环演化过程，其中龙王山旋回岩性主要为角闪石英粗安岩及角闪石英粗安质角砾熔岩、火山角砾岩、集块岩、凝灰岩，局部夹凝灰质粉砂岩等，为一套粗安质火山岩-火山碎屑岩夹凝灰质粉砂岩建造；大王山旋回主要岩性为粗安岩、流纹岩、粗安质-流纹质角砾熔岩、集块角砾岩、凝灰岩、沉凝灰岩、凝灰质粉砂岩、泥质粉砂岩等，为一套中—酸性火山岩-火山碎屑岩-沉火山碎屑岩建造，并与盆地中的铁铜矿成矿关系密切。区内新生代火山活动微弱，仅在南渡镇及泓口镇附近的钻孔中见有喷发的基性玄武岩。此外，在溧阳李家园、宜兴白石山、善卷洞附近出露有新生代次火山岩相橄榄辉绿岩。

预测区内侵入岩主要分布在溧阳火山岩盆地周边的周城—社渚、梅岭—松岭、烟山—大贤岭—吉多岕等地，宜兴张渚、茗岭等地亦有零星分布，主要受北北东向、北西向断裂构造及火山喷发构造带控制，燕山晚期多次岩浆侵入活动均有相应的侵入岩形成，形成的岩石类型主要为酸性—中酸性岩类，多呈小岩基、小岩株、岩枝或岩脉、岩墙状产出。其中第一次侵入岩为石英闪长岩、石英闪长斑岩、石英二长斑岩，主要岩体有金山里岩体、见花岩体、土包山岩体等；第二次侵入岩为花岗闪长岩、花岗闪长斑岩及正长岩、正长斑岩等，主要岩体有土包山隐伏岩体、陈家边岩体、罗家庄岩体等；第三次侵入岩为花岗斑岩、斑状花岗岩，主要岩体有新茶亭岩体、曹家村岩体、茗岭岩体、牛犊山岩体、横山村岩体、庙西岩体、周院岩体等；第四次侵入岩为细粒花岗斑岩，主要呈脉状分布于早期岩体与火山地层中，规模一般较小，未形成单独的岩体。区内侵入岩体一般因结晶程度不同或同化混染作用内部分带现象较明显，并与相应期次的火山岩组成火山-侵入杂岩体，岩石成分基本一致，主要为钙碱性—弱碱性中酸性岩石系列。区域内内生铁铜多金属矿产在空间上及成因上均与燕山晚期岩浆岩关系密切，一般 Cu、Pb、Zn、Fe 及 Au、Ag、Mo 等成矿元素含量较高，是区内成矿的主要物质来源；燕山晚期岩浆活动为区内成矿提供了热源，也是区域成矿作用的主要时期；且区内矿产的空间分布与控岩构造一致，部分火山构造也是矿体的直接赋存空间。

2)苏州地区岩浆岩建造组合特征

苏州区域内岩浆活动也极为频繁，岩浆岩种类较多，侵入岩和火山岩均有出露，主要形成于燕山期多期次岩浆侵入活动，形成的岩浆岩主要以中酸性岩类为主，花岗岩是区内最主要的侵入岩类型，大多为隐伏岩体，主要受隐伏基底断裂或北东—北北东向区域性断裂构造控制。区内主要岩体大多为燕山早期岩浆侵入作用的产物，以花岗岩类为主，多为Ⅰ型或 A 型，花岗岩体多呈岩基状、岩枝状产出，形成侵入岩穹隆，岩体规模一般较大，与区域成矿作用关系密切，对成矿有一定的控制作用，区域内的铁矿(点)基本环绕苏州花岗岩体分布。燕山晚期则主要为部分偏酸性小岩体与后期脉岩的侵入活动，多为小岩枝或岩脉，岩体规模一般较小。后期脉岩则主要呈北北东和北西向、东西向分布，受控于断裂构造网络，在城隍山、阳山、鸡笼山等地均有广泛分布，以酸性岩脉为主，仅局部有少量基性岩脉。形成的侵入岩岩石构造组合主要为同碰撞花岗岩-二长花岗岩组合、后造山闪长岩-二长岩组合、后造山花岗岩-

花岗闪长岩组合、后造山过碱性花岗岩组合。区域内较大的岩体有苏州复式花岗岩岩体、城隍山石英斑岩(花岗斑岩)岩体、哑子桥-金墅二长花岗岩体、七子山-西塘村闪长花岗岩体、新庄石英闪长玢岩体和越溪-西塘村二长花岗(斑)岩体等,另有烂尼山-阳巴山花岗斑岩(石英斑岩)等岩脉、阳北次英安斑岩(次火山岩)等,对区域多金属和高岭土成矿作用影响较大。

区内火山岩主要分布于无锡安阳山、吴县阳北观山、苏州虎丘、吴江等地,为晚侏罗世火山喷发的产物,表现为多期火山活动和大面积喷发,形成的火山岩主要为中酸性英安-流纹英安质熔岩-角砾熔岩-凝灰岩夹火山碎屑岩建造,形成的岩石组合为同碰撞岩浆杂岩亚相的大陆伸展环境安山岩-英安岩组合;而预测区白垩纪及第三纪火山活动相对微弱,缺少火山岩的岩石记录。

3)南通地区岩浆岩建造组合特征

南通区域内的岩浆活动主要为燕山中晚期中酸性岩浆岩的侵入,在海门部分地区亦有少部分晚侏罗世火山岩建造分布,区内东南面也有少量喜马拉雅期橄榄玄武岩浆的喷溢。其中晚侏罗世火山岩地层主要为中酸性熔岩-凝灰岩夹火山碎屑岩建造。而区内岩浆侵入活动则与东西向及北东向断裂构造活动有关,总体受断裂构造带的控制,岩体多分布于两组断裂构造交切部位。区内揭露的岩体主要有闪长岩类与花岗岩类,自西向东有陈桥角闪闪长岩体、康洪辉石闪长岩体、王浩花岗岩体、新余黑云母花岗岩体等,均为燕山中晚期岩体,且自西向东岩性由中偏基性向酸性过渡。区域内铁矿的形成与中酸性岩浆岩的侵入关系密切,已有的铁矿就分布在王浩花岗岩体与寒武纪碳酸盐岩建造的接触带上。

3. 大地构造特征

该成矿亚带位于下扬子陆块下扬子被动陆缘东端,为省内夹在江南断裂和湖苏断裂之间呈北东向展布的区域。该区域大地构造背景复杂,地壳演化历史漫长,整体上从早古生代后期到三叠纪晚期,处于被动陆缘与前陆盆地交替的沉积环境,沉积了部分碎屑岩或碳酸盐岩建造。由于印支运动影响,三叠纪末期之后,江苏地区处于环太平洋构造动力背景作用下,本地区转化成为陆相盆地沉积环境,包括有火山岩断陷盆地及无火山岩断陷盆地,沉积了巨厚陆相沉积物。其中晚侏罗世后主要为陆内断陷盆地发展阶段,早白垩世前区内构造岩浆活动强烈,区域上为长江中下游中生代构造岩浆岩带的一部分,形成了同碰撞大陆伸展环境的岩浆杂岩亚相安山岩-英安岩组合及同碰撞花岗岩-二长花岗岩组合、后造山闪长岩-二长岩组合、后造山花岗岩-花岗闪长岩组合、后造山过碱性花岗岩组合等岩石构造组合。晚白垩世以来,构造岩浆活动明显减弱,区内环境以断陷盆地陆相碎屑沉积为主,形成多套河流相砂砾岩-粉砂岩泥岩组合与湖泊相泥岩-粉砂岩组合。同时根据岩浆活动中心及次一级构造环境的不一致,该成矿亚带又可进一步细分为宜兴-溧阳铁、铜、铅、锌、金成矿区,苏锡铅、锌、银、铁、硫、萤石成矿区及南通-启东铁成矿区3部分,各自区域的构造特征简述如下。

1)宜兴-溧阳铁、铜、铅、锌、金成矿远景区构造特征

宜溧预测区大地构造上位于下扬子被动陆缘太湖断块,区内地质构造复杂,褶皱与断裂构造均较为发育。

宜溧地区褶皱构造发育,轴向多样,形态复杂。主要有近东西向和北北东向两组,常组成网格状构造格局。褶皱多为复式背、向斜,由志留系至三叠系组成,被后期构造复杂化,并被火山岩覆盖,显得残缺不全。省内较大的褶皱构造主要为“四背一向”。其中周城-铜官山复式背斜呈近东西向展布于铜官山—离墨山—烟山—东陵—金山一带,长约48km,由中志留统至下三叠统组成,西段被火山岩覆盖,东段有出露。社渚-湖汊复式向斜轴部在社渚—戴埠—张渚—湖汊一线,总体呈近东西向,长约50km,由泥盆系至中三叠统组成,有4个次一级褶皱。太华山-五通山背斜位于苏、浙、皖三省交界处,主要出露在西东岭、太华山、五通山,总长约70km,西段被覆盖,东段出露较好,轴向近东西,由志留系至下三叠统组成,次级褶皱发育。大贤岭-将军山复式背斜北起烟山,经大贤岭、杨店入皖境将军山一带,呈北北东向延伸,省内长约25km,由志留系至三叠系组成,次级褶皱发育,表现为“三背三向”的复式褶皱形态。

高山-白岘复式背斜自宜兴高山，经省庄，入皖境白岘，总体呈北北东向延伸，省内长25km，由上志留统至二叠系组成，因断裂切割南东翼被断失。

宜溧地区的断裂构造也十分发育，断裂构造形迹主要有北东向、北北东向、近东西向、北西向、近南北向5组，组成区域网络状构造格局。北东向构造是区内形成最早，且多期活动的长期性构造，主要表现为一系列北东向的隆起与断陷，并伴有北东向压性断裂构造，由于受北北东向和其他断裂构造的复合与改造，出露一般不连续，形成的断裂主要有南渡-珥陵断裂、归径-和桥断裂、溧阳-杨巷断裂等；东西向构造以一系列走向东西或近东西的褶皱、压性断裂及其派生的其他构造形迹组成，形成的断裂主要有南渡-溧阳断裂、百合场-埝头断裂、离墨山-狮螺山断裂、上坝-大港断裂等；北北东向构造是区内最发育的构造形迹之一，多纵贯全区，规模较大，主要由一系列走向北北东的断褶隆起带、隐伏的复式向斜(凹陷)和断裂构造组成，多为压扭性构造，是区域重要的控岩与控矿构造，多与其他形式的构造复合，形成的主要断裂形迹有胡桥-前峰山断裂、溧阳-庙西断裂、大贤岭-涧口断裂、张渚-桥下断裂、高山-仰多岕断裂、麻山-东岭断裂等；北西向构造是以张扭性断裂为主的构造，为较晚形成的构造体系，多切割与破坏早期构造形迹，区内较大北西向断裂构造有和桥-扶风断裂、棣头-东梅园断裂、溧阳-烟山断裂、观山-长巷断裂、上沛-平桥断裂等；南北向构造则以张性断裂构造为主，多与其他构造复合，或切割破坏早期构造，主要断裂形迹有社渚农场-社渚断裂、伍员山-南渡断裂等。另外宜溧地区作为苏、浙、皖一带巨大推覆体的一部分，推覆构造发育也是区内构造的重要表现形式，其可能主要形成于印支运动期。区内推覆构造运动方向总体为南东-北西向，上盘岩块(推覆体)一般由志留系—泥盆系沉积岩石组成，局部形成飞来峰；原地岩块多为石炭系—三叠系沉积岩，局部形成构造窗。推覆构造以倾角平缓、规模较大的低角度逆掩断裂构造为主，构造线多呈“S”形变化，区内较为明晰的推覆构造形迹主要有高山-仰峰岕断裂、张渚-桥下断裂、伍员山西侧断裂、李家园-白泥场断裂等低角度逆掩断裂，它们是宜溧地区重要的导岩、控矿构造，并被后期构造继承与改造，其根部断面产状陡，常成为深部岩浆或含矿热液上升的通道，中部及前缘断面产状平缓，且由渗透性低的硅质层作屏障，是岩体或矿体定位的有利空间，此外，层块滑移过程中产生的构造破碎带，或主断面旁的次级断裂，均是内生金属矿产的有利容矿空间。区调资料显示，宜溧地区已知的内生金属矿成矿带大都分布在推覆构造及其附近，如中巷-土包山(铁、铜、金)、大贤岭-吉多岕(金、铁、多金属)、梅岭-松岭(铁、多金属)、缠岭-纸坊(铅、锌、银、锰)等。

宜溧地区西部戴埠—社渚火山岩发育地区火山构造较为发育，主要表现为环状构造的存在，不同级别的环状构造显示了火山洼地、火山口及环状断裂的空间分布与相互关系。该类构造主要受北北东向、北东向断裂构造的控制，也是区内重要的控矿构造之一。

区域内西部已知矿产主要有铁、铜、铅、锌，矿床类型属火山喷溢型、火山热液型及次火山热液型。铁、铜矿体主要赋存于次火山侵入岩体顶部及附近火山岩裂隙中，多呈透镜状、大脉状及脉状，以次火山热液型为主，成矿温度多为中—低温型。预测区东部泥盆纪以来的地层发育基本完整，有利成矿围岩主要为碳酸盐岩建造，断裂、火山岩体与围岩接触带控制内生金属矿产的分布，其成因类型多属矽卡岩型及热液交代充填型，均与侵入岩浆活动有关，其中又以矽卡岩型为主要成因类型。

2)苏锡铅、锌、银、铁、硫、萤石成矿远景区构造特征

该区位于下扬子被动陆缘太湖断块，区内地质构造复杂，推覆构造及断裂均较为发育。

区域内构造受区域性北东向湖(州)苏(州)深断裂和北西向苏锡基底断裂共同制约，构造格架在原地体中以印支期短轴向斜为基础，外来地体则以推覆构造为特色，并叠加伴随中生代构造岩体所表现的环状构造格局。苏州西部印支褶皱以木渎短轴向斜为主要代表，轴向北西，四周圈闭成盆地，核部出露五通组地层，北东侧出露青龙组，并经后期构造叠加和岩浆活动，四周被金墅二长花岗岩体侵入，核部为苏州花岗岩侵入。预测区内主要构造形式有东西向构造、北东向构造、北西向构造、北北东向构造、弧形断裂构造(火山机构)及推覆构造等。东西向构造由一系列近东西向的压-压扭性断裂、陡立岩带、挤压破碎带及与之配套的北东向和北西向扭性断裂组成，主要构造形迹有西迹山-铜井山、吴宅-陈家沟以及

金墅-范家桥等东西向构造带;北东向构造带主要分布于潭东-玉平山一线,由一些北东向残留褶皱及压-压扭性断裂组成,构造形迹主要有分布于弹山和鸡笼山一带的压性断裂组;北西向构造在区内十分发育,主要由一系列北西向褶皱、压-压扭性断裂、陡立挤压破碎岩带组成,早期以褶皱为主,晚期则叠加断裂破碎带,主要构造形迹有小茅山-正山断裂构造带、潭西-西塘村断裂构造带;北北东向构造带区内发育较清楚,由一系列北北东向压-压扭性断裂、挤压破碎带、岩体、岩脉群、陡立挤压破碎岩带及与之配套的北西向张性断裂组成,主要形迹有光福-通安构造岩浆岩带、木渎-七子山构造带、阳山-穹隆山构造岩浆岩带;弧形断裂构造多发育侵入岩体或次火山岩体周围,表现为各地层呈弧形展布,弧形或环状断裂与挤压破碎岩带发育,并伴有放射状断裂构造,如苏州花岗岩体周边的弧形断裂构造等,其形成可能与花岗岩岩浆上侵时的压力作用有关;区内推覆构造表现为老地层以低角度逆掩于较新地层之上,地表所见多为泥盆系推覆于石炭系—二叠系之上,这些低角度压-压扭性断裂在区内广泛发育,断裂破碎带一般较宽,并伴有强烈的岩浆活动,岩体与围岩接触部位蚀变强烈,矿化作用较强,规模较大的断裂有谈家桥断裂、阳山断裂、青山-五龙山断裂、正山断裂、凤凰山断裂、玉屏山断裂、吴宅断裂等。

区内矿产种类以铅、锌、银、铜、钽、铌、硫(锡)和高岭土为特色,矿床成因类型主要有矽卡岩型、矽卡岩伴生热液型、钠长石花岗岩型和石英脉型等,与燕山期侵入岩浆活动关系密切,成矿作用多围绕侵入岩体呈环带状分布,与成矿关系密切的构造则以弧形断裂构造(火山机构)、北东向构造及推覆构造为主。

3)南通-启东铁成矿远景区构造特征

该区位于下扬子被动陆缘南通断块,区内构造较为复杂,褶皱构造及断裂构造均较为发育。

区内基岩中主要褶皱构造为南通-三余断裂隆起带,为南通-启东隐伏隆起的组成部分,主要由3个背斜与2个向斜构造构成,褶皱由古生代及早中生代地层组成,背斜核部揭示最老地层为寒武系,向斜核部揭露最新地层为三叠系青龙组。断裂隆起带南侧覆盖侏罗纪火山岩地层,北侧则沉积有白垩纪陆相碎屑沉积地层,隆起构造带总体走向北东东向,向北东翘起。区内断裂构造发育,主要有东西向、北东向、北西向3组,东西向断裂构造形成最早,北东向构造发育最为强烈,构成了区域构造基本形态,而北西向断裂构造则形成较晚,切割错断了前2组方向的断裂构造。

区内在花岗岩体和早中寒武世碳酸盐岩的接触带上,已发现矽卡岩型王浩铁矿床,矿(化)体受岩体接触带与断裂构造控制,矿石以磁铁矿为主。

第二节　区域矿产特征

该成矿亚带是长江中下游成矿带的东带,为铁铜金多金属矿及硫铁矿、萤石矿等矿产集中分布的另一地区,主要包括宜兴-溧阳铁、铜、铅、锌、金成矿远景区、苏锡铅、锌、银、铁、硫、萤石成矿远景区及南通-启东铁成矿远景区。该亚带内矿床类型多,但以小型矿床及矿(化)点居多,地层自寒武系至第四系均有分布,各时代地层都有部分缺失,其中寒武系及石炭纪—三叠纪的碳酸盐岩建造为主要成矿和赋矿围岩。矿床受成矿亚带内环形构造等各种断裂构造控制,其岩浆岩系列、形成时代和成矿特征也有所差异,但它们成矿统一于中生代燕山期强烈发育的构造-岩浆热事件中,形成了长江中下游成矿带中具有江南过渡带特色的成矿系列。区域内参与此次预测的矿种主要有铁、铜、金、铅、锌、银、硫、萤石,其中铁、铅、锌、银、硫、萤石矿等矿种主要分布在苏州西部成矿远景区中,次为南通及宜溧地区,而铜、金多金属则主要分布在宜溧成矿远景区中。这些矿种的成矿类型主要有矽卡岩型、斑岩型、热液充填型、铁帽型等类型。区域内矿产地统计表如表7-1所示。

表 7-1　江苏省宣州-苏州成矿亚带矿产地统计表

成矿亚带名称	矿种	矿产地数量(个)					矿产预测类型
		总计	大型	中型	小型	矿(化)点	
Ⅲ-69-③宣州-苏州成矿亚带	铁(铜、锌、硫)	26	0	1	4	21	王浩式矽卡岩型铁矿、谈家桥式矽卡岩型铁矿、韦岗式矽卡岩型铁矿
	铜	1	0	0	0	1	安基山式矽卡岩型斑岩型铜矿
	金(铁)	4	0	0	1	3	土包山式侵入岩体内及接触带型金矿、新桥式铁帽型金矿
	铅、锌、银	7	0	2	2	3	吴宅式矽卡岩型铅锌银矿
	硫铁矿	2	0	1	1	0	铜陵式矽卡岩型硫铁矿
	萤石	4	0	1	0	3	俞石泉式热液充填型萤石矿

该成矿亚带内各矿种(组)的区域矿产特征、矿产预测类型的划分及对应的预测工作区分布分述如下。

一、铁矿区域成矿特征及预测类型划分

1. 矽卡岩型铁矿区域成矿特征

该成矿亚带省内部分是江苏省铁矿分布区之一,其成矿类型主要为矽卡岩型(接触交代型)铁矿,已查明资源量为 3027×10^4t,仅占全省已查明资源量的 3.7%,预测资源量为 9595×10^4t,也仅占全省预测资源量的 8.9%,已知铁矿矿产地及预测资源量主要集中分布在苏州西部的花岗岩体周边及南通地区王浩花岗岩体周边,宜溧地区仅有部分铁矿(化)点。

本类型铁矿床主要产于燕山期侵入的中浅成岩株、岩钟及岩枝状中酸性侵入岩体与围岩的接触带中,部分产在围岩裂隙及内接触带的岩体中。矿体形态较复杂,呈透镜状、囊状、不规则状、柱状和似层状,矿石矿物主要为磁铁矿、锌磁铁矿、闪锌矿、黄铁矿。矿石品位较富,TFe 含量一般为 30%～50%,磁铁矿常与铜金多金属矿物共伴生。

苏州西部地区,与铁矿成矿有关的岩体主要为燕山期侵入的苏州花岗岩体,主要控矿构造为花岗岩体周边的弧形构造、北东向的逆掩断层、岩体凹部及侵入接触构造,最有利的成矿围岩为石炭纪—三叠纪的碳酸盐岩建造。区内铁矿体主要环苏州花岗岩体分布在与碳酸盐岩建造的接触带中,并常伴生锌矿,如谈家桥小型锌铁矿、旺米山、唐家墩小型铁矿及陈家沟等铁矿点,以谈家桥锌铁矿床为代表,矿床式定为谈家桥式,即谈家桥式矽卡岩型铁矿。

南通地区,以王浩花岗岩体为代表的燕山晚期中酸性侵入岩与成矿关系密切,主要控矿构造为北西向、北东东向断裂及侵入接触构造,有利成矿围岩为寒武纪—奥陶纪以及石炭纪—三叠纪的碳酸盐岩建造,其中特别是寒武纪幕府山组的镁质碳酸盐岩建造最为有利。其区内铁矿体主要环王浩花岗岩体分布在与寒武纪镁质碳酸盐岩的接触带中,以王浩铁矿为代表,矿床式为王浩式,即王浩式矽卡岩型铁矿。

宜溧地区,与成矿有关的侵入岩体主要为燕山中晚期的石英闪长斑岩、花岗闪长斑岩及石英二长斑岩等中酸性岩体,主要控矿构造为北北东向、东西向构造破碎带及侵入接触带,有利成矿围岩为奥陶纪、石炭纪—三叠纪的碳酸盐岩建造及溧阳火山岩盆地中的侏罗系大王山组火山碎屑岩。其区内铁矿体主要集中分布在中酸性侵入岩与碳酸盐岩建造的接触带中,在溧阳火山岩盆地中,少量铁矿体分布在大王

山组围岩的层间构造裂隙中，并常与铜金多金属矿共伴生。目前本区域中，虽然铁多金属矿（化）点较多，如中巷铁铜矿及兔子山、长山等铁矿点，但还未发现有小型及以上的铁矿床，其主体成矿类型与同为长江中下游成矿带的宁镇地区的韦岗中型矽卡岩型铁矿类似，因此借用韦岗铁矿为典型矿床参照研究，矿床式为韦岗式，即韦岗式矽卡岩型铁矿。

2. 铁矿矿产预测类型划分及预测工作区分布

根据本成矿亚带的地质背景、矿产特征以及矿产预测类型划分的原则，可将本地区划分为 3 个矿产预测类型，分别为谈家桥式矽卡岩型铁矿、王浩式矽卡岩型铁矿、韦岗式矽卡岩型铁矿，并划分出 3 个预测类型预测工作区，分布在苏州西部、南通及宜溧 3 个区域中。具体矿产预测类型划分及分布范围见表 7-2。

表 7-2 江苏省宣州-苏州成矿亚带铁矿矿产预测类型及工作区一览表

预测类型	预测工作区名称	面积（km^2）	预测矿种	预测方法类型	典型矿床	成矿时代	分布范围
谈家桥式矽卡岩型铁矿	苏州西部预测工作区	722	铁	侵入岩体型	谈家桥锌铁矿	侏罗纪	苏州西部地区
韦岗式矽卡岩型铁矿	宜溧预测工作区	2127	铁	侵入岩体型	韦岗铁矿（借用）	侏罗纪—白垩纪	宜溧地区
王浩式矽卡岩型铁矿	南通预测工作区	1539	铁	侵入岩体型	王浩铁矿	白垩纪	南通隆起区

二、铜矿区域成矿特征及预测类型划分

1. 矽卡岩型斑岩型铜矿区域成矿特征

该成矿亚带（省内部分）铜矿目前并不占主要地位，仅在宜溧地区发现一些铜多金属矿点，如杨家村铜矿点及板头山铜金矿点等，成矿类型以矽卡岩型为主，苏州西部地区及南通地区目前没有发现独立的铜矿床，仅在铁矿或铅锌矿中共伴生少量的铜。在此次潜力评价工作中，预测宜溧地区的铜矿资源潜力为 30 885.78t，仅占全省铜矿预测资源量的 2.5%，但本地区铜多金属矿的成矿条件相对较好，特别是大贤岭-小贤岭铜多金属成矿带及中巷-土包山铁铜金成矿带，而且目前整体工作程度也较低，有一定的找矿潜力。

宜溧地区的矽卡岩型铜矿体主要赋存在中酸性侵入岩体与碳酸盐岩建造的内外接触带及捕虏体中，也有少量矿体赋存在接触带附近的岩体内部裂隙或破碎带中，形成斑岩型矿体，即形成以矽卡岩型为主的矽卡岩型斑岩型铜矿（点）。与成矿有关的侵入岩体主要为石英二长岩、石英闪长斑岩及花岗斑岩等燕山晚期的中酸性侵入岩，而赋矿围岩则主要是石炭系黄龙组、船山组及二叠系栖霞组、三叠系青龙组的碳酸盐岩建造，控矿构造主要为北北东向、北北西向及近东西向的构造破碎带，蚀变分带为矽卡岩带及硅化、石英绢云母化带，矿石中主要矿物以黄铜矿、黄铁矿为主，次为闪锌矿、方铅矿等。

该地区目前没有发现有工业意义的小型及以上的铜或铜多金属矿床，仅有一些矿点，其成矿类型与同为长江中下游成矿带的宁镇地区的安基山铜矿有一定的相似性，因此借用安基山铜矿作为典型矿床进行参考研究，矿产预测类型划为安基山式矽卡岩型斑岩型铜矿。

2. 铜矿矿产预测类型划分及预测工作区分布

本地区仅划分为一个矿产预测类型，即为安基山式矽卡岩型斑岩型铜矿，对应一个预测类型预测工作区，分布在宜溧地区，即为宜溧安基山式矽卡岩型斑岩型铜矿预测工作区。具体矿产预测类型划分及分布范围见表 7-3。

表 7-3 江苏省宣州-苏州成矿亚带铜矿矿产预测类型及工作区一览表

预测类型	预测工作区名称	面积(km^2)	预测矿种	预测方法类型	成矿时代	分布范围
安基山式矽卡岩型斑岩型铜矿	宜溧预测工作区	2127	铜	侵入岩体型	白垩纪	宜溧地区

三、金矿区域成矿特征及预测类型划分

1. 金矿区域矿产特征

该成矿亚带金矿是江苏省金矿分布区之一，其成矿类型主要有侵入岩体内及接触带型金矿和铁帽型金矿 2 个类型，主要分布在宜溧地区，其中侵入岩体内及接触带型金矿的成矿有利区域相对较小，主要集中在区内土包山地区以及大贤岭-小贤岭多金属成矿带，而铁帽型金矿的成矿有利区域则相对大很多，在溧阳和宜兴地区都有分布。区域中已知资源量都为侵入岩体及接触带型金矿，其查明资源量约为 790kg，仅占全省已查明金矿资源量的 5.6%；预测资源量约为 8316.3kg，占全省金矿预测资源量的10.8%。其中又以铁帽型金矿预测资源量为主，为 6783kg，可见区内铁帽型金矿的资源潜力相对更大。

1)侵入岩体内及接触带型金矿区域成矿特征

该类型金矿主要产于中酸性岩体与碳酸盐岩建造的接触带部位及捕虏体矽卡岩中，少量产于接触带附近的岩体裂隙中。其赋矿围岩主要为石炭纪及二叠纪的碳酸盐岩建造，以石炭系黄龙组及船山组的碳酸盐岩建造为主，与成矿有关的侵入岩主要有燕山晚期石英闪长斑岩、花岗闪长岩等中酸性岩类，呈岩株状产出，控矿构造主要是东西向断裂与北北东向断裂交会处的次一级断裂，围岩蚀变有矽卡岩化、黄铁矿化、碳酸盐化、钠长石化、硅化等，矿石类型以磁铁矿型金矿石和磁铁矿黄铁矿型金矿石为主，矿石矿物以自然金、磁铁矿为主，次为黄铁矿，少量的黄铜矿、磁黄铁矿、毒砂、褐铁矿、赤铁矿等。矿化蚀变略具分带，矿体内部金矿化、磁铁矿化、黄铁矿化、碳酸盐化；矿体两侧矽卡岩化；岩体钠长石化、高岭石化。

区内具有代表性的矿床为土包山小型铁金矿，为侵入岩体内及接触带型金矿，矿床式为土包山式，即土包山式侵入岩体内及接触带型金矿。

2)铁帽型(风化淋滤型)金矿区域成矿特征

该类型金矿体主要为各类型含金矿(化)体，经表生氧化作用并次生富集而成的铁锰帽型金矿床，赋矿地层主要为石炭系高骊山组的砂页岩建造及黄龙组、船山组及二叠系栖霞组的碳酸盐岩建造，主要控矿构造是发育于区内一系列的北东向推覆构造以及次级构造破碎带，富含银、金的铅锌硫化物主要形成于燕山晚期，经表生氧化作用及次生富集在喜马拉雅期形成了铁帽型金矿。金属氧化物以褐铁矿为主，其次为软锰矿、白铅矿等；金属硫化物以黄铁矿为主，其次为方铅矿、闪锌矿、黄铜矿等；金矿物主要为自然金。蚀变主要有硅化、褐铁矿化。

区内目前没有发现有工业价值的小型及以上的铁帽型金矿，仅有吉多岕等铁帽型金矿点。

2. 金矿矿产预测类型划分及预测工作区分布

本地区共有 2 个矿产预测类型，分别为土包山式侵入岩体内及接触带型金矿、新桥式铁帽型金矿，划分出 2 个预测类型预测工作区，即宜溧土包山式侵入岩体内及接触带型金矿预测工作区及宜溧新桥式铁帽型金矿预测工作区。具体矿产预测类型划分及分布见表 7-4。

表 7-4　江苏省宣州-苏州成矿亚带金矿矿产预测类型及工作区一览表

预测类型	预测工作区名称	面积（km^2）	预测矿种	预测方法类型	典型矿床	成矿时代	分布范围
土包山式侵入岩体内及接触带型金矿	宜溧预测工作区	2127	金	侵入岩体型	土包山铁金矿	白垩纪	宜溧地区
新桥式铁帽型金矿				复合内生型		侏罗纪—白垩纪	

四、铅锌银矿区域成矿特征及预测类型划分

1. 矽卡岩型铅锌银矿区域成矿特征

该成矿亚带铅锌银矿主要分布在苏州西部地区，宜溧地区只有少量矿（化）点，成矿类型主要为矽卡岩型，矿体主要赋存在燕山期侵入的中酸性侵入体与围岩的接触带中，银矿与铅锌矿共伴生，没有独立银矿。区域中已查明铅矿资源量约为 124 809.0t，占全省已查明铅矿资源量的 14.89%，预测资源量约为 195 971.8t，占全省铅矿预测资源量的 20.2%；已查明锌矿资源量为 272 434.0t，占全省已查明锌矿资源量的 16.8%，预测资源量约为 325 237.64t，占全省锌矿预测资源量的 19.96%；已查明银矿资源量为 427.05t，占全省已查明银矿资源量的 19.96%，预测资源量约为 327.9t，占全省银矿预测资源量的 17.14%，其中又以苏州西部地区的铅锌（银）矿为主，其铅及锌的预测资源量分别占该成矿亚带的 56.6% 及 51.3%，而宜溧地区目前仅发现部分铅锌矿点。

在苏州西部地区中，铅锌（银）矿与以石英斑岩、闪长玢岩为主的城隍山岩体关系密切，主要受燕山期中酸性—酸性岩体（闪长玢岩及石英斑岩等）与石炭系黄龙组、船山组及二叠系栖霞组、长兴组的碳酸盐岩建造接触带控制，产于正接触带及近接触带围岩层间断裂中，多呈似层状、层状，与围岩整合或略斜交产出，与矽卡岩关系密切，围岩蚀变主要为矽卡岩化、大理岩化、角岩化、钾化、绿泥石化、碳酸盐化、萤石化，铅锌（银）矿体还常共伴生一定资源量的铜矿体，矿石品位较富，矿石矿物主要有闪锌矿、方铅矿、黄铁矿、磁铁矿、次有磁黄铁矿，局部有黄铜矿、银、铋和碲的矿物（呈微粒状分布于黄铁矿、方铅矿、黄铜矿等载体矿物中）。矿床规模以中型为主，工业意义较大，是江苏省重要类型之一，已知矿床点主要沿城隍山岩体呈北东向分布，主要有苏州吴宅中型铅锌银矿、迂里中型铅锌银矿等矿床（点），以吴宅铅锌银矿为代表，矿床式定为吴宅式，即吴宅式矽卡岩型铅锌银矿。

在宜溧地区，目前还没有小型及以上的铅锌矿，只有省庄等铅锌矿（化）点，其矿（化）体主要赋存在燕山晚期花岗斑岩、花岗岩等中酸性侵入岩与石炭系黄龙组、船山组，二叠系栖霞组、长兴组及三叠系青龙组的碳酸盐岩建造的正接触带及外带中的破碎带、层间构造带中，围岩蚀变主要为矽卡岩化、大理岩化、角岩化、绢英岩化、钾化、绿泥石化、石英岩化、碳酸盐化、萤石化。

2. 铁矿矿产预测类型划分及预测工作区分布

本地区仅划分 1 个矿产预测类型，即吴宅式矽卡岩型铅锌（银）矿，并划分为 2 个预测类型预测工作

区,分布在苏州西部及宜溧2个区域中,即苏州西部吴宅式矽卡岩型铅锌银矿预测工作区、宜溧吴宅式矽卡岩型铅锌矿预测工作区。具体矿产预测类型划分及分布见表7-5。

表7-5　江苏省宣州-苏州成矿亚带铅锌银矿矿产预测类型及工作区一览表

预测类型	预测工作区名称	面积(km^2)	预测矿种	预测方法类型	典型矿床	成矿时代	分布范围
吴宅式矽卡岩型铅锌银矿	苏州西部预测工作区	722	铅锌银	侵入岩体型	吴宅铅锌银矿	侏罗纪—白垩纪	苏州西部地区
	宜溧预测工作区	2127	铅锌	侵入岩体型		白垩纪	宜溧地区

五、硫铁矿区域成矿特征及预测类型划分

1. 矽卡岩型硫铁矿区域成矿特征

该成矿亚带硫铁矿主要集中分布在苏州西部地区,其成矿类型为矽卡岩型,多为矽卡岩型铁、铅锌多金属矿共伴生硫铁矿,已查明硫铁矿资源量为797.07×10^4t,占全省已查明资源量的9.8%,预测资源量为1733×10^4t,占全省预测资源量的9.6%。

苏州西部地区内的硫铁矿主要分布在西迹山—潭山一带(为铅锌多金属矿共伴生)及谈家桥—旺米山一带(为铁多金属矿共伴生),矿体主要赋存在燕山期石英斑岩(花岗斑岩)、闪长玢岩等中酸性岩体与石炭系黄龙组、船山组及二叠系栖霞组、长兴组的碳酸盐岩接触交代所形成的矽卡岩带中,逆掩断层及东西向、北西向、北东向的断裂构造带以及碳酸盐岩建造的层间破碎带是本区控矿及储矿构造,矿石矿物主要为黄铁矿、闪锌矿,其次为方铅矿、黄铜矿、磁铁矿、白铁矿等,围岩蚀变主要为矽卡岩化、碳酸盐化、菱铁矿化、绿泥石化、绿帘石化、高岭土化、绢云母化。

区内已知矿床有潭山中型硫铁矿床(与铅锌矿共伴生)、西迹山小型硫铁矿床以及谈家桥、旺米山等铁矿中共伴生的硫铁矿等,以潭山硫铁矿床为代表,矿床式为铜陵式,即铜陵式矽卡岩型硫铁矿。

2. 硫铁矿矿产预测类型划分及预测工作区分布

本地区仅划分1个硫铁矿产预测类型,即铜陵式矽卡岩型硫铁矿,并对应划分1个预测类型预测工作区,即苏州西部铜陵式矽卡岩型硫铁矿预测工作区。具体矿产预测类型划分及分布见表7-6。

表7-6　江苏省宣州-苏州成矿亚带铁矿矿产预测类型及工作区一览表

预测类型	预测工作区名称	面积(km^2)	预测矿种	预测方法类型	典型矿床	成矿时代	分布范围
铜陵式矽卡岩型硫铁矿	苏州西部预测工作区	722	硫铁矿	侵入岩体型	潭山硫铁矿	侏罗纪	苏州西部地区

六、萤石矿区域成矿特征及预测类型划分

1. 热液充填型萤石矿区域成矿特征

该成矿亚带是江苏省萤石矿的主要分布区,已知萤石矿主要分布于苏州西部地区,成矿类型为热液充填型,已查明萤石矿资源量(CaF_2)为34.5×10^4t,预测资源量(CaF_2)为129.63×10^4t。

苏州花岗岩体内及岩体周围铁矿和多金属矿床中萤石矿化普遍，大多呈细脉状，无工业价值，仅局部地区矿脉较大，可富集成具工业价值的萤石矿体，如陈家沟、南爪山铁矿、谈家桥锌铁矿床及小茅山多金属矿床中均有萤石矿脉，可综合利用。单独构成矿床的仅有苏州俞石泉中型萤石矿1处，其矿床成因类型为中低温热液型，矿体主要赋存在二叠系的堰桥组—龙潭组砂页岩与长兴组碳酸盐岩建造之间逆掩断层内、花岗岩与二叠系长兴组—三叠系青龙组大理岩接触带及大理岩构造裂隙中；此外还有阳耙山、城隍山等一些萤石矿点，其萤石脉产于石英斑岩等中酸性岩体内构造破碎带中。矿物成分为萤石，脉石矿物为石英、方解石。品位较富，含 CaF_2 54.15%～95.98%。

2. 萤石矿矿产预测类型划分及预测工作区分布

区内萤石矿以俞石泉中型萤石矿为代表，划分1个萤石矿产预测类型，即为俞石泉式热液充填型。预测类型预测工作区为苏州西部俞石泉式热液充填型萤石矿预测工作区。具体矿产预测类型划分及分布范围见表7-7。

表 7-7　江苏省宣州-苏州成矿亚带萤石矿矿产预测类型及工作区一览表

预测类型	预测工作区名称	面积(km^2)	预测矿种	预测方法类型	典型矿床	成矿时代	分布范围
俞石泉式热液充填型萤石矿	苏州西部预测工作区	722	萤石	侵入岩体型	俞石泉萤石矿	侏罗纪	苏州西部地区

第三节　区域地球物理、地球化学、遥感、自然重砂特征及推断解释

一、航磁特征及解译推断

该成矿亚带属于苏南复杂磁异常区的一部分，主要由溧阳—宜兴、无锡—苏州以及南通等地区组成，各区域的磁异常特征如图7-2所示。

溧阳—宜兴地区主要表现为杂乱航磁异常特征，对应宜兴-溧阳Ⅴ级成矿区带，在戴埠镇、社渚一带存在一定规模的磁异常，呈环状分布特征，异常强度一般在250nT以上，溧阳市周围分布了一些规模较小的局部异常，强度低，走向各异，已有地质资料表明为侏罗系龙王山组和大王山组火山岩的分布区域，局部异常为溧阳、戴埠火山机构附近侵入的石英闪长斑岩等中酸性岩体引起。宜兴地区东部周铁镇—新庄镇航磁异常具一定规模，走向北东，形态规则，似椭圆状，航磁 ΔT 异常强度在250nT以上，对应重力高异常，前人在漕桥附近见花岗闪长斑岩等中酸性岩体，而花岗闪长斑岩密度值并不高，因此该重磁同高异常，是否与磁性矿物有关？值得进一步探讨。

无锡—苏州地区，在一片平静的负异常中出现一系列较规则的正异常凸起，其中无锡地区主要为无锡正异常带，其主要分布在无锡滨湖区—安镇—虞山一带，总体走向近东西，呈条带状，强度在200nT以上，该条带状异常往东沙溪镇和浮桥镇位置，还分布了2个局部异常，强度为300～350nT，上述航磁异常总体呈串珠状分布，结合地质资料认为该串珠状航磁异常反映了中酸性侵入岩体的分布。

苏州地区主要有苏州中部圆形磁场区、苏州环形磁场区和苏州东北部团块磁场区，基本与苏州西部Ⅴ级成矿区带相对应。其中中部圆形磁场区近似于圆形，分布于苏州西部，直径大约18km，局部异常强度一般为20～200nT，异常轴向变化无一定规律，物探重磁、区域地质资料显示为与苏州花岗岩体的分部范围基本一致，该磁场区北东部分地区 ΔT 曲线呈杂乱跳动状，推断与花岗岩体上覆的酸性火山岩地

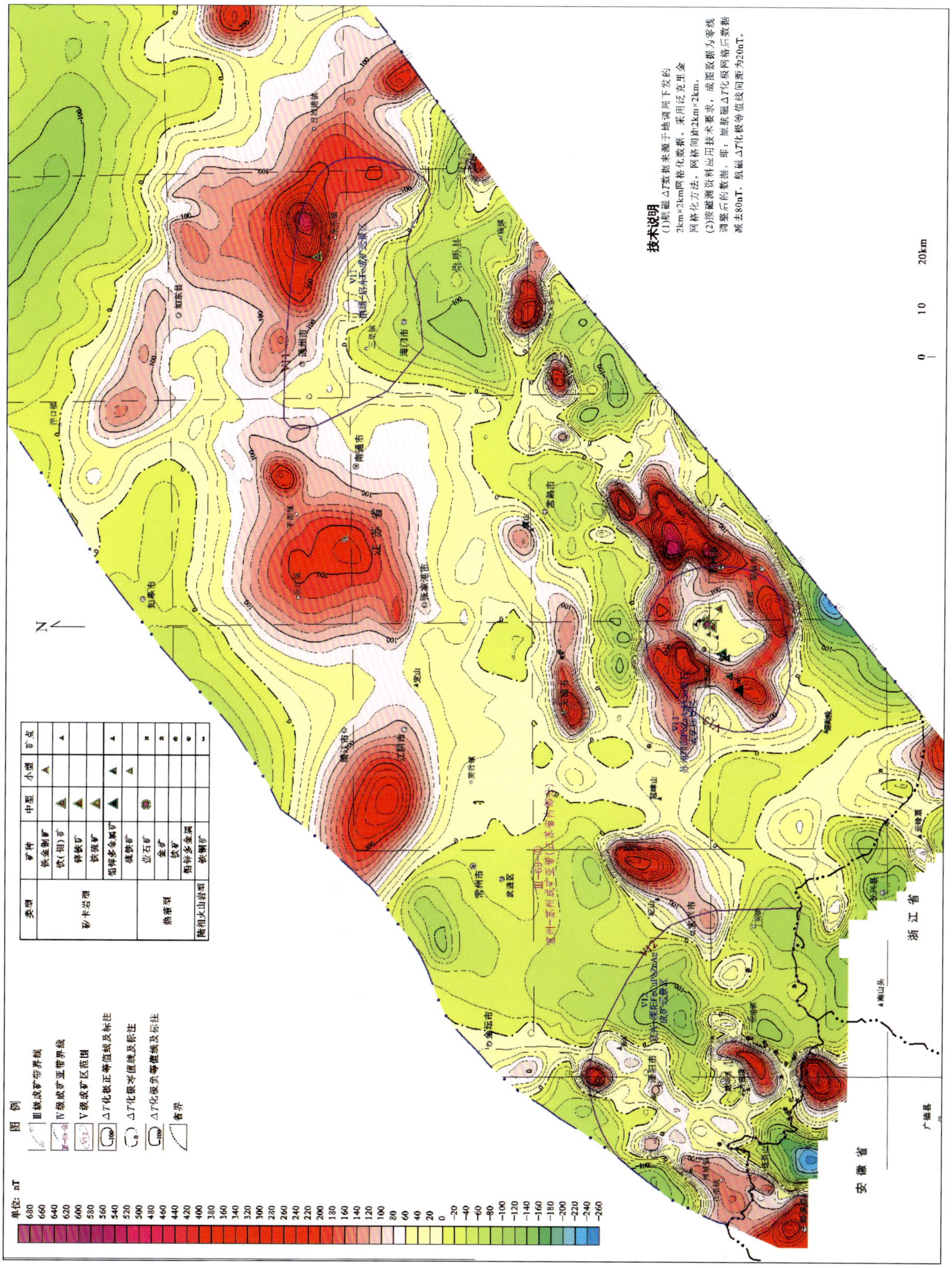

图 7-2 宣州-苏州成矿亚带(江苏省内)航磁 ΔT 化极等值线平面图

层有关；环形磁场区围绕中部圆形磁场区呈环带状分布，航磁 ΔT 平面等值线图上反映为 200～800nT 不等强度的多个局部磁异常，结合区域地质资料，推断为中酸性侵入岩体引起的磁场；东北部团块磁场区位于预测工作区东部，异常呈团块状分布，强度在 1000nT 左右，团块与团块之间通常出现 200～300nT 的负异常，从区域地质、物性资料来看，东北部团块磁场与中酸性和偏基性火山岩分布有关。

南通地区航磁异常主要分布在余东镇—悦来镇—南阳镇一带，余东镇-悦来镇航磁异常主体在南通-启东Ⅴ级成矿远景区范围内，总体走向北西，呈条带状，其上分布了 3 个局部异常，强度为 200～300nT，表现为北西宽大、强度高，南东变窄、强度低的特点，推断主要与中酸性岩体有关。

总体上，该成矿亚带上磁异常对区内的铁矿床有一定的指示作用，铁矿床（点）主要分布在中酸性侵入岩体引起的环带状航磁异常梯度带附近，但该成矿亚带内磁铁矿床因为规模较小，航磁异常不明显，往往表现为岩体磁异常上叠加的突起磁异常，在大比例尺（1：1 万）地磁图上表现为局部地磁异常，如宜溧地区的土包山、小梅岭等铁矿床（点），苏州西部地区的陈家沟、谈家桥、旺米山等铁多金属矿矿床（点）以及南通地区的王浩铁矿等，因此成矿有利地段航磁异常的局部突起或局部地磁异常可作为寻找磁性矿产的直接找矿标志。其次区内大多数铜、金多金属矿床的成矿和中酸性侵入岩体与碳酸盐岩建造的接触带有关，往往位于中酸性侵入岩体引起的航磁异常梯度带附近，因此铜、金多金属类矿产也可通过中酸性侵入岩体引起的磁异常梯度带作为间接找矿标志。

二、重力特征及解译推断

1. 重力特征

该成矿亚带主要位于江苏省南部，由南通重力高、常州-苏州异常区等组成，如图 7-3 所示。其中南

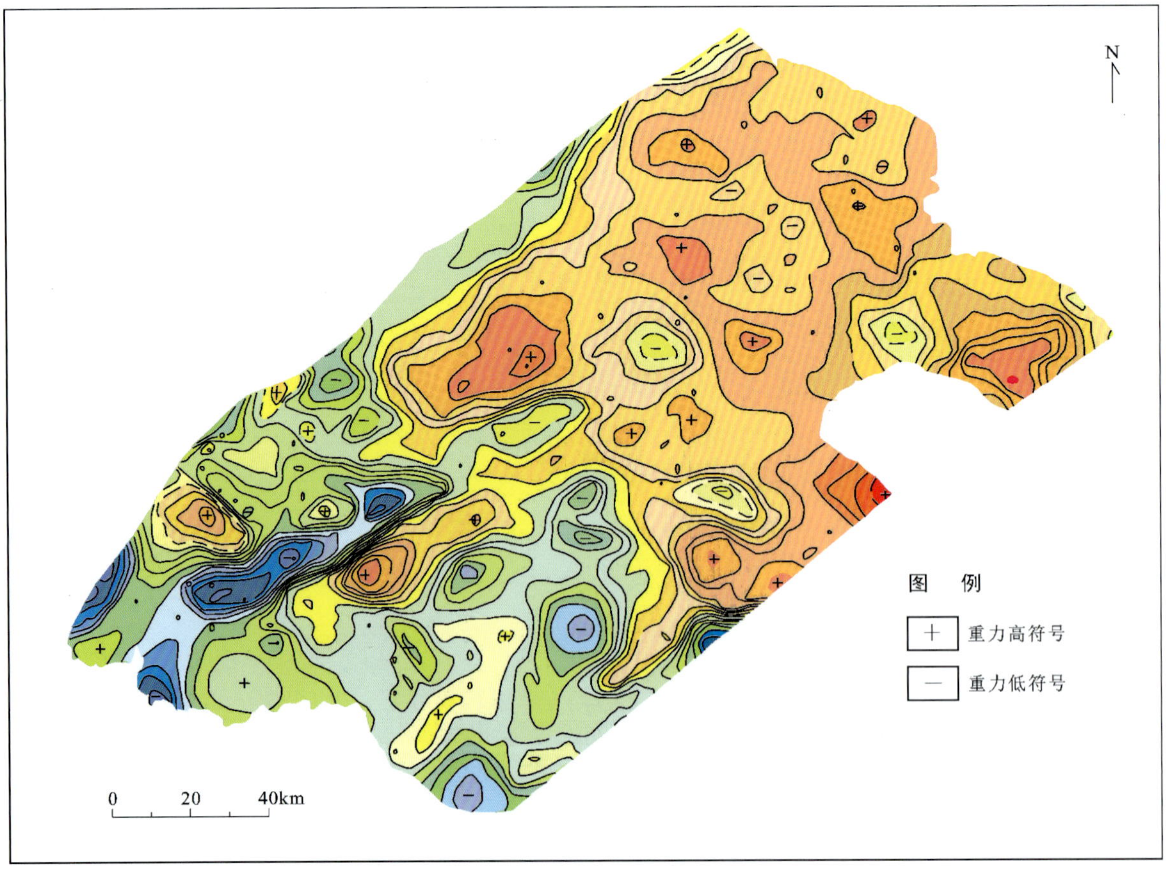

图 7-3　宣州-苏州成矿亚带（江苏省内）布格重力异常图

通重力高反映为块状重力异常特征，异常稳定，背景场较高，其上叠加有局部重力高和重力低异常，形态以等轴状为主。常州-苏州异常区正、负异常相间分布，局部异常轴向多变，其中的徐舍、前黄重力低呈醒目的窄条形重力负异常，轴向北北东、北东，伴梯级带；苏州西侧的太湖重力低呈环形；重力低夹持的上黄重力高、周铁重力高等，规模均较小，以等轴状异常为主。

2. 解译推断成果

该成矿亚带中重力推断内容主要包括构造单元、断裂构造、岩体、盆地和地层，其中推断构造单元为南通断块(Ⅳ8)、常州-苏州断块(Ⅳ9)；并推测多条区域性断裂构造，以北东向为主，东西向、北西向少量分布；推测岩体多个，以中酸性为主，其中S苏-14与铁、铜矿有成因联系，S苏-15与铁、铜、银、铅锌、硫铁矿、萤石矿有成因联系；推断盆地及白垩系、侏罗系、三叠系、古生界等地层多处，其中H苏-128推断白垩系与铁矿有成因联系，H苏-131推断三叠系与铁矿有成因联系，H苏-136推断古生界与铁、金矿有成因联系，H苏-148推断白垩系与萤石矿有成因联系。具体如图7-4所示。

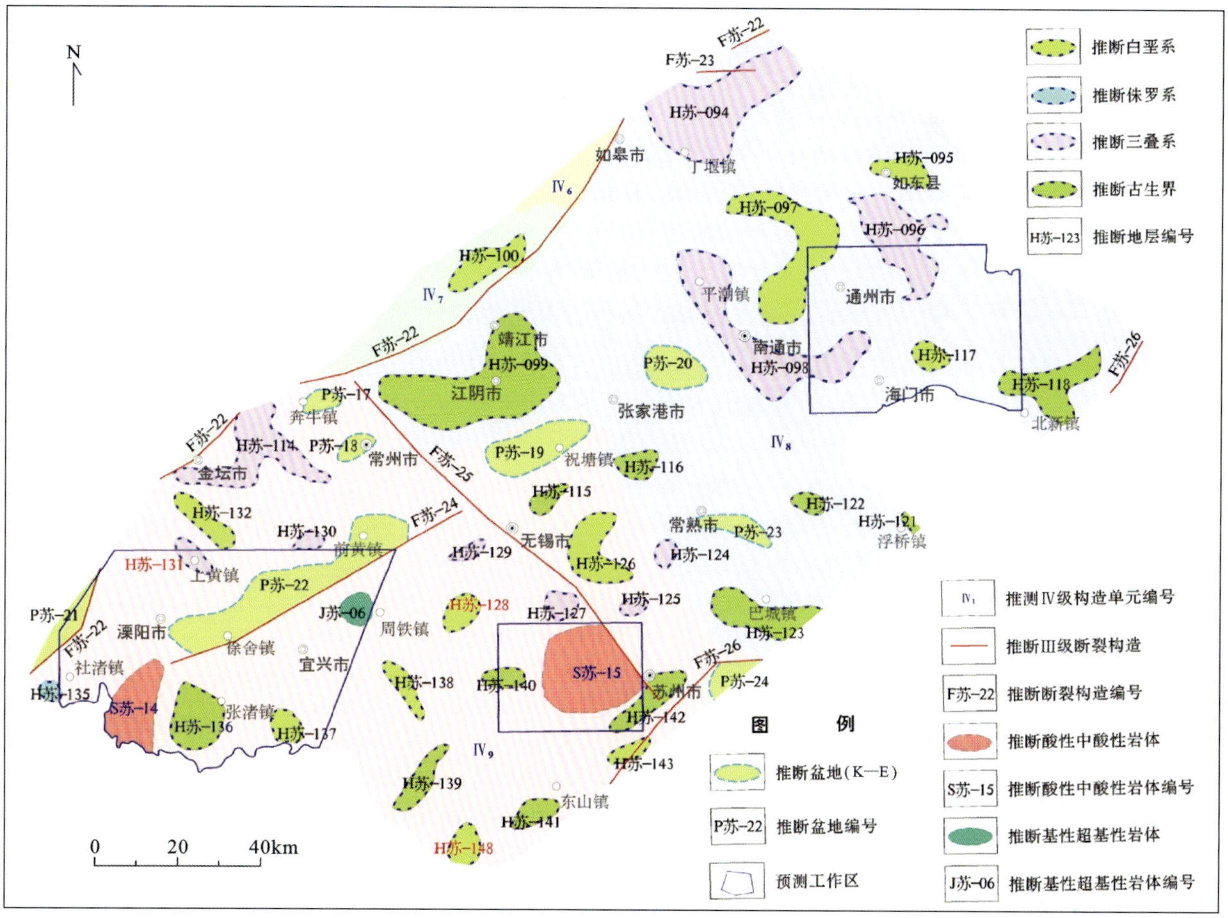

图7-4　宣州-苏州成矿亚带推断地质构造图

三、地球化学特征及解译推断

区域地球化学特征显示，该成矿亚带内铅、锌、银等成矿元素分别处于区域高背景场。铅、锌分别以36.3×10^{-6}、79.3×10^{-6}等值线圈定的异常主要见于苏州潭山—光福—阳山一带、西山、江阴南部、宜兴—溧阳南部与浙皖交界处；银以134×10^{-6}等值线圈定的异常主要分布于苏州潭山—光福—阳山一带、西山以及无锡南部马山、阳山等地。

如图 7-5 所示，本区铅、锌、银等多元素异常与已知的矿产地关系非常密切，Ap102 阳山铅、锌、银甲类异常，面积约 62km^2，异常峰值 Pb 97×10^{-6}，Zn 161×10^{-6}，Ag 216×10^{-6}，Hg 454×10^{-6}，Cd 480×10^{-6}，同时伴有铜、钼等元素异常，异常区内有凌公桥磁铁矿（化）点，陈家沟磁铁矿床，曾山褐铁矿点、青山铅锌矿点，谈家桥锌铁矿床，小茅山多金属矿床，如 Ap091 铅、锌、银乙类异常，面积约 103km^2，异常峰值 Pb 386×10^{-6}，Zn 183×10^{-6}，Ag 474×10^{-6}，Cd 1395×10^{-6}；此外，铜、铅、锌、金、钨、锡、钼等多元素在苏皖交界之徐家园—小梅岭—松岭一带呈现较强的异常显示，与桃花岭磁铁矿床点，小梅岭、松岭磁铁矿点，李家园菱铁矿点，吉多岕金矿点，杨家村多金属矿点关系密切，该带是本区极为重要的一个铁铜多金属找矿区段。

四、自然重砂特征及解译推断

本区与浙皖交界地区地形高差大，水系比较发育，河床坡降陡，有利于重砂矿物富集，而苏州地区都为低缓丘陵分布，地形高差小，水系不发育，河床坡降平缓，多淤泥沉积，不利于重矿物聚集。

重砂矿物异常主要分布在宜溧地区南部山区与苏皖交界处附近、苏州潭山—阳山及无锡等地（图 7-6）。从矿物组合特征来看，具有如下分布规律：

(1)磁铁矿、赤铁矿等重砂异常主要分布于已知铁矿床（点）附近，如苏州西部潭山—南阳山一带具有良好的磁铁矿异常显示。

(2)辉钼矿、铅矿物、铜矿物、透辉石、透闪石、锡矿物等重砂异常主要分布于宜溧南部山区之徐家园—小梅岭—松岭等一带，与已知铁、铜多金属矿床（点）关系密切。

(3)辰砂、黄铁矿、雄黄、雌黄等重砂异常主要分布于徐州东山、无锡北部等地，与地层间断裂构造关系密切，推测与沿断裂裂隙活动的中低温热液活动有关。

五、遥感特征及解译推断

1. 遥感异常特征

1)遥感羟基异常特征

如图 7-7 所示，该成矿亚带内较集中的羟基异常有：苏州观山—砚台山一带，呈北东向带状展布；黄毛山—胥口—清明山一带，呈东西向带状展布；苏州城区西侧，呈南北向带状展布。溧阳市周城镇、宜兴市张渚镇横山水库、张渚镇北、东、南一带、丁蜀镇等地区的异常带呈点状重叠展布，异常分布地区的地层有志留系茅山组、泥盆系五通组、石炭系高骊山组—船山组、二叠系栖霞组—长兴组、三叠系青龙组及第四系；断裂构造发育，主要有北东向、北西向、北北东向、北西西向断层及推覆构造；侵入岩主要有闪长玢岩、石英斑岩、花岗斑岩等；异常区有铁、铜、铅、锌矿床、优质高岭土矿床。

其他零星分布的羟基异常有大贡山、西头山等地，异常呈点状分布，异常主要为Ⅰ、Ⅱ级异常。大贡山、西头山异常点有水泥灰岩矿床、煤矿床。溧阳市金家、杨巷等地，羟基异常大多呈不规则面积性及星点状分布，该区羟基异常大多可能与地层有关。苏州城区西侧南北向异常位于城区，可能属假异常，而苏州观山—砚台山一带的羟基异常成因有待进一步工作予以证实。

2)遥感铁染异常特征

如图 7-7 所示，该成矿亚带内遥感铁染异常主要沿浒光运河北东向展布，沿光福-太湖东岸不规则分布，沿茅山—银顶山—灵岩山一带呈半圆形，黄毛山—胥口—陆幕山东西向展布。零星分布的异常有苏州城、西头山等地，铁染异常呈点状分布，还有溧阳市周城—社渚—戴埠—宜兴市张渚—丁蜀镇一带。

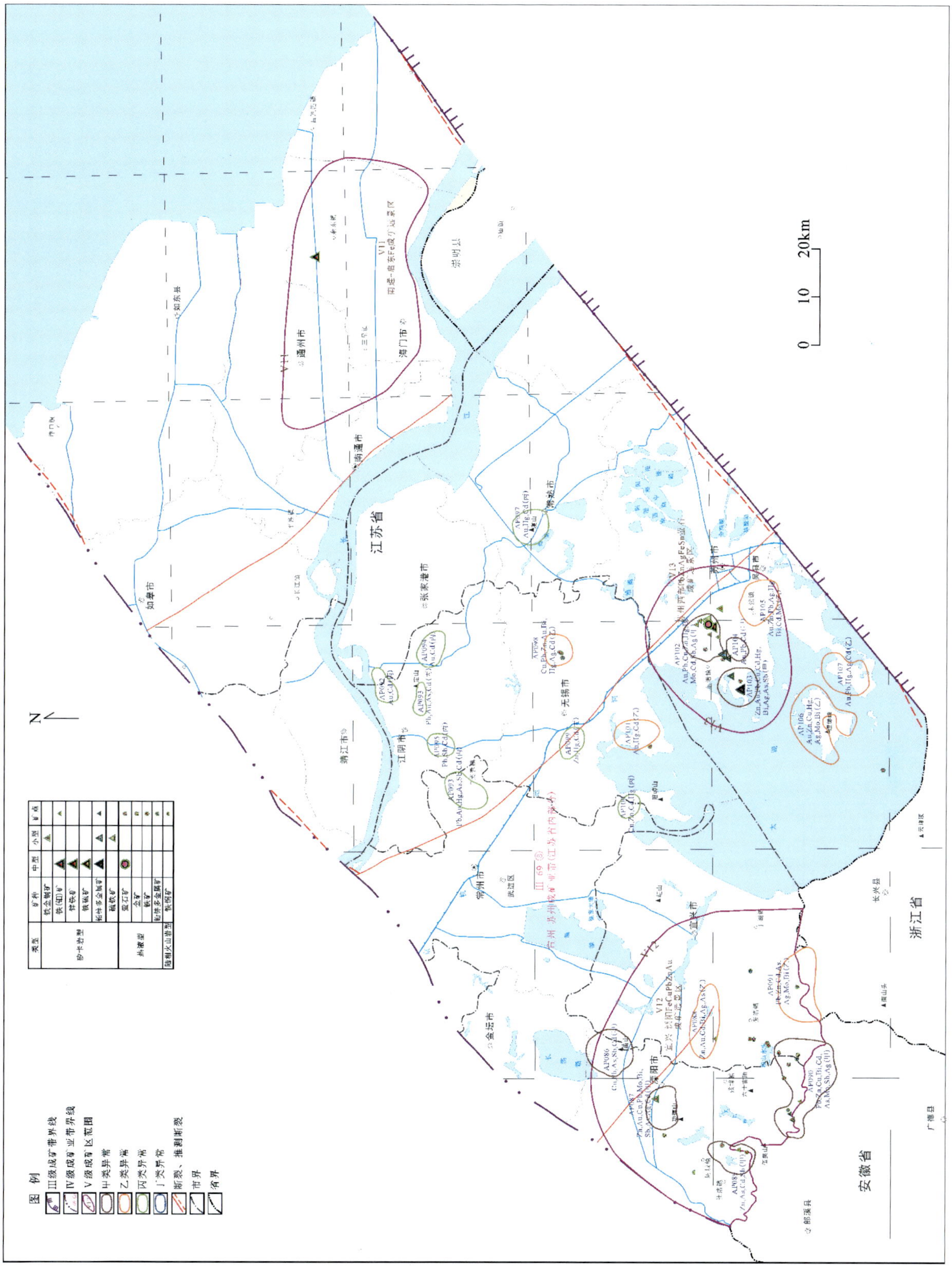

图 7-5　宣州-苏州成矿亚带(江苏省内)化探综合异常示意图

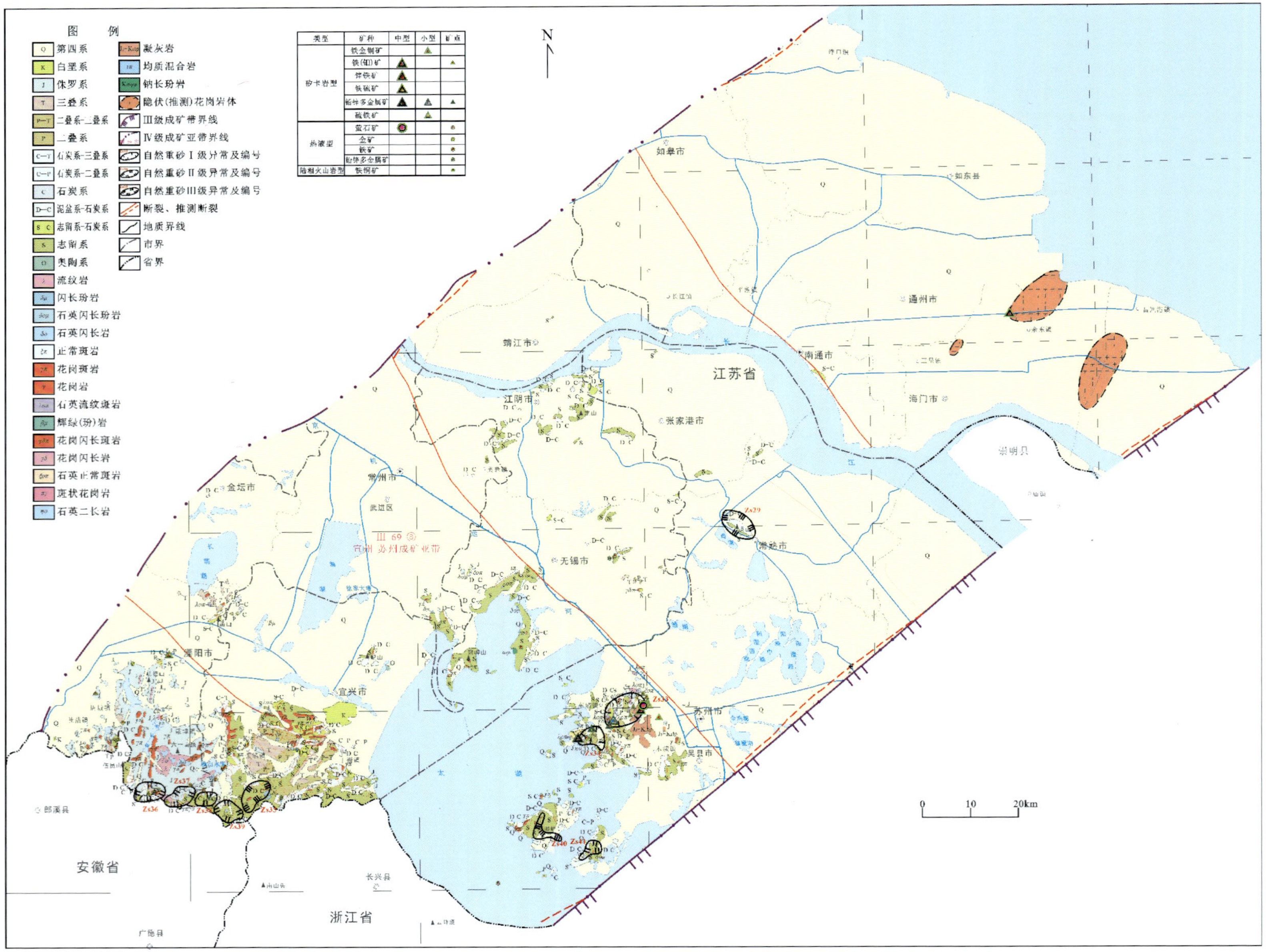

图 7-6 宜州-苏州成矿亚带(江苏省内)自然重砂综合异常分布图

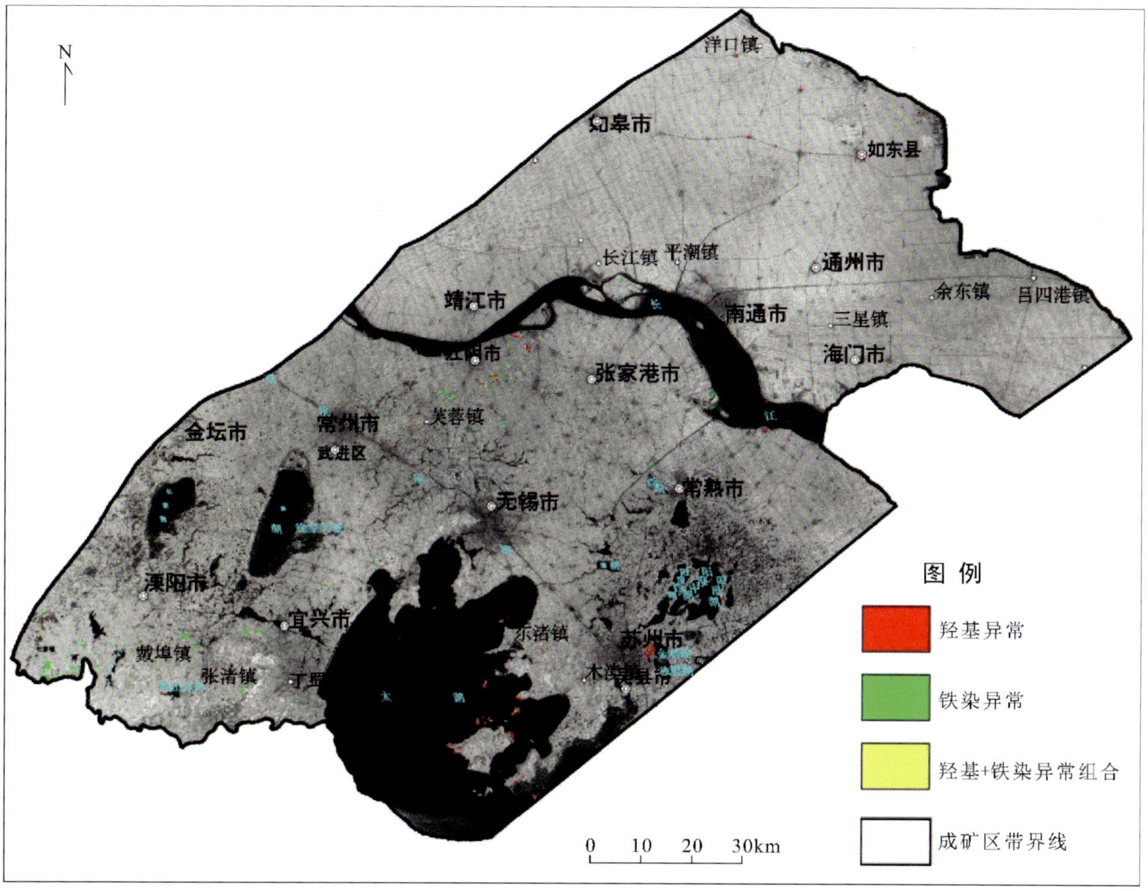

图 7-7 宣州-苏州成矿亚带(江苏省内)构造遥感异常特征图

异常主要为Ⅰ、Ⅱ、Ⅲ级异常，异常呈带状、点状重叠展布，分布地层有志留系茅山组、泥盆系五通组、石炭系高骊山组—船山组、二叠系栖霞组—长兴组、三叠系青龙组及第四系；断裂构造发育，主要有北东向、北西向、北北东向、北西西向断层及推覆构造；侵入岩主要有闪长玢岩、石英斑岩、花岗斑岩等。异常区有铁、铜、铅、锌矿床、优质高岭土矿床。西头山异常点有水泥灰岩矿床、煤矿床。零星分布的异常有别桥、杨巷等地。通过对已知资料的分析研究，区内铁染异常大多呈无规则的点状集中面积性分布，与已知铁矿床无明显对应关系，而黄毛山—胥口—清明山一带的羟基＋铁染复合异常的成因，有待进一步工作予以证实。

2. 遥感地质推断解译特征

该成矿亚带内主要表现为线要素特征、环要素特征、逆冲推覆滑脱构造要特征素、块要素特征及带要素特征，如图 7-8 所示，其分别解译如下。

1)线要素解译

区内以北西向、北东向构造为主，其次为东西向构造。而东西向构造数量不多，不占主导地位。

(1)北西向构造。在其北东部以北西向狭窄线状断裂为主。南东部胥口一线以北西向狭窄线状断裂为主，断裂分布于泥盆系五通组与二叠系船山组之间，地层不连续，缺失石炭系地层。现以遥感影像清晰醒目的北西向狭窄线状构造为主。

(2)北东向构造。北东向构造主要分布在通安桥、迁里、光福镇、白马峰等地。地层不连续，错动地层，局部断裂带有晚期花岗斑岩的侵入。

(3)东西向构造。区内北西向构造不甚发育，只有图幅中部谈家桥、玉屏山一带分布。地层不连续，现以遥感影像清晰醒目的北东向狭窄线状构造为主。

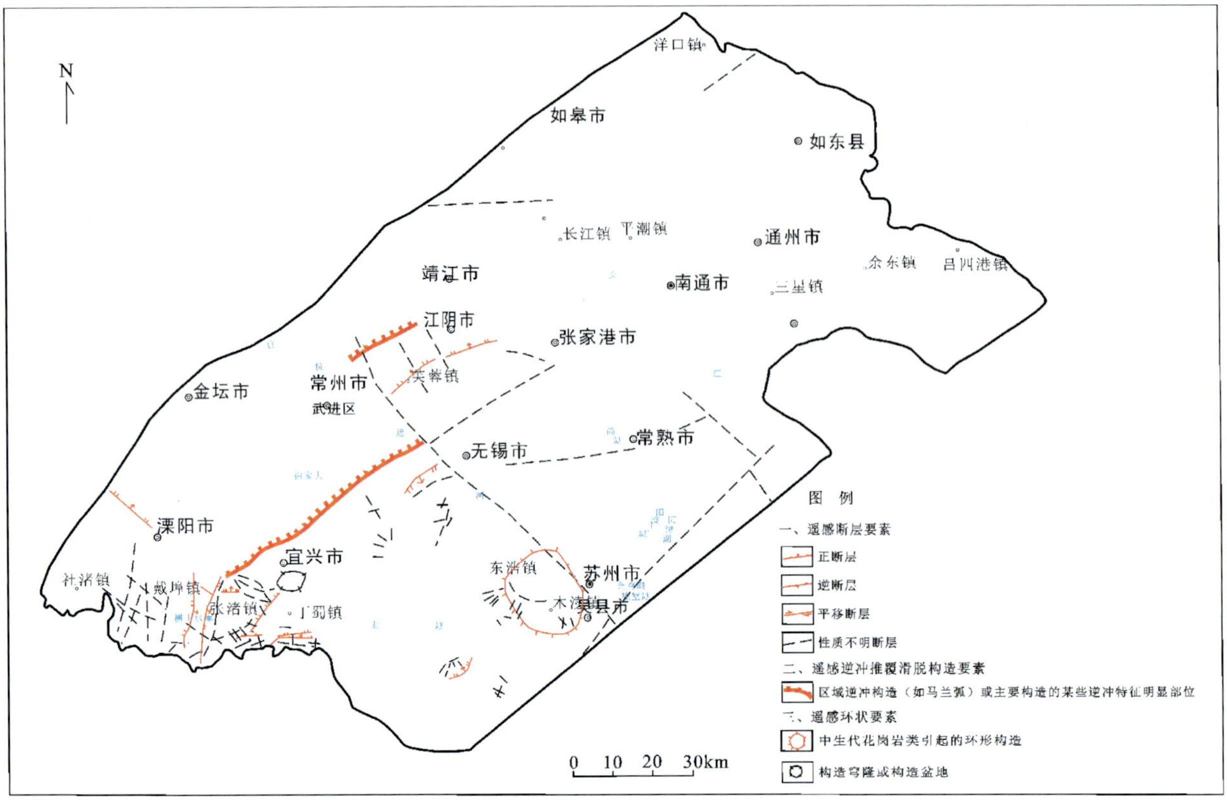

图 7-8　宣州-苏州成矿亚带(江苏省内)构造遥感解译图

(4)南北向构造。南北向构造分布在本区的中、南部一带的周城—戴埠—宜兴市张渚—丁蜀镇等地。形成时间较早。现以遥感影像清晰醒目的南北向狭窄线状构造为主。

2)环要素解译

区内见 2 个环要素岩层的显示,其中一处分布于苏州市天平山一带,环要素主要为天平山花岗斑岩体,其余大多沿断裂分布或在断层交会处附近,地质涵义不明;另一处分布于宜兴市丁蜀镇。地表均为第四系覆盖区,第四系之下有泥盆系、石炭系、二叠系和三叠系等含煤和陶瓷黏土矿地层分布。遥感解译为构造穹隆或构造盆地。

3)逆冲推覆滑脱构造要素解译

在区内逆冲推覆滑脱构造不发育,主要分布在图幅中部的张渚—和桥一线。总体走向呈北东向展布,为区域逆冲构造。逆冲构造北西侧分布大面积第四系,南东侧分布有上奥陶统—下志留统高家边组—三叠系范家塘组。

4)块要素解译

区内块要素不发育,共有 2 个块要素,一处分布于图幅北东部的第四系出露区内,叠加在北西向断裂之上;另一处分布于中南部的宜兴、张渚一线,总体呈不规则的北东向展布,主要呈块状叠加在断裂带上。

第四节　重要矿种预测评价模型

本成矿亚带(江苏省内部分)共涉及到 8 个矿种(组)的 9 个矿产预测类型,划分的预测类型预测工作区共计有 10 个。本书将对该亚带中比较重要的及具有代表意义的 7 个矿种(组)的 5 个典型矿床及其对应的5个矿产预测类型的区域预测评价模型进行详细描述，其余的只进行简单论述，现分述如下。

一、王浩式矽卡岩型铁矿预测评价模型

王浩式矽卡岩型铁矿是宣城—苏州成矿亚带比较重要的一个铁矿类型，主要分布在该成矿亚带内的南通地区，以王浩铁矿为代表，其典型矿床及区域预测模型如下。

1. 典型矿床预测模型

王浩铁矿为一中型隐伏矿床，矿体赋存于寒武纪大理岩与燕山晚期花岗岩的接触带及两侧矽卡岩中，其典型矿床预测模型参见表7-8及图7-9。

表7-8　王浩矽卡岩型铁矿床预测要素表

预测要素		描述内容	预测要素分类
特征描述		接触交代矽卡岩型磁铁矿床	
地质环境	成矿区带	Ⅲ-69-③宣州-苏州铜、钼、金、银、铅、锌成矿亚带	必要
	地层	中下寒武统$\in_{1+2}$幕府山组大理岩	重要
	岩石类型	主岩体为花岗岩类，晚期有花岗斑岩、霏细斑岩、辉绿玢岩等岩脉穿插	必要
	岩石结构	细—中粒花岗结构，局部呈似斑状结构，块状构造	次要
	成矿时代	燕山晚期	必要
	成矿环境	含矿带产于寒武纪大理岩与燕山晚期花岗岩的接触带及两侧矽卡岩中，围绕花岗岩体呈“U”字形分布	必要
	构造背景	位于下扬子被动陆缘北东端南通断块。南侧覆盖侏罗纪火山岩，北侧为白垩系地层所覆盖，总体走向为北东东向	必要
矿床特征	矿物组合	金属矿物有磁铁矿、赤铁矿、褐铁矿、闪锌矿、黄铁矿，少量辉钼矿、辉铋矿、硼镁铁矿、菱铁矿，少许自然铋、黄铜矿、方铅矿、铜蓝、白铁矿和极微量硫碲铋矿、硫铜铋矿。脉石矿物主要有透辉石、石榴石、粒硅镁石	重要
	结构	半自形—他形晶粒结构和交代结构、交代假象结构，其次有包含结构、交代残余结构、胶状结构、反应边结构	次要
	构造	稠密浸染状和块状构造为主，其次为条带状、斑杂状构造，少量呈角砾状构造	次要
	蚀变	岩体蚀变有矽卡岩化、硅化、绿泥石化、高岭土化、绢云母化、钾钠长石化、碳酸盐化、萤石化等。围岩蚀变有大理岩化、矽卡岩化、局部硅化	重要
	控矿条件	构造控制条件：矿体受围岩与岩体的接触构造控制，主矿体产于正接触带，其形态、产状严格受正接触带控制，小矿体受内接触带捕虏体控制。围岩控制条件：早寒武世含镁质较高的大理岩接触交代后，形成以透辉石、粒硅镁石、蛇纹石为主的矽卡岩，磁铁矿选择交代透辉石形成工业矿体。岩体控制条件：矿区岩浆岩有花岗岩、花岗斑岩及岩脉，其中花岗岩对矿体具有明显的控制作用	必要

续表 7-8

预测要素		描述内容	预测要素分类
地球物理标志	重力	线状异常，局部重力高	次要
	磁法	1∶5 万航磁 ΔT 平面等值线图中为叠加在东西宽缓背景上的次级异常。地磁异常总体呈向北东开口的"U"字形，由 3 个峰值组成，局部异常呈北东向，以 400nT 等值线计，长约 3100m，宽 1000～1600m，峰值 2138nT，北侧伴有负场	必要

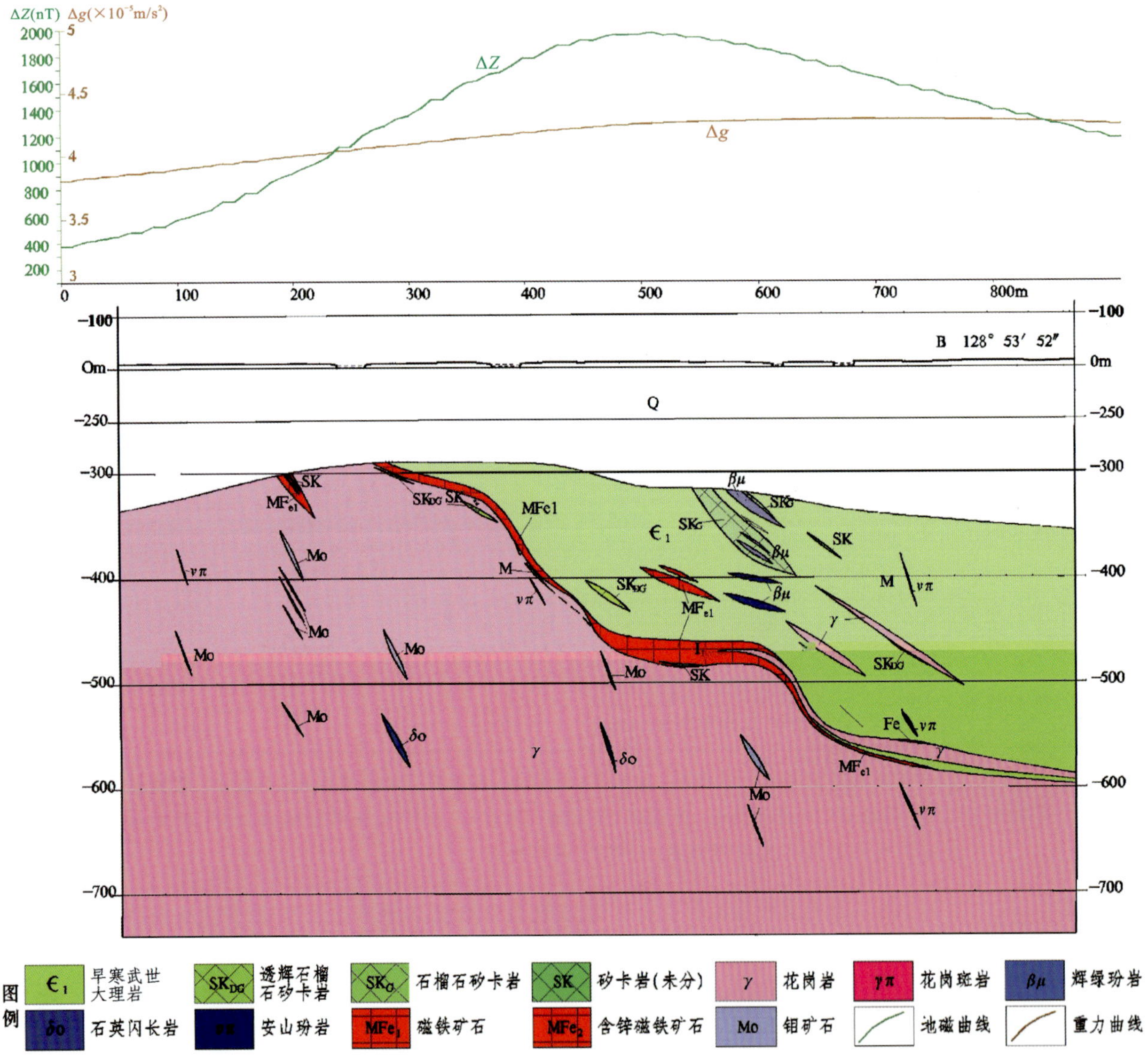

图 7-9　王浩式矽卡岩型铁矿典型矿床预测模型图

2. 区域预测模型

区域预测模型参见表 7-9 及图 7-10。

表 7-9 王浩式矽卡岩型铁矿区域预测要素表

区域预测要素			描述内容	预测要素分类
区域成矿地质环境	成矿区带		Ⅲ-69-③宣州-苏州铜、钼、金、银、铅、锌成矿亚带	重要
	大地构造位置		下扬子被动陆缘南通断块	重要
	主要控矿构造		矿体受围岩与岩体接触构造控制	必要
	主要赋矿地层		中下寒武统$\in_{1+2}$幕府山组碳酸盐岩建造(主要为大理岩)	必要
	控矿岩浆岩		主要为花岗岩类	必要
	成矿时代		燕山晚期(白垩纪)	重要
	成矿环境		含矿带产于寒武纪大理岩与燕山晚期花岗岩的接触带及两侧矽卡岩中,围绕花岗岩体呈“U”字形分布	重要
区域成矿地质特征	区域成矿类型和成矿期		燕山晚期矽卡岩型铁矿	重要
	王浩式矽卡岩型铁矿主要成矿要素	含矿建造	中下寒武统$\in_{1+2}$幕府山组碳酸盐岩建造(主要为大理岩)	必要
		成矿母岩	主要为花岗岩类	必要
		控矿构造	矿体受围岩与岩体接触构造控制	必要
		矿石建造	矿石矿物主要为磁铁矿、赤铁矿、褐铁矿、闪锌矿、黄铁矿,少量辉钼矿、辉铋矿、硼镁铁矿、菱铁矿	重要
		围岩蚀变	围岩蚀变有大理岩化、矽卡岩化,局部硅化	重要
		矿床式	主要为矽卡岩型铁矿(王浩式)	必要
物化遥标志	重力		线状异常,局部重力高	次要
	磁法		1∶5万航磁ΔT平面等值线图中为叠加在东西宽缓背景上的次级异常。地磁异常总体呈向北东开口的“U”字形,由3个峰值组成,局部异常呈北东向,以400nT等值线计,长约3100m,宽1000～1600m,峰值2138nT,北侧伴有负场	必要

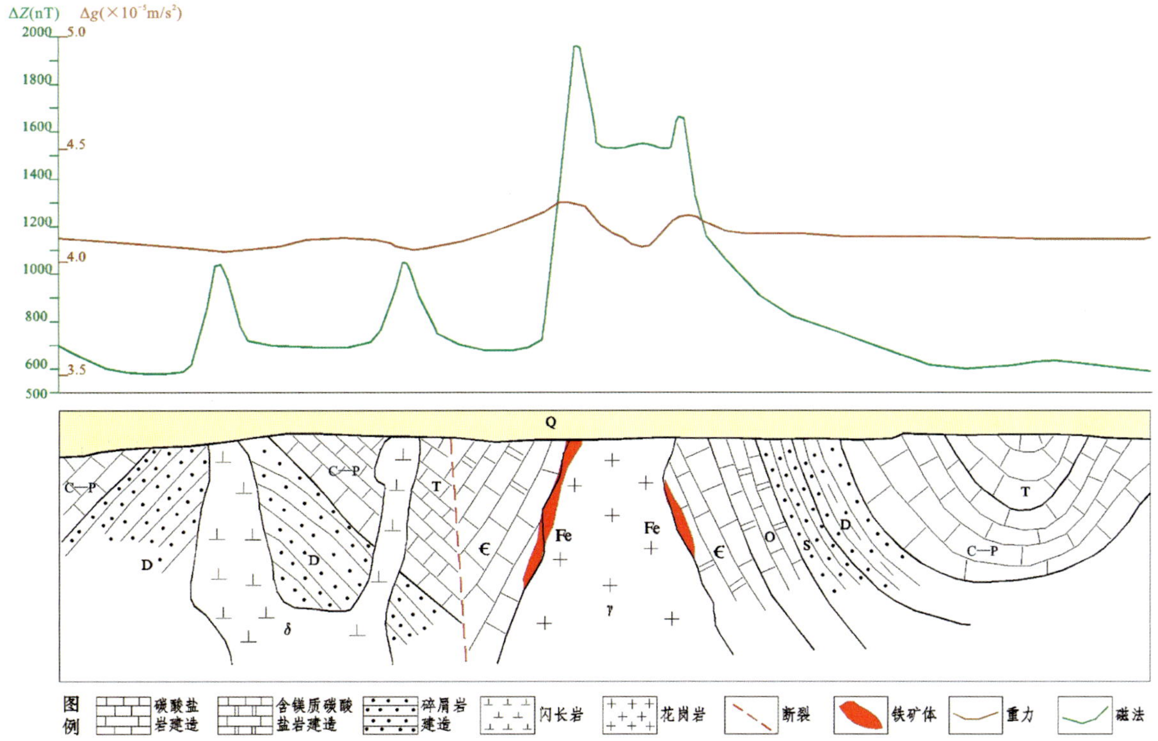

图 7-10 南通王浩式矽卡岩型铁矿区域预测模型图

二、土包山式侵入岩体内及接触带型金矿预测评价模型

土包山式侵入岩体内及接触带型金矿是宣城-苏州成矿亚带比较重要的金矿成矿类型，主要分布在该成矿亚带内的宜溧地区，具有代表意义的典型矿床为土包山铁金矿，其典型矿床及区域预测模型如下。

1. 典型矿床预测模型

土包山铁金矿为一小型矿床，其矿体主要赋存于石英闪长玢岩及花岗闪长岩与石炭纪碳酸盐岩建造接触带的矽卡岩中，少量产于岩体裂隙中，其典型矿床预测模型参见表7-10及图7-11。

表 7-10　土包山侵入岩体内及接触带型金矿床预测要素表

预测要素		描述内容	预测要素分类
特征描述		侵入岩体内及接触带型金矿床	
地质环境	成矿区带	Ⅲ-69-③宣州-苏州铜、钼、金、银、铅、锌成矿亚带	必要
	地层	上石炭统黄龙组、船山组	必要
	岩石类型	石英闪长玢岩、花岗闪长岩	必要
	岩石结构	斑状结构、中粗粒似斑状结构	次要
	成矿时代	燕山晚期	重要
	成矿环境	溧阳火山岩盆地北东部边缘，中酸性岩体（石英闪长玢岩、花岗闪长岩）与上石炭统黄龙组、船山组碳酸盐岩地层的接触部位	必要
	构造背景	位于常州-溧阳断凹南部，溧阳中生代火山岩盆地的北东缘；溧阳-南渡东西向断裂与溧阳-庙西北北东向断裂交会处的次一级断裂为主要控矿构造	重要
矿床特征	矿物组合	矿石矿物以自然金、磁铁矿为主，次为黄铁矿，少量的黄铜矿、磁黄铁矿、毒砂、褐铁矿化、赤铁矿等。脉石矿物主要为方解石、石榴石、绿泥石、绿帘石、透辉石等	重要
	结构	粒状变晶结构—自形变晶结构为主，显微镜下见填隙结构、嵌晶结构、粒状结构。金矿物多为填隙结构，充填在矿石裂隙中	次要
	构造	主要为块状构造，次为浸染状构造，部分为角砾状构造	次要
	蚀变	矽卡岩化、黄铁矿化、碳酸盐化、钠长石化、硅化、高岭土化、褐铁矿化等	重要
	控矿条件	①控矿构造：溧阳-南渡东西向断裂与溧阳-庙西北北东向断裂交会处的次一级断裂。矿体受石英闪长玢岩与石炭系碳酸盐岩地层接触带的控制。②控矿地层：矿体主要围岩为上石炭统黄龙组、船山组灰岩及矽卡岩，矿体主要产于矽卡岩中，少量产于岩体裂隙中。③岩浆岩条件：石英闪长玢岩、花岗闪长岩岩体提供了较为丰富的矿质来源和热动力条件	必要

续表 7-10

<table>
<tr><td colspan="2">预测要素</td><td>描述内容</td><td rowspan="2">预测要素分类</td></tr>
<tr><td colspan="2">特征描述</td><td>侵入岩体内及接触带型金矿床</td></tr>
<tr><td rowspan="3">地球物理及地球化学标志</td><td>重力异常</td><td>布格异常平稳单调，无局部圈闭异常，等值线稀疏，北东向展布，场值在(−10.8～−9.4)×10^{−5}之间变化，由西北向东南递减，反映为背景场特征</td><td>次要</td></tr>
<tr><td>磁异常</td><td>航磁由北向南，场值逐渐升高，由−100nT变化到100nT，仅在东北角出现一圈闭异常且规模小，南部有一向南开口的升高异常，规模较大。化极后，在中部偏东方向出现大面积近圆形的正异常，最大幅值达70nT，负异常分布在正异常周围</td><td>重要</td></tr>
<tr><td>化探异常</td><td>原生晕Hg晕出现于矿体上方，Ag、As、Cd、Bi、Cu、Co包围矿体，Co出现于矿体下方，区域上次生晕为Cu、Pb、Zn、Ag、Au、As、Sb、Cd、Bi等元素综合异常</td><td>必要</td></tr>
</table>

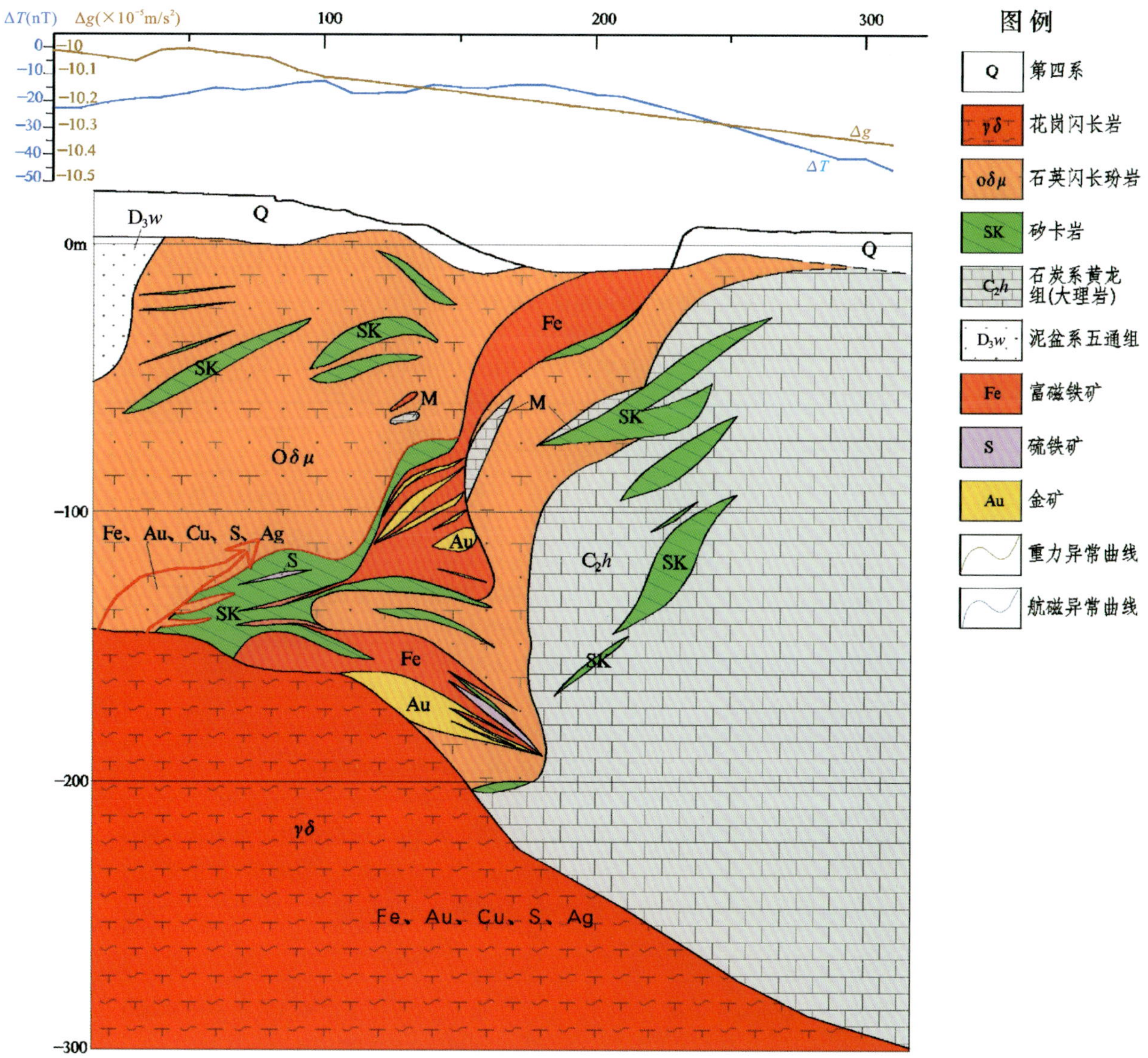

图 7-11 土包山侵入岩体内及接触带型金矿典型矿床预测模型图

2. 区域预测模型

在区域中，该类型铁金矿体主要赋存在石英闪长斑岩、花岗闪长岩等燕山期中酸性岩体与石炭纪碳酸盐岩建造接触带的矽卡岩中，少部分赋存在岩体裂隙中，其区域预测模型参见表7-11及图7-12。

表7-11　土包山式侵入岩体内及接触带型金矿区域预测要素表

区域预测要素			描述内容	预测要素分类
区域成矿地质环境	成矿区带		Ⅲ-69-③宣州-苏州铜、钼、金、银、铅、锌成矿亚带	重要
	大地构造位置		下扬子被动陆缘，溧阳中生代火山岩盆地的北东缘	重要
	主要控矿构造		东西向与北北东向2组区域性断裂交会处的次一级断裂	重要
	主要赋矿地层		上石炭统黄龙组、船山组碳酸盐岩建造	必要
	控矿岩浆岩		石英闪长斑岩、花岗闪长岩	必要
	成矿时代		燕山晚期	重要
	成矿环境		溧阳火山岩盆地边缘，矿体产于中酸性岩体与碳酸盐地层接触部位	必要
区域成矿地质特征	区域成矿类型和成矿期		燕山晚期侵入岩体内及接触带型金矿	重要
	土包山式侵入岩体内及接触带型金矿主要成矿要素	含矿建造	上石炭统黄龙组、船山组碳酸盐岩建造	必要
		成矿母岩	石英闪长斑岩、花岗闪长岩等燕山期中酸性岩体	必要
		控矿构造	东西向与北北东向断裂交会处的次一级断裂	重要
		矿石建造	矿石矿物以自然金、磁铁矿为主，次为黄铁矿，少量的黄铜矿、磁黄铁矿、毒砂、褐铁矿、赤铁矿等	次要
		围岩蚀变	围岩蚀变主要是矽卡岩化、黄铁矿化、碳酸盐化、钠长石化、硅化等	重要
		矿床式	主要为侵入岩体内及接触带型金矿（土包山式）	必要
物化遥标志	重力异常		布格异常平稳单调，无局部圈闭异常，等值线稀疏，北东向展布，场值在$(-10.8\sim-9.4)\times10^{-5}$之间变化，由西北向东南递减，反映为背景场特征	次要
	磁异常		航磁由北向南，场值逐渐升高，由−100nT变化到100nT，仅在东北角出现一圈闭异常且规模小，南部有一向南开口的升高异常，规模较大。化极后，在中部偏东方向出现大面积近圆形的正异常，最大幅值达70nT，负异常分布在正异常周围	重要
	化探异常		原生晕Hg晕出现于矿体上方，Ag、As、Cd、Bi、Cu、Co包围矿体，Co出现于矿体下方，区域上次生晕为Cu、Pb、Zn、Ag、Au、As、Sb、Cd、Bi等元素综合异常	必要

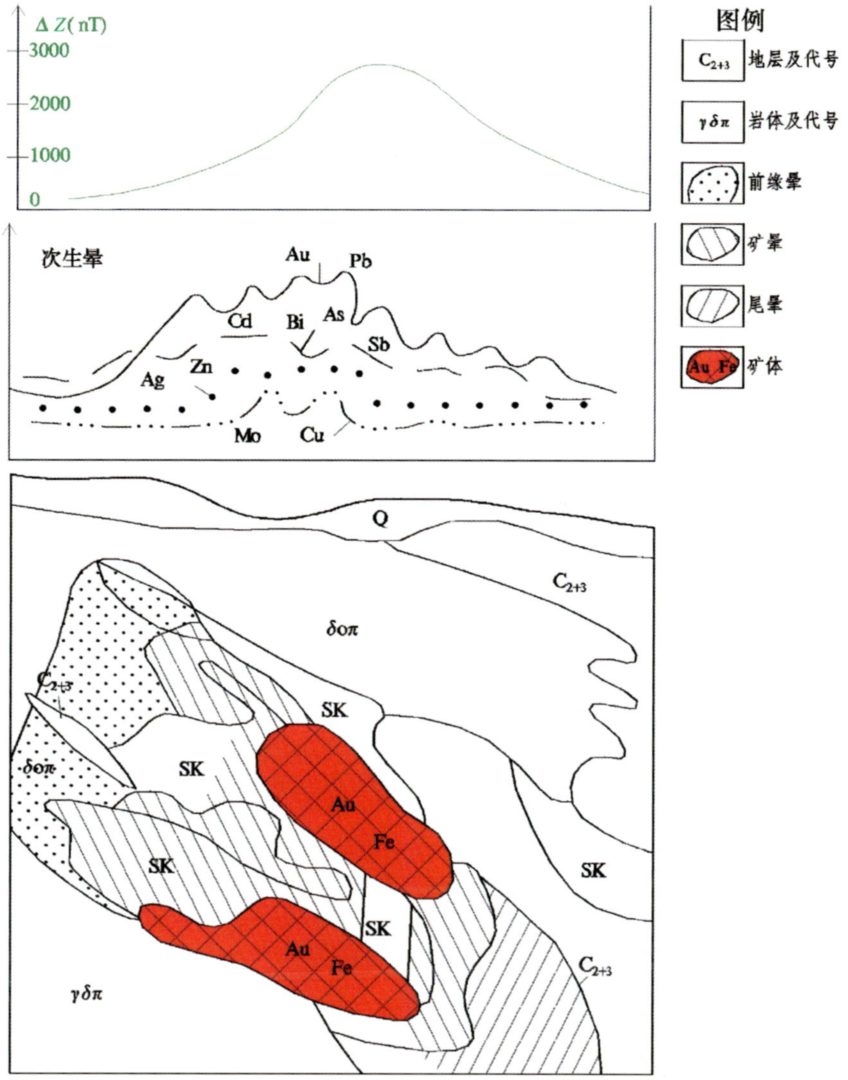

图 7-12　宜溧侵入岩体内及接触带型金矿区域预测模型图

三、吴宅式矽卡岩型铅锌(银)矿预测评价模型

吴宅式矽卡岩型铅锌(银)矿是宣城-苏州成矿亚带重要的成矿类型,主要分布在该成矿亚带内的苏州西部地区,典型矿床为苏州西部地区的吴宅铅锌(银)矿,其典型矿床及区域预测模型如下。

1. 典型矿床预测模型

吴宅铅锌(银)矿为一中型矿床,其矿体赋存于石英斑岩(花岗斑岩)与石炭系黄龙组、船山组,二叠系龙潭组、长兴组的正接触带及碳酸盐岩地层的层间破碎构造中,其典型矿床预测模型参见表 7-12 及图 7-13。

表 7-12　吴宅层控矽卡岩型铅锌(银)矿床预测要素表

预测要素		描述内容	预测要素分类
特征描述		层控矽卡岩型铅锌(银)矿床	
地质环境	成矿区带	Ⅲ-69-③宣州-苏州铜、钼、金、银、铅、锌成矿亚带	必要
	地层	矿区内地层受逆掩断层(推覆构造)影响,北西西向、北北东向断裂破坏,地层重复、变薄。逆掩断层上盘(Ⅰ矿带)自泥盆系茅山组—二叠系栖霞组连续性尚好,地层走向北东,倾向南东,倾角20°～30°;断层下盘(Ⅱ矿带)自下石炭统高骊山组—上二叠统长兴组,由于受石英斑岩(花岗斑岩)夹持穿插,地层缺失、变薄。主要赋矿地层为石炭系黄龙组、船山组,二叠系龙潭组、长兴组	必要
	岩石类型	燕山早期石英斑岩(花岗斑岩)与成矿关系密切	必要
	岩石结构	斑状结构为主	次要
	成矿时代	燕山早期	重要
	成矿环境	矿区经印支期—燕山期的构造变动和石英斑岩(花岗斑岩)等中酸性岩体的侵入活动,导致碳酸盐岩层遭受不同程度的变质作用而成矿。逆掩断层是矿区控岩、控矿及储矿构造,矿体主要赋存在石英斑岩(花岗斑岩)与石炭系黄龙组、船山组,二叠系龙潭组、长兴组的正接触带及碳酸盐岩地层的层间破碎构造中	必要
	构造背景	位于下扬子陆块,下扬子被动陆缘太湖断块东部。断裂构造发育,有北东向逆掩断层、北北东向和北西向断层	重要
矿床特征	矿物组合	矿石矿物主要为方铅矿、铁闪锌矿、磁铁矿、黄铁矿,次为赤铁矿、褐铁矿、黄铜矿、磁黄铁矿、闪锌矿、自然银等	重要
	结构	他形—半自形、自形细—中粒结构	次要
	构造	块状、浸染状、稠密浸染状、细脉浸染状、团块状、条纹状等构造	次要
	蚀变	主要有矽卡岩化、大理化、角岩化、绢英岩化、钾化、绿泥石化、石英岩化、碳酸盐化、萤石化	重要
	控矿条件	石炭纪—二叠纪碳酸盐岩及矽卡岩、砂岩等为主要赋矿围岩;逆掩断层(推覆构造)、碳酸盐岩层间破碎构造、岩体接触带为主要控矿、容矿构造;印支末期—燕山早期中酸性岩体为成矿提供了矿质和流体	必要
地球物理及地球化学标志	重力异常	以 $0.1\times10^{-5}m/s^2$ 为间隔圈出的剩余重力异常零星分布,但可信度低,在误差范围内波动	次要
	磁异常	地磁以正异常为主,中部有一近椭圆形的局部异常,轴向南北,最大幅值达370nT,无负场伴生,另一局部异常区分布在中西部,北部伴生负异常,正异常最大幅值达770nT,负异常最大幅值－4nT	重要
	化探异常	原生晕成矿元素综合异常为铅、锌、银、镉、铜等	重要

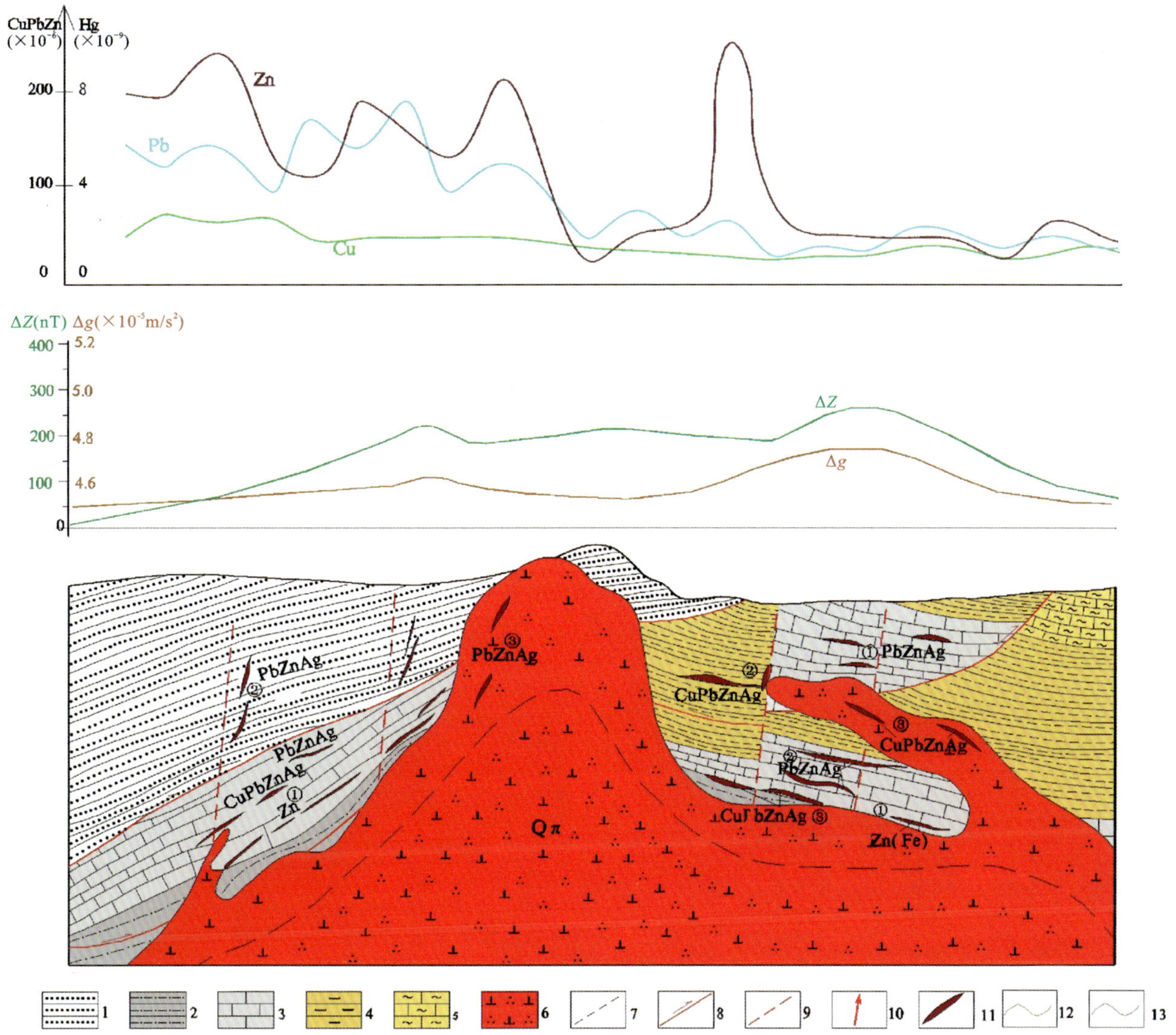

图 7-13　吴宅式矽卡岩型铅锌(银)矿典型矿床预测模型图

1. 茅山组($D_{1-2}ms$)石英砂岩夹泥质粉砂岩；2. 高骊山组(C_1g)泥砂质岩；3. 黄龙组—栖霞组(C_2h—P_1q)碳酸盐岩；4. 堰桥组—龙潭组(P_1y—P_2l)粉砂岩夹泥质岩；5. 长兴组—青龙组(P_2c—$T_{1-2}q$)碳酸盐岩；6. 石英斑岩；7. 岩体蚀变界线；8. 逆推断裂；9. 控矿断裂；10. 矿液流向；11. 矿体：①矽卡岩型；②热液型；③斑岩型；12. 重力异常曲线；13. 地磁异常曲线

2. 区域预测模型

该类型铅锌(银)矿体主要赋存在围岩石炭纪—二叠纪碳酸盐岩建造与石英斑岩(花岗斑岩)的正接触带及外带中的破碎带、层间构造带中，少量矿体充填于二叠系龙潭组砂岩层间破碎裂隙中，以苏州西部矽卡岩型铅锌银矿预测工作区为代表的区域预测模型参见表 7-13 及图 7-14。

表 7-13　吴宅式层控矽卡岩型铅锌(银)矿区域预测要素表

区域预测要素			描述内容	预测要素分类
区域成矿地质环境	成矿区带		Ⅲ-69-③宣州-苏州铜、钼、金、银、铅、锌成矿亚带	重要
	大地构造位置		下扬子陆块,下扬子被动陆缘太湖断块东部	必要
	主要控矿构造		逆掩断层(推覆构造)、碳酸盐岩地层层间破碎构造,岩体与碳酸盐岩地层接触带为主要控矿、容矿构造	必要
	主要赋矿地层		石炭系黄龙组、船山组,二叠系栖霞组、长兴组碳酸盐岩地层为主要赋矿地层,少量矿体充填于二叠系龙潭组砂岩层间破碎裂隙中	必要
	控矿岩浆岩		印支末期—燕山早期石英斑岩、花岗斑岩、闪长玢岩等中酸性岩体	必要
	成矿时代		燕山早期	重要
	成矿环境		印支期—燕山期的构造变动和岩浆岩的侵入活动,导致碳酸盐岩石遭受不同程度的接触交代而形成矽卡岩型铅锌矿(化)体。逆掩断层是区内主要控岩、控矿及储矿构造,矿体都赋存在围岩与石英斑岩(花岗斑岩)的正接触带及外带中的破碎带、层间构造带中	必要
区域成矿地质特征	区域成矿类型和成矿期		燕山早期矽卡岩型铅锌(银)矿	重要
	吴宅式层控矽卡岩型铅锌(银)矿主要成矿要素	含矿建造	石炭系黄龙组、船山组,二叠系栖霞组、长兴组碳酸盐岩为成矿有利围岩	必要
		成矿母岩	中酸性石英斑岩(花岗斑岩)为主要成矿母岩	必要
		控矿构造	逆掩断层(推覆构造)、碳酸盐岩地层层间破碎构造,岩体与碳酸盐岩地层接触带为主要控矿、容矿构造	必要
		矿石建造	矿石矿物主要为方铅矿、铁闪锌矿、磁铁矿、黄铁矿,次为赤铁矿、褐铁矿、黄铜矿、磁黄铁矿、闪锌矿、自然银等	重要
		围岩蚀变	围岩蚀变主要有矽卡岩化、大理岩化、角岩化、钾化、绿泥石化、碳酸盐化、萤石化	次要
		矿床式	主要为层控矽卡岩型铅锌(银)矿(吴宅式)	必要
物化遥标志	重力异常		重力异常由西部重力低和东部重力高 2 部分组成,西部呈环形,东部重力高北东向展布。数个局部重力高异常形成北东向串珠状异常带	次要
	磁异常		区域磁异常呈环形特征,主要与花岗岩体、酸性—偏基性火山岩等有关,局部异常与铁矿有关	重要
	化探异常		元素组合以 Pb,Zn,Cu,Ag 为主,次为 As,Hg,Sb,Sn 异常等。区域上异常主要沿潭东-光福-通安断裂破碎带和阳山北北东向花岗斑岩脉附近分布,其分布走向大多呈北东向展布,与本区主要成矿构造线走向相一致,反映地球化学异常与断裂构造和多金属成矿作用密切相关	必要

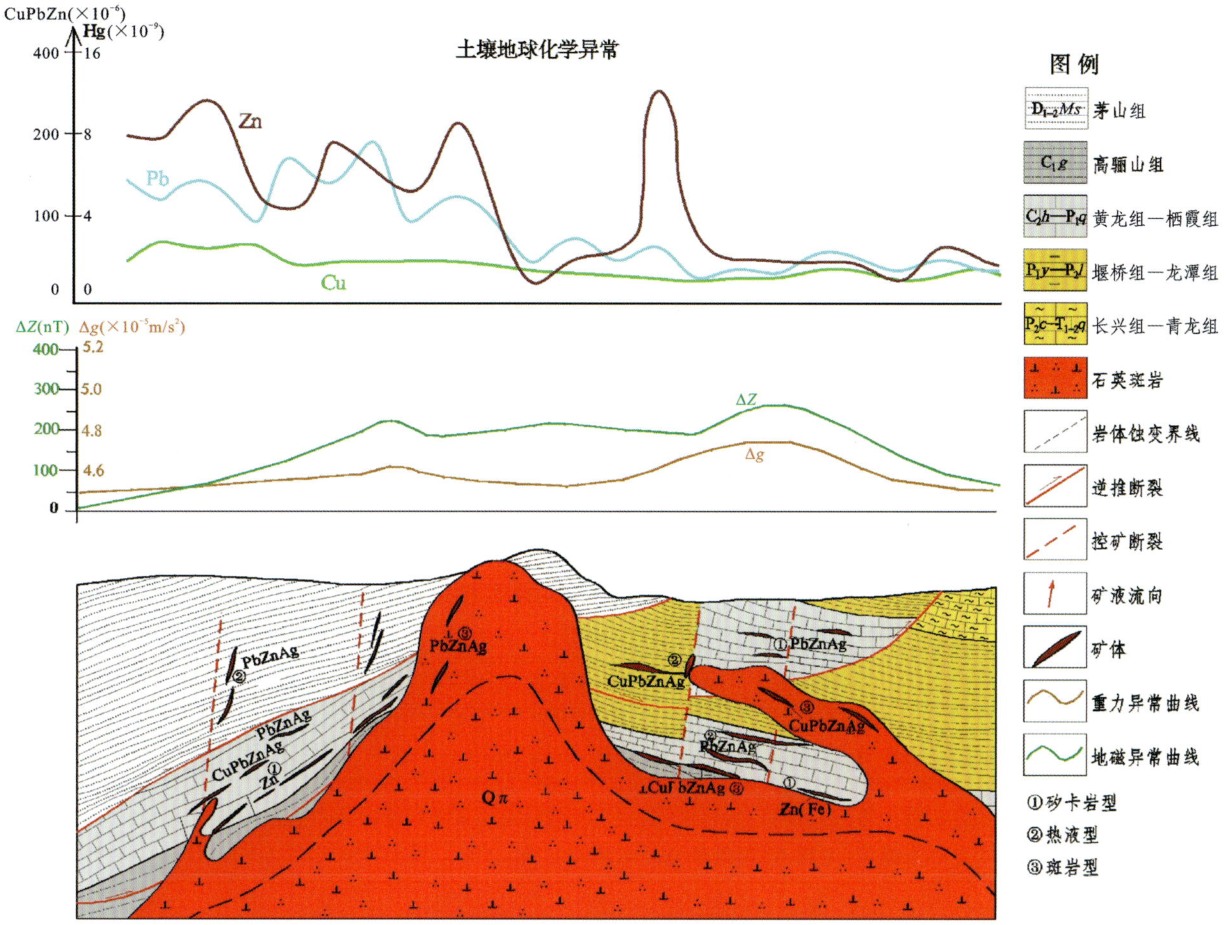

图 7-14　苏州西部吴宅式矽卡岩型铅锌银矿区域预测模型图

四、铜陵式矽卡岩型硫铁矿预测评价模型

铜陵式矽卡岩型硫铁矿主要分布在宣城-苏州成矿亚带苏州西部地区，典型矿床为潭山铅锌硫铁矿床，其典型矿床及区域预测模型如下。

1. 典型矿床预测模型

潭山硫铁矿为一中型硫铁矿，其矿体赋存于石英斑岩（花岗斑岩）与石炭纪—二叠纪碳酸盐岩建造接触形成的矽卡岩中，其典型矿床预测模型参见表 7-14 及图 7-15。

表 7-14　潭山矽卡岩型硫铁矿床预测要素表

预测要素		描述内容	预测要素分类
特征描述		矽卡岩型硫铁矿矿床	
地质环境	成矿区带	Ⅲ-69-③宣州-苏州铜、钼、金、银、铅、锌成矿亚带	必要
	地层	矿区内地层受逆掩断层(推覆构造)影响,北西西、北北东向断裂破坏,地层重复、变薄,地表出露的主要为茅山组及五通组砂岩地层,但主要赋矿地层为石炭系黄龙组、船山组和二叠系龙潭组、长兴组等碳酸盐岩地层	必要
	岩石类型	燕山早期石英斑岩(花岗斑岩)、闪长玢岩与成矿关系密切	必要
	岩石结构	斑状结构为主	次要
	成矿时代	燕山早期	重要
	成矿环境	矿区经印支期—燕山期的构造变动和石英斑岩(花岗斑岩)等中酸性岩体的侵入活动,导致碳酸盐岩层遭受不同程度的变质作用而成矿。逆掩断层及光福-潭东断裂带是矿区控岩、控矿及储矿构造,矿体主要赋存在石英斑岩(花岗斑岩)与石炭系—二叠系碳酸盐岩地层接触形成的矽卡岩中	必要
	构造背景	位于下扬子陆块,太湖断块东部,木渎-洞庭向斜的西翼,以单斜产出。断裂构造发育,有北东向逆掩断层、北东向光福-潭东断裂带、北东向的庵前正断层、北西向玄墓山逆掩断层等	重要
矿床特征	矿物组合	矿石矿物主要为黄铁矿、闪锌矿,其次为方铅矿、黄铜矿、磁铁矿、白铁矿等;脉石矿物主要为石英、方解石、菱铁矿、辉石、石榴石等	重要
	结构	粒状结构、乳滴状结构及压碎结构	次要
	构造	块状、浸染状等构造	次要
	蚀变	围岩蚀变主要有矽卡岩化、碳酸盐化、菱铁矿化、绿泥石化、绿帘石化、高岭土化、绢云母化	重要
	控矿条件	矿体主要赋存在燕山早期石英斑岩等中酸性岩体与石炭纪—二叠纪碳酸盐岩接触交代形成的矽卡岩中;逆掩断层(推覆构造)、光福-潭东断裂带为主要控矿、容矿构造;燕山早期中酸性岩体为成矿提供了矿质和流体	必要
地球物理及地球化学标志	重力	布格重力异常背景较高,场值在$(10\sim13.5)\times10^{-5}m/s^2$之间变化,由东向西,异常值逐渐升高,整体呈东西向线状异常特征;矿床处在线状异常带中,无局部异常	重要
	磁法	地磁等值线图上背景为大片正异常,且图幅边缘场值较大,图幅中间相对偏小,在图面4个角分别形成4个相对高值的异常。矿床所在位置处于南西角一处圆形异常边缘梯度带上,该圆形异常最大值为480nT,矿床所在位置异常值为540nT等值线上	重要
	化探	Cu、Pb、Zn异常分带清晰,浓集中心明显,与石英斑岩、矽卡岩套合性较好;Hg异常仅见于外、中带,内带少见	重要
	重砂	有黄铁矿、辰砂、砷族重砂异常	重要

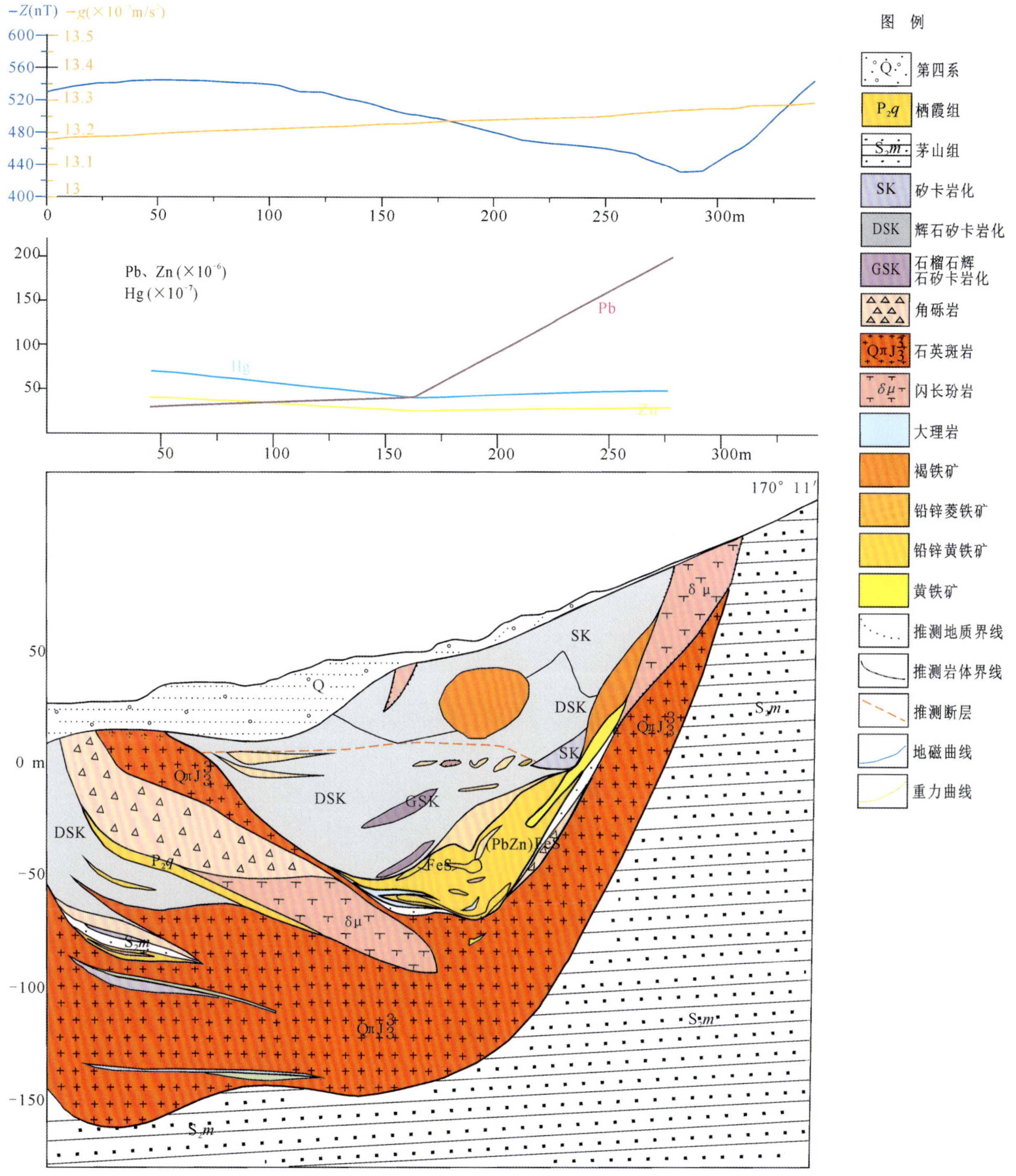

图 7-15　潭山矽卡岩型硫铁矿典型矿床预测模型图

2. 区域预测模型

区域上，该类型硫铁矿矿体主要赋存在石英斑岩（花岗斑岩）、闪长玢岩等中酸性岩体与石炭纪—二叠纪碳酸盐岩地层接触形成的矽卡岩带中，其区域预测模型参见表 7-15 及图 7-16。

表 7-15　铜陵式矽卡岩型硫铁矿区域预测要素表

区域预测要素			描述内容	预测要素分类
区域成矿地质环境	成矿区带		Ⅲ-69-③宣州-苏州铜、钼、金、银、铅、锌成矿亚带	重要
	大地构造位置		下扬子陆块，下扬子被动陆缘太湖断块东部	重要
	主要控矿构造		逆掩断层(推覆构造)，东西向、北西向、北东向的断裂构造带，岩体与碳酸盐岩地层接触带、碳酸盐岩地层层间破碎构造，为主要控矿、容矿构造	必要
	主要赋矿地层		矿区内地层受逆掩断层(推覆构造)影响，北西西向、北北东向断裂破坏，地层重复、变薄，地表出露的主要为茅山组及五通组砂岩地层，但主要赋矿地层为石炭系黄龙组、船山组和二叠系龙潭组、长兴组等碳酸盐岩地层	必要
	控矿岩浆岩		燕山早期石英斑岩、花岗斑岩、闪长玢岩等中酸性岩体	必要
	成矿时代		燕山早期	重要
	成矿环境		矿区经印支期—燕山期的构造变动和石英斑岩(花岗斑岩)、闪长玢岩等中酸性岩体的侵入活动，导致碳酸盐岩层遭受不同程度的变质作用而成矿。逆掩断层及东西向、北西向、北东向的断裂构造带是本区控岩、控矿及储矿构造，矿体主要赋存于石英斑岩(花岗斑岩)、闪长玢岩等中酸性岩体与石炭纪—二叠纪碳酸盐岩地层接触形成的矽卡岩带中	必要
区域成矿地质特征	区域成矿类型和成矿期		燕山早期矽卡岩型硫铁矿	重要
	铜陵式矽卡岩型硫铁矿主要成矿要素	含矿建造	石炭系黄龙组、船山组和二叠系栖霞组、长兴组等碳酸盐岩地层为成矿有利围岩地层	必要
		成矿母岩	燕山早期石英斑岩(花岗斑岩)、闪长玢岩等中酸性岩体与成矿关系密切	必要
		控矿构造	逆掩断层(推覆构造)，东西向、北西向、北东向的断裂构造带，岩体与碳酸盐岩地层接触带、碳酸盐岩地层层间破碎构造，为主要控矿、容矿构造	必要
		矿石建造	矿石矿物主要为黄铁矿、闪锌矿，其次为方铅矿、黄铜矿、磁铁矿、白铁矿等；脉石矿物主要为石英、方解石、菱铁矿、辉石、石榴石等	重要
		围岩蚀变	围岩蚀变主要有矽卡岩化、碳酸盐化、菱铁矿化、绿泥石化、绿帘石化、高岭土化、绢云母化	次要
		矿床式	主要为矽卡岩型硫铁矿(铜陵式)	必要
物化遥标志	重力		布格重力异常背景较高，场值在$(10\sim13.5)\times10^{-5}\,m/s^2$之间变化，由东向西，异常值逐渐升高，整体呈东西向线状异常特征；矿床处在线状异常带中，无局部异常	重要
	磁法		地磁等值线图上背景为大片正异常，且图幅边缘场值较大，图幅中间相对偏小，在图面4个角分别形成4个相对高值的异常。矿床所在位置处于南西角一处圆形异常边缘梯度带上，该圆形异常最大值为480nT，矿床所在位置异常值为540nT等值线上	重要
	化探		Cu、Pb、Zn异常分带清晰，浓集中心明显，与石英斑岩、矽卡岩套合性较好；Hg异常仅见于外、中带，内带少见	重要
	重砂		有黄铁矿、辰砂、砷族重砂异常	重要

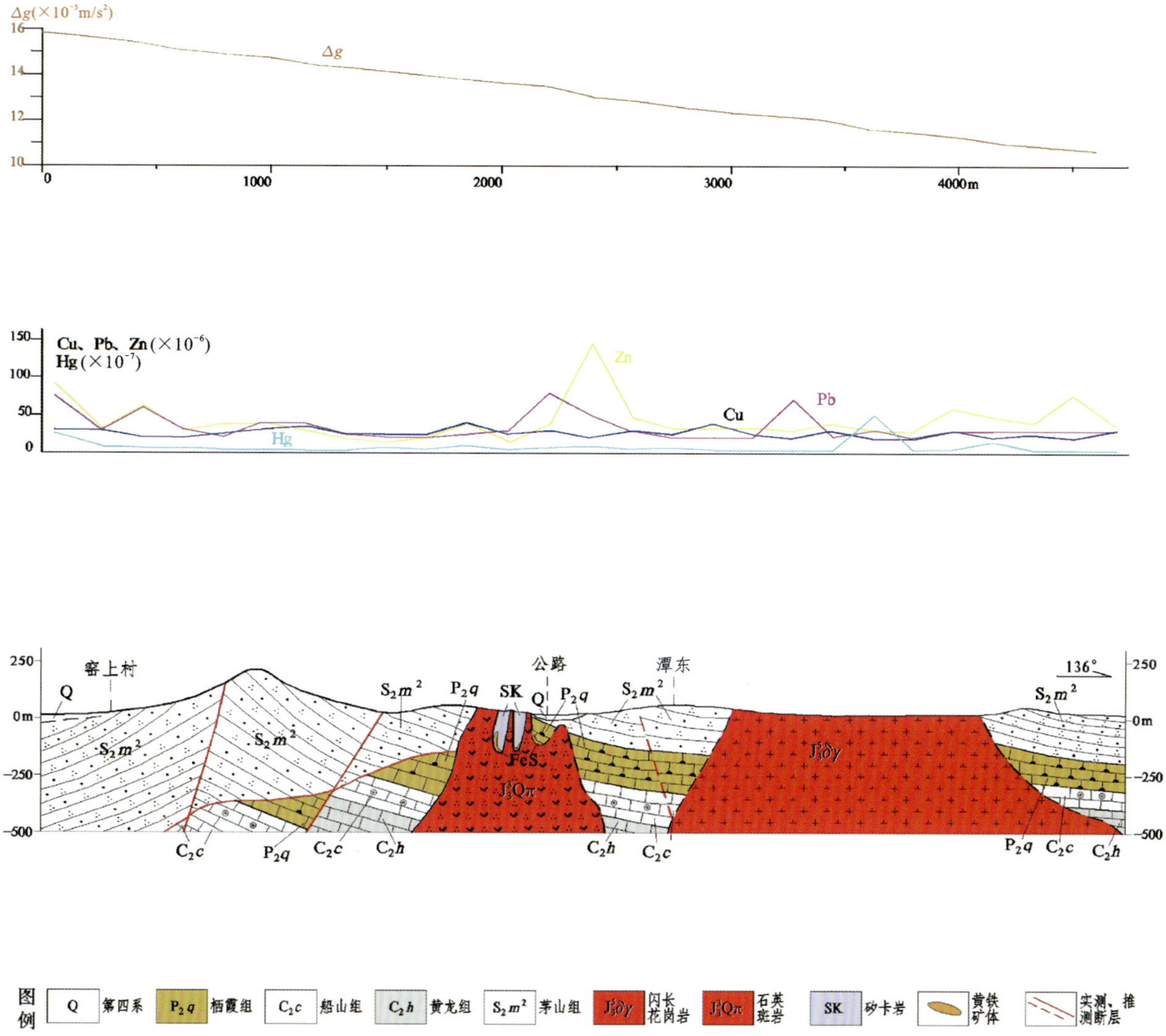

图 7-16　苏州西部铜陵式矽卡岩型硫铁矿区域预测模型图

五、俞石泉式热液充填型萤石矿预测评价模型

俞石泉式热液充填型萤石矿是江苏省唯一的一个萤石矿成矿类型，主要分布在该成矿亚带内的苏州西部地区，典型矿床为俞石泉萤石矿，典型矿床及区域预测模型如下。

1. 典型矿床预测模型

俞石泉萤石矿为一中型萤石矿，其矿体主要赋存于二叠纪的碳酸盐岩、碎屑岩地层与花岗岩、花岗斑岩等中酸性岩体的接触带附近或围岩的构造裂隙中。典型矿床预测模型参见表 7-16 及图 7-17。

表 7-16　俞石泉热液充填型萤石矿矿床预测要素表

预测要素		描述内容	预测要素分类
特征描述		中低温热液充填型萤石矿床	
地质环境	成矿区带	Ⅲ-69-③宣州-苏州铜、钼、金、银、铅、锌成矿亚带	必要
	地层	二叠系长兴组大理岩、堰桥组—龙潭组砂页岩	重要
	岩石类型	燕山早期花岗岩(K-Ar 法,155～145Ma)	必要
	岩石结构	中粒结构、斑状结构	次要
	成矿时代	燕山早期	重要
	成矿环境	逆掩断裂为主要控矿构造,花岗岩与长兴组大理岩接触带、围岩中构造裂隙直接控制萤石矿体的分布	必要
	构造背景	下扬子被动陆缘太湖断块的东部,木渎向斜北西翼	重要
矿床特征	矿物组合	矿石矿物主要有萤石;脉石矿物主要有石英、方解石,少量高岭土、绢云母、硅灰石、钠长石、绿帘石	次要
	结构	矿石结构主要为他形粒状结构和交代结构	次要
	构造	矿石构造主要有块状、角砾状、条带状构造	次要
	蚀变	围岩蚀变主要有大理岩化、角岩化,大理岩中断续出现矽卡岩化	重要
	控矿条件	矿体赋存在二叠纪的碳酸盐岩、碎屑岩地层与花岗岩、花岗斑岩等中酸性岩体接触带附近或围岩中构造裂隙中,逆掩断裂为主要控矿构造	必要
地球物理及地球化学标志	重力异常	在正背景上微小波动,场值在(2.2～3.4)$\times 10^{-5}$ m/s^2 之间变化,由南向北,异常值逐渐升高,矿床所在位置无明显异常	次要
	磁异常	航磁等值线图上,由北向南场值由负变化到正,呈梯度带分布,场值范围 −55～150nT,无局部异常,矿床分布在 −15nT 等值线附近	重要
	化探异常	1∶20 万 F 异常呈北西向舌状展布,内、中、外带分带清晰,异常极值点含量 4750×10^{-6};CaO 异常呈北东向近椭圆状展布,仅见于外、中带	重要

2. 区域预测模型

在区域中,该类型萤石矿体主要赋存在逆掩断层(推覆构造)面之下,花岗岩与二叠系长兴组—三叠系青龙组大理岩的接触带附近及大理岩内构造裂隙中,少数萤石脉产于石英斑岩等中酸性岩体内的构造破碎带中。区域预测模型参见表 7-17 及图 7-18。

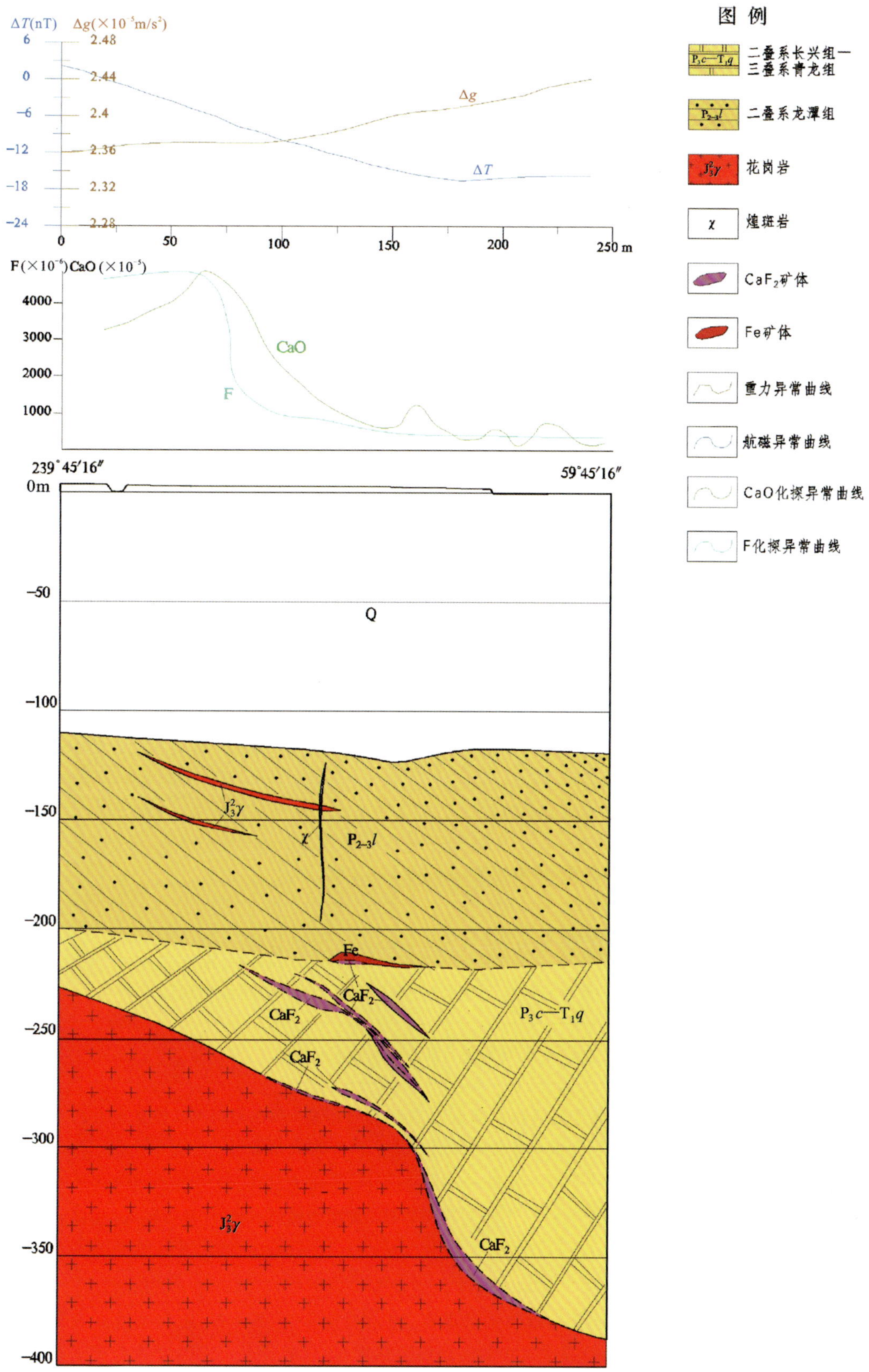

图 7-17 俞石泉式热液充填型萤石矿典型矿床预测模型图

表 7-17　俞石泉式热液充填型萤石矿区域预测要素表

区域预测要素			描述内容	预测要素分类
区域成矿地质环境	成矿区带		Ⅲ-69-③宣州-苏州铜、钼、金、银、铅、锌成矿亚带	重要
	大地构造位置		下扬子陆块，下扬子被动陆缘太湖断块东部	必要
	主要控矿构造		逆掩断层(推覆构造)为主要控矿构造	重要
	主要赋矿地层		二叠系长兴组—三叠系下青龙组碳酸盐岩地层为区内主要赋矿地层；少量萤石矿(化)脉充填于石英斑岩(花岗斑岩)体内构造裂隙中	必要
	控矿岩浆岩		燕山早期花岗岩、石英斑岩等中酸性岩体	必要
	成矿时代		燕山早期	重要
	成矿环境		矿体主要赋存在逆掩断层(推覆构造)面之下，花岗岩与二叠系长兴组—三叠系青龙组大理岩接触带附近及大理岩内构造裂隙中；少数矿化点萤石脉产于石英斑岩等中酸性岩体内构造破碎带中	必要
区域成矿地质特征	区域成矿类型和成矿期		燕山早期热液充填型萤石矿	重要
	俞石泉式热液充填型萤石矿主要成矿要素	含矿建造	二叠系长兴组—三叠系下青龙组碳酸盐岩地层为区内主要赋矿地层；少量萤石矿(化)脉充填于石英斑岩(花岗斑岩)体内构造裂隙中	必要
		成矿母岩	成矿与燕山早期花岗岩、石英斑岩等中酸性侵入岩关系密切	必要
		控矿构造	逆掩断层(推覆构造)为主要控矿构造	必要
		矿石建造	矿石矿物主要为萤石	重要
		围岩蚀变	围岩蚀变主要有大理岩化、角岩化，大理岩中断续出现矽卡岩化	次要
		矿床式	主要为热液充填型萤石矿(俞石泉式)	必要
物化遥标志	重力异常		重力异常由西部重力低和东部重力高两部分组成，西部呈环形，东部重力高北东向展布。数个局部重力高异常形成北东向串珠状异常带	次要
	磁异常		区域磁异常呈环形特征，主要与花岗岩体、酸性—偏基性火山岩等有关，局部异常与铁矿有关	重要
	化探异常		1∶20 万 F 异常呈北西向舌状展布，内、中、外带分带清晰，异常极值点含量 4750×10^{-6}；CaO 异常呈北东向近椭圆状展布，仅见于外、中带，异常与矿点套合程度较差	重要

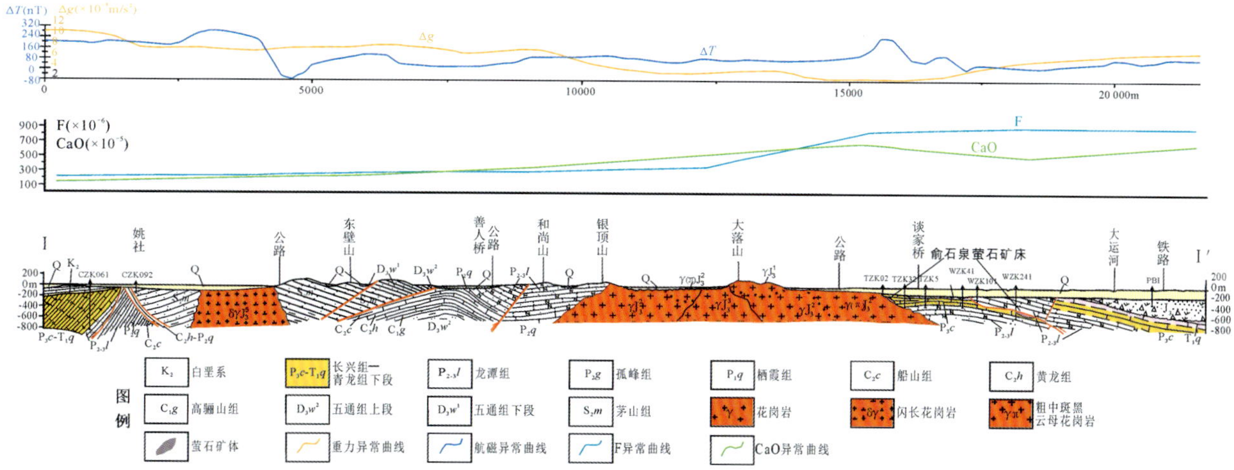

图 7-18　苏州西部俞石泉式热液充填型萤石矿区域预测模型图

六、其他预测评价模型简述

在Ⅲ-69-③宣城-苏州成矿亚带中，除了上述具有典型意义及重要地位的 7 个矿种的 5 个矿产预测类型外，还有铁、铜、金等矿种的 4 个矿产预测类型及其预测评价模型，简述如下：

(1)韦岗式矽卡岩型铁矿，该类型铁矿在宣城-苏州成矿亚带内主要分布在宜溧地区，目前以矿点为主，矿体主要赋存于燕山期中酸性侵入岩体与碳酸盐岩建造的接触带中(构造破碎带)，其成矿机制及预测评价模型与沿江成矿亚带的韦岗式矽卡岩型铁矿相类似，可参照借鉴之(见图 6-14)。

(2)安基山式矽卡岩型斑岩型铜矿，该类型铜矿在宣城-苏州成矿亚带内主要分布在宜溧地区，目前仅见铜多金属矿(化)点，矿体主要赋存在岩体与碳酸盐岩内、外接触带及捕虏体中，少部分位于岩体内部裂隙构造及破碎带中，其成矿机制及预测评价模型与沿江成矿亚带的安基山式矽卡岩型斑岩型铜矿相类似，可参照借鉴之。

(3)新桥式铁帽型金矿，该类型金矿在宣城-苏州成矿亚带内主要分布在宜溧地区，目前仅发现少量矿(化)点，矿(化)体主要赋存在下石炭统高骊山组，中石炭统黄龙组、船山组，二叠系栖霞组等的构造破碎带中。

(4)谈家桥式矽卡岩型铁矿，该类型铁矿分布在宣城-苏州成矿亚带的苏州西部地区，以谈家桥小型锌铁矿为代表，矿体主要赋存于石炭纪—三叠纪的碳酸盐岩建造与燕山早期中酸性岩体接触带中，其成矿机制与该成矿亚带的王浩式矽卡岩型铁矿相类似，可参照借鉴其预测评价模型。

第五节　综合预测区特征及预测成果

本成矿亚带位于长江中下游成矿带的南东端，是江苏省重要矿集区之一，主要由宜溧成矿远景区、苏州西部成矿远景区及南通成矿远景区组成。在此次矿产资源潜力评价工作中，该成矿亚带省内部分涉及到铁、铜、金、铅、锌、银、硫、萤石共计 8 个矿种(组)的 9 个矿产预测类型、10 个预测类型预测工作区。宣城-苏州成矿亚带各单矿种的预测成果见表 7-18。

表 7-18　宣州-苏州成矿亚带预测成果表

<table>
<tr><th rowspan="2">成矿亚带</th><th rowspan="2">矿种</th><th rowspan="2">矿产预测类型</th><th rowspan="2">资源量单位</th><th rowspan="2">最小预测区个数</th><th colspan="3">预测资源量</th><th rowspan="2">主要分布区域</th></tr>
<tr><th>500m以浅</th><th>1000m以浅</th><th>2000m以浅</th></tr>
<tr><td rowspan="14">Ⅲ-69-③宣城-苏州成矿亚带</td><td rowspan="4">铁</td><td>谈家桥式矽卡岩型铁矿</td><td rowspan="4">$\times 10^3$ t</td><td>10 个(A 类 3 个,B 类 1 个,C 类 6 个)</td><td>30 541.0</td><td>47 585.2</td><td>47 585.2</td><td>苏州西部地区</td></tr>
<tr><td>王浩式矽卡岩型铁矿</td><td>5 个(A 类 1 个,B 类 1 个,C 类 3 个)</td><td>8540.0</td><td>38 517.9</td><td>38 517.9</td><td>南通地区</td></tr>
<tr><td>韦岗式矽卡岩型铁矿</td><td>12 个(A 类 4 个,B 类 7 个,C 类 1 个)</td><td>6727.2</td><td>9850.7</td><td>9850.7</td><td>宜溧地区</td></tr>
<tr><td>合计</td><td>27 个(A 类 8 个,B 类 9 个,C 类 10 个)</td><td>45 808.2</td><td>95 953.8</td><td>95 953.8</td><td></td></tr>
<tr><td>铜</td><td>安基山式矽卡岩型斑岩型铜矿</td><td>t</td><td>15 个(B 类 2 个,C 类 13 个)</td><td>25 119.42</td><td>30 885.78</td><td>30 885.78</td><td>宜溧地区</td></tr>
<tr><td rowspan="3">铅锌(银)</td><td>吴宅式矽卡岩型铅锌银矿(铅)</td><td>t</td><td rowspan="2">16 个(A 类 3 个,B 类 4 个,C 类 9 个)</td><td>173 152.73</td><td>195 971.8</td><td>195 971.8</td><td rowspan="2">苏州西部地区及宜溧地区</td></tr>
<tr><td>吴宅式矽卡岩型铅锌银矿(锌)</td><td>t</td><td>285 776.23</td><td>325 237.64</td><td>325 237.64</td></tr>
<tr><td>吴宅式矽卡岩型铅锌银矿(银)</td><td>t</td><td>7 个(A 类 3 个,C 类 4 个)</td><td>291.22</td><td>372.9</td><td>372.9</td><td>苏州西部地区</td></tr>
<tr><td rowspan="3">金</td><td>安基山式侵入岩体内及接触带型金矿</td><td rowspan="3">kg</td><td>5 个(A 类 1 个, C 类 4 个)</td><td>1533.31</td><td>1533.31</td><td>1533.31</td><td>宜溧地区</td></tr>
<tr><td>新桥式铁帽型金矿</td><td>19 个(B 类 3 个,C 类 16 个)</td><td>6783.0</td><td>6783.0</td><td>6783.0</td><td>宜溧地区</td></tr>
<tr><td>合计</td><td>24 个(A 类 1 个,B 类 3 个,C 类 20 个)</td><td>8316.31</td><td>8316.31</td><td>8316.31</td><td></td></tr>
<tr><td>硫铁矿</td><td>铜陵式矽卡岩型硫铁矿</td><td>$\times 10^3$ t</td><td>9 个(A 类 2 个,C 类 7 个)</td><td>12 825.4</td><td>17 330.4</td><td>17 330.4</td><td>苏州西部地区</td></tr>
<tr><td>萤石</td><td>俞石泉式热液充填型萤石矿</td><td>$\times 10^3$ t</td><td>6 个(A 类 1 个,B 类 2 个,C 类 3 个)</td><td>543.2</td><td>1296.3</td><td>1296.3</td><td>苏州西部地区</td></tr>
</table>

注:表中铁、硫铁矿为矿石量,萤石为 CaF_2 量,其余矿种为金属量。

区带内铁矿主要分布在苏州西部成矿远景区中,次为南通成矿远景区及宜溧成矿远景区;而铅锌银、硫铁矿及萤石则主要分布在苏州西部成矿远景区中,次为宜溧成矿区;铜金则主要分布在宜溧成矿远景区。

在单矿种预测成果的基础上,Ⅲ-69-③宣城-苏州成矿亚带内共计综合圈定了 6 个综合预测区,各综合预测区特征分述如下。

1. 南通王浩-蔡家坝地区铁矿综合预测区

地质矿产特征:本综合预测区位于宣州-苏州成矿亚带中的南通隆起区内,沿隆起区中部蔡家坝-王浩地区燕山晚期的中酸性隐伏岩体呈北东东向分布,隆起区北侧沉积有白垩纪陆相碎屑岩,南侧覆盖侏罗纪火山岩。综合预测区内断裂构造发育,主要有东西向、北东向、北西向 3 组,东西向断裂构造形成最早，北东向构造发育最为强烈，构造了区域构造基本形态，而北西向断裂构造则形成较晚，切割错断了前2组方向的断裂构造；区内有隐伏岩体分布，受东西向断裂控制，主要有王浩花岗岩体、陈桥角闪闪长岩体、普济辉石闪长岩体、新余黑云母花岗岩体等燕山晚期的中酸性侵入岩体，与成矿关系密切；区内地表为厚达260～380m的第四纪沉积物覆盖，基岩地层主要为古生界及中生代三叠系，并构成褶皱构造，由背斜及其两侧的向斜组成，背斜核部揭示最老地层为寒武系，向斜核部揭露最新地层为三叠系青龙组，与成矿关系密切的赋矿围岩则主要是寒武系—奥陶系及石炭纪—三叠纪的灰质-白云质碳酸盐岩建造。目前区内已发现的金属矿床仅有王浩中型铁矿，为一隐伏矽卡岩型铁矿，矿床式定为王浩式，矿体主要赋存在寒武纪—奥陶纪的镁质碳酸盐岩建造与王浩花岗岩体的接触带中，在花岗岩体内部也有少部分细脉浸染状辉钼矿体。

综合信息：综合预测区内重力异常反映为块状异常特征，异常稳定，背景场较高，平稳重力高背景上叠加有较多的局部重力高和重力低异常，形态以等轴状为主，规模小到中等。区内还分布着一些低缓的航磁局部异常，主要与隐伏的中酸性侵入岩体有关，部分还可能含有磁铁矿，如区内一较大规模的近东西向的磁异常就指示出隐伏的王浩花岗岩体及其与碳酸盐岩建造接触带中的王浩铁矿，因此区内航磁异常对寻找隐矽卡岩型磁铁矿有很好的指示作用。

预测成果：区内有较好的矽卡岩型铁矿成矿条件，磁异常反映较为明显，因此在已知矿床的深部、外围以及其他燕山晚期的中酸性侵入岩体与碳酸盐岩建造的接触带附近有一定找矿潜力。本综合预测区的预测成果如表7-19所示。

表7-19　南通王浩-蔡家坝综合预测区预测成果表

综合预测区名称	隶属成矿亚带	面积(km^2)	预测矿种	矿产预测类型	最小预测区个数	预测资源量(铁矿石量：$\times10^3$t)		
						500m以浅	1000m以浅	2000m以浅
南通王浩-蔡家坝综合预测区	Ⅲ-69-③宣州-苏州成矿亚带	222	Fe	王浩式矽卡岩型	5个(A类1个，B类1个，C类3个)	8540.0	38 517.9	38 517.9

2. 宜溧土包山-金山-兔子山综合预测区

地质矿产特征：本综合预测区位于宣州-苏州成矿亚带中溧阳火山岩盆地的北西侧及其边缘隆起区，沿社渚—周城—中巷—土包山一带呈北东东向分布。综合预测区内断裂构造发育，以北北东、北西向断裂为主，局部有东西向断裂，其中北北东向断裂控制了区内中酸性岩浆岩的侵入，为本区的主要控岩、控矿构造；区内岩浆岩主要有分布在中巷—社渚农场一带的花岗斑岩及辉石石英粗安斑岩等燕山期次火山岩体，以及在仙人山—土包山等地分布的石英闪长斑岩、闪长玢岩等燕山晚期的中酸性侵入岩体，其中燕山期花岗斑岩与区内中巷等地的火山热液(接触交代)型铁铜矿成矿关系密切，而石英闪长斑岩等燕山晚期的中酸性侵入岩则与土包山等地的矽卡岩型铁金矿成矿关系密切；综合预测区内志留系—白垩系均有分布，其中石炭纪—三叠纪的碳酸盐岩建造为区内矽卡岩型矿床的赋矿围岩，而侏罗系大王山组底部的凝灰质泥岩、粉砂质页岩建造为火山热液(接触交代)型矿床的赋矿围岩。区内目前已发现的矿产地主要有土包山小型铁金矿、中巷铁铜矿点、板头山铜金矿点以及枫树头、兔子山、金山等铁矿点。

综合信息：综合预测区内在社渚一带以及土包山地区存在北东向的次级重力高，主要是火山岩盆地边缘由志留系—三叠系组成的隆起区所引起；区内的磁异常杂乱，推测与隐伏岩体有关，对铁铜多金属矿有一定的指示作用；区内的化探组合异常以Au、Cu、Pb、Zn等元素为主，主要分布在土包山、金山、社渚等地，以土包山铁金矿所在位置的异常规模、形态最好，其主要与铜金多金属矿及矿化蚀变作用有关，对寻找铜金多金属矿具有很好的指示作用；在土包山附近还有一处自然金重砂异常。

预测成果：区内具备火山热液（接触交代）型及矽卡岩型铁铜金多金属矿床的成矿条件，并有一定的物化探异常信息反映，目前已发现多个铜金多金属矿床点，具有较好的找矿潜力。本综合预测区预测成果如表 7-20 所示。

表 7-20　宜溧土包山-金山-兔子山综合预测区预测成果表

综合预测区名称	隶属成矿亚带	面积（km^2）	预测矿种	矿产预测类型	最小预测区个数	预测资源量（铁矿石量：$\times 10^3 t$；铜铅锌：t；金：kg）		
						500m 以浅	1000m 以浅	2000m 以浅
宜溧土包山-金山-兔子山综合预测区	Ⅲ-69-③宣州-苏州成矿亚带	201	铁	韦岗式矽卡岩型铁矿	4 个（A 类 3 个，B 类 1 个）	3319.5	4965.4	4965.4
			铜	安基山式矽卡岩型斑岩型铜矿	2 个（B 类 1 个，C 类 1 个）	5633.21	8123.41	8123.41
			金	土包山式侵入岩体内及接触带型金矿	A 类 1 个	374.06	374.06	374.06
				新桥式铁帽型金矿	4 个（B 类 1 个，C 类 3 个）	969.54	969.54	969.54
				金合计	5 个（A 类 1 个，B 类 1 个，C 类 3 个）	1343.6	1343.6	1343.6
			铅	吴宅式层控矽卡岩型铅锌矿	C 类 1 个	1877.86	1877.86	1877.86
			锌			3498.75	3498.75	3498.75

3. 宜溧烟山-大贤岭-小贤岭-小梅岭综合预测区

地质矿产特征：本综合预测区位于宣州-苏州成矿亚带溧阳火山岩盆地的东侧及南部地区，呈一弧形分布，主要为溧阳火山岩盆地与张渚向斜盆地交接部位，北起烟山，经大贤岭、小贤岭、长山、李家园，南至小梅岭—杨家岭一带。综合预测区内断裂构造发育，北北东向烟山-长山压性断裂及其伴生的北东向、北西西向、近东西向张、扭性断裂和次级北东向羽状裂隙是主要的控矿构造；区内燕山晚期的中酸性侵入岩体与成矿关系密切，主要有花岗斑岩、石英二长斑岩、石英闪长斑岩等侵入岩，沿北北东向断裂侵入，呈半弧形在综合预测区断续分布，此外区内南侧也有少部分燕山期花岗（流纹）斑岩等次火山岩出露；区内地层为志留系—侏罗系，其中位于断层下盘的石炭纪—三叠纪碳酸盐岩建造为主要的赋矿围岩。目前区内已发现的矿产地有 10 余处，以铁铜金多金属矿点、矿化点为主，共计 10 余处，如大贤岭铁金矿点、吉多岕金矿点、杨家村铜矿点以及北山、长山李家园等地的铁矿点。铁铜金多金属矿（化）体主要赋存在石炭纪—三叠纪的碳酸盐岩建造与燕山晚期中酸性侵入岩的接触带中，形成矽卡岩型矿床，部分矿体沿着赋矿围岩中的断裂或裂隙充填，构成热液充填型矿床，浅表部分富含银、金的铅锌硫化物经表生氧化作用在喜马拉雅期次生富集成为铁帽型金矿。

综合信息：本综合预测区内物、化探异常反映明显，磁异常大致反映了侵入岩体的分布范围；土壤地球化学异常以 Cu、Au、Pb、Zn 等元素的组合异常为特征，在烟山、大小贤岭、长山、李家园、吉多岕、松岭、小梅岭等地都有规模较大的化探异常呈北东向、近东西或北西向分布，与多金属矿点关系密切。在区内杨家冲、涧口两地还有闪锌矿重砂异常，大贤岭、太平村、锅底山等地有自然金重砂异常，与已知多金属矿产地关系也很密切。由此可见区内多金属矿的成矿条件较好，化探及自然重砂反映出的综合异常信息也比较明显，是寻找多金属矿的有利地段，特别是大贤岭、吉多岕金矿化点金含量较高，具有一定的矿化规模，反映出较好的找矿潜力。

预测成果：区内矽卡岩型及热液型矿床成矿条件较好，形成了一弧形成矿带，化探及自然重砂异常反映明显，由于区内工作程度较低，深部(500m以下)的含矿性有待进一步了解。本综合预测区的预测成果统计如表7-21所示。

表7-21 宜溧烟山-大贤岭-小贤岭-小梅岭综合预测区预测成果表

<table>
<tr><th rowspan="2">综合预测区名称</th><th rowspan="2">隶属成矿亚带</th><th rowspan="2">面积(km²)</th><th rowspan="2">预测矿种</th><th rowspan="2">矿产预测类型</th><th rowspan="2">最小预测区个数</th><th colspan="3">预测资源量
(铁:×10³t;铜铅锌:t;金:kg)</th></tr>
<tr><th>500m以浅</th><th>1000m以浅</th><th>2000m以浅</th></tr>
<tr><td rowspan="7">宜溧烟山-大贤岭-小贤岭-小梅岭综合预测区</td><td rowspan="7">Ⅲ-69-③宣州-苏州成矿亚带</td><td rowspan="7">219</td><td>铁</td><td>韦岗式矽卡岩型铁矿</td><td>8个(A类1个,B类6个,C类1个)</td><td>3404.7</td><td>4885.3</td><td>4885.3</td></tr>
<tr><td>铜</td><td>安基山式矽卡岩型斑岩型铜矿</td><td>6个(B类1个,C类5个)</td><td>7342.31</td><td>9960.63</td><td>9960.63</td></tr>
<tr><td rowspan="2">金</td><td>土包山式侵入岩体内及接触带型金矿</td><td>3个(C类3个)</td><td>966.78</td><td>966.78</td><td>966.78</td></tr>
<tr><td>新桥式铁帽型金矿</td><td>4个(B类2个,C类2个)</td><td>2428.89</td><td>2428.89</td><td>2428.89</td></tr>
<tr><td></td><td>金合计</td><td>7个(B类2个,C类5个)</td><td>3395.67</td><td>3395.67</td><td>3395.67</td></tr>
<tr><td>铅</td><td rowspan="2">吴宅式层控矽卡岩型铅锌矿</td><td rowspan="2">4个(B类2个,C类2个)</td><td>26 366.81</td><td>26 366.81</td><td>26 366.81</td></tr>
<tr><td>锌</td><td>49 125.53</td><td>49 125.53</td><td>49 125.53</td></tr>
</table>

4. 宜溧省庄-茶亭-耙子山-南山综合预测区

地质矿产条件：本综合预测区位于宣州-苏州成矿亚带宜兴地区，北以百合场-堰头断裂为界，东临太湖，南至省界，西以张渚镇—太华镇一线为界，与溧阳火山岩盆地相邻。区内北东向的褶皱、推覆构造和近东西向、北东向、北北西向断裂构造十分发育，其中推覆构造及次级构造破碎带为主要控岩、控矿构造；与成矿有关的岩浆岩主要为燕山晚期的中酸性侵入岩体，以花岗斑岩为主，其余还有石英闪长斑岩、闪长玢岩、正常斑岩等，多呈岩枝、岩脉状；区内地层以志留纪—三叠纪为主，侏罗纪火山岩在太湖西岸蜀山等地亦有零星出露，其中石炭纪—三叠纪的碳酸盐岩建造为铜铅锌金多金属矿的主要赋矿围岩。区内目前已发现的矿产地仅有几处多金属矿点，如省庄对门山铅锌矿点、宜兴林场多金属矿点等，其铜铅锌金多金属矿(化)体主要赋存在石炭纪—三叠纪的碳酸盐岩建造与燕山晚期中酸性侵入岩的接触带中，部分矿体沿着赋矿围岩中的断裂或裂隙分布。矿床类型主要为矽卡岩型、热液型及铁帽型。

综合信息：本综合预测区内物、化探异常反映明显，磁异常大致反映了侵入岩体的分布范围；土壤地球化学异常以Cu、Au、Pb、Zn等元素的组合异常为特征，在省庄、宜兴林场、石罗墩、朝阳洞、祝陵、雄鹅头等地都有规模较大的化探异常呈北东向或近东西向分布，与多金属矿点关系密切；在区内祝陵附近的离墨山、丫枝岭等地还有自然金重砂异常，也显示出较好的找矿信息。

预测成果：综合而言，区内铜金多金属热液矿床的成矿条件较好，化探及自然重砂异常信息反映也较为明显，是寻找多金属矿的有利地段。本综合预测区的预测成果统计见表7-22。

表 7-22　宜溧省庄-茶亭-耙子山-南山综合预测区预测资源量表

<table>
<tr><th rowspan="2">综合预测区名称</th><th rowspan="2">隶属成矿亚带</th><th rowspan="2">面积(km²)</th><th rowspan="2">预测矿种</th><th rowspan="2">矿产预测类型</th><th rowspan="2">最小预测区个数</th><th colspan="3">预测资源量(铜铅锌:t;金:kg)</th></tr>
<tr><th>500m 以浅</th><th>1000m 以浅</th><th>2000m 以浅</th></tr>
<tr><td rowspan="6">宜溧省庄-茶亭-耙子山-南山综合预测区</td><td rowspan="6">Ⅲ-69-③宣州-苏州成矿亚带</td><td rowspan="6">306</td><td>铜</td><td>安基山式矽卡岩型斑岩型铜矿</td><td>7 个(C 类 7 个)</td><td>12 143.9</td><td>12 801.74</td><td>12 801.74</td></tr>
<tr><td rowspan="2">金</td><td>土包山式侵入岩体内及接触带型金矿</td><td>C 类 1 个</td><td>192.47</td><td>192.47</td><td>192.47</td></tr>
<tr><td>新桥式铁帽型金矿</td><td>11 个(C 类 11 个)</td><td>3384.57</td><td>3384.57</td><td>3384.57</td></tr>
<tr><td></td><td>金合计</td><td>12 个(C 类 12 个)</td><td>3577.04</td><td>3577.04</td><td>3577.04</td></tr>
<tr><td>铅</td><td rowspan="2">吴宅式层控矽卡岩型铅锌矿</td><td rowspan="2">4 个(B 类 2 个,C 类 2 个)</td><td>56 763.64</td><td>56 763.64</td><td>56 763.64</td></tr>
<tr><td>锌</td><td>105 759.61</td><td>105 759.61</td><td>105 759.61</td></tr>
</table>

5. 苏州西部潭山-吴宅-通安桥综合预测区

地质矿产特征:本综合预测区位于宣州-苏州成矿亚带中苏州西部地区的潭山—光福—吴宅—通安桥一带,矿床类型以矽卡岩型硫铁矿及铅锌多金属矿为主。综合预测区位于木渎向斜西翼,区内东西向构造及推覆构造的复合叠加,致使区内断裂发育,主要有东西向、北北东向、北西向,为区内导矿断裂,断裂带旁侧的次一级断裂及层间构造、羽状裂隙等则为容矿构造;区内的岩浆活动十分强烈,并受断裂带控制,沿通安桥-光福-潭东断裂带有石英斑岩、花岗斑岩、闪长玢岩侵入,形成构造岩浆带,区内铅锌多金属、黄铁矿等矿床(点)均沿此带分布;区内地层为志留系—三叠系,出露地层及岩性主要为志留系茅山组及泥盆系五通组的砂岩,石炭纪—三叠纪的碳酸盐岩建造为主要赋矿围岩。区内目前已发现的矿产地主要为矽卡岩型铅锌银矿及矽卡岩型硫铁矿,有吴宅中型铅锌银矿、潭山中型铅锌黄铁矿、西迹山小型硫铁矿以及鸡笼山、迂里小型铅锌银矿;此外区内还有城隍山及阳耙山萤石矿点,萤石矿(化)体主要赋存于石英斑岩(花岗斑岩)体内构造裂隙中。

综合信息:本综合预测区内物化探异常明显,其中磁异常覆盖范围较广,主要为反映含有磁铁矿成分的铅锌多金属矿体的低缓磁异常,可作为一找矿标志;区内地球化学组合异常以 Pb、Zn、Cu、Hg 等元素的异常为主,其中 Pb、Zn 异常内、中、外带分带清晰,浓集中心明显,异常主要分布在潭山、光福、吴宅及通安桥等地,与已知矿产地关系密切。

预测成果:区内的铅锌多金属及硫铁矿的成矿条件较好,物化探异常反映明显,区域内特别是已知矿床的深部及外围仍有较好的找矿潜力。本综合预测区的预测成果见表 7-23。

表 7-23　苏州西部潭山-吴宅-通安桥综合预测区预测成果表

综合预测区名称	隶属成矿亚带	面积(km^2)	预测矿种	矿产预测类型	最小预测区个数	预测资源量[铅锌银：t；铁、硫铁矿矿石量：$\times10^3$t；萤石(CaF_2)：$\times10^3$t]		
						500m 以浅	1000m 以浅	2000m 以浅
苏州西部潭山-吴宅-通安桥综合预测区	Ⅲ-69-③宣州-苏州成矿亚带	141	铁	谈家桥式矽卡岩型铁矿	3 个(C 类 3 个)	759.3	1067.8	1067.8
			萤石	俞石泉式热液充填型萤石矿	3 个(B 类 2 个,C 类 1 个)	160.05	297.35	297.35
			硫铁矿	铜陵式矽卡岩型硫铁矿	8 个(A 类 1 个,C 类 7 个)	10 513.84	11 547.33	11 547.33
			铅	吴宅式层控矽卡岩型铅锌银矿	7 个(A 类 3 个,C 类 4 个)	88 144.42	110 963.49	110 963.49
			锌			127 392.34	166 853.75	166 853.75
			银			291.22	372.91	372.91

6. 苏州西部谈家桥-俞石泉-陈家沟-灵岩山综合预测区

地质矿产特征：本综合预测区位于宣州-苏州成矿亚带苏州西部地区。预测区位于木渎向斜核部，向斜核部断裂构造为区内控岩构造，制约本区燕山期花岗岩的侵入和产出；区内地层主要为志留系—三叠系，其中石炭纪—三叠纪的碳酸盐岩为区内主要赋矿围岩；推覆构造、赋矿围岩与花岗岩的接触带是区内主要控(容)矿构造。目前区内已发现的矿产地主要为矽卡岩型铁(锌、硫)矿，有谈家桥小型锌铁矿、旺米山、唐家墩小型铁矿以及陈家沟、范家桥等多处铁矿点，铁矿体主要赋存在燕山期花岗岩体与石炭纪—三叠纪(以二叠系的栖霞组、长兴组及三叠系的青龙组为主)的碳酸盐岩建造接触带中，其接触带与断层、破碎带的交接部位以及岩体凹部是成矿最为有利地段；区内萤石矿床仅有位于谈家桥附近的俞石泉热液充填型萤石矿(中型)1 处，矿体主要产于二叠系堰桥组砂页岩与长兴组大理岩之间的北东向逆掩断层内或花岗岩与长兴组大理岩接触带附近及大理岩内构造裂隙中。

综合信息：区内区域磁异常呈环状特征，主要与苏州花岗岩体有关，而局部磁异常主要为铁矿体的反映；区内 1：20 万 F 元素异常呈北西向舌状展布，内、中、外带分带清晰，异常范围大，仅对萤石成矿区有一个整体的反映，对具体找矿无实际指示意义，而 CaO 异常呈北东向近椭圆状分布在木渎镇附近，与已知矿床点没有对应关系。

预测成果：区内铁矿及萤石矿的成矿条件较好，根据现有勘查资料，本区矽卡岩型铁矿石为锌铁矿石，并共伴生大量硫铁矿；磁异常反映较明显。预测成果显示，本区具有一定的铁硫矿和萤石矿找矿潜力。本综合预测区预测成果见表 7-24。

表 7-24　苏州西部谈家桥-俞石泉-陈家沟-灵岩山综合预测区预测成果表

综合预测区名称	隶属成矿亚带	面积(km^2)	预测矿种	矿产预测类型	最小预测区个数	预测资源量[铁、硫铁矿矿石量$\times10^3$t；萤石(CaF_2)：$\times10^3$t]		
						500m 以浅	1000m 以浅	2000m 以浅
苏州西部谈家桥-俞石泉-陈家沟-灵岩山综合预测区	Ⅲ-69-③宣州-苏州成矿亚带	81	铁	谈家桥式矽卡岩型铁矿	7 个(A 类 3 个,B 类 1 个,C 类 3 个)	29 781.7	46 517.4	46 517.4
			萤石	俞石泉式热液充填型萤石矿	3 个(A 类 1 个,C 类 2 个)	383.16	998.94	998.94
			硫铁矿	铜陵式矽卡岩型硫铁矿	A 类 1 个	2311.57	5783.02	5783.02

第六节 综合预测区勘查部署建议

Ⅲ-69-③宣城-苏州成矿亚带(省内部分)主要包括宜溧成矿远景区、苏州西部成矿远景区及南通成矿远景区,区内铁、铅锌银多金属、铜、金、硫铁矿及萤石等矿种的矿产地较多,主要为中小型矿床及矿点。本次根据单矿种预测成果综合圈定的综合预测区有6个,其中宜溧地区3个,苏州西部地区2个,南通地区1个。由于苏州西部地区已划为国家级工业园区,仅允许在少数老矿山深部进行找矿;南通地区由于第四系的深覆盖及水文地质条件原因,近期也不宜设立综合勘查区;而宜溧地区尽管目前没有发现小型及以上规模的矿产地,但有多处铁、铜、金多金属矿(化)点,成矿条件相对较好,且该区域内工作程度较低,有多处物化探异常,在已知矿(化)点深部及外围及其他成矿条件较好地区均具有找矿远景。因此建议将宜溧地区整体作为铁铜金多金属矿远景调查区进行部署,并将其区内成矿条件较好或矿(床)点较为集中的3个综合预测区作为综合普查区进行部署。具体部署建议如下。

1. 江苏宜溧地区铁铜金多金属矿远景调查

本区位于苏南南部,苏、浙、皖三省交界处的宜兴—溧阳地区,区内地质矿产条件较好。其西为戴埠-社渚火山岩盆地,东为中生代隆起区。预测区内地层自奥陶系仑山组至第四系均有分布,有利成矿围岩主要为碳酸盐岩建造,推覆构造以及北北东向—北东向、北西向、东西向等断裂发育,燕山期岩浆侵入-喷发活动强烈。区内磁异常及Cu、Pb、Zn、Mo等化探元素异常分布广泛。区内已有多处铁、铜、金多金属矿(化)点,已知的内生金属矿成矿带大多分布在推覆构造及其附近,如中巷-土包山(铁、铜、金)、大贤岭-吉多岕(金、铁、多金属)、梅岭-松岭(铁、多金属)、缠岭-纸坊(铅、锌、银、锰)等。矿床类型以矽卡岩型及热液型为主,少量属火山-次火山热液型铁铜矿(化)点。在本次潜力评价工作中,区内铁、铜、金、铅锌等矿种圈定的最小预测区总计有60个,但由于区内整体工作程度较低,预测资源量不是很大,为进一步查明区内资源潜力,可在本地区部署矿产远景调查工作。

主攻矿床类型:矽卡岩型(热液型)铁、铜、金多金属矿,铁帽型金矿。

工作部署建议:1∶1万～1∶2.5万地磁、1∶1万～1∶2.5万激电、1∶1万土壤化探、钻探。

预期成果:可供进一步勘查的找矿靶区5～8处。

2. 宜溧土包山-金山-兔子山综合普查区

该区位于溧阳火山岩盆地的北西侧及其边缘隆起区,区内断裂构造发育,成矿地质条件较好,物化探异常信息较为明显,目前已发现土包山等多处铁、铜、金矿(床)点,以矽卡岩型或热液型为主,在中巷地区还存在着火山热液(接触交代)型铁铜矿点,其中矽卡岩型或热液型矿(床)点主要分布于石炭纪—三叠纪的碳酸盐岩建造与燕山晚期的中酸性侵入岩接触带中,而中巷地区的火山热液(接触交代)型铁铜矿点则与大王山组底部的凝灰质泥岩、粉砂质页岩建造及侏罗纪的次火山岩体成矿关系密切。

主攻矿床类型:接触交代型铁铜金多金属矿床。

工作部署建议:1∶1万土壤化探、1∶2000～1∶1万地磁测量、1∶2000～1∶1万高精度磁测剖面、1∶2000～1∶1万高精度重力剖面、1∶1万激电中梯(或复电阻率)剖面、钻探。

预期成果:小型铁铜多金属矿床2～3处。

3. 宜溧烟山-大贤岭-小贤岭-小梅岭综合普查区

该区位于溧阳火山岩盆地的东侧及南部地区,呈一弧形分布,区内断裂构造发育,地质矿产条件较好,物化探异常信息较为明显,目前已发现大贤岭铁金矿点、吉多岕金矿点等多处铁、铜、金矿(床)点,以矽卡岩型或热液型为主。

主攻矿床类型：矽卡岩型（热液型）铜金多金属矿床、铁帽型金矿。

工作部署建议：1∶1万土壤化探、1∶2000～1∶1万地磁测量、1∶2000～1∶1万高精度磁测剖面、1∶2000～1∶1万高精度重力剖面、1∶1万激电中梯（或复电阻率）剖面、钻探。

预期成果：小型金、铜矿床2～3处。

4. 宜溧省庄-茶亭-耙子山-南山综合普查区

该区主要位于宜兴地区，区内成矿地质条件较好，断裂构造发育，推覆构造及构造破碎带为主要控岩、控矿构造，物化探异常信息较为明显，目前已发现省庄对门山铅锌矿点、宜兴林场多金属矿点等数处铜、金、铅锌多金属矿（床）点，以矽卡岩型或热液型为主。该区工作程度较低，本次潜力评价共圈出铜、金多金属矿最小预测区23个，具有较好的找矿潜力。

主攻矿床类型：矽卡岩型（热液型）铁铜多金属矿床、铁帽型金矿。

工作部署建议：1∶1万土壤化探、1∶2000～1∶1万高精度磁测剖面、1∶1万激电中梯（或复电阻率）剖面、钻探。

预期成果：小型铜金多金属矿床3～5处。

第八章　Ⅲ-71-⑤天目山-金山成矿亚带重要矿种预测成果

第一节　区域地质背景

该成矿亚带是武功山-杭州湾铜、铅、锌、银、金、钨、锡、铌、钽、锰、海泡石、萤石、硅灰石成矿带的一部分，本次预测工作区域上包括湖苏断裂(苏昆断裂)以东的省内部分地区和上海地区(图 8-1)。大地构造单元属扬子陆块区-下扬子陆块-下扬子被动陆缘。本区基岩地层由前震旦系、震旦系、寒武系、奥陶系、侏罗系、白垩系、古近系组成。断裂构造发育，断陷盆地及断块隆起较多，岩浆活动频繁。本成矿亚带内仅划分出 1 个Ⅴ级成矿远景区，即金山 Cu 多金属成矿远景区。区域内沉积建造组合特征、岩浆岩建造组合特征及构造特征分述如下。

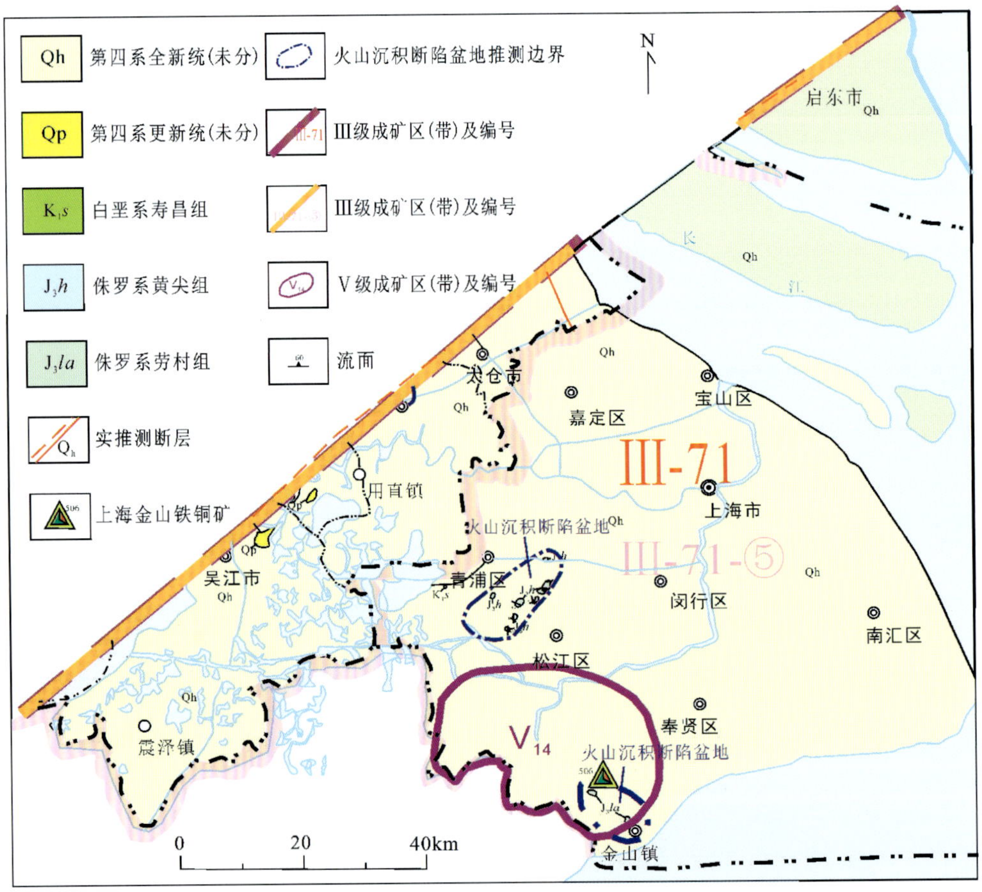

图 8-1　天目山-金山成矿亚带建造构造矿产示意图

一、沉积建造组合特征

区内所见基岩地层主要有中元古界金山岩群、震旦系黄墟组、寒武系荷塘组、超峰组(以白云岩为主)、奥陶系长坞组(以灰岩、泥岩为主)、侏罗系、白垩系、古近系,除局部有侏罗系少量出露外,均为第四系覆盖。中元古界金山岩群是区内古老的结晶基底,也是区内铜矿主要成矿围岩,分布于金山预测区中部隆起区,为一套大理岩-云母石英片岩-斜长角闪岩-斜长片麻岩建造,岩性主要有大理岩、云母片岩、斜长角闪岩及斜长角闪片麻岩、云母石英片岩等,岩层厚度大于240m;震旦系黄墟组主要分布于预测区中东部的局部隆起区,岩性为粉晶白云岩、含锰白云岩夹泥岩等,为一套白云岩夹泥岩建造,地层厚度大于555m;寒武系荷塘组岩性有灰黑色含碳硅质岩、硅质页岩,为一套硅质页岩-硅质岩建造,地层厚度大于444m;超峰组岩性主要有灰白色厚层、块状白云岩等,为一套白云岩沉积建造,建造厚度大于134m;奥陶系长坞组岩性主要为棕黄色薄层泥岩、青灰色粉砂质泥岩、泥质粉砂岩、粉细砂岩等,为一套泥岩-粉砂质泥岩-泥质粉砂岩-粉砂岩建造,建造厚度大于906m;侏罗系分布于中生代坳陷中,主要为陆相火山岩-火山碎屑沉积-陆相碎屑沉积岩建造,地层累计厚度近4000m;白垩系亦分布于中生代坳陷中,主要为陆相火山岩-火山碎屑沉积-陆相碎屑沉积岩建造,地层厚度大于1440m;古近系仅局部分布于新生代坳陷中,主要为陆相砂泥质碎屑沉积建造。

二、岩浆岩建造组合特征

区内岩浆岩建造主要为燕山晚期岩浆侵入喷发活动的产物。侵入岩多呈小岩株状产出,以中—中酸性岩类侵入岩建造为主,与区内铜多金属矿成矿关系密切,岩性主要为闪长岩、花岗闪长岩、花岗岩等,局部有流纹斑岩等次火山岩的分布,多沿断裂构造带侵入,一般规模较小。火山岩建造主要有侏罗纪—白垩纪喷发沉积的火山岩地层,主要为流纹质凝灰岩-熔结凝灰岩建造夹火山碎屑沉积岩建造、流纹斑岩-流纹质熔结凝灰岩-英安流纹质熔结凝灰岩建造夹火山碎屑沉积岩建造、流纹斑岩-火山碎屑沉积岩建造,分布于中生代局部坳陷中。

三、构造特征

区内构造受北东向枫泾-川沙大断裂带控制,发育有一系列由基底或地台盖层组成的复式褶皱如金山-南汇复背斜、青浦-宝山复向斜等,轴向北东向。同时区内发育有许多东西向、北东向、北西向、近南北向次级断裂构造,其中基底构造以近东西向为主,盖层中断裂则以北东向、北西向断裂为主。

第二节　区域矿产特征

该成矿亚带(江苏及上海境内)已知金属矿床只有上海市张堰中型铜矿床1处,伴生有银、金、钼、铁、锌、铅等,为区内典型矿床。其余皆为一些零星分布的铜铅锌铁矿化。

张堰铜矿床成矿与燕山晚期(119Ma)中酸性岩浆侵入活动关系密切,矿体赋存于花岗闪长岩体与中元古界金山岩群碳酸盐岩接触带矽卡岩或接触带附近岩体中,属与燕山晚期中酸性岩浆侵入活动有关的接触交代矽卡岩型铜矿床。矿体呈似层状、透镜状产出。矿石矿物有黄铜矿、蓝辉铜矿、辉铜矿、斑铜矿、自然银、辉银矿、银金矿、闪锌矿、黄铁矿、磁铁矿、镜铁矿、辉钼矿。矿石自然类型主要有含铜(银、锌)矽卡岩、含铜磁铁矿及含铜闪长岩3种。矿床平均品位:Cu 1.3%、Ag 25.99×10^{-6}、Zn 0.51%。围岩蚀变主要有角岩化、大理岩化、矽卡岩化、钾长石化、碳酸盐化、蛇纹石化、硅化。

本次潜力评价工作主要对该区铜矿进行评价和预测,划分出一个矿产预测类型:金山式矽卡岩型铜矿。选取金山张堰铜矿床作为典型矿床,进行成矿规律研究,成矿亚带内划分出一个预测工作区-上海金山预测工作区。

预测工作区分布范围详见表8-1。

表8-1　上海市天目山-金山成矿亚带铜矿矿产预测类型及预测工作区一览表

预测类型	预测工作区名称	面积(km^2)	预测矿种	预测方法类型	典型矿床	成矿时代	分布范围
金山式矽卡岩型铜矿	上海金山预测工作区	794	铜(铁、金、锌)	侵入岩体型	张堰铜铁矿	白垩纪(119Ma)	上海金山地区

第三节　区域地球物理、遥感特征及推断解释

一、航磁特征及解译推断

天目山-金山成矿亚带即苏南复杂异常区和上海地区,航磁异常总体表现为走向北东"高—低—高"的特征,如图8-2所示,在上海市南、北两个地区集中分布航磁相对高值异常区带,中部华漕镇-高桥镇航磁为相对低值异常带,南部地区大致分布在松江区、南汇区、金山镇范围,北部地区分布在宝山区、港沿镇及崇明县范围,局部异常比较凌乱,主体走向北东的条带状或串珠状分布,强度在200～400nT不等,推断航磁局部异常主要与中酸性侵入岩体有关,其中金山镇航磁异常周围划分为金山Ⅴ级成矿区带。

上海金山预测工作区处于苏南复杂异常区东南部,根据1∶10万航磁异常强度、特征及展布规律,预测工作区北西是嘉善-天马山异常带西南部新浜正磁场,中部为金山平静负异常,东南是张堰-灶前礁磁场区张堰杂乱异常。

新浜正异常呈北东走向,区域背景场值一般在50nT左右,其上叠加了不规则的次级异常,航磁强度$\Delta T>140$nT,区域地质资料结果认为高的磁场背景与前震旦纪变质岩有关,局部不规则异常由侏罗纪火山岩引起。金山平静负异常为北东走向,航磁强度$\Delta T<-200$nT,航磁异常相对规则,区域地质资料显示该区为金山相对凹陷区。张堰杂乱异常总体比较凌乱,走向北东,多个峰值,航磁强度ΔT一般在150nT左右,其中较大的局部异常相对规则,呈椭圆状,航磁强度$\Delta T>240$nT,区域地质资料结果认为该异常由中酸性侵入岩体综合引起,杂乱异常与火山岩地层有关。

铜、铁等矿产与燕山期花岗闪长岩侵入活动关系密切,如金山县张堰铜矿,因伴生磁铁矿物,磁场上表现为花岗闪长岩等中酸性侵入岩体引起宽缓的航磁异常上叠加的突起磁异常,在大比例尺(1∶1万)地磁图上表现为局部地磁异常,因此在成矿有利地段航磁异常的局部突起或局部地磁异常可作为寻找磁性矿产的直接找矿标志,同时也是寻找铜多金属矿产的间接找矿标志。

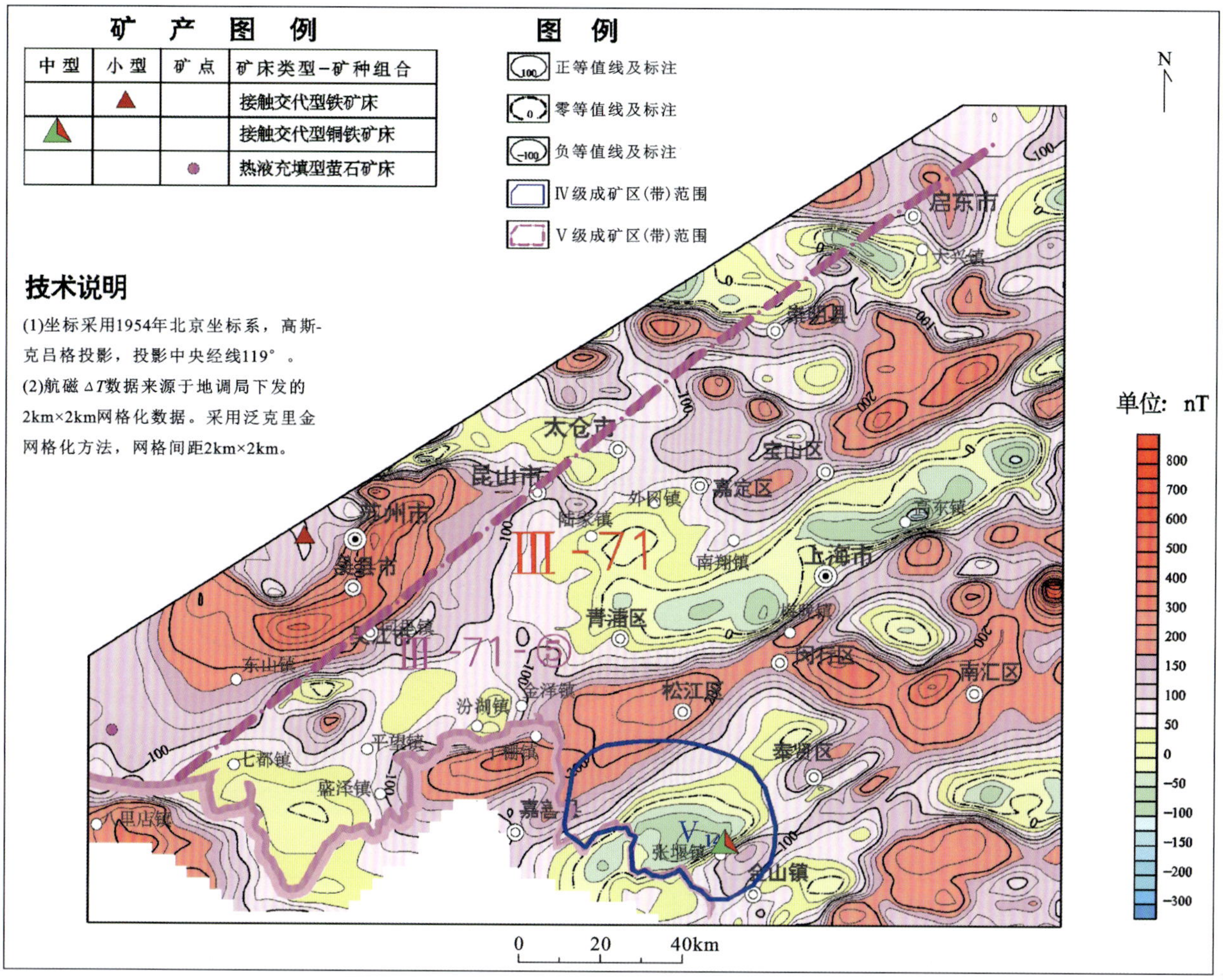

图 8-2　天目山-金山成矿亚带航磁 ΔT 等值线平面图

二、重力特征及解译推断

1. 重力特征

天目山-金山成矿亚带位于江苏省的东南部，范围小，东部为南通重力高异常的南延部分(图 8-3)，以片状升高异常为主，局部异常形态各异，轴向凌乱，最高异常等值线圈可达 20；西部由东西向角直重力低、震泽重力低和松江重力低组成重力低带，最小异常等值线圈－12。

2. 解译推断成果

重力推断内容包括构造单元、断裂构造、岩体、盆地和地层(图 8-4)，推断Ⅳ级构造单元 2 个，分别是南通断块(Ⅳ8)和常州-苏州断块(Ⅳ9)；推断区域性断裂构造 2 条，均为北东向展布；推断中酸性岩体 1 个，规模中等，椭圆状，轴向北西；推断盆地 3 处，均为东西向长条状；推断白垩系、侏罗系、古生界、前震旦系等地层 20 处，规模小，轴向、形态各异。上述推断地质体均与本次预测矿种无成因联系。

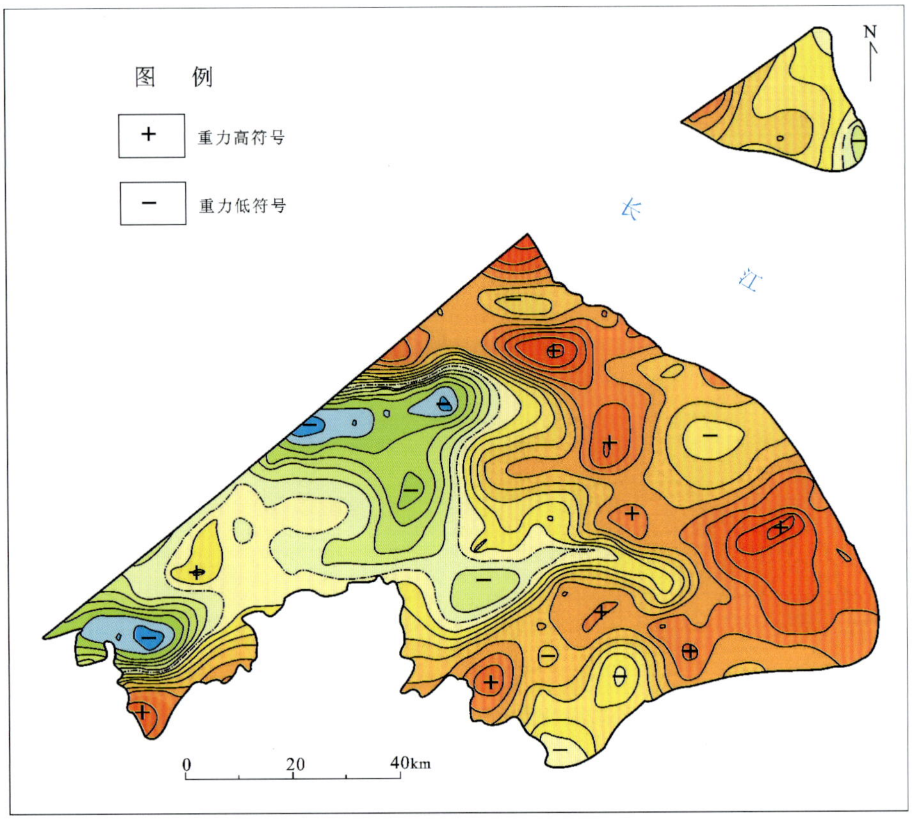

图 8-3　天目山-金山成矿亚带布格重力异常图

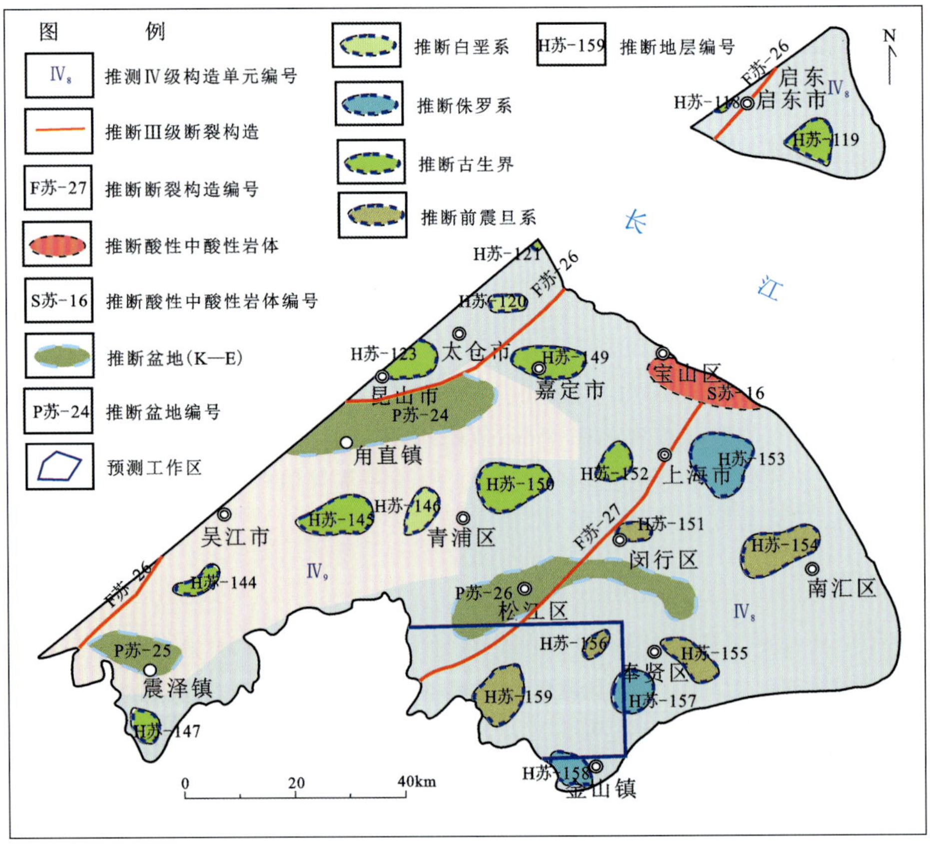

图 8-4　天目山-金山成矿亚带推断地质构造图

三、区域遥感特征及推断解释

1. 遥感地质构造特征

区内构造受北东向枫泾-川沙大断裂带控制，发育有一系列复式褶皱如金山-南汇复背斜、青浦-宝山复向斜等。同时区内发育有许多东西向、北东向、北西向、近南北向次级断裂构造，其中基底构造以近东西向为主，盖层中断裂则以北东向、北西向断裂为主(图 8-5)。

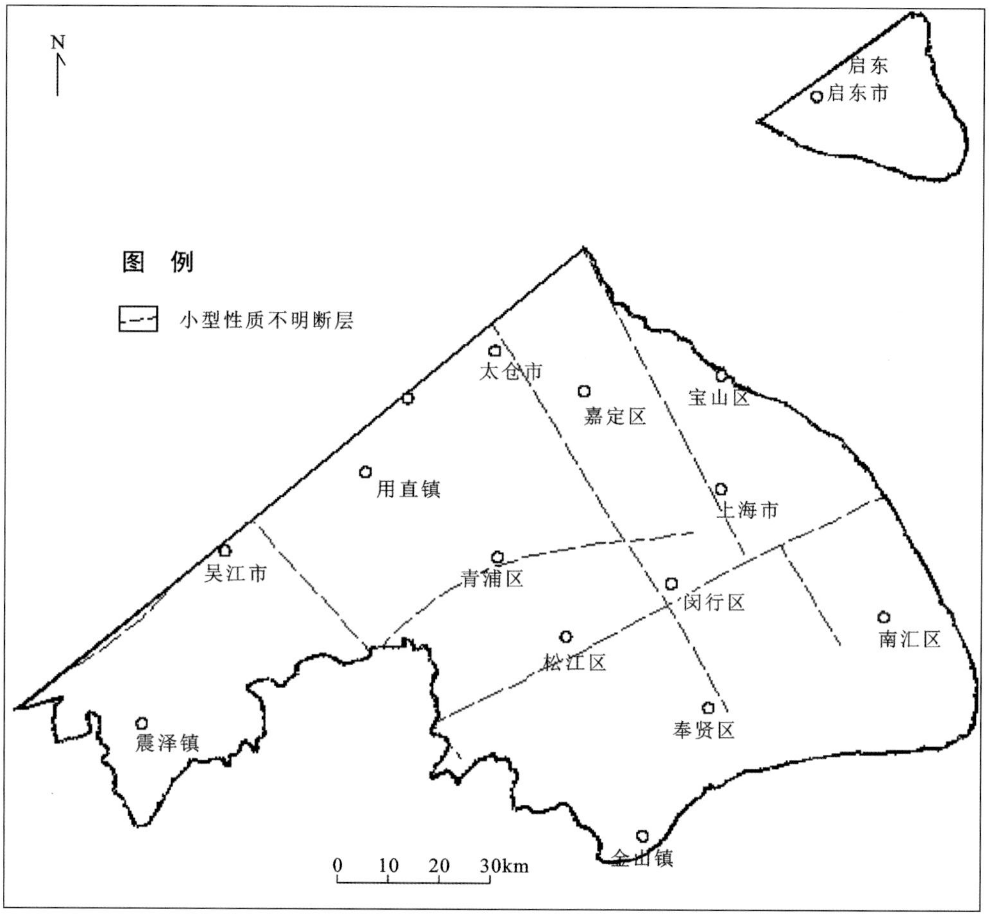

图 8-5　天目山-金山成矿亚带构造遥感解译图

2. 构造与矿产的关系

大地构造位置属下扬子陆块下扬子被动陆缘吴江断块，金山-南汇隆褶断束南缘。张堰-南汇断裂具明显的控岩、控矿作用。矿区内未见基岩出露，钻孔揭露的深部地层主要为中元古界金山岩群、上侏罗统劳村组和黄尖组。岩浆岩为张堰花岗闪长岩体，沿张堰-南汇断裂带侵入，呈岩株状产出。同位素测年结果为 119Ma，属燕山晚期的产物。断裂构造以近东西向展布的纵向逆断层为主，断面南倾，倾角约 50°～70°，与金山岩群走向大致相同。矿体赋存于花岗闪长岩体与金山岩群碳酸盐岩接触带矽卡岩中或接触带附近岩体中。

3. 遥感异常特征

本成矿区带第四系覆盖程度较高，遥感可解释程度低。铁染异常大多呈无规则的点状集中面积性分布，与区内已知矿床无明显对应关系。该区异常属假异常(图 8-6)。

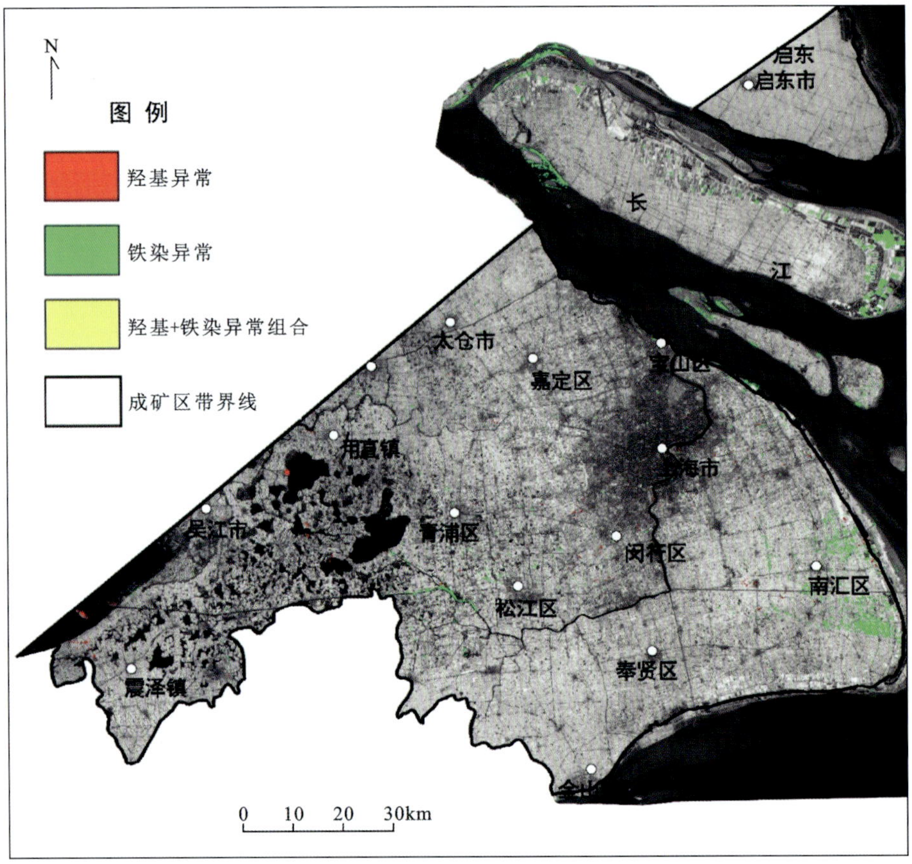

图 8-6　天目山-金山成矿亚带遥感异常特征图

第四节　重要矿种预测评价模型

本成矿亚带内仅有上海金山一个预测工作区，主要矿产预测类型为金山式矽卡岩型铜矿，该类型铜矿中伴生有一定规模的铁、金、锌等。预测评价模型包括典型矿床预测模型和预测工作区区域预测模型。

1. 典型矿床预测模型

区内金山式矽卡岩型铜矿典型矿床为张堰铜矿床，成矿与燕山晚期侵入花岗闪长岩关系密切，矿体赋存于花岗闪长岩体与中元古界金山岩群碳酸盐岩接触带矽卡岩中或接触带附近岩体中。因伴生磁铁矿，往往在成矿有利地段引起航磁异常的局部突起或局部地磁异常。

综合该典型矿床成矿地质条件及物探异常信息，总结的典型矿床预测要素见表 8-2。

张堰铜矿典型矿床预测模型图是以全面表达矿体产出形态、赋存部位以及控矿断裂的矿区勘探剖面作为底图，叠加物探重力、磁法相关异常曲线，表示预测要素内容及其相关关系和空间变化特征，建立找矿预测模型(图 8-7)。

表 8-2　上海市金山张堰矽卡岩型铜矿预测要素表

预测要素		描述内容	预测要素分类
特征描述		与燕山晚期中酸性岩浆侵入活动有关的矽卡岩型铜矿床	
地质环境	成矿区带	Ⅲ-71-⑤天目山-金山铜、铅、锌、银、金、钨、锡、铌、钽、铁、萤石成矿亚带	必要
	赋矿地层	中元古界金山岩群	必要
	岩石类型	燕山晚期花岗闪长岩	必要
	岩石结构	花岗结构、似斑状结构，块状构造	次要
	成矿时代	燕山晚期(119Ma)	重要
	成矿环境	矿体赋存于花岗闪长岩体与金山岩群碳酸盐岩地层接触带矽卡岩中及接触带附近岩体中	必要
	构造背景	金山-南汇断隆南缘的张堰-南汇断裂带	重要
矿床特征	矿物组合	矿石矿物为黄铜矿、蓝辉铜矿、辉铜矿、斑铜矿、自然银、辉银矿、银金矿、闪锌矿、黄铁矿、磁铁矿、镜铁矿、辉钼矿；脉石矿物为钙铁榴石、透辉石、透闪石及方解石、绿泥石、蛇纹石、滑石、硅镁石	重要
	结构	自形—半自形晶粒结构、填隙结构、交代残骸结构、固溶体分离乳滴状结构、包含花瓣状雏晶结构、环边结构	次要
	构造	块状构造、浸染状构造、脉状构造、稠密浸染状构造	次要
	蚀变	角岩化、大理岩化、矽卡岩化、钾长石化、碳酸盐化、蛇纹石化、硅化	重要
	控矿条件	张堰-南汇断裂具明显的控岩、控矿作用；张堰花岗闪长岩与矿床的空间及成因关系密切，矿床产于花岗闪长岩体与金山岩群接触带矽卡岩中及接触带附近岩体中；金山岩群上、下角岩对矿液起着良好的屏蔽作用，从而使其上、下的矽卡岩层成为矿液停贮场所	必要
物化探异常特征	重力异常	矿床处于北西向重力梯级带上，重力场值由南西向北东递增。未出现局部重力异常	次要
	磁异常	百家村磁异常为东西方向略微拉长的近等轴状磁异常，异常形态规则，北侧梯度较陡，南侧较缓，最大值为 740nT，矿床位于百家村磁异常北侧向北凸起的弧形梯度带上。异常为接触带矽卡岩中磁铁矿及岩体的综合反映	重要

2. 区域预测模型

区内金属矿产以铜、铅锌、铁、金为主，成矿期为燕山晚期。成矿作用与燕山晚期(119Ma)中酸性岩浆侵入活动有关，岩性主要为花岗闪长岩，另有石英闪长玢岩、煌斑岩、二长花岗岩、花岗斑岩等，多呈小岩株、岩脉沿断裂构造带产出，其中花岗闪长岩与金属矿产成矿关系密切。基底构造以近东西向为主，盖层中断裂则以北东向、北西向断裂为主。金山-南汇隆褶断束内的张堰-南汇断裂带为区内主要控岩控矿断裂构造。中元古界金山岩群角岩、白云质大理岩及矽卡岩为本区主要成矿围岩。矿床成因类型以矽卡岩型为主，矿体赋存于花岗闪长岩体与金山岩群接触带矽卡岩中及接触带附近岩体中。

由于区内铜多金属矿有磁铁矿共伴生，在成矿有利地段可引起航磁异常的局部突起或局部地磁异常，可作为该区铜多金属矿产的间接找矿标志。

金山式矽卡岩型铜矿区域预测模型见表 8-3 及图 8-8。

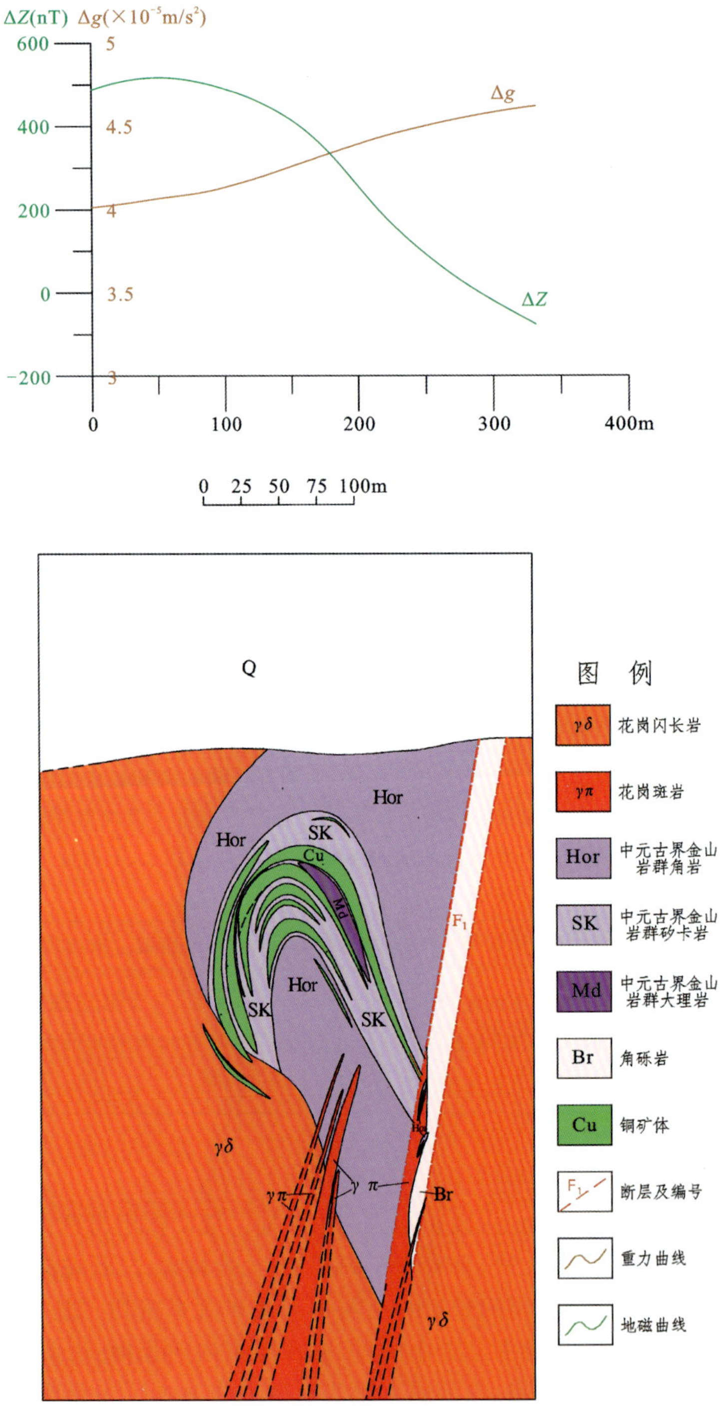

图 8-7 金山张堰矽卡岩型铜矿典型矿床预测模型图

表 8-3　金山预测工作区金山式矽卡岩型铜矿区域预测要素表

区域预测要素		描述内容	预测要素分类
区域成矿地质环境	大地构造位置	下扬子被动陆缘吴江断块张堰-南汇断隆	重要
	主要控矿构造	张堰-南汇断裂带是主要控矿构造	重要
	主要赋矿地层	中元古界金山岩群白云质大理岩及矽卡岩为主要成矿围岩	必要
	控矿岩浆岩	白垩纪中酸性岩浆岩——花岗闪长岩，花岗岩与成矿关系密切	必要
	成矿时代	燕山晚期	重要
	成矿环境	矿体赋存于花岗闪长岩体与金山岩群接触带矽卡岩中及接触带附近岩体中	必要
区域成矿地质特征	区域成矿类型和成矿期	区域成矿类型为矽卡岩型铜矿床，成矿期为燕山晚期	重要
	金山式矽卡岩型铜矿主要成矿要素	矿体赋存于花岗闪长岩体与中元古界金山岩群接触带矽卡岩中及接触带附近岩体中	必要
		主要蚀变有角岩化、大理岩化、矽卡岩化、钾长石化、碳酸盐化、蛇纹石化、硅化	重要
		矿石矿物主要为黄铜矿、蓝辉铜矿、辉铜矿、斑铜矿、自然银、辉银矿、银金矿、闪锌矿、黄铁矿、磁铁矿、镜铁矿、辉钼矿	次要
物探异常特征	磁异常	预测工作区处于苏南复杂异常区东南部，磁场强度、异常特征及展布不规律。航磁异常的局部突起或局部地磁异常可能为中酸性侵入岩体和磁性矿体的综合反映	重要
	重力异常	重力异常等值线以北东向展布为主，呈北西、东南两侧低，中间高的重力异常特征，由北西向东南分别为松江重力低、金山重力高和金山卫重力低	次要

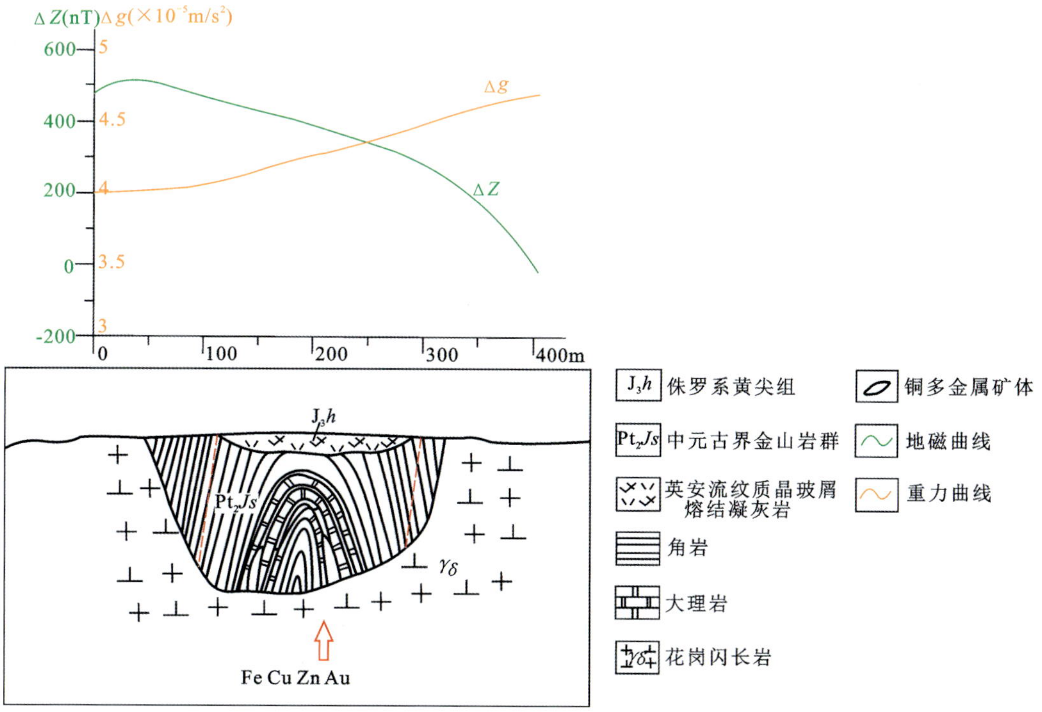

图 8-8　上海市金山金山式矽卡岩型铜多金属矿区域预测模型图

第五节　综合预测区特征

天目山-金山成矿区带主要矿产预测类型为金山式矽卡岩型铜矿，主要分布于上海金山预测工作区。中元古界系金山岩群角岩、白云质大理岩及矽卡岩为主要成矿围岩。矿床类型为矽卡岩型。单矿种预测圈定的4个最小预测区成矿地质条件相近，经综合研究，归并为张堰铜多金属综合预测区，预测区级别为B级，区内预测资源量(不含已查明)为：铜矿123 262.71t、铁矿53.62×10^4t、锌矿46 792.12t、金矿373.61kg。天目山-金山成矿亚带预测成果统计见表8-4。

表8-4　天目山-金山成矿亚带预测成果表

成矿亚带	矿种	矿产预测类型	最小预测区个数	预测资源量(Cu、Zn：t；Au：kg；Fe矿石量：×10^3t)	主要分布区域
Ⅲ-71-⑤天目山-金山成矿亚带	铜(铁、金、锌)	金山式矽卡岩型铜矿	4个(A类1个，C类3个)	铜：126 262.71； 金：373.61； 铁：536.2； 锌：46 792.12	上海金山预测工作区

上海张堰铜多金属矿综合预测区

地质矿产特征：区内分布基岩地层主要有中元古界金山岩群、震旦系黄墟组、寒武系荷塘组、超峰组(以白云岩为主)、奥陶系长坞组(以灰岩、泥岩为主)、侏罗系、白垩系、古近系，除局部有侏罗系少量出露外，均为第四系覆盖。其中中元古界金山岩群碳酸盐岩是区内铜多金属矿成矿有利围岩，分布于金山预测区中部隆起区。区内岩浆岩主要为燕山晚期岩浆侵入喷发活动的产物。侵入岩多呈小岩株状产出，以中—中酸性岩类侵入岩建造为主，与区内铜多金属矿成矿关系密切，岩性主要为闪长岩、花岗闪长岩、花岗岩等。区内构造受北东向枫泾-川沙大断裂带控制，发育有一系列由基底或地台盖层组成的复式褶皱如金山-南汇复背斜、青浦-宝山复向斜等，轴向北东向。断裂构造发育，主要为东西向、北东向、北西向、近南北向等断裂构造，基底构造以近东西向为主，盖层中断裂则以北东向、北西向断裂为主。其中发育在金山-南汇断隆内的张堰-南汇断裂带，呈北东向展布，为区域重要的控岩、控矿断裂。

区内已发现张堰中型铜矿床1处，已查明资源量为铜矿121 914.44t、共伴生铁矿石53.04×10^4t、锌46 285.12t、金369.58kg、银233.70t。矿体赋存于燕山晚期花岗闪长岩体与中元古界金山岩群碳酸盐岩接触带矽卡岩中或接触带附近岩体中，矿床类型为矽卡岩型。

综合信息：本区带内磁异常较复杂，磁场强度、异常特征及展布规律性较差，金山预测区北西是嘉善-天马山异常带西南部新浜正磁场，中部为金山平静负磁场，东南是张堰-灶前礁磁场区张卉杂乱异常。根据所圈定磁异常范围，张堰铜矿床与异常套合情况较好，矿床位于百家村磁异常北侧向北凸起的弧形梯度带上，百家村磁异常为东西方向略微拉长的近等轴状磁异常，异常形态规则，北侧梯度较陡，南侧较缓，最大值为740nT，中心位于矿区中部偏西。重力异常等值线以北东向展布为主，呈北西、南东两侧低，中间高的重力异常特征，由北西向东南分别为松江重力低、金山重力高和金山卫重力低，典型矿床分布在北西向重力梯级带上，重力场值由南西向北东递减，平均每米上升0.16×10^{-5}m/s^2，矿床内重力等值线大体呈平行展布，东部较西部密集，东部、东南部由于受东城隍庙矿段中磁铁矿体的影响，等值线急剧向南拐曲。

航磁、地磁异常往往是地下隐伏岩体与含磁性矿物多金属矿体的综合反映；重力梯度带，在区内则可能是基岩上隆的表征。

预测成果：综上所述，综合预测区内具备铜多金属矿的有利成矿条件，重磁异常较为明显，尤其是断裂带附近、中元古界金山岩群与中酸性岩体接触带，是寻找矽卡岩型铜多金属矿的有利地区。

本综合预测区的预测成果统计见表8-5。

表8-5　天目山-金山成矿亚带综合预测区预测成果表

综合预测区名称	隶属成矿亚带	面积(km^2)	预测矿种	矿产预测类型	最小预测区个数	预测资源量(铜、锌：t；金：kg；铁矿石量：$\times10^3$t)		
						500m以浅	1000m以浅	2000m以浅
张堰铜多金属矿综合预测区	Ⅲ-71-⑤天目山-金山成矿亚带	195.71	铜(铁、金、锌)	金山式矽卡岩型铜矿	4个(A类1个，C类3个)	铜：512 32.51； 金：155.29； 铁：222.9； 锌：19 448.52	铜：126 262.71； 金：373.61； 铁：536.2； 锌：46 792.12	铜：126 262.71； 金：373.61； 铁：536.2； 锌：46 792.12

第六节　综合预测区勘查部署建议

该成矿亚带内仅划分了上海金山地区1个预测工作区，区内圈定了1个铜多金属矿综合预测区。主要对铜矿进行了成矿规律研究和资源潜力预测评价，同时对伴生的金、铁、锌等矿种进行了定量预测，预测铜多金属矿资源规模可达中型。根据区域地质成矿条件、地质矿产工作研究程度，张堰铜矿深部及外围仍有望发现新的矿体。

上海市作为我国特大型城市，经济高度发达，人口密度大，随着经济的发展，对保护环境提出了更高的要求。目前上海地区的地质工作主要以水工环为主，不宜开展矿产勘查开发工作。故在该区不建议进行勘查部署。

第九章　煤炭预测成果

第一节　预测要求及预测方法概述

一、预测要求

本次煤炭资源潜力预测工作，主要依据《全国煤炭资源潜力预测评价技术要求》(以下简称《技术要求》)进行。以板块学说为理论基础，以活动论为指导思想，宏观与微观相结合，重新分析研究江苏省区域和煤田内的构造格架以及表现形式。从多期次、多旋回、改造、再改造的历史形迹的演变去认识煤盆地形成、沉积及煤系、煤层的变形规律。

在研究中，力求占有充足的第一手原始资料，逐一分析，综合研究，从而预测煤炭资源赋存的可能地区和块段。对于已知区，重新进行分析和评价，明确指出其前景，使本次预测既具有生产性，又具有科学性。

江苏煤田划分为华北型徐沛煤田和华南型苏南煤产地。针对南、北方煤田的不同特点，结合各矿区、煤产地的具体情况，要求如下：

徐沛区，于平面上圈出预测范围，深度上划分 600m 以浅、600～1000m、1000～1500m、1500～2000m 四个段距(以侵蚀基准面为零计算)。

苏南区，在平面上不仅需圈出预测范围，还要求求出含煤可采面积，预测深度不超过 1500m。

预测资源量按矿区、勘查区分深度分级别计算。预测煤类为预测区主采煤层的煤类。

二、预测潜在资源量估算方法

各矿区潜在资源量是在 1∶5 万矿区煤炭资源潜力评价图上计算的，《技术要求》推荐了两种资源量预测方法，即地质块段法和资源丰度法。本次预测均采用地质块段法对预测资源进行估算。

1. 计算方法

计算公式：$Q_k = SMd$

式中：Q_k——资源量($\times 10^4$t)；

S——块段面积($\times 10^4 m^2$)；

M——块段煤层平均厚度(m)；

d——煤视密度(t/m^3)。

各块段面积采用 MapGIS 软件圈定读出；块段煤层平均厚度主要采用邻近区煤厚资料，若在矿井深部的预测区，采用原地质报告参与计算储量煤层平均煤厚的累计厚度；视密度原则上采用浅部已知各煤层视密度的平均值，无视密度资料者，采用相邻区的视密度。苏南区煤层极不稳定，且预测区多分布在工作程度较低的空白区，视密度难以确定，因此，除个别预测区有煤岩所测试资料可采取该成果资料外，其他大部分预测区均采用苏南已知区视密度的平均值 1.40。

2. 资源量原始估算值的校正

若单纯以平均煤厚的累计厚度乘以面积和视密度，而不考虑煤层稳定性（如出现不可采区）和构造破坏等因素，势必会跨大预测资源量，故须采用校正系数 β 对原始估算量进行校正。校正公式为：$Q=\beta \cdot Q_k$。

校正系数 β：分预测区采用邻近已知井田或勘查区储量计算面乘以平均煤厚和视密度所获得的储量与原有储量相比较，该两数所得百分比即为"系数"，然后再确定平均系数。苏南各预测区多分布在工作程度较低的白区，周边资料太少，因此不采用较正系数。

第二节 全省煤炭资源预测成果

一、全省煤炭资源现状

截至 2009 年底，江苏省及上海市煤炭资源累计探获资源量 464 363×10^4t（徐沛 432 835×10^4t、苏南 31 528×10^4t），保有资源量 360 272×10^4t（徐沛 333 039×10^4t、苏南 27 233×10^4t），占累计探获资源量的 77.59%（图 9-1）。在保有资源量中，23 处生产矿井开采占用资源量 210 443×10^4t（徐沛），占保有资源量的 59%；1 处在建矿井占用资源量 219×10^4t（徐沛），占保有资源量的 0.06%；停采、闭坑、停建矿井 58 处，占用资源量 28 040×10^4t（徐沛 18 440×10^4t、苏南 9600×10^4t），占保有资源量的 7.79%；未利用各勘查阶段资源量 121 571×10^4t（徐沛 103 937×10^4t、苏南 17 634×10^4t），占保有资源量的 33.75%。在探获未利用资源量中：①已提交勘探地质报告的井田 5 个，面积 44.5km^2，资源储量 2582×10^4t，占2.13%；②已达详查程度的勘查区 12 个，面积 127.88km^2，资源量 69 662×10^4t，占 57.31%；③普查区 27 个，面积 454.17km^2，资源量 49 328×10^4t，占 40.58%。全省共计已探明未利用的评价单元（井田、勘探区）44 个，面积 626.55km^2，保有资源量 121 571×10^4t，可供今后开发和进一步勘探利用。详见表 9-1。

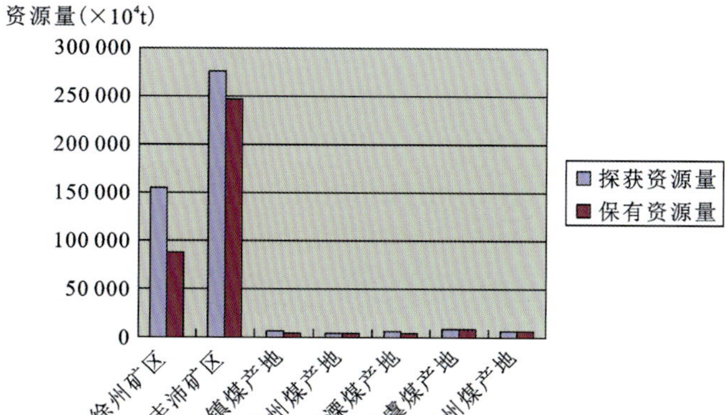

图 9-1 江苏省及上海市煤炭资源现状图

表 9-1　江苏省及上海市煤炭资源勘查开发表(单位：$\times10^4$ t)

矿区	探获资源量	保有资源量	已利用资源储量	尚未利用资源量			
				合计	勘探	详查	普查
徐州矿区	155 804	87 151	75 090	12 061		9907	2154
丰沛矿区	277 030	245 888	154 012	91 876		52 365	39 512
宁镇煤产地	5853	3544	2561	983	174		809
常州煤产地	4792	4305	2889	1416		834	582
宜溧煤产地	6092	4702	3938	764	550		214
锡澄虞煤产地	8083	8075	207	7868	1858	1483	4527
苏州煤产地	6708	6607	4	6603		5073	1530
全省合计	464 363	360 272	238 702	121 571	2582	69 662	49 328

二、预测成果统计

本次煤炭资源潜力预测工作，主要依据《技术要求》进行。全省煤炭资源主要分布于华北陆块南缘的徐沛地区和下扬子陆块的苏南地区，徐沛区分为徐州矿区和丰沛矿区，苏南区分为宁镇煤产地、常州煤产地、宜溧煤产地、锡澄虞煤产地和苏州煤产地，参见图 9-2。在比较全面地研究、认识本省煤田地质特征、控煤构造及聚煤规律的基础上，对上述 7 个主要矿区、煤产地的深部及外围的主要煤层资源量进行了预测。预测含煤总面积 1567 km^2，其中徐州矿区和丰沛矿区预测面积为 722 km^2，占总面积的 46%，苏南 5 个煤产地预测面积为 835 km^2，占总预测面积的 54%。全省预测潜在煤炭资源总量53.53$\times10^8$ t，其中徐沛煤田 38.60$\times10^8$ t，占预测总量的 72%；苏南区为 14.93$\times10^8$ t，占预测总量的 28%。

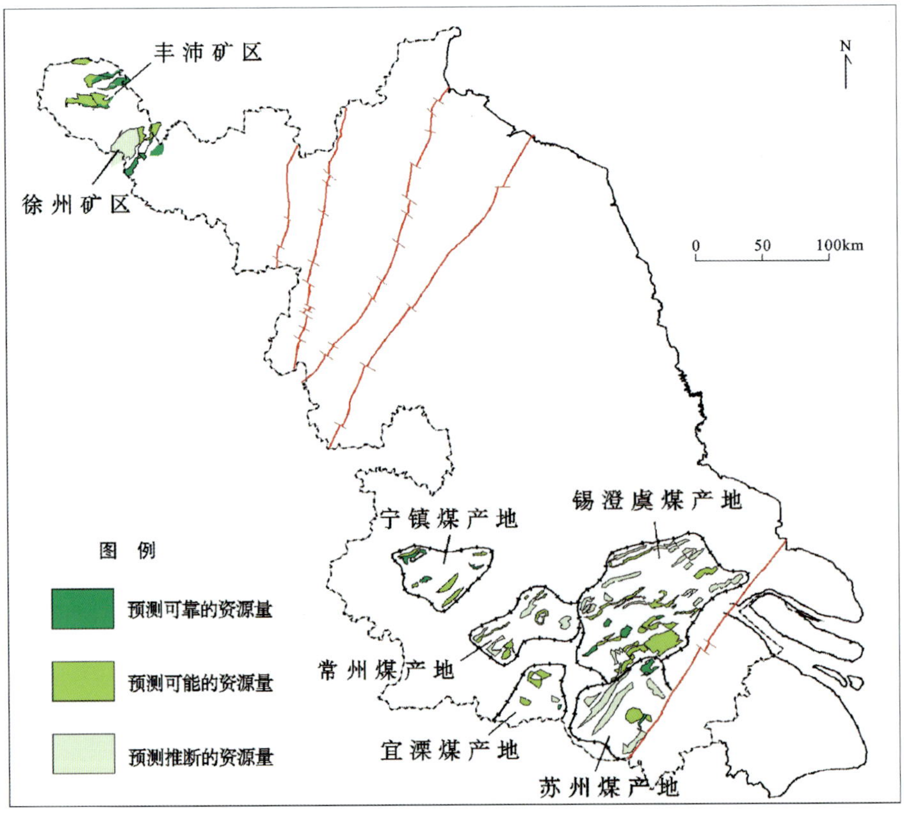

图 9-2　江苏省及上海市煤炭预测资源分布图

1. 全省煤炭资源预测块段(远景区)统计

全省参与预测的 7 个矿区或煤产地,共圈定预测块段 78 个。详见表 9-2。

表 9-2　全省煤炭预测块段(远景区)数量统计表

Ⅲ级成矿区带	矿区或煤产地	预测含煤面积(km²)	预测块段(远景区)数(个)
Ⅲ-64 鲁西(断隆、含淮北)金、铁、铝土矿、煤、金刚石成矿区	徐州矿区	342	7
	丰沛矿区	380	7
Ⅲ-69 长江中下游铜、金、铁、铅、锌(锶、钨、钼、锑)、硫、石膏成矿带	宁镇煤产地	114	8
	常州煤产地	155	9
	宜溧煤产地	78	4
	锡澄虞煤产地	349	35
	苏州煤产地	149	8
全省合计		1567	78

2. 预测资源量统计

1)按深度统计

全省 600m 以浅预测量为 2.91×10^8t,占预测总量的 5.43%;600~1000m 预测量为 6.54×10^8t,占预测总量的 12.22%;1000~1500m 预测量为 25.54×10^8t,占预测总量的 47.71%;1500~2000m 预测量为 18.54×10^8t,占预测总量的 34.64%。详见表 9-3。

表 9-3　全省煤炭预测资源量汇总表(按深度)

Ⅲ级成矿区带	矿区或煤产地	预测含煤面积(km²)	潜在资源量($\times10^4$t)				
			0~600m	600~1000m	1000~1500m	1500~2000m	合计
Ⅲ-64 鲁西(断隆、含淮北)金、铁、铝土矿、煤、金刚石成矿区	徐州矿区	342	2446	12 261	91 207	96 227	202 141
	丰沛矿区	380	2260	5272	87 110	89 178	183 820
Ⅲ-69 长江中下游铜、金、铁、铅、锌(锶、钨、钼、锑)、硫、石膏成矿带	宁镇煤产地	114	769	7208	10 616		18 593
	常州煤产地	155	1034	6145	21 188		28 367
	宜溧煤产地	78	908	6048	4178		11 134
	锡澄虞煤产地	349	9986	14 942	23 944		48 872
	苏州煤产地	149	11 672	13 516	17 150		42 338
全省合计		1567	29 075	65 392	255 393	185 405	535 265

2)按预测资源量级别统计

按级别:可靠级(334-1)预测量为 20.07×10^8t,占预测总量的 37.49%;可能级(334-2)预测量为 16.29×10^8t,占预测总量的 30.44%;推断级(334-3)预测量为 17.16×10^8t,占预测总量的 32.07%。详见表 9-4。

表 9-4　全省煤炭预测资源量汇总表(按级别)

Ⅲ级成矿区带	矿区或煤产地	预测含煤面积(km^2)	潜在资源量($\times10^4t$)	资源量分级($\times10^4t$)		
				334-1	334-2	334-3
Ⅲ-64 鲁西(断隆、含淮北)金、铁、铝土矿、煤、金刚石成矿区	徐州矿区	342	202 141	78 726	33 201	90 214
	丰沛矿区	380	183 820	114 611	69 209	0
Ⅲ-69 长江中下游铜、金、铁、铅、锌(锶、钨、钼、锑)硫、石膏成矿带	宁镇煤产地	114	18 593	1535	6787	10 271
	常州煤产地	155	28 367	0	17 558	10 809
	宜溧煤产地	78	11 134	774	9041	1319
	锡澄虞煤产地	349	48 872	2982	15 207	30 683
	苏州煤产地	149	42 338	2048	11 934	28 356
全省合计		1567	535 265	200 676	162 937	171 652

3)按煤类统计

煤类齐全,预测资源总量中,气煤类占 35.32×10^8t,为总量的 65.99%;焦煤类占 6.29×10^8t,为总量的 11.75%;肥煤类占 3.72×10^8t,为总量的 6.96%;贫煤类占 3.63×10^8t,为总量的 6.77%,其他煤类各自占的比例很小。徐沛煤田以气煤类为主,少部分区段为肥煤和焦煤类;苏南区以焦煤、贫煤类为主,部分为肥煤、瘦煤、无烟煤等。两大煤田区均有天然焦分布。参阅表 9-5 及图 9-3。

表 9-5　江苏省预测煤炭资源量煤类统计汇总表

省份	潜在资源量($\times10^4t$)									
	煤种									合计
	气煤	气肥煤	肥煤	1/3 焦煤	焦煤	瘦煤	贫瘦煤	贫煤	无烟煤	
江苏省	353 213	774	37 242	6226	62 899	18 457	1672	36 246	18 536	535 265
占总量(%)	65.99	0.15	6.96	1.16	11.75	3.45	0.31	6.77	3.46	100

三、预测资源评价

1. 徐州矿区

该区含煤地层为石炭系太原组、二叠系山西组和下石盒子组。共含稳定和较稳定煤层 5～7 层,煤层总厚 5.28～10.32m。矿区预测有景山、刘集、垞城深部、马坡东部、马坡西部、郑集深部、凤凰山等 7 个块段。预测含煤面积 341.89 km^2。预测煤炭资源量为 20.21×10^8t,其中 1000m 深以浅预测量 1.47×10^8t,1000～2000m 深范围预测量 18.74×10^8t;预测可靠级资源量占 7.87t,可能级资源量占 3.32×10^8t,推断级资源量占 9.02×10^8t。

煤种以气煤、气肥煤为主,有岩浆侵入影响的区段如马坡及郑集区出现多种煤类及天然焦。

徐州矿区预测资源总量不算少,但 92.7%分布在埋深 1000～2000m 范围内,8.6%的较浅部分集中分布在湖区,部分煤层受岩浆岩的干扰破坏较严重。尽管如此,大部分资源仍然是有开发价值的。根据预测资源赋存情况,大部分区域可近期勘探,但一些埋深较深、含煤性较差的区域,不宜在近期有过多的

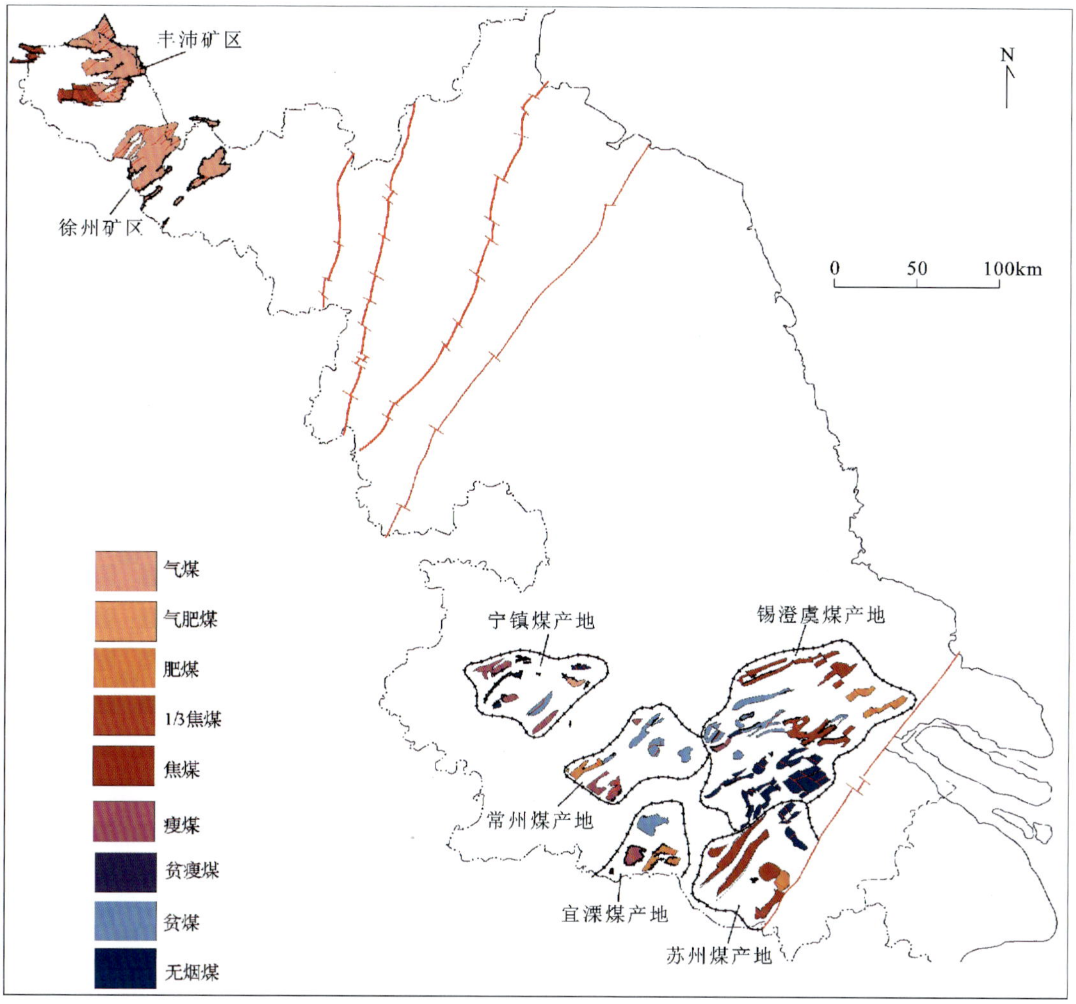

图 9-3　江苏省及上海市煤类分布图

投入，可作为矿区发展远景规划之用。

2. 丰沛矿区

丰沛矿区被厚 150～480m 的第四系松散层所覆盖，为全隐伏煤田。含煤地层为上石炭统太原组及下二叠统山西组。矿区预测有丰东、沛西、郝寨、小屯-朱王庄、安国、张黄庄、首羡集-丁楼 7 个块段，含煤面积 380.44 km^2，基本分布在井田及勘探区的深部。

预测煤炭资源量为 18.38×10^8t。其中 1000m 以浅资源量 0.75×10^8t，1000～2000m 深资源量 17.62×10^8t；预测可靠级资源量占 11.46×10^8t，可能级资源量占 6.92×10^8t。

煤质以气煤为主，少部分地段出现焦煤类，受岩浆岩干扰破坏的区段常呈现多种煤类乃至天然焦。

矿区资源预测总量的 96% 分布于埋深 1000（或 1200）～2000m 的范围内，较浅部分仅占 4%，且主要分布在受岩浆岩干扰破坏较严重的丰东和沛西，开发难度较大。深部预测量多系井田延深远景区，勘探力度明显不足。因此，大部分预测区仍需进一步投入工作，部分资源量较多的区域可优先安排预查或普查。

3. 宁镇煤产地

含煤地层为下二叠统堰桥组。区内预测有钱家渡、钟山-灵山深部、淳化深部、团山深部、十里长山深部、古洞深部、句容及二圣桥等 8 个块段，含煤面积 114.44 km^2。区内预测煤炭资源量为 1.86×

10^8t，其中 600m 以浅资源量 0.08×10^8t，600～1500m 资源量 1.78×10^8t；预测可靠级资源量占 0.15×10^8t，可能级资源量占 0.68×10^8t，推断级资源量占 1.03×10^8t。

煤种以瘦煤、贫煤类为主，部分地段为气煤、无烟煤。

苏南二叠系煤层为不稳定薄煤层，且构造复杂。只能小井开发，埋深不能超过 600m。本区预测 600m 以浅资源量仅 769×10^4t，零星地分布在几个区，不具建井储量要求，占预测量 96％的资源均分布在 600～1500m 范围，埋藏过深，不具现实意义。

4. 常州煤产地

常州煤产地上被厚 30～168m 的第四系所覆盖，为一隐伏矿区。含煤地层为下二叠统堰桥组，含煤 5～6 层，为不稳定煤层。常州煤产地预测有导墅深部、奔牛深部、皇塘、横山岗、土山深部、卜戈深部、别桥、上黄深部及湖塘 9 个块段。预测含煤面积 154.50km^2。预测煤炭资源量为 2.84×10^8t。其中 600m 以浅资源量 0.10×10^8t，600～1500m 资源量 2.73×10^8t；预测可能级资源量 1.76×10^8t；推断级资源量 1.08×10^8t。平均含煤量 184×10^4t/km^2。

煤质除横山岗及土山深部两块段为肥煤外，均为瘦、贫煤类。

该区预测量级别较低，单位面积含煤量少（每平方千米仅含煤 184×10^4t），96％的预测量集中在 600～1500m 的深部，还有 2 件最终地质报告长期无人问津，按所预测的煤炭资源只能作为长远规划参考。

5. 宜溧煤产地

宜溧煤产地为半裸露区，地层出露较全。含煤地层为下二叠统堰桥组，含煤 1～3 层，属较稳定—不稳定煤层。宜溧煤产地预测有小张墅深部、烂塘界、白泥场湖内、周墅 4 个块段，含煤面积约77.50 km^2。煤产地预测煤炭资源量 1.11×10^8t。其中 600m 以浅的预测量 0.09×10^8t，600～1500m 预测量 1.02×10^8t；预测可靠级资源量占 0.08×10^8t，可能级资源量占 0.90×10^8t，推断级资源量占0.13×10^8t。平均含煤量 144×10^4t/km^2。

煤种为高灰、高硫分瘦-贫煤类及气煤类。

宜溧煤产地 600m 以浅已基本勘探完毕，预测区储量的 92％集中在 600～1500m 范围内，由于苏南不具备建大井生产的地质条件，除白泥场湖内近期尚需做些勘探工作外，其余预测地段难以作为近期勘探规划之依据。

6. 锡澄虞煤产地

锡澄虞煤产地属全隐藏区，第四系厚 100～300m。含煤地层为上二叠统龙潭组及下二叠统堰桥组，含煤 2～11 层。煤产地预测有孤山北、孤山南、郭园、新坝、平潮、唐闸、黄山、南闸、东青-郑陆、芙蓉、秦皇山、云花深部、周庄、沙昆、长华、塘桥北、塘桥南、农场、狼山北、狼山南、港口深部、顾山、常熟二区、张泾-港下、长安桥、前洲、藕塘-塘头、雪埝桥、羊尖-练塘、东亭、夏家边、坊前、新安、南方泉、后宅-望亭 35 个块段，含煤面积约 339.97 km^2。煤产地煤炭资源预测量 4.89×10^8t，其中 600m 以浅资源量为1.0×10^8t，600～1500m 资源量为 3.89×10^8t，预测可靠级资源量占 0.30×10^8t，可能级资源量占 1.52×10^8t，推断级资源量占 3.07×10^8t。平均每平方千米面积储煤量 140×10^4t。

煤种以贫煤-无烟煤类为主，部分为肥煤、焦煤类。

煤产地上覆 100～300m 第四系松散层，预测煤量的 80％埋藏在 600～1500m，每平方千米蕴藏煤量仅 140×10^4t，综合分析，不具备小煤矿开采的技术条件，尚不能作为近期勘探规划之用。

7. 苏州煤产地

煤产地于西山岛的徐石山及善人桥的砚石山一带有煤系出露，其余均为隐蔽区。含煤地层为二叠系龙潭组、堰桥组。苏州煤产地预测有金湾、横泾、渡村西、长沙岛、阳东、太湖一区、太湖二区、太湖三区8个块段，预测面积约148.57km^2。预测煤炭资源量为4.23×10^{8}t，其中600m以浅的资源量1.17×10^{8}t，600～1500m资源量3.06×10^{8}t，预测可靠级资源量占0.20×10^{8}t，可能级资源量占1.19×10^{8}t，推断级资源量占2.83×10^{8}t。平均每平方千米蕴藏资源量285×10^{4}t。

煤种多为焦煤类，仅阳东为无烟煤类。

煤炭预测资源量主要分布于太湖水域，水深一般在3.00m左右，第四系厚在60m左右，勘探与开发技术条件均较复杂，加之处在苏州旅游风景胜地及水源保护区，尽管预测量于苏南相对较多，权衡利弊，亦难近期开发利用。

第三节　煤炭资源勘查开发建议

一、煤炭资源保障程度

截至2009年底，本省煤炭资源累计探获资源量464 363×10^{4}t，保有资源量360 272×10^{4}t，其中，已利用资源量238 701×10^{4}t，尚未利用资源量121 571×10^{4}t；本次预测潜在资源量达535 265×10^{4}t。在此我们先做个假设，从2010年开始，假如每年的煤炭需求都可以从本省现有的矿井提供，除此之外，不再开展其他任何开发工作，那么在2020年将开采完所有矿井的资源；在此条件下，若将尚未利用部分也进行开发利用，那么到2024年，所有保有探明资源将被开采完；如果目前预测的资源也能开发出来，则在2034年之前开采完所有资源量。因此，假如每年煤炭需求都可从本省提供的话，江苏省目前预测和探明的资源量，仅足以支撑到2033年(表9-6)。

表9-6　江苏省煤炭预测消费量

年份	2010	2011	2012	2013	2014	2015
煤炭消费量(×10^{4}t)	17 555	18 547	19 594	20 701	21 870	23 106
年份	2016	2017	2018	2019	2020	2021
煤炭消费量(×10^{4}t)	24 411	25 790	27 247	28 786	30 412	32 130
年份	2022	2023	2024	2025	2026	2027
煤炭消费量(×10^{4}t)	33 945	35 862	37 888	40 028	42 289	44 678
年份	2028	2029	2030	2031	2032	2033
煤炭消费量(×10^{4}t)	47 202	49 868	52 685	55 661	58 805	62 127

当然，上述预测形式比较简单，仅从资源总量以及需求量出发，忽略了资源的可靠程度等方面的因素。在探明保有资源中，目前正在生产以及在建的矿井只有23处，可利用资源量仅有210 443×10^{4}t，可采储量仅为64 689×10^{4}t。近年来，全省年生产能力基本保持在2500×10^{4}t左右，以此估算，目前生产矿井可采储量的开采工作也只能维持25年左右。此外，在开采过程中可能会有部分资源损耗，所以实际能采到的资源量更少。因此，本省进一步的煤炭勘查开发工作迫在眉睫。

二、煤炭资源勘查开发建议

自改革开放以来，江苏经济快速发展，与此相适应，能源的消耗也在急剧增长，煤炭的消费量也随之增长迅猛。目前江苏省近80%的能源及能源产品需要从外省调入或从国外进口。从发展趋势上来看，江苏省能源对外依存度还会逐步地加深。过分依赖省外资源对本省的经济发展产生了巨大的压力，要解决这个问题，必须把本省煤炭资源的勘查开发工作规划好。

1. 潜在资源开发利用优度分析

根据《技术要求》，预测区勘查开发前景等级的界定与该区潜在资源数量、质量、勘查程度、开采条件和生态环境等方面因素有关：①优(A)等：资源量分级为可靠级，预测区分类为有利的；资源量分级为可能级，预测区分类为有利的。此类预测区煤炭资源开发具有明显的经济价值，可建议优先安排预查或普查。②良(B)等：资源量分级为可靠级，预测区分类为较有利的；资源量分级为可能级，预测区分类为较有利的；资源量分级为推测级，预测区分类为有利的。此类预测区煤炭资源开发具有经济价值，可考虑安排勘查工作的地区。③差(C)等：不符合上述优等和良等条件的为差等开发前景，地区资源潜力较小，目前不宜开展工作。

本次研究以《技术要求》为指导，以预测成果为依据，对江苏省的煤炭资源等级进行了详细划分(表9-7)。就全省范围来看，达到优的资源量为217 463×10^4t，占总资源量的41%；达到良的资源量为134 283×10^4t，占25%；差等资源量183 518×10^4t，占34%。

表9-7　江苏省煤炭资源潜在资源量等级表

矿区或煤产地	潜在资源量级别(×10^4t)			潜在资源量类别(×10^4t)			潜在资源量等别(×10^4t)		
	334-1	334-2	334-3	Ⅰ类	Ⅱ类	Ⅲ类	优	良	差
徐州矿区	78 726	33 201	90 214	109 359	47 522	45 260	114 358	47 651	40 132
丰沛矿区	114 611	69 209		94 642	49 278	39 899	94 642	49 278	39 900
宁镇煤产地	1535	6787	10 271	769	7208	10 616	570	3444	14 579
常州煤产地		17 558	10 809	1034	6145	21 188	622	4128	23 617
宜溧煤产地	774	9041	1319	908	6048	4178	908	4957	5269
锡澄虞煤产地	2982	15 207	30 683	9986	14 942	23 944	3347	11 998	33 527
苏州煤产地	2048	11 934	28 356	11 653	13 535	17 150	3016	12 827	26 495
全省合计	200 676	162 937	171 634	228 351	144 678	162 234	217 463	134 283	183 518

优等和良等资源主要集中在徐沛区(图9-4)。其中，徐州矿区达到优的资源量为114 358×10^4t，占全省优质资源的53%；丰沛矿区达到优的资源量为94 642×10^4t，占全省的44%。整个徐沛区优等资源总量占全省的96%，可作为近期勘查的重点区域。徐沛区达到良的资源总量占全省的72%，其中，徐州矿区为47 651×10^4t，丰沛矿区为49 278×10^4t。

苏南区以差等资源为主，约占整个苏南区资源总量的69%；其次为良等资源，占25%；优等资源仅占6%。优等资源区主要分布在锡澄虞和苏州两矿区，但两区加起来也仅为6363×10^4t。

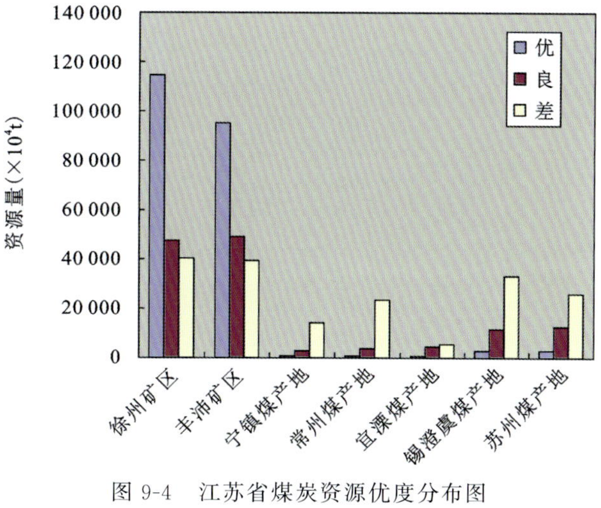

图 9-4　江苏省煤炭资源优度分布图

2. 勘查开发工作部署建议

就江苏省煤炭工业现状及发展趋势，煤炭资源的特点和开发利用潜力等方面，前面已分别进行了简要评述。总的来看，江苏属缺煤省区之一，煤炭供需矛盾大。以往勘探程度高，煤炭开发程度亦高，已经探明的工业储量远远不能满足建井的需求。从本次预测成果分析，徐沛区预测总量相对较大，优等资源相对较多，具有一定的开发前景。苏南区预测面积虽然很大，但预测储量有限，只占预测总量的 28%，且分布零散，平均每平方千米仅含煤 177×10^4t，含煤性差；而且预测资源量的 52%集中分布在 1000～1500m 深度，上覆 100～300m 松散层，不适于小型煤矿开采。目前，苏南的所有矿井已先后关闭或停采。出现这种状况的原因正如前述，主要是苏南地区的煤层薄且不稳定，单位面积储量低，构造条件复杂，覆盖的松散层较厚，建井开采的经济效益差，有的还涉及到水下采煤及环保问题等。实践证明，目前开采苏南煤炭资源的路子不甚可取，江苏省煤炭工业"九五"和"十五"规划，已体现了这一思路。

建议将徐沛区作为下一步工作重点区。尤其是资源量较多的区域，如垞城深部、刘集、郑集深部、郝砦、沛栖、张黄庄、安国等预测区，更应优先考虑。其他区域的工作，可以酌情安排，但不宜投入太多。徐沛区的煤田地质勘探工作，重点可放在从未进行过工作的"白区"和判定为无煤的"死区"以及预测其煤层赋存相对较好的一些块段，诸如在老矿深部及外围衔接块段，九里山矿区东南部位、缓倾角断裂下找煤（综合物探几条剖面控制，钻探验证）。

苏南区具有开采价值的资源量极少，近期不建议投入工作，已有的工作成果可作为中长期远景规划的依据。

第十章　结　论

“江苏省重要矿种矿产预测”是江苏省及上海市矿产资源潜力评价项目的研究专题之一，经过专题组成员的共同努力，顺利地完成了各项研究任务，编写的《江苏省重要矿产资源预测研究》一书是对本次江苏省及上海市矿产资源潜力评价重要矿种(组)矿产预测成果的全面总结。在单矿种预测评价基础上，通过汇总研究，对江苏省各成矿区带重要矿种成矿地质条件、物化遥自然重砂综合信息以及矿产预测成果进行了全面分析，明确了重要矿种的资源潜力和勘查方向，研究成果将会成为江苏省区矿产勘查规划部署的重要依据。

一、主要成果

本次矿产预测汇总研究取得的主要成果归纳如下：

(1)以Ⅳ级成矿亚带为纲，对省内单矿种预测成果进行了汇总，编制了全省矿产预测类型谱系表。分省级、Ⅳ级成矿亚带和不同矿产预测类型对本次潜力评价的重要矿种预测成果进行了统计汇总。统计结果表明：全省铁、铅、锌、银、铜、金、钼、磷、硫铁矿、萤石 10 个重要矿种共划分出 26 个矿产预测类型，43 个预测类型预测工作区，共圈定最小预测区 413 个，其中 A 类 79 个，B 类 86 个，C 类 248 个；预测 2000m 以浅潜在的资源量(含共伴生)：铁矿 1 079 575.2$\times10^3$t、铜 1 257 262.14t、铅 1 037 865.97t、锌 1 964 989.6t、银 2175.07t、金 96 705.12kg、钼 80 555.6t、磷矿 30 6313.9$\times10^3$t、硫铁矿 180 492.26$\times10^3$t、萤石(CaF_2)1296.29$\times10^3$t。

(2)以Ⅳ级成矿亚带为单元，对各成矿亚带区域地质背景、区域矿产特征以及物化遥自然重砂综合信息进行了分析，建立了重要矿种预测评价模型。

(3)在全省单矿种(组)潜力评价成果的基础上，以Ⅳ级成矿亚带为单元，将同一区域内、同一成矿系统，成矿作用相同或相近的矿种(组)最小预测区(或Ⅱ级预测区)归并划分出 33 个重要矿产多矿种综合预测区。根据各综合预测区特征及重要矿产预测成果，提出了综合预测区勘查部署建议，编制了江苏省及上海市重要矿产综合预测成果图和重要矿产勘查部署建议图。

(4)对本省煤炭资源潜力评价成果进行了汇总研究，对本省华北型徐沛煤田和华南型苏南煤产地按矿区、煤产地(勘查区)进行了资源预测评价。研究结果显示：全省参与预测的 7 个矿区或煤产地，预测含煤总面积 1567km^2，共圈定预测块段(远景区)78 个，预测 2000m 以浅煤炭浅在资源量 535 265$\times10^4$t。以煤炭需求和资源保障程度分析为基础，根据潜力预测评价成果，提出了本省煤炭资源勘查近期及中长期工作部署建议。

二、存在问题

本次潜力评价由于受现有地质资料、工作程度及研究程度所限，省内重要矿种的资源预测深度大多在 1000m 以浅，只有铁、铜、钼、硫铁矿和煤炭预测深度达 1000m 以深。随着深部找矿工作的深入，尤其是覆盖区地质勘查工作的推进，地质研究的深度和广度将会不断增强，矿产资源潜力评价工作应成为常态化的一项工作，使矿产预测成果不断得到更新，只有这样才能更好地为矿产勘查规划部署提供依据。

三、结束语

本项目专题研究工作，得到了中国地质调查局、中国地质科学院、全国项目办及专题汇总组、大区项目办、江苏省国土资源厅及省级项目办领导和专家的大力支持及具体指导，项目成果的取得也是项目全体研究人员克服困难、共同努力的结果，在此一并表示诚挚的感谢。由于时间匆忙，再加上编者水平有限，错误在所难免，敬请专家批评指正。

参加本次研究工作的主要人员有：黄震、王海欧、魏芳、来又东、黄建平、贾根、金永念、魏邦顺、黄顺生、苏一鸣、朱静苹、杨用彪、郭刚、徐士银、盛君、关艺晓、张大莲、詹雅亭、尚培颖、姜丽、廖家隆、袁振丽、方惠明。

主要参考文献

常印佛，刘湘培，吴言昌，等. 长江中下游铜铁成矿带[M]. 北京：地质出版社，1991.

陈华慧，等. 遥感地质学[M]. 北京：地质出版社，1984.

陈先兵，张登明. 江苏安基山铜矿的燕山期应力场及构造演化[J]. 矿产与地质，1994，8(6)：440-444.

陈毓川，等. 1∶500 万中国矿床成矿系列图[M]. 北京：地质出版社，1999.

陈毓川，等. 当代矿产资源勘查评价的理论与方法[M]. 北京：地震出版社，1999.

陈毓川，等. 中国成矿体系与区域成矿评价[M]. 北京：地质出版社，2007.

陈毓川，等. 中国矿床成矿模式[M]. 北京：地质出版社，1993.

陈毓川，等. 中国主要成矿区带矿产资源远景评价[M]. 北京：地质出版社，1999.

陈毓川，陶维屏. 我国金属、非金属矿产资源及成矿规律[J]. 中国地质，1996，8(9)：10-13.

陈毓川，王登红，等. 重要矿产和区域成矿规律研究技术要求[M]. 北京：地质出版社，2010.

陈毓川，王登红，等. 重要矿产预测类型划分方案[M]. 北京：地质出版社，2010.

陈郑辉，陈毓川，王登红，等. 矿产资源潜力评价示范研究[M]. 北京：地质出版社，2009.

翟裕生，池三川，姚书振. 长江中下游铁矿床的构造控制及成矿模式[M]. 北京：地质出版社，1981.

翟裕生，等. 长江中下游地区铁铜(金)成矿规律[M]. 北京：地质出版社，1992.

翟裕生，姚书振，等. 长江中下游地区铁铜金成矿规律[M]. 北京：地质出版社，1992.

翟裕生，姚书振，等. 长江中下游铜金矿床矿田构造[M]. 北京：地质出版社，1999.

翟裕生，姚书振，林新多. 长江中下游地区铁铜矿床的类型、形成条件和成矿演化[J]. 地球科学，1983(4)：95-106

范正国，黄旭钊，熊盛青，等. 磁测资料应用技术要求[M]. 北京：地质出版社，2010.

冯学知，袁有田. 姜犁园铁矿成矿地质特征及成矿过程分析[J]. 地质学刊，2010，34(3)：255-259.

高道明，赵云佳. 玢岩铁矿再认识[J]. 安徽地质，2008，18(3)：164-168.

何裕盛. 苏州西迹山地区隐伏硫铁矿藏综合预测[J]. 桂林冶金地质学院学报，1992，12(4)：414-421. 黄震，黄建平. 江苏镇江韦岗铁矿区深部找矿前景分析[J]. 地质学刊，2008，32(3)：184-188.

江苏省地质矿产局，江苏省及上海市区域地质志[M]. 北京：地质出版社，1982.

江苏省地质矿产局，宁镇山脉地质志[M]. 南京：江苏科学技术出版社，1989.

蒋慎君，刘沈衡. 栖霞山铅锌银矿床深部地质构造特征及成因过程模型初探[J]. 江苏地质，1990，14(3)：9-14.

李锦伟，陈津华，曾键年，等. 宁芜盆地吉山铁矿床辉长闪长玢岩 SHRIMP 锆石 U-Pb 定年及其地质意义[J]. 矿床地质，2012，31(6)：1227-1236.

李文达，陈毓川，等. 宁芜玢岩铁矿[M]. 北京：地质出版社，1978.

李相民，孙国曦，仇慎平. 安基山铜矿床地质—地球物理模型及其找矿意义[J]. 地质学刊，2009，33(1)：28-34.

梁业恒，孙晓明，翟伟，等. 江苏观山铜铅金矿床成矿流体地球化学和成因[J]. 矿床地质，2008，27

(5):605-612.

梁业恒,孙晓明,翟伟,等.江苏溧水观山高硫型铜铅金矿床 $^{40}Ar/^{39}Ar$ 定年及其地质意义[J].高校地质学报,2010,16(2):143-148.

刘湘培,常印佛,吴言昌.论长江中下游地区成矿条件和成矿规律[J].地质学报,1988,62(3):167-177.

马芳,蒋少涌,姜耀辉,等.宁芜地区玢岩铁矿Pb同位素研究[J].地质学报,2006,80(2):279-286.

马芳,蒋少涌.与陆相火山岩有关的铁、铜、金矿床成矿地质特征及矿床成因[J].地质找矿论丛,2005,20(4):233-241.

王道华,等.长江中下游区域铜、金、铁、硫矿床的基本特征及成矿规律[M].北京:地质出版社,1987.

王华田,戴爱华.江苏土包山金铁矿床及其成矿机制[J].火山地质与矿产,1993,14(2):23-36.

向云川,任天祥,牟绪赞,等.化探资料应用技术要求[M].北京:地质出版社,2010.

熊先孝,薛天星,商朋强,等.重要化工矿产资源潜力评价技术要求[M].北京:地质出版社,2010.

熊先孝,姚超美,杨更生,等.宁芜向山—皇姑山地区构造及黄铁矿找矿研究[J].化工矿产地质,1999,21(1):15-23.

熊先孝,姚超美.宁芜向山式硫铁矿地质及矿床成因新探[J].化工矿产地质,2001,23(2):93-100.

徐忠发,曾正海.南京栖霞山铅锌银矿床成矿作用与岩浆活动关系探讨[J].江苏地质,2006,30(3):177-182.

叶天竺,朱裕生,夏庆霖,等.固体矿产预测评价方法技术[M].北京:中国大地出版社,2004.

殷友东,刘振红,盛如崇.宁芜云台山硫铁矿矿床地质特征及成因类[J].化工矿产地质,1996,18(4):284-288.

于学政,曾朝铭,燕云鹏,等.遥感资料应用技术要求[M].北京:地质出版社,2010.

赵玉琛.宁芜地区中生代火山岩地层划分及其特征[J].地质科学,1990(3):243-258.

《中国矿床发现史》编委会.中国矿床发现史—江苏卷[M].北京:地质出版社,1996.

主要内部资料

安徽、湖北、江西、江苏省地质矿产局,上海地质中心.长江中下游铜铁硫金(多金属)成矿带成矿远景区划[R].地质部华东石油物探大队重力分队,1986.

北京金有地质勘查有限公司.江苏省南京市江宁区獾子洞铜金矿床详查地质报告[R].地质部华东石油物探大队重力分队,2004.

地科院地矿所四室方法组.长江中下游地区找矿方法及矿产预测的研究[R].地质部华东石油物探大队重力分队,1976.

地矿部地质遥感中心.连云港遥感综合调查成果报告[R].地质部华东石油物探大队重力分队,1988.

地矿部航空物探遥感中心.长江中下游地区矿田及矿区地质构造遥感专题研究报告[R].地质部华东石油物探大队重力分队,1990.

地矿部航空物探遥感中心.长江中下游地区区域地质矿产遥感—岩浆热动力构造理论找矿专题研究报告[R].地质部华东石油物探大队重力分队,1990.

地矿部航空物探遥感中心.长江中下游地区遥感地质编图及区域矿产研究报告[R].地质部华东石油物探大队重力分队,1990.

地矿部南京地矿研究所.江苏省宜兴-溧阳火山岩区成矿地质条件研究和靶区预测研究报告[R].地质部华东石油物探大队重力分队,1992.

地矿部南京地质矿产研究所. 长江中下游地区铁帽型金矿床[R]. 地质部华东石油物探大队重力分队,1992.

地质部第五物探大队. 太湖地区找煤物探成果报告(1：20 万)[R]. 地质部华东石油物探大队重力分队,1969.

地质部第一综合物探大队. 江苏省六合县—安徽省天长县重力普查工作成果报告(1：5 万)[R]. 地质部华东石油物探大队重力分队,1980.

地质部华东石油物探大队. 苏北南部地区 60 年扭秤测量成果报告(1：10 万)[R]. 地质部华东石油物探大队重力分队,1961.

地质部华东石油物探大队. 苏北中新台坳北部地区 1961 年扭秤测图成果报告(1：10 万～1：5 万)[R]. 地质部华东石油物探大队重力分队,1961.

地质部华东石油物探大队重力分队. 江苏省苏南、浙北、浙江省肖、绍、宁、金、衢地区工作结果报告(1：20 万)[R]. 地质部华东石油物探大队重力分队,1959.

地质部南京地质矿产研究所. 江苏省重要成矿区成矿预测和靶区优选[R]. 地质部华东石油物探大队重力分队,1995.

地质矿产部航空物探遥感中心. 江苏省苏州地区航空磁力测量成果报告(1：5)[R]. 地质部华东石油物探大队重力分队,1988.

地质矿产部航空物探遥感中心. 江苏苏南部地区航空物探(磁)勘查成果报告(1：5 万)[R]. 地质部华东石油物探大队重力分队,1994.

地质矿产部航空物探遥感中心. 江苏中部地区高精度航空磁测成果报告(1：20 万)[R]. 地质部华东石油物探大队重力分队,1987.

地质矿产部航空物探遥感中心. 上海地区航空物探(磁)勘查成果报告(1：10 万)[R]. 地质部华东石油物探大队重力分队,1992.

地质矿产部航空物探总队. 江苏省六合-盱眙地区航磁普查报告(1：5 万)[R]. 地质部华东石油物探大队重力分队,1981.

地质矿产部航空物探总队. 下扬子地区构造航磁结果报告(1：100 万)[R]. 地质部华东石油物探大队重力分队,1996.

地质矿产部南京地质矿产研究所. 长江中下游区域铜、金、铁、硫矿床基本特征及成矿规律[R]. 地质部华东石油物探大队重力分队,1987.

地质矿产部南京地质矿产研究所. 长江中下游中酸性侵入岩与成矿[R]. 地质部华东石油物探大队重力分队,1990.

地质矿产部南京地质矿产研究所. 下扬子地区区域构造特征及其与铁、铜、硫矿产分布关系[R]. 地质部华东石油物探大队重力分队,1988.

国家地质总局航空物探大队 904 队. 微山湖地区航空磁力测量成果报告(1：5 万)[R]. 地质部华东石油物探大队重力分队,1974.

华东地质研究所,江苏省地质局第四地质队. 苏州西部地区矽卡岩型铁、铜多金属矿成矿地质条件和找矿方向的研究[R]. 地质部华东石油物探大队重力分队,1975.

华冶 813 队. 江苏省溧水县观山铜铅矿地质勘探总结报告(1、2 号脉)[R]. 地质部华东石油物探大队重力分队,1966.

江苏省地调院矿产所. 江苏省南京市江宁区燕子口金矿区普查地质报告[R]. 地质部华东石油物探大队重力分队,2010.

江苏省地矿局遥感站. 宁镇地区遥感地质找矿研究[R]. 地质部华东石油物探大队重力分队,1990.

江苏省地质调查研究院. 长三角地区 1：25 万基础地质遥感解译报告[R]. 地质部华东石油物探大队重力分队,2006.

江苏省地质调查研究院.江苏1∶20万自然重砂数据库报告(1∶20万)[R].地质部华东石油物探大队重力分队,2003.

江苏省地质调查研究院.江苏省国土区域生态地球化学调查报告(1∶25万)[R].地质部华东石油物探大队重力分队,2005

江苏省地质调查研究院.江苏省海岸带地质生态环境遥感调查报告[R].地质部华东石油物探大队重力分队,2005.

江苏省地质调查研究院.江苏省宁芜地区铅、锌、锡、金矿评价报告(1∶1万)[R].地质部华东石油物探大队重力分队,2001.

江苏省地质局地质综合研究大队.江苏中生代火山岩地质及其成矿条件研究报告[R].地质部华东石油物探大队重力分队,1983.

江苏省地质局地质综合研究队.江苏省金矿化类型及区域找矿方向专题研究报告[R].地质部华东石油物探大队重力分队,1983.

江苏省地质局地质综合研究队.江苏省利国地区铁矿成矿地质条件和找矿方向专题研究报告[R].地质部华东石油物探大队重力分队,1980.

江苏省地质局第二地质大队.江苏省江宁县云台山黄铁矿区详细普查评价报告[R].地质部华东石油物探大队重力分队,1964,4.

江苏省地质局第二地质大队.江苏省溧水县、江宁县横山工区物化探工作小结(1∶1～1∶5万)[R].地质部华东石油物探大队重力分队,1987.

江苏省地质局第六地质大队.江苏省东海县禹山地区砂金普查报告(1∶1万)[R].地质部华东石油物探大队重力分队,1987.

江苏省地质局第六地质大队.江苏省东海县禹山地区岩金异常查证报告(1∶1万)[R].地质部华东石油物探大队重力分队,1996.

江苏省地质局第六地质大队.江苏省赣榆县吴家沟刚玉重砂异常检查小结(1∶1万)[R].地质部华东石油物探大队重力分队,1995.

江苏省地质局第六地质大队.江苏省赣榆县武强山测区磁法工作小结(1∶2.5万)[R].地质部华东石油物探大队重力分队,1979.

江苏省地质局第六地质大队.江苏省赣榆县西北部1∶5万化探、重砂资料整理及异常查证报告(1∶1～1∶5万)[R].地质部华东石油物探大队重力分队,1989.

江苏省地质局第六地质大队.江苏省连云港云台—锦屏地区地球化学测量报告(1∶5万)[R].地质部华东石油物探大队重力分队,1992.

江苏省地质局第六地质大队.连云港市南城工区地化测量小结(1∶1万)[R].地质部华东石油物探大队重力分队,1990.

江苏省地质局第六地质队.江苏省北部海州式磷矿成矿条件、分布规律、找矿方向专题研究报告[R].地质部华东石油物探大队重力分队,1981.

江苏省地质局第三地质大队.江苏省江宁县安基山铜矿地质成矿机理和模式[R].地质部华东石油物探大队重力分队,1983.

江苏省地质局第三地质队.江苏省句容县石砀山、铜山铜钼矿区(东段)普查评价报告[R].地质部华东石油物探大队重力分队,1966.

江苏省地质局第三地质队.江苏省句容县铜山铜钼矿区(中段)地质勘探最终报告[R].地质部华东石油物探大队重力分队,1964.

江苏省地质局第四地质大队.江苏省吴县和合山工区土壤地球化学测量成果报告(1∶1万)[R].地质部华东石油物探大队重力分队,1988.

江苏省地质局第四地质队.江苏省吴县唐家墩铁矿地质勘探总结报告[R].地质部华东石油物探大

队重力分队,1978,10.

江苏省地质局第四地质队.江苏省吴县俞石泉矿区萤石矿地质普查评价报告[R].地质部华东石油物探大队重力分队,1978,9.江苏省地质局第五地质队.江苏省沛县姜梨园—魏老家铁矿普查评价地质报告[R].地质部华东石油物探大队重力分队,1981,9.

江苏省地质局第一地质大队.江苏省江宁县祖堂山地区地球化学土壤测量报告(1∶1万)[R].地质部华东石油物探大队重力分队,1988.

江苏省地质局丰沛铁矿专题研究组.江苏省丰沛地区铁矿成矿地质条件和找矿方向专题研究报告[R].地质部华东石油物探大队重力分队,1997.

江苏省地质局区域地质调查队.宁镇地区内生矿产成矿规律及预测研究报告[R].地质部华东石油物探大队重力分队,1983.

江苏省地质局物化探大队.江苏省溧水地区1∶5万金土壤地球化学测量成果报告(1∶5万)[R].地质部华东石油物探大队重力分队,1984.

江苏省地质局物探大队.江苏省丰沛地区物探工作成果报告(1∶1万)[R].地质部华东石油物探大队重力分队,1978.

江苏省地质局物探大队.江苏省海门县王浩测区物探工作报告(1∶1万)[R].地质部华东石油物探大队重力分队,1981.

江苏省地质局物探大队.江苏省溧水地区物化探总结报告(1∶1万)[R].地质部华东石油物探大队重力分队,1978.

江苏省地质局物探大队.江苏省宁镇地区磁测找铁综合研究报告(1∶1万)[R].地质部华东石油物探大队重力分队,1981.

江苏省地质局物探大队.江苏省铜山县利国地区铁矿普查1978年物探工作总结报告(1∶1万)[R].地质部华东石油物探大队重力分队,1978.

江苏省地质局物探大队.江苏省新沂-东海物化探普查工作总结报告(1∶2万)[R].地质部华东石油物探大队重力分队,1985.

江苏省地质局物探队区重分队.江苏省徐海地区1∶20万重力测量工作成果报告(1∶20万)[R].地质部华东石油物探大队重力分队,1983.

江苏省地质局综合研究队等.江苏省宁镇中段石马地区铁矿成矿条件及找矿方向初步研究报告[R].地质部华东石油物探大队重力分队,1981.

江苏省地质矿产调查研究所.苏南地区志留—泥盆纪岩相古地理及沉积层控矿床研究[R].地质部华东石油物探大队重力分队,1993.

江苏省地质矿产局.江苏省铁矿一轮成矿远景区划报告[R].地质部华东石油物探大队重力分队,1985,1.

江苏省地质矿产局.江苏省成矿远景区划及"九五"找矿地质工作布置建议[R].地质部华东石油物探大队重力分队,1995.

江苏省地质矿产局.苏南铜多金属矿勘查研究[R].地质部华东石油物探大队重力分队,1995.

江苏省地质矿产局成矿区划组.江苏省金属、非金属矿产成矿规律及预测研究报告[R].地质部华东石油物探大队重力分队,1980.

江苏省地质矿产局地矿研究所.长江下游(南京—长江口)河道演变遥感调查报告[R].地质部华东石油物探大队重力分队,1986.

江苏省地质矿产局地质矿产研究所.苏北原生金刚石成矿条件及找矿方向研究报告[R].地质部华东石油物探大队重力分队,1988.

江苏省地质矿产局地质研究所.江苏省苏州西部地区矽卡岩型铁、铜、多金属矿产资源总量预测及方法研究[R].地质部华东石油物探大队重力分队,1987.

江苏省地质矿产局地质研究所.江苏省铁、铜、多金属、金矿资源总量预测及方法研究[R].地质部华东石油物探大队重力分队,1989.

江苏省地质矿产局地质综合研究所.苏南地区卫星像片地质构造解译报告[R].地质部华东石油物探大队重力分队,1981.

江苏省地质矿产局地质综合研究所.太湖流域围湖遥感调查报告(1∶20万)[R].地质部华东石油物探大队重力分队,1986.

江苏省地质矿产局第二地质大队.江苏省溧水县金驹山金矿区101-2号脉详细普查地质报告[R].地质部华东石油物探大队重力分队,1984.

江苏省地质矿产局第二地质大队.江苏省溧阳地区金矿(化)类型及找金方向研究报告[R].地质部华东石油物探大队重力分队,1988.

江苏省地质矿产局第二地质大队.江苏省溧阳市野猫山-土包山金矿普查地质报告[R].地质部华东石油物探大队重力分队,1988.

江苏省地质矿产局第六地质大队.江苏省东海县桃林岩体特征与成矿关系研究报告[R].地质部华东石油物探大队重力分队,1985.

江苏省地质矿产局第六地质大队.江苏省锦屏磷矿(海州式)矿床地质特征研究报告[R].地质部华东石油物探大队重力分队,1987.

江苏省地质矿产局第三地质大队.江苏省江宁县安基山矿田大比例尺(1∶1万)成矿预测报告[R].地质部华东石油物探大队重力分队,1991.

江苏省地质矿产局第三地质大队.江苏省江宁县安基山铜矿区深部及外围铜矿普查地质报告[R].地质部华东石油物探大队重力分队,1993.

江苏省地质矿产局第三地质大队.宁镇地区多金属矿的成矿条件及预测[R].地质部华东石油物探大队重力分队,1990.

江苏省地质矿产局第三地质大队.宁镇山脉中段铁铜钼铅锌硫矿化系列资源总量预测及方法研究[R].地质部华东石油物探大队重力分队,1987.

江苏省地质矿产局第三地质队.江苏省丹徒县韦岗铁矿地质勘探报告[R].地质部华东石油物探大队重力分队,1974,9.

江苏省地质矿产局第三地质队.江苏省句容县盘龙岗铜矿区普查地质报告[R].地质部华东石油物探大队重力分队,1986.

江苏省地质矿产局第四地质大队.江苏省吴县东渚乡小茅山多金属矿区吴宅矿段铅锌银矿勘探地质报告[R].地质部华东石油物探大队重力分队,1989.

江苏省地质矿产局第四地质大队.江苏省吴县潭山黄铁矿、铅锌矿矿区地质勘探最终报告[R].地质部华东石油物探大队重力分队,1967,12.

江苏省地质矿产局第四地质大队.江苏省吴县潭山黄铁矿、铅锌矿矿区西矿段补充勘探地质报告[R].地质部华东石油物探大队重力分队,1977,7.

江苏省地质矿产局第四地质队.江苏省吴县谈家桥铁矿总结勘探报告[R].地质部华东石油物探大队重力分队,1973,11.

江苏省地质矿产局第四地质队.苏州西部地区多金属矿的成矿条件及预测[R].地质部华东石油物探大队重力分队,1990.

江苏省地质矿产局第五地质大队.江苏省利国吴庄铁矿地质勘探报告[R].地质部华东石油物探大队重力分队,1975,11.

江苏省地质矿产局第五地质大队.江苏省徐州市利国铁矿区利国镇西矿带详查地质报告[R].地质部华东石油物探大队重力分队,1988,12.

江苏省地质矿产局第一地质大队.江宁县铜井地区金矿普查地质报告[R].地质部华东石油物探大

队重力分队,1988.

江苏省地质矿产局第一地质大队.江苏省江宁县云台山硫铁矿区云台山矿段(1-31线)详细补充地质报告[R].地质部华东石油物探大队重力分队,1985,12.

江苏省地质矿产局第一地质大队.江苏省南京市江宁县云台山硫铁矿区母鸡山矿段详细普查地质报告[R].地质部华东石油物探大队重力分队,1982,12.

江苏省地质矿产局第一地质大队.宁芜北段、宁镇西段铁矿找矿方向研究[R].地质部华东石油物探大队重力分队,1987.

江苏省地质矿产局区调地质大队.1∶20万江苏省区域化探报告(1∶20万)[R].地质部华东石油物探大队重力分队,1988.

江苏省地质矿产局区调地质大队.江宁县、陆朗乡花塘化探异常验证小结(1∶1万)[R].地质部华东石油物探大队重力分队,1988.

江苏省地质矿产局区调地质大队.江宁县陆朗乡花塘化探异常验证小结[R].地质部华东石油物探大队重力分队,1988.

江苏省地质矿产局区调地质大队.江苏省高淳县漕塘化探异常二级查证报告(1∶1万)[R].地质部华东石油物探大队重力分队,1990.

江苏省地质矿产局区调地质大队.江苏省江宁县皇姑山工区1∶1万物化探总结报告(1∶1万)[R].地质部华东石油物探大队重力分队,1975.

江苏省地质矿产局区调地质大队.江苏省江浦地区1∶5万地球化学测量报告(1∶5万)[R].地质部华东石油物探大队重力分队,1993.

江苏省地质矿产局区调地质大队.江苏省溧水县芝山化探异常二级查证报告(1∶2～1∶2.5万)[R].地质部华东石油物探大队重力分队,1990.

江苏省地质矿产局区域地质调查大队.江苏省区域矿产总结[R].地质部华东石油物探大队重力分队,1986.

江苏省地质矿产局研究所江苏省溧水横山地区西横山组沉积特征、含矿性及与成矿关系研究报告[R].地质部华东石油物探大队重力分队,1991.

江苏省地质矿产勘查开发公司.江苏省南京市江宁区汤山金矿区黄栗墅矿段闭坑(停采)地质报告[R].地质部华东石油物探大队重力分队,2006.

江苏省地质矿产矿局物化探大队. 江苏省南京南部地区物化探普查工作报告(1∶5万)[R].地质部华东石油物探大队重力分队,1984.

江苏省地质矿产矿局物化探大队.江苏省江浦(县)地区1∶5万重力测量工作报告(1∶5万)[R].地质部华东石油物探大队重力分队,1985.

江苏省地质矿产矿局物化探大队.江苏省溧水地区1∶5万重力测量工作报告(1∶5万)[R].地质部华东石油物探大队重力分队,1991.

江苏省地质矿产矿局物化探大队.江苏省连云港地区1∶5万重力测量工作成果报告(1∶5万)[R].地质部华东石油物探大队重力分队,1986.

江苏省地质矿产矿局物化探大队.江苏省宁镇地区1∶5万重力测量工作成果报告(1∶5万)[R].地质部华东石油物探大队重力分队,1985.

江苏省地质矿产矿局物化探大队.江苏省苏州西部地区1∶5万重力测量工作报告(1∶5万)[R].地质部华东石油物探大队重力分队,1988.

江苏省地质矿产信息研究所.江苏省遥感研究程度图[R].地质部华东石油物探大队重力分队,1998.

江苏省地质矿局第四地质大队.苏州西部地区五万分之一区域地质矿产调查报告[R].地质部华东石油物探大队重力分队,1981.

江苏省地质矿局第一地质大队.江苏省江宁县汤山矿区金矿普查评价报告[R].地质部华东石油物探大队重力分队,1988.

江苏省化工地质队.岔路口硫铁矿区朝阳山矿段初步勘探地质报告[R].地质部华东石油物探大队重力分队,1985,12.

江苏省化工地质队.岔路口硫铁矿区聚宝山矿段初步勘探地质报告[R].地质部华东石油物探大队重力分队,1988,5.

江苏省计委国土处.江苏省国土资源遥感综合调查[R].地质部华东石油物探大队重力分队,2001.

江苏省冶金地质局 814 队.江苏省六合县冶山地区磁异常综合研究报告书(1∶1 万)[R].地质部华东石油物探大队重力分队,1972.

江苏省冶金地质局 814 队.江苏省南京南部地区物化探普查工作报告(1∶1 万)[R].地质部华东石油物探大队重力分队,1984.

江苏省冶金地质局 814 队.江苏省南京市栖霞山测区物化探普查工作报告(1∶1～1∶2 万)[R].地质部华东石油物探大队重力分队,1985.

江苏省冶金地质局 814 队.江苏省苏州西部测区物化探工作报告(1∶1 万)[R].地质部华东石油物探大队重力分队,1986.

江苏省冶金地质勘探公司 805 队..江苏省海门县王浩铁矿区Ⅰ矿段勘探地质报告[R].地质部华东石油物探大队重力分队,1992,7.

江苏省冶金地质勘探公司 806 队.江苏省徐州市利国铁矿区峒山铁(铜)矿床详细勘探地质报告[R].地质部华东石油物探大队重力分队,1985,9.

江苏省冶金地质勘探公司 807 队.江苏省江宁县吉山铁矿床地质勘探总结报告书[R].地质部华东石油物探大队重力分队,1974,2.

江苏省冶金地质勘探公司 807 队.江苏省江宁县麒麟山铁矿床东庄矿段地质勘探报告书[R].地质部华东石油物探大队重力分队,1977,4.

江苏省冶金地质勘探公司 807 队.江苏省江宁县卧儿岗铁矿床地质勘探总结报告[R].地质部华东石油物探大队重力分队,1974,12.

江苏省冶金地质勘探公司 813 队.江苏省溧阳县周城中巷铁铜矿评价报告[普查][R].地质部华东石油物探大队重力分队,1977,1.

江苏省冶金地质勘探公司 807 队.江苏省南京市泰山磷矿普查地质报告[R].地质部华东石油物探大队重力分队,1973.

江苏省冶金地质勘探公司 810 队.江苏省南京市栖霞山铅锌矿区虎爪山矿段详细勘探地质报告[R].地质部华东石油物探大队重力分队,1980.

江苏省冶金局地质勘探总队二队.江苏省溧水县观山铜铅矿地质勘探总结报告[R].地质部华东石油物探大队重力分队,1960.

南京大学地质系.宁芜地区中生代火山岩特征及成矿作用探讨[R].地质部华东石油物探大队重力分队,1975.

南京地质矿产研究所.江苏盱眙县一带金矿成矿条件研究及找矿靶区优选[R].地质部华东石油物探大队重力分队,1999.

南京市地质队.江宁凤凰山外围地质普查报告[R].地质部华东石油物探大队重力分队,1961,3.

全国矿产资源潜力评价项目管理办公室.成矿地质背景研究技术要求[R].全国矿产资源潜力评价项目管理办公室,2007.

全国矿产资源潜力评价项目管理办公室.矿产资源潜力评价数据模型[R].全国矿产资源潜力评价项目管理办公室,2010.

全国矿产资源潜力评价项目管理办公室.自然重砂资料应用技术要求[R].全国矿产资源潜力评价

项目管理办公室,2007.

上海市地质处矿产地质勘查队.上海市金山县张堰铜矿床百家村矿段地质详查报告[R].地质部华东石油物探大队重力分队,1982.

石油工业部华东石油勘探局301、303联队.苏北平原重力磁力详查总结报告(1∶10万)[R].地质部华东石油物探大队重力分队,1959.

石油工业部华东石油勘探局304重磁分队.华东石油勘探局304队重磁力总结报告(1∶20万)[R].地质部华东石油物探大队重力分队,1960.

冶金部物探公司航测大队.江苏省扬州—南通地区航空磁测成果报告(1∶5万)[R].地质部华东石油物探大队重力分队,1978.

冶金部物探公司航测大队.一九七九年江苏省连云港-泗洪地区航空磁测工作报告(1∶5万)[R].地质部华东石油物探大队重力分队,1980.

冶金部物探公司航测二队.江苏省南部地区航空磁测报告(1∶2.5万)[R].地质部华东石油物探大队重力分队,1975.

冶金工业部江苏冶金地质勘探公司807队.江苏省溧水县观山铜铅矿床六号脉带地质勘探报告书[R].地质部华东石油物探大队重力分队,1982.

有色华东地质勘探公司研究所.栖霞山平山头金银矿床矿石物质组分和银金赋存状态查定[R].地质部华东石油物探大队重力分队,1988.

中国有色金属工业总公司华东地质勘探公司.江苏省溧水县东岗铁矿普查评价地质报告[R].地质部华东石油物探大队重力分队,1985,2.

中国有色金属工业总公司华东地质勘探公司八一三队.江苏省镇江市谏壁钼(钨)矿床普查评价地质报告[R].地质部华东石油物探大队重力分队,1985.

中国有色总公司华东地质勘探公司810队.江苏省南京市栖霞山矿区平山头银金矿段详查地质报告书[R].地质部华东石油物探大队重力分队,1991.